国家骨干高职院校项目建设成果

Wuliu Xinxi Xitong Weihu yu Yingyong

物流信息系统维护与应用

曾周玉　吴　科　主　编
傅友华　主　审

人民交通出版社股份有限公司
China Communications Press Co.,Ltd.

内 容 提 要

本书是物流管理专业职业岗位核心能力课程教材，是在各高等职业院校积极践行和创新先进职业教育思想和理念，深入推进"校企合作、工学结合"人才培养模式的大背景下，根据新的教学标准和课程标准组织编写而成。

本书以物流信息系统的安装—使用—维护为主线，主要内容包括数据库的创建与维护、物流信息识别与采集、物流动态跟踪系统的维护与应用、物流业务信息系统维护与应用、物流客户关系统维护与应用等，共5个学习模块、17个工作任务。

本书主要供高职高专院校物流管理专业教学使用。

图书在版编目(CIP)数据

物流信息系统维护与应用 / 曾周玉，吴科主编. —
北京：人民交通出版社股份有限公司，2015.1
国家骨干高职院校项目建设成果
ISBN 978-7-114-12361-0

Ⅰ.①物… Ⅱ.①曾…②吴… Ⅲ.①物流－管理信息系统－高等职业教育－教材 Ⅳ.①F252-39

中国版本图书馆CIP数据核字(2015)第176542号

国家骨干高职院校项目建设成果
书　　名：**物流信息系统维护与应用**
著 作 者：曾周玉　吴　科
责任编辑：卢仲贤　司昌静
出版发行：人民交通出版社股份有限公司
地　　址：(100011)北京市朝阳区安定门外外馆斜街3号
网　　址：http://www.ccpress.com.cn
销售电话：(010)59757973
总 经 销：人民交通出版社股份有限公司发行部
经　　销：各地新华书店
印　　刷：北京虎彩文化传播有限公司
开　　本：787×1092　1/16
印　　张：18.5
字　　数：470千
版　　次：2015年1月　第1版
印　　次：2022年8月　第2次印刷
书　　号：ISBN 978-7-114-12361-0
定　　价：65.00元

江西交通职业技术学院
优质核心课程系列教材编审委员会

序

PREFACE

为配合国家骨干高职院校建设，推进教育教学改革，重构教学内容，改进教学方法，在多年课程改革的基础上，江西交通职业技术学院组织相关专业教师和行业企业技术人员共同编写了“国家骨干高职院校重点建设专业人才培养方案和优质核心课程系列教材”。经过三年的试用与修改，本套丛书在人民交通出版社股份有限公司的支持下正式出版发行。在此，向本套丛书的编审人员、人民交通出版社股份有限公司及提供帮助的企业表示衷心感谢！

人才培养方案和教材是教师教学的重要资源和辅助工具，其优劣对教与学的质量有着重要的影响。好的人才培养方案和教材能够提纲挈领，举一反三，而差的则照搬照抄，不知所云。在当前阶段，人才培养方案和教材仍然是教师以育人为目标，服务学生不可或缺的载体和媒介。

基于上述认识，本套丛书以适应高职教育教学改革需要、体现高职教材“理论够用、突出能力”的特色为出发点和目标，努力从内容到形式上有所突破和创新。在人才培养方案设计时，依据企业岗位的需求，构建了以岗位需求为导向，融教学生产于一体的工学结合人才培养模式；在教学内容取舍上，坚持实用性和针对性相结合的原则，根据高职院校学生到工作岗位所需的职业技能进行选择。并且，从分析典型工作任务入手，由易到难设置学习情境，寓知识、能力、情感培养于学生的学习过程中，力求为教学组织与实施提供一种可以借鉴的模式。

本套丛书共涉及汽车运用技术、道路桥梁工程技术、物流管理和交通安全与智能控制等27个专业的人才培养方案，24门核心课程教材。希望本套丛书能具有学校特色和专业特色，适应行业企业需求、高职学生特点和经济社会发展要求。我们期待它能够成为交通运输行业高素质技术技能人才培养中有力的助推器。

用心用功用情唯求致用，耗时耗力耗资应有所值。如此，方为此套丛书的最大幸事！

江西省交通运输厅总工程师 胡钊芳

2014年12月

前 言

FOREWORD

随着我国国民经济的高速发展，物流行业作为国民经济发展的动脉和基础也迎来了空前的发展机遇和挑战。立足现状，我国大多数物流一线作业人员工作环境较差、薪资偏低，这导致作业人员流动性大。传统的物流管理主要依靠人的经验，当面对物流企业高速发展、货物数量激增的情况，师徒相传模式的诟病也会集中爆发。现代物流是将传统物流与信息技术以及现代物流管理理念相融合，注重标准化、精益化、高效化的新型服务行业。物流管理和作业信息化是现代物流企业发展的基础和必然要求。物流企业只有将物流信息化上升到战略高度，才能提高自身竞争力。

现代物流信息系统应用了数据库技术、条码技术、非接触式数据识别和采集技术、射频识别技术、全球定位技术以及地理信息技术等。市场主流的仓储管理系统、运输管理系统、配送系统、客户关系管理系统等都是以这些物流技术为基础日渐成熟起来的。企业内部各物流活动对应的信息系统不是独立存在的，为了防止"信息孤岛"现象的出现，每个物流信息系统须具备良好的拓展性、前瞻性，从而提高现代物流管理的综合能力。随着现代物流信息技术的不断发展，产生了一系列新的物流理念和物流经营方式，推进了中国物流业的变革。虽然我国物流信息化建设进展迅速，但是国内企业对信息化需求的层次不高，企业各层面缺乏专业物流信息化人才，物流信息系统实施成本仍然非常高。加之我国物流信息化标准不完善，这些问题制约了我国物流信息化的发展。因此，物流领域的信息化建设是一个长期的系统工程。

为适应我国职业院校物流专业学生的学习特点，本书采用基于工作任务的工学结合编写原则，读者对象以高职高专学生为主，兼顾中专学生；为读者提供丰富的学习内容。读者可以根据自己的需要从实践和理论两方面选取所需内容进行学习。

本书由江西交通职业技术学院曾周玉、吴科担任主编，负责拟定编写大纲，并对全书进行审校和统稿。本书由5个模块组成，其中曾周玉编写模块三和模块四，吴科编写模块一，唐振武编写模块二和模块五。参加本书编写的还有杨莉、熊青、张康潜和潘娟，分别编写5个模块的任务引入和技能实训部分。

本书的编写得到江西省公路运输管理局的大力支持，同时也得到江西长运大通物流有限公司的悉心指导，在此表示衷心的感谢。在编写过程中，参考了大量的相关著作和文献资料，在此一并向有关作者、编者表示真诚的感谢。

由于作者水平有限，书中不妥或错误之处在所难免，恳请读者批评指正。

作　者

2014 年 12 月

目录

CONTENTS

模块一　数据库的创建与维护

情境寄语

数据让我们获得机遇

任何时候，数据本身都蕴藏着价值，将有价值的数据与没有价值的数据进行区分是企业每天都在做的工作！

自从有了数据部门，企业董事会就要求信息管理专家提供改善企业经营的洞察力。实际上，早在 1951 年，对预测小吃店蛋糕需求的诉求就催生了计算机的首次商业数据分析。自此，利用计算机数据处理技术识别趋势和制定战略战术的能力不断呈指数级日臻完善。

今天，商业智能（使用数据模式看清曲线周围的一切）稳居商业领袖决策的重中之重。在理想的世界中，数据是巨大的杠杆，会改变公司的影响力，带来竞争差异、节省金钱、增加利润、愉悦买家、奖赏忠诚用户、将潜在客户转化为客户、增加吸引力、打败竞争对手、开拓用户群并创造市场。

数据分析是商业智能的演进。当今，传感器、GPS 系统、QR 码、社交网络等正在创建新的数据流。所有这些都可以得到发掘，正是这种真正广度和深度的信息在创造不胜枚举的机会。让大中小企业都能通过更加贴近客户的方式取得竞争优势，数据集成和数据管理是核心所在。

面临从全球化到衰退威胁的风暴，新经济环境中的赢家将会是最好地理解哪些指标影响其大步前进的人。

当然，企业仍需要聪明的人员做出睿智的决策，了解企业面临着什么。在充分利用的情况下，数据可以赋予人们近乎超感官知觉的能力。Charles Duigg 是《习惯的力量》一书的作者，他找出的一个黄金案例是美国零售商 Target，其发现女性在怀孕的最初 3 个月会经常购买没有气味的护肤液和某些维生素。通过锁定这些购物者，商店可提供优惠券将这些女性变成忠诚客户。实际上，Target 知道一位女性怀孕时，她甚至还没有告诉最亲近的亲朋好友——更不要说商店了。

有些人会说，数据中蕴含的价值只能由专业人员来解读。但是数据经济并不只是数据科学家和高级开发员的天下。

数据的价值在于将正确的信息在正确的时间交付到正确的人手中。未来将属于那些能够驾驭所拥有数据的公司，这些数据与公司自身的业务和客户相关，通过对数据的利用，帮助他们找到竞争优势。

学习目标

通过本模块的学习，期望达到下列目标。

1. 专业能力

（1）掌握数据库基础知识及概念；

(2)学会 E-R 图的绘制，通过关系设计理解关系型数据库的相关知识；

(3)掌握数据库安全性、完整性设置及其原则；

(4)掌握数据库创建和基本操作；

(5)掌握数据表创建和基本操作；

(6)掌握查询创建和基本操作；

(7)掌握窗体创建和基本操作；

(8)掌握报表创建和基本操作；

(9)掌握宏创建和基本操作；

(10)通过情境化的任务单元活动，掌握关系设计的基本能力。

2. 社会能力

(1)通过小组活动，培养学生的团队协作精神；

(2)通过规范文明操作，培养良好的职业道德和安全环保意识；

(3)培养遵章守纪、积极思考、耐心、细致、勇于实践、竞争意识等社会能力。

3. 方法能力

(1)掌握数据库管理系统软件的安装使用；

(2)参照 E-R 图创建数据库文件、创建数据表结构、设置数据表间关系；

(3)利用 DBMS 软件建设数据库，创建数据库各对象，具有基本的数据库操作和管理能力；

(4)制订工作计划，培养工作方法及能力。

模块图解

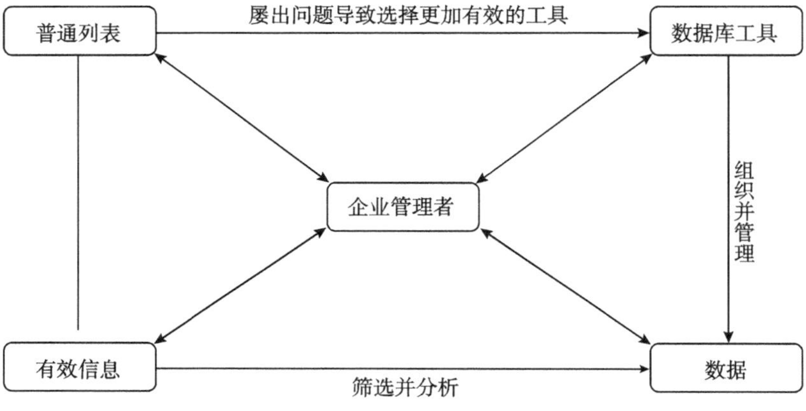

任务一　数据库的认知

任务导入

周经理是广东东莞一家小型制造厂的产品主管。各种各样的产品数据每天都要处理，甚至每个小时都要更新，周经理每天都埋在数据堆里，不胜其烦。

几年前，周经理就计划构建一个数据库来跟踪产品包中的产品。开始时他用电子表格完成这一工作,但却无法通过该表获取所需的报表。而且在之后的使用中总是出现一些“意外”:删除数据时有用的数据也失踪了;更新数据时有效的数据出现了矛盾;就是插入数据也使得表里数据出错了。周经理不得不花费更多的时间来纠正。

正在头疼时,周经理听说了 Microsoft Access,希望该软件能解决问题。经过几天的尝试,他发现无法掌握 Access 软件,于是购买了一些流行的 Access 书籍并努力学习。但是在了解了一些简单操作后最终他还是放弃了,而是聘请了一个专业顾问,该顾问帮其创建了一个大致可满足周经理要求的应用程序。周经理发现他终于从数据堆里解脱出来。数据库帮他处理了繁杂的数据,他可以灵活轻松地获得需要的信息。

可是一段时间以后,周经理想修改此应用程序,因为有的地方无法满足企业的需要,但又担心破坏数据库,不知道该如何去修改和维护数据库。周经理不得不再次聘请专业顾问改进了该数据库。

现在很多企业建立了企业数据库,可是大多数是作为样板或是只能运用一些软件设置好的功能,不能根据企业自身情况灵活处理,只会刻板地应用。最终由于企业无法及时获取有效数据指导产品生产,企业产品被不断变化的市场淘汰,导致市场占有率不断下降。

任务分析

1. 任务准备

多媒体教室,配有相关软件的机房。

2. 任务目标

(1)制作普通列表(电子表格),通过对普通表格的删除(数据是否丢失)、修改(数据是否一致)、插入(数据遗漏)发现普通列表的问题。

(2)对普通列表与数据库表有基本认知;

(3)能区分普通列表与数据库表优劣;

(4)掌握数据库基础知识及相关的概念;

(5)掌握 E-R 模型的运用,学会 E-R 模型的绘制;

(6)掌握数据库的关系设计。

3. 知识准备

(1)计算机基础知识;

(2)普通电子表格 Excel 的应用;

(3)Access 数据库软件。

相关知识

一、为什么要使用数据库

有些人可能觉得用数据库帮助用户记录数据不需要一种专门的技术和课程讲授,因为使用普通电子表格列表似乎就已足够。实际上,有时有这样的列表够了,但在很多情况下简单的列表可能会导致数据不一致和其他问题的产生。

本任务将介绍几个不同的电子表格,并通过其中存在的问题引发大家的思考。我们可以将电子表格改为数据表来解决这类问题。这类表是数据库的关键组成部分。本任务主要关注这类表与普通电子表格的区别及其设计原则。

(一)利用普通表格管理数据

根据学生数据生成一个简单的Excel列表,命名为学生列表,存储在电子表格中,如图1-1-1所示。

	A	B	C
1	姓名	性别	地址
2	龚菊连	女	江西交通职业技术学院
3	徐思颖	女	江西交通职业技术学院
4	汪宽鸿	男	江西交通职业技术学院
5	刘芬	女	江西交通职业技术学院
6	李轶漩	女	江西交通职业技术学院
7	董小琴	女	江西交通职业技术学院
8	阚持盛	男	江西交通职业技术学院
9	朱能伟	男	江西交通职业技术学院
10	欧阳康	男	江西交通职业技术学院
11	陈琦伟	男	江西交通职业技术学院

图1-1-1 普通Excel数据表格

这是一个非常简单的列表,对于这样的列表Excel表格完全可以胜任。即使列表很长,也可以按姓名、学号、地址的字母顺序进行排列,以便找到需要的记录。可以改变数据值,为每个新学生添加数据或者删除数据。使用如图1-1-1所示的Excel表格进行上述操作没有问题,不需要创建数据库,用Excel表格的方式保存该列表就已足够。

但假设我们通过添加如图1-1-2所示的教师数据来改变学生列表,我们仍然可以用前面的方法对带有教师的学生列表进行排序以查找数据项,但是这样会出现一些问题。

	A	B	C	D	E
1	姓名	性别	地址	教师	教师电话
2	龚菊连	女	江西交通职业技术学院	吴老师	13870990001
3	徐思颖	女	江西交通职业技术学院	张老师	13870990002
4	汪宽鸿	男	江西交通职业技术学院	安老师	13870990003
5	刘芬	女	江西交通职业技术学院	曾老师	13870990004
6	李轶漩	女	江西交通职业技术学院	李老师	13870990005
7	董小琴	女	江西交通职业技术学院	吴老师	13870990001
8	阚持盛	男	江西交通职业技术学院	张老师	13870990007
9	朱能伟	男	江西交通职业技术学院	安老师	13870990008
10	欧阳康	男	江西交通职业技术学院	曾老师	13870990009
11	陈琦伟	男	江西交通职业技术学院	李老师	13870990010

图1-1-2 普通数据表格

例如,假设要删除学生刘芬的数据(如图1-1-3所示),如果删除第5行,则不仅删除了学生刘芬的数据,也删除了曾老师的数据。

同样,更新列表中的值也可能会有意想不到的结果。例如,如果将第1行吴老师的联系电话改为13870999999,数据就会矛盾。改动后,第1行显示吴老师的联系电话为13870999999,第7行吴老师的联系电话为13870990001。这样就出现了吴老师有两个电话号码、还是有两个吴老师的矛盾。通过该Excel表格我们无法确定是吴老师有两个不同的电话号码,还是有两个电话号码不同的同名教师。如果1-1-4所示。执行这个更新操作后,我们认识到列表容易产生困惑,带来不确定性。

最后,如果要给没有选课学生的教师添加数据,该如何做?例如万老师没有选课学生,但

	A	B	C	D	E
1	姓名	性别	地址	教师	教师电话
2	龚菊连	女	江西交通职业技术学院	吴老师	13870990001
3	徐思颖	女	江西交通职业技术学院	张老师	13870990002
4	汪宽鸿	男	江西交通职业技术学院	安老师	13870990003
5	刘芬	女	江西交通职业技术学院	曾老师	13870990004
6	李轶漩	女	江西交通职业技术学院	李老师	13870990005
7	董小琴	女	江西交通职业技术学院	吴老师	13870990001
8	阚持盛	男	江西交通职业技术学院	张老师	13870990007
9	朱能伟	男	江西交通职业技术学院	安老师	13870990008
10	欧阳康	男	江西交通职业技术学院	曾老师	13870990009
11	陈琦伟	男	江西交通职业技术学院	李老师	13870990010
12				万老师	13870990011

图 1-1-3　普通数据表格

	A	B	C	D	E
1	姓名	性别	地址	教师	教师电话
2	龚菊连	女	江西交通职业技术学院	吴老师	13870999999
3	徐思颖	女	江西交通职业技术学院	张老师	13870990002
4	汪宽鸿	男	江西交通职业技术学院	安老师	13870990003
5	刘芬	女	江西交通职业技术学院	曾老师	13870990004
6	李轶漩	女	江西交通职业技术学院	李老师	13870990005
7	董小琴	女	江西交通职业技术学院	吴老师	13870990001
8	阚持盛	男	江西交通职业技术学院	张老师	13870990007
9	朱能伟	男	江西交通职业技术学院	安老师	13870990008
10	欧阳康	男	江西交通职业技术学院	曾老师	13870990009
11	陈琦伟	男	江西交通职业技术学院	李老师	13870990010
12				万老师	13870990011

图 1-1-4　普通数据表格

是仍需记录他/她的地址、电话号码，此时就必须在数据库字段中插入值不完全(称为空值)的行，如图 1-1-4 所示。但我们将在后面章节中学习到空值总是会带来问题，应尽量避免使用。

通过图 1-1-4 我们也发现，很多老师的数据在表格里不断重复，这样会带来大量的重复劳动，出现数据冗余。上面问题为什么会出现？我们仅在一个包含 3 列数据的电子表格中再添加两列就会带来诸多问题，如果添加的列数越多，问题也许更多。

引入思考：是不是每增加几列就会出现上述问题？

我们可以通过一个和上述例子相似的过程来比较，如图 1-1-5 所示，大家一起来看看对表格里的数据进行修改、删除、添加等操作时会不会出现问题。

	A	B	C	D	E
1	姓名	性别	地址	宿舍	宿舍电话
2	龚菊连	女	江西交通职业技术学院	3#101	0791-83800001
3	徐思颖	女	江西交通职业技术学院	3#101	0791-83800001
4	汪宽鸿	男	江西交通职业技术学院	4#103	0791-83800002
5	刘芬	女	江西交通职业技术学院	3#101	0791-83800001
6	李轶漩	女	江西交通职业技术学院	3#101	0791-83800001
7	董小琴	女	江西交通职业技术学院	3#101	0791-83800001
8	阚持盛	男	江西交通职业技术学院	4#103	0791-83800002
9	朱能伟	男	江西交通职业技术学院	4#103	0791-83800002
10	欧阳康	男	江西交通职业技术学院	4#103	0791-83800002
11	陈琦伟	男	江西交通职业技术学院	4#103	0791-83800002

图 1-1-5　普通数据表格

(二)利用数据库解决问题

1. 电子表格与数据表的对比

使用电子表格列表出现的问题早在20世纪60年代就被发现,由此开发了一些不同的技术来解决问题。随着时间的流逝,我们发现一种称为关系模型的方法成为解决问题的首选方案。现在,几乎每个商用数据库都是基于关系模型的。后面的模块里我们将仔细介绍这一模型,在此仅通过介绍它如何解决列表的修改问题来说明关系模型的基本思想。

我们都知道不管是什么文章每个段落都应只有一个主题或者一个含义,如果一个段落包含多个主题,就需要将它分为两段或多段,使之都有唯一的主题,这种思想就是设计关系数据库的基础。关系型数据库包含一个数据表的集合。一般情况下,每个数据表中的数据有且仅有一个主题。如果一个数据表出现了两个或多个主题,我们就需要将其分割为两个或多个数据表。这种思维解决了前面电子表格所出现的大部分问题。我们也可以把这个过程叫关系设计。

我们把学生和教师数据转换成数据库,再对比一下表中的数据,如图1-1-6所示。

学生表:表

学号	姓名	性别	出生日期	联系电话	教师id
1331200011	龚菊连	女	1994/6/20	18702608556	0001
1331200008	徐思颖	女	1993/1/10	13803528531	0002
1331200023	汪宽鸿	男	1995/9/25	13755760245	0001
1331400002	刘芬	女	1996/8/8	15079110965	0003
1331200041	李铁旋	女	1994/6/20	18770816838	0002
1331200037	董小琴	女	1994/6/20	18702608542	0002
1331200022	阚持盛	男	1993/5/5	18702609146	0002
1331200045	朱能伟	男	1993/8/16	13732920400	0002
1331200033	欧阳康	男	1994/11/6	18702609306	0003
1331200003	陈琦伟	男	1995/8/9	18702608155	0003

记录: 13 共有记录数: 41

教师表:表

编号	职工号	姓名	性别	邮箱
1	0001	吴强	男	7411491210@qq.com
2	0002	曾里	男	7413491210@qq.com
3	0003	万迪	女	7413591210@qq.com
(自动编号)				

记录: 3 共有记录数: 3

图1-1-6　Access数据表

学生表和教师表的关系设置如图1-1-7所示。

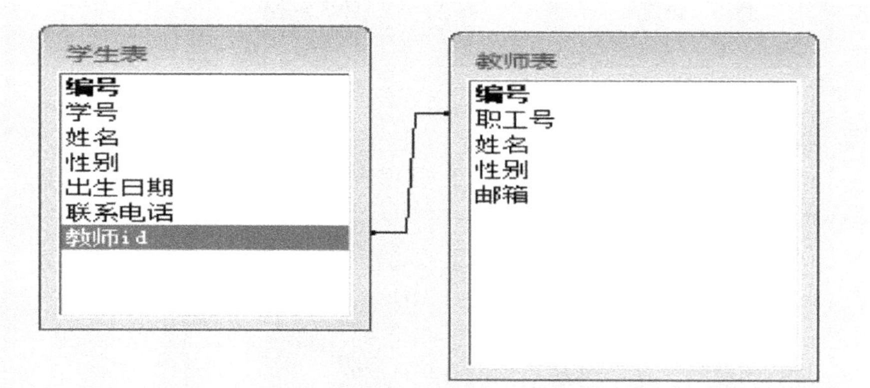

图1-1-7　Access数据库关系

通过对比电子表格和数据表我们可以发现,表和电子表格(也称为工作表)非常类似,因为两者都具有行、列和单元格。但是通过对比我们可以看到一些不同,其主要表现在:从每列可以看到,表有列名而不是标识字母(如姓名、性别等而不是A、B),从每行看,数据表的行不一定有编号,而电子表格则有编号。

如果我们以同样例子来说明:比如我们仍然想说明有哪些学生有哪些教师,因此将教师ID留在学生表中。如图1-1-6所示,通过学生表的教师ID字段链接了教师表中的职工号字段。

下面考虑对这些数据库表所做的可能修改。通过插入、更新和删除3种基本的修改操作来反映其对数据库表的影响。我们通过在这些表中进行插入、更新和删除操作来评估这个设计,看看这3种操作会不会出现修改问题。

现在我们先来看插入,只需将教师熊老师的数据添加到教师表中,就可以插入他的数据。虽没有学生与教师熊老师有关联,但这不是问题,也许学生将来会选择熊老师。

其次更新数据值也不会带来预料之外的结果,将教师吴老师的电子邮件地址改为7411210032@qq.com,不会出现不一致的数据,因为吴老师的电子邮件地址仅在教师表中存储一次。

最后,删除数据也不会产生相关的结果。例如,如果从学生表中删除学生龚菊连的数据,并不会把教师表中教师的数据丢失。

2. 通过关系设计解决电子表格的问题

下面考虑一个更复杂的例子,比如零件和价格的关系设计:

下面显示的电子表格保存房产商王老板使用的项目设备列表,其中记录了该公司在不同建设项目中购买的零件。

假设要维护该列表,而老板通知说客户李先生换了电话号码,则需要对这张电子表格进行多少修改?对于图1-1-8中的数据需要进行10次修改。现在假设电子表格有5000行,那么需要进行多少修改?回答可能是无数次,因为不仅要考虑修改次数,还要考虑可能出现的错误:可能会有一两行漏掉了该客户的姓名。

考虑该列表的第二个问题。在该业务中,某个供应商同意对其提供的零件给予某个折扣,例如在图1-1-8中,供应商“安泰咨询”同意提供25%的折扣。在这张列表中,每次输入新的零件价格时,必须同时输入该零件的供应商及正确的折扣。如果列表中有多个供应商,就可能输入错误的折扣,从而出现一个供应商有多个折扣的情况。

	A	B	C	D	E	F	
1	项目名称	客户	客户电话	地址	零件名称	单价	供应商
2	公司项目一	李先生	18970917766	江西南昌经开区双港路	齿轮5寸	12	安泰咨询
3	公司项目二	李先生	18970917766	江西南昌经开区双港路	齿轮6寸	12	安泰咨询
4	公司项目三	李先生	18970917766	江西南昌经开区双港路	齿轮7寸	12	安泰咨询
5	公司项目一	李先生	18970917766	江西南昌经开区双港路	齿轮8寸	15	安泰咨询
6	公司项目二	李先生	18970917766	江西南昌经开区双港路	齿轮9寸	15	安泰咨询
7	公司项目三	李先生	18970917766	江西南昌经开区双港路	齿轮10寸	15	安泰咨询
8	公司项目一	李先生	18970917766	江西南昌经开区双港路	齿轮11寸	18	安泰咨询
9	公司项目二	李先生	18970917766	江西南昌经开区双港路	齿轮12寸	18	安泰咨询
10	公司项目三	李先生	18970917766	江西南昌经开区双港路	齿轮13寸	18	安泰咨询
11	公司项目一	李先生	18970917766	江西南昌经开区双港路	5寸齿轮	12	安泰咨询

图1-1-8　项目设备数据列表

现在考虑数据输入正确但不一致的情况。第二行的零件名称为齿轮5寸,而第11行的零件名为5寸齿轮。这两个零件是相同的还是不同的呢?还是它们是相同的零件,但名称不同呢?第四个问题是关于局部数据。假设知道某供应商提供了20%的折扣,但是公司并没有从该供应商处订购产品，该在哪里记录 20% 的折扣呢？

与前面的示例一样，可以将项目设备列表分割成独立的表来解决以上问题。因为该列表比较复杂，所以需要使用更多的表。分析项目设备列表会发现数据有 4 个主题：项目、零件、报价和供应商。因此创建包含 4 个表的数据库，和前面一样使用 ID 值关联这 4 个表。现在，如果李先生改变了电话号码，就只需要在项目表中更改一次。同样对于第二个问题，只需要在供应商表中记录一次供应商的折扣。

采取类似的方法，也可以为学校开发一个关系数据库，该关系设计主要包含 3 个主题：学生、教师和课程。因此，分别创建学生表、教师表、课程表，每个表都反映一个主题，如图 1-1-9所示。

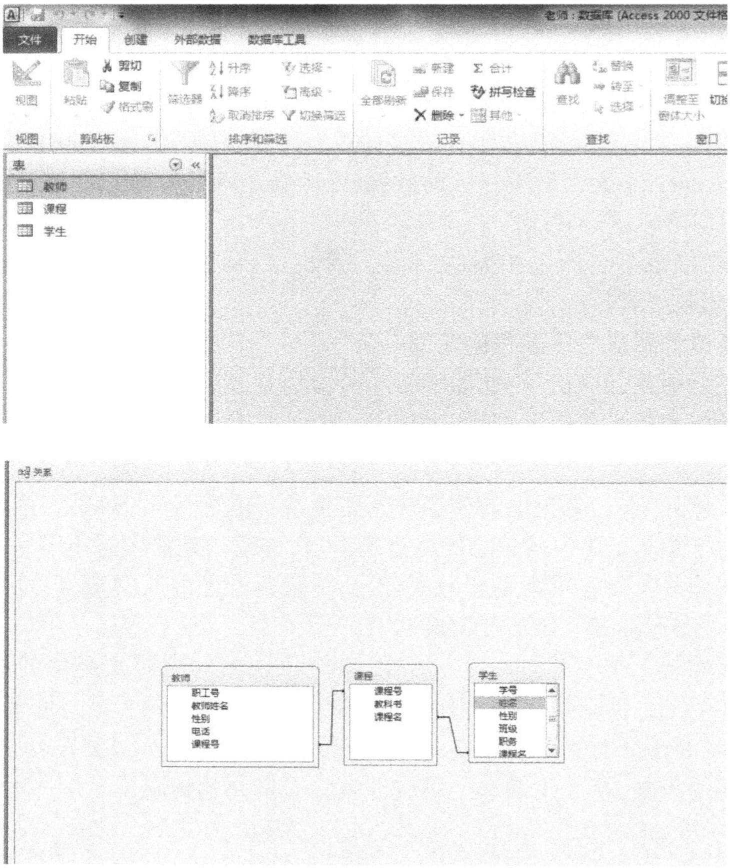

图 1-1-9　表间关系

从图 1-1-9 中我们可以通过学生选择课程和课程安排老师链接表来设计关系。同样，这组表不存在任何问题。可以插入新数据而不会出现空值，修改数据而不会造成数据不一致，删除数据而不会出现预料之外的结果。特别注意的是，给教师表添加新行时，可以根据需要在课程表中添加行，对于课程中的每个新行还可以在学生中添加行。所有的这些操作都是独立的，各表之间不会出现不一致的情况。

当修改学生表中某行的课程号时，会自动选择该课程的名字、作者和书价信息。如果将学生表第一行中的课程号改为其他编号，则它将链接到含有正确课程号和教师信息的课程行。如果需要，可以使用课程中的教师 ID 值获取正确的教师数据。最后要注意，可以删除学生刘芳的数据而不出现任何问题。

另外,我们的设计消除了修改列表时出现的错误,但也带来了一个新问题,确切地说如果删除了课程表中的第一行会发生什么情况?学生刘芳和相关学生的课程号值无效,因为该课程在课程表中不再存在。为了避免这一问题,可以设计这样的数据库:当其他行依赖于某一行时,不允许删除该行,或者同时删除相关的行。这里先略过这个问题,后面的章节会继续讨论。

上述例子很好地说明,一个好的数据库能解决普通电子表格在数据处理上的问题,给企业提供稳定有效的数据支持,所以现在数据库已经成为企业管理分析数据的首选。

二、了解数据库知识

(一)什么是数据

1. 数据(Data)

数据是事实或观察的结果,是对客观事物的逻辑归纳,是用于表示客观事物的未经加工的原始素材。

数据是信息的表现形式和载体,可以是符号、文字、数字、语音、图像、视频等。数据和信息是不可分离的,数据是信息的表达,信息是数据的内涵。数据本身没有意义,数据只有对实体行为产生影响时才成为信息。

数据可以是连续的值,比如声音、图像,称为模拟数据;也可以是离散的,如符号、文字,称为数字数据。

在计算机系统中,数据以二进制信息单元0.1 的形式表示。

2. 信息(Information)

"信息"一词在英文、法文、德文、西班牙文中均是"Information",日文中为"情报",我国台湾省称之为"资讯",我国古代用的是"消息"。作为科学术语最早出现在哈特莱(R. V. Hartley)于1928 年撰写的《信息传输》一文中。信息作为计算机术语,其含义是在计算机系统中,各种字母、数字符号的组合、语音、图形、图像等这些数据在经过加工处理后就成为信息。

例如,在数据表中有一个数据项的值是20,20 首先是一个数据,但是这里我们不能给出其具体的含义,所以它就只是一个数据,如果我们给予它一个具体的属性或内容,如指出其表示的是年龄,我们就能知道20 代表某人年龄是20 岁。

(二)数据库(Database)

1. 数据库概念

数据库这个词有多种解释,简单的定义是这样的:数据库(Database)是结构化数据的集合。从广义上讲,数据库就是数据或信息的集合,相当于一个数据仓库。具体来说,数据库是一组经过计算机整理后的数据,在关系数据库中,它由许多数据表组成。

数据库是依照某种数据模型组织起来并存放于二级存储器中的数据集合。这种数据集合具有如下特点:尽可能不重复,以最优方式为某个特定组织的多种应用服务,其数据结构独立于使用它的应用程序,对数据的增、删、改和检索由统一软件进行管理和控制。从发展的历史看,数据库是数据管理的高级阶段,它是由文件管理系统发展起来的。

2. 数据库的基本结构

数据库的基本结构分为物理数据层、概念数据层和逻辑数据层3个层次，反映了观察数据库的3种不同角度。

物理数据层是数据库的最内层，是物理存储设备上实际存储的数据集合。这些数据是原始数据，是用户加工的对象，由内部模式描述的指令操作处理的位串、字符和字组成。

概念数据层是数据库的中间一层，是数据库的整体逻辑表示。它指出了每个数据的逻辑定义及数据间的逻辑联系，是存储记录的集合。它所涉及的是数据库所有对象的逻辑关系，而不是它们的物理情况，是数据库管理员概念下的数据库。

逻辑数据层是用户所看到和使用的数据库，表示了一个或一些特定用户使用的数据集合，即逻辑记录的集合。

3. 数据库主要特点

数据库不同层次之间的联系是通过映射进行转换的。数据库具有以下主要特点：

(1)实现数据共享。数据共享包含所有用户可同时存取数据库中的数据，也包括用户可以用各种方式通过接口使用数据库，并提供数据共享。

(2)减少数据的冗余度。同文件系统相比，由于数据库实现了数据共享，从而避免了用户各自建立应用文件，减少了大量重复数据，减少了数据冗余，维护了数据的一致性。

(3)数据的独立性。数据的独立性包括数据库中数据库的逻辑结构和应用程序相互独立，也包括数据物理结构的变化不影响数据的逻辑结构。

(4)数据实现集中控制。文件管理方式中，数据处于一种分散的状态，不同的用户或同一用户在不同处理中其文件之间毫无关系。利用数据库可对数据进行集中控制和管理，并通过数据模型表示各种数据的组织以及数据间的联系。

(5)数据一致性和可维护性，以确保数据的安全性和可靠性。主要包括以下几点：

①安全性控制：以防止数据丢失、错误更新和越权使用；

②完整性控制：保证数据的正确性、有效性和相容性；

③并发控制：使在同一时间周期内，允许对数据实现多路存取，又能防止用户之间的不正常交互作用；

④故障的发现和恢复：由数据库管理系统提供一套方法，可及时发现故障和修复故障，从而防止数据被破坏。

(三)数据库系统(Database Systems)

数据库系统，是由数据库及其管理软件组成的系统。它是为适应数据处理的需要而发展起来的一种较为理想的数据处理系统，也是一个可为存储、维护和应用系统提供数据的软件系统，是存储介质、处理对象和管理系统的集合体。

数据库系统是由数据库(Database，DB)、数据库管理系统(Database Management System，DBMS)、支持数据库运行的软硬件环境、数据库应用程序和数据库管理员(Database Administrator，DBA)等组成。其软件主要包括操作系统、各种宿主语言、实用程序以及数据库管理系统。数据库由数据库管理系统统一管理，数据的插入、修改和检索均要通过数据库管理系统进行。数据管理员负责创建、监控和维护整个数据库，使数据能被任何有权使用的人有效使用。

数据库系统是为适应数据处理的需要而发展起来的一种较为理想的数据处理的核心机

构。计算机的高速处理能力和大容量存储器提供了实现数据管理自动化的条件。

数据库研究跨越于计算机应用、系统软件和理论3个领域，其中应用促进新系统的研制开发，新系统带来新的理论研究，而理论研究又对前两个领域起着指导作用。

数据库系统有大小之分，大型数据库系统有 SQL Server、Oracle、DB2 等，中小型数据库系统有 Foxpro、Access。

数据模型是信息模型在数据世界中的表示形式。可将数据模型分为3类：层次模型、网状模型和关系模型。

（四）数据库管理系统

数据库管理系统（DBMS）是一种操纵和管理数据库的大型软件，用于建立、使用和维护数据库。它对数据库进行统一的管理和控制，以保证数据库的安全性和完整性。用户通过 DBMS 访问数据库中的数据，数据库管理员可通过 DBMS 进行数据库的维护工作。它可使多个应用程序和用户用不同的方法在相同或不同时刻去建立、修改和询问数据库。大部分 DBMS 提供数据定义语言 DDL（Data Definition Language）和数据操作语言 DML（Data Manipulation Language），供用户定义数据库的模式结构与权限约束，实现对数据的追加、删除等操作。

1. 数据库管理系统的作用

（1）数据定义。DBMS 提供数据定义语言 DDL，供用户定义数据库的三级模式结构、两级映像以及完整性约束和保密限制等约束。DDL 主要用于建立、修改数据库的库结构。DDL 所描述的库结构仅仅给出了数据库的框架，数据库的框架信息被存放在数据字典（Data Dictionary）中。

（2）数据操作。DBMS 提供数据操作语言 DML，供用户实现对数据的追加、删除、更新、查询等操作。

（3）数据库的运行管理。数据库的运行管理功能是 DBMS 的运行控制、管理功能，包括多用户环境下的并发控制、安全性检查和存取限制控制、完整性检查和执行、运行日志的组织管理、事务的管理和自动恢复。这些功能保证了数据库系统的正常运行。

（4）数据组织、存储与管理。DBMS 要分类组织、存储和管理各种数据，包括数据字典、用户数据、存取路径等，需确定以何种文件结构和存取方式在存储器上组织这些数据，如何实现数据之间的联系。数据组织和存储的基本目标是提高存储空间利用率，选择合适的存取方法提高存取效率。

（5）数据库的保护。数据库中的数据是信息社会的战略资源，所以数据的保护至关重要。DBMS 对数据库的保护通过4个方面来实现：

①数据库的恢复；

②数据库的并发控制；

③数据库的完整性控制；

④数据库安全性控制。

DBMS 的其他保护功能还有系统缓冲区的管理以及数据存储的某些自适应调节机制等。

（6）数据库的维护。这一部分包括数据库的数据载入、转换、转储、数据库的重组和重构以及性能监控等功能，这些功能分别由各个使用程序来完成。

(7)通信。DBMS 具有与操作系统的联机处理、分时系统及远程作业输入的相关接口，负责处理数据的传送。对网络环境下的数据库系统，还应该包括 DBMS 与网络中其他软件系统的通信功能以及数据库之间的互操作功能。

2. 数据库管理系统的组成

按功能划分，数据库管理系统大致可分为 6 个部分：

(1)模式翻译：提供数据定义语言(DDI)。用它书写的数据库模式被翻译为内部表示。数据库的逻辑结构、完整性约束和物理储存结构保存在内部的数据字典中。数据库的各种数据操作(如查找、修改、插入和删除等)和数据库的维护管理都是以数据库模式为依据的。

(2)应用程序的编译：把包含着访问数据库语句的应用程序，编译成在 DBMS 支持下可运行的目标程序。

(3)交互式查询：提供易使用的交互式查询语言，如 SQL DBMS 负责执行查询命令，并将查询结果显示在屏幕上。

(4)数据的组织与存取：提供数据在外围存储设备上的物理组织与存取方法。

(5)事务运行管理：提供事务运行管理及运行日志、事务运行的安全性监控和数据完整性检查、事务的并发控制及系统恢复等功能。

(6)数据库的维护：为数据库管理员提供软件支持，包括数据安全控制、完整性保障、数据库备份、数据库重组以及性能监控等维护工具。

3. 选择数据库管理系统的原则

选择数据库管理系统时应从以下 12 个方面予以考虑：

(1)构造数据库的难易程度：需要分析数据库管理系统有没有范式的要求，即是否必须按照系统所规定的数据模型分析现实世界，建立相应的模型；数据库管理语句是否符合国际标准，符合国际标准则便于系统的维护、开发、移植；有没有面向用户的易用的开发工具；所支持的数据库容量、数据库的容量特性决定了数据库管理系统的使用范围。

(2)程序开发的难易程度：有无计算机辅助软件工程工具 CASE，计算机辅助软件工程工具可以帮助开发者根据软件工程的方法提供各开发阶段的维护、编码环境，便于复杂软件的开发、维护。有无第四代语言的开发平台，第四代语言具有非过程语言的设计方法，用户不需编写复杂的过程性代码，易学、易懂、易维护。有无面向对象的设计平台，面向对象的设计思想十分接近人类的逻辑思维方式，便于开发和维护。对多媒体数据类型的支持，多媒体数据需求是今后发展的趋势，支持多媒体数据类型的数据库管理系统必将减少应用程序的开发和维护工作。

(3)数据库管理系统的性能分析：包括性能评估(响应时间、数据单位时间吞吐量)、性能监控(内外存使用情况、系统输入/输出速率、SQL 语句的执行、数据库元组控制)、性能管理(参数设定与调整)。

(4)对分布式应用的支持：包括数据透明与网络透明程度。数据透明是指用户在应用中不需指出数据在网络中的什么节点上，数据库管理系统可以自动搜索网络，提取所需数据；网络透明是指用户在应用中无须指出网络所采用的协议，数据库管理系统自动将数据包转换成相应的协议数据。

(5)并行处理能力：支持多 CPU 模式的系统(SMP、CLUSTER、MPP)，负载的分配形式，并行处理的颗粒度、范围。

(6)可移植性和可扩展性：可移植性指垂直扩展和水平扩展能力。垂直扩展要求新平台能够支持低版本的平台,数据库客户机/服务器机制支持集中式管理模式,这样保证用户以前的投资和系统;水平扩展要求满足硬件上的扩展,支持从单 CPU 模式转换成多 CPU 并行机模式(SMP、CLUSTER、MPP)

(7)数据完整性约束:数据完整性指数据的正确性和一致性保护,包括实体完整性、参照完整性、复杂的事务规则。

(8)并发控制功能:对于分布式数据库管理系统,并发控制功能是必不可少的。因为它面临的是多任务分布环境,可能会有多个用户点在同一时刻对同一数据进行读或写操作,为了保证数据的一致性,需要由数据库管理系统的并发控制功能来完成。评价并发控制的标准应从下面几方面加以考虑:

①保证查询结果一致性方法;

②数据锁的颗粒度(数据锁的控制范围,表、页、元组等);

③数据锁的升级管理功能。

(9)容错能力:异常情况下对数据的容错处理。评价标准:硬件的容错,有无磁盘镜像处理功能软件的容错,有无软件方法。

(10)安全性控制:安全性控制包括安全保密的程度(账户管理、用户权限、网络安全控制、数据约束)。

(11)支持多种文字处理能力:包括数据库描述语言的多种文字处理能力(表名、域名、数据)和数据库开发工具对多种文字的支持能力。

(12)数据恢复的能力:当突然停电、出现硬件故障、软件失效、病毒或严重错误操作时,系统应提供恢复数据库的功能,如定期转存、恢复备份、回滚等,使系统有能力将数据库恢复到损坏以前的状态。

(五)关系型数据库

关系型数据库是建立在关系模型基础上的数据库,借助于集合代数等数学概念和方法来处理数据库中的数据,同时也是一个被组织成一组拥有正式描述性的表格,该形式的表格作用的实质是装载着数据项的特殊收集体,这些表格中的数据能以许多不同的方式被存取或重新召集而不需要重新组织数据库表格。

关系数据库的定义造成元数据的一张表格或造成表格、列、范围和约束的正式描述。每个表格(有时被称为一个关系)包含用列表示的一个或更多的数据种类。每行包含一个唯一的数据实体,这些数据是被列定义的种类。当创造一个关系数据库的时候,你能定义数据列的可能值的范围和可能应用于那个数据值的进一步约束。而 SQL 语言是标准用户和应用程序到关系数据库的接口。其优势是容易扩充,且在最初的数据库创造之后,一个新的数据种类能被添加而不需要修改所有的现有应用软件。

现实世界中的各种实体以及实体之间的各种联系均用关系模型来表示。关系模型是由埃德加·科德于 1970 年首先提出的,并配合“科德十二定律”。标准数据查询语言 SQL 就是一种基于关系数据库的语言,这种语言执行对关系数据库中数据的检索和操作。

1. 关系模型

关系模型由关系数据结构、关系操作集合、关系完整性约束 3 部分组成。

实体关系模型(Entity-Relationship Model,简称 E-R 模型)。是陈品山(Peter P. S Chen)博士于 1976 年提出的一套数据库的设计工具,他运用真实世界中事物与关系的观念,来解释数据库中的抽象的数据架构。实体关系模型利用图形的方式(实体—关系图(Entity-Relationship Diagram))来表示数据库的概念设计,有助于设计过程中的构思及沟通讨论。

关系实际上就是关系模式在某一时刻的状态或内容。也就是说,关系模式是型,关系是它的值。关系模式是静态的、稳定的,而关系是动态的、随时间不断变化的,因为关系操作在不断地更新着数据库中的数据。但在实际中,常常把关系模式和关系统称为关系,读者可以从上下文中加以区别。

关系模型的基本假定是所有数据都表示为数学上的关系,就是说 n 个集合的笛卡儿积的一个子集,有关这种数据的推理通过二值(就是说没有 NULL)的谓词逻辑来进行,这意味着对每个命题都只有两种可能的求值:要么是真要么是假。数据通过关系演算和关系代数的方式来操作。关系模型是采用二维表格结构表达实体类型及实体间联系的数据模型。

关系模型就是指二维表格模型,因而一个关系型数据库就是由二维表格及其之间的联系组成的一个数据组织。当前主流的关系型数据库有 Oracle、DB2、Microsoft SQL Server、Microsoft Access、My SQL 等。

2. 关系操作

常用的关系操作包括查询操作和插入、删除、修改操作两大部分。其中查询操作的表达能力最重要,包括选择、投影、连接、除、并、交、差等。

关系模型中的关系操作能力早期通常是用代数方法或逻辑方法来表示,分别称为关系代数和关系演算。关系代数是用对关系的代数运算来表达查询要求的方式;关系演算是用谓词来表达查询要求的方式。另外还有一种介于关系代数和关系演算的语言称为结构化查询语言,简称 SQL。

3. 完整性约束

完整性约束包括域完整性、实体完整性、参照完整性和用户自定义的完整性。

(1)域完整性:指属性的取值范围,如性别取值应为男或女。

(2)实体完整性(Entity Integrity)规则:若属性 A 是基本关系 R 的主属性,则属性 A 不能取空值。例如:在课程表(课程号、课程名、教师、周课时数、备注)中,“课程号”属性为主键,则“课程号”不能取相同的值,也不能取空值。

(3)参照完整性规则:若属性(或属性组)F 是基本关系 R 的外键,它与基本关系 S 的主键 Ks 相对应(关系 R 和 S 不一定是不同的关系),则对于关系 R 中每个元组在属性 F 上的值必须为:或者取空值(F 中的每个属性值均为空);或者等于 S 中某个元组的主键值。例如:职工(职工号、姓名、性别、部门号、上司、工资、佣金);部门(部门号、名称、地点),其中职工号是“职工”关系的主键,部门号是外键,而“部门”关系中部门号是主键,则职工关系中的每个元组的部门号属性只能取下面两类值:第 1 类:空值,表示尚未给该职工分配部门;第 2 类:非空值,但该值必须是部门关系中某个元组的部门号值,表示该职工不可能分配到一个不存在的部门中,即被参照关系“部门”中一定存在一个元组,它的主键值等于该参照关系“职工”中的外键值。

(4)用户自定义完整性:指针对某一具体关系数据库的约束条件,它反映某一具体应用所涉及的数据必须满足的语义要求。任何关系数据库系统都应该支持实体完整性和参照完整性。除此之外,不同的关系数据库系统根据其应用环境的不同,往往还需要一些特殊的约束条件,用户定义的完整性就是针对某一具体关系数据库的约束条件。

例如,要求“考查”课的分数以 60 分或 40 分计,在用户输入“考查”课的成绩时,要进行检查,以确保满足特定的约束要求。

4. 基本术语

(1)二维表格。关系模型中,字段称为属性,字段值称为属性值,记录类型称为关系模型。关系模式名是 R,记录称为元组,元组的集合称为关系或实例。一般用大写字母表示单个属性,用小写字母表示属性值。关系中属性的个数称为“元数”,元组的个数称为“基数”。有时也称关系为表格,元组为行,属性为列。

(2)键。键由一个或几个属性组成,分为以下几种:

超键:在关系中能唯一标识元组的属性集称为关系模式的超键。

候选键:不含多余属性的超键称为候选键。即在候选键中,若要再删除属性,就不是超键了。

主键:用户选作元组标识的一个候选键称为主键。一般情况下,键指主键。

(3)关系。关系是个元数为 $K(K \geqslant 1)$ 的元组的集合。关系是一种规范化的表格,它有以下限制:

①关系中的每一个属性值都是不可分解的。

②关系中不允许出现相同的元组。

③关系中不考虑元组之间的顺序。

④元组中属性也是无序的。

(4)关系代数。关系数据库的数据操作分为查询和更新两类。查询语句用于各种检索操作,更新操作用于插入、删除和修改等操作。关系查询语言根据其理论基础的不同分为以下两大类:

①关系代数语言:查询操作是以集合操作为基础运算的 DML 语言;

②关系演算语言:查询操作是以谓词演算为基础运算的 DML 语言。

关系代数是以关系为运算对象的一组高级运算的集合。传统的集合操作包括并、差、交、笛卡尔积。扩充的关系操作包括投影、选择、联接和自然联接、除。

(六)数据库 E-R 模型认知

1. 数据库 E-R 模型简介

实体关系模型(简称 E-R 模型)是由陈品山博士于 1970 年首先提出的。它提供不受任何 DBMS 约束的面向用户的表达方法,在数据库设计中被广泛用作数据建模的工具。E-R 模型问世后,经历了许多修改和扩充。

大部分数据库设计产品使用实体关系模型(E-R 模型)帮助用户进行数据库设计。E-R 数据库设计工具提供了一个“方框与箭头”的绘图工具,帮助用户建立 E-R 图来描绘数据。

实体关系模型,或实体联系模式图(ERD)是由美籍华裔计算机科学家陈品山(Peter Chen)发明,是概念数据模型的高层描述所使用的数据模型或模式图,它为表述这种实体关系模式图形式的数据模型提供了图形符号。这种数据模型典型地用于信息系统设计的第一阶段;比如它们在需求分析阶段用来描述信息需求和/或要存储在数据库中的信息的类型。但是数据建模技术可以用来描述特定论域(就是感兴趣的区域)的任何本体(就是对使用的术语和它们的联系的概述和分类)。在基于数据库的信息系统设计的情况下,在后面的阶段(通常叫做逻辑设计),概念模型要映射到逻辑模型如关系模型上;它依次要在物理设计期间映射到物理模型上。注意,有时这两个阶段一起被称为“物理设计”。

E-R 方法是描述现实世界概念结构模型的有效方法。它是表示概念模型的一种方式,用矩形表示实体型，矩形框内写明实体名；用椭圆表示实体的属性，并用无向边将其与相应的实体型连接起来；用菱形表示实体型之间的联系，在菱形框内写明联系名，并用无向边分别与有关实体型连接起来，同时在无向边旁标上联系的类型（1∶1、1∶n 或 m∶n）。

2. E-R 模型组成

构成 E-R 图的基本要素是实体型、属性和联系。其表示方法为：实体集用矩形框表示，矩形框内写上实体名；实体的属性用椭圆框表示，框内写上属性名，并用无向边与其实体集相连；实体间的联系用菱形框表示，联系以适当的含义命名，名字写在菱形框中；连线：实体与属性之间、实体与联系之间、联系与属性之间用无向直线相连，并在连线上标注联系的类型。（对于一对一联系，标为 1∶1；对于一对多联系，标为 1∶n；对于多对多关系，则要在两个实体连线方向各写 m∶n。）

因此，E-R 模型也称为 E-R 图。

（1）实体型（Entity）：具有相同属性的实体具有相同的特征和性质，用实体名及其属性名集合来抽象和刻画同类实体。其中实体是一个数据的使用者，其代表软件系统中客观存在的生活中的实物，如人、动物，物体、列表、部门、项目等。而同一类实体构成了一个实体集。实体的内涵用实体类型来表示。实体类型是对实体集中实体的定义。实体中的所有特性称为属性，如用户有姓名、性别、住址、电话等。“实体标识符”是在一个实体中，能够唯一表示实体的属性和属性集的标识符，但对于一个实体只能使用一个“实体标识符”来标明。实体标识符也就是实体的主键。

（2）属性（Attribute）：实体所具有的某种特性，一个实体可由若干个属性来表达。在 E-R 模型图中用椭圆形表示，并用无向直线将其与相应的实体连接起来，如学生的学号、姓名、性别都是属性。

在我们生活的世界中，实体不会是单独存在的，实体和其他的实体之间有着千丝万缕的联系。例如，某个人在公司的某个部门工作，其中的实体有“某个人”和“公司的某个部门”，他们之间存在着很多的“联系”

（3）联系（Relationship），也称关系，反映信息世界中实体内部或实体之间的联系。实体内部的联系通常是指组成实体的各属性之间的联系；实体之间的联系通常是指不同实体集之间的联系。在 E-R 图中用菱形表示，菱形框内写明联系名，并用无向边分别与有关实体连接起来，同时在无向边旁标上联系的类型（1∶1、1∶n 或 m∶n）。如老师给学生授课存在授课关系，学生选课存在选课关系。

联系主要有以下 3 种类型：

①一对一联系（1∶1）

例如，一个班级只有一个班长，而每个班长只在一个班级任职，则班级与班长的联系是一对一的。

②一对多联系（1∶n）

例如，某校教师与课程之间存在一对多的联系，即每位教师可以教多门课程，但是每门课程只能由一位教师来教

③多对多联系（M∶N）

例如，某校学生与课程间是多对多的联系，即一个学生可以学多门课程，而每门课程可以有多个学生来学。联系也可能有属性，如学生学习某门课程所取得的成绩，既不是学生的属性也不是课程的属性。由于“成绩”既依赖于某名特定的学生又依赖于某门特定的课程，

所以它是学生与课程之间的联系。

3. E-R 模型举例

系、学生和课程的联系的 E-R 模型如图 1-1-10 所示。

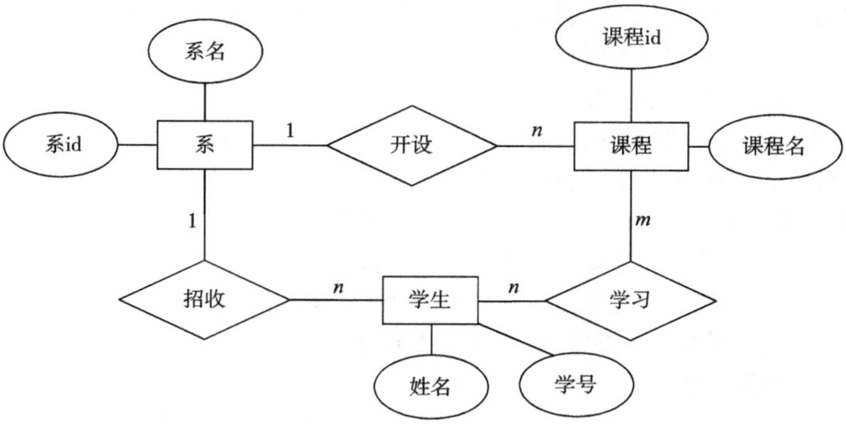

图 1-1-10　系、学生和课程的 E-R 图

其中系、学生和课程作为实体集;系的系名、系 id,学生的学号、姓名,课程的课程 id、课程名为属性。

一个系有多个学生,而一个学生仅属于一个系,所以系和学生之间是一对多的联系;一个学生可以选修多门课程,而一门课程有多个学生选修,所以学生和课程之间是多对多的联系。

4. E-R 图绘制原则、方法与步骤

从数据需求分析中分析出系统的实体属性图,需要遵循三范式原则,对实体之间的依赖关系进行了整合,最终得出系统 E-R 图。

以我们自下向上设计概念结构的规律为例,它通常分为 3 步:

(1)根据需求分析的结果(数据流图、数据字典等)对现实世界的数据进行抽象分析,设计各个局部视图,即分 E-R 图。

设计分 E-R 图的一般步骤是:

①选择局部应用制作数据流图。在需求分析阶段,通过对应用环境和要求进行详细的调查分析,用多层数据流图和数据字典描述了整个系统。设计分 E-R 图的第一步,就是根据系统的具体情况,在多层的数据流图中选择一个适当层次的(经验很重要)数据流图,让这组图中每部分对应一个局部应用,我们即可以以这一层次的数据流图为出发点,设计分 E-R 图。

一般而言,中层的数据流图能较好地反映系统中各局部应用的子系统组成,因此人们往往以中层数据流图作为设计分 E-R 图的依据。

②逐一设计分 E-R 图。每个局部应用都对应一组数据流图,局部应用涉及的数据都已经收集在数据字典中。现在就是要将这些数据从数据字典中抽取出来,参照数据流图,概念结构是对现实世界的一种抽象,一般有 3 种抽象:分类(is member of)、聚集(is part of)、概括(is subset of)。

现实世界中一组具有某些共同特性和行为的对象就可以抽象为一个实体。对象和实体之间是“is member of”的关系。例如,在学校环境中,可以把张三、李四、王五等对象抽象为学生实体。

对象类型的组成成分可以抽象为实体的属性。组成成分与对象类型之间是“is part of”的关系。例如,学号、姓名、专业、年级等可以抽象为学生实体的属性。其中,学号为标识学生实体的连码。

实际上实体与属性是相对而言的,很难有截然划分的界限。同一事物,在一种应用环境中作为“属性”,在另一种应用环境中就必须作为“实体”。一般来说,在给定的应用环境中,属性不能再具有需要描述的性质,即属性必须是不可分的数据项。属性不能与其他实体具有联系。联系只发生在实体之间。

③确定实体之间的联系及其类型(1∶1、1∶n 或 m∶n)。根据需求分析,要考察实体之间是否存在联系,有无多余联系等。

(2)要集成局部视图,即合并分 E-R 图,就能生成初步 E-R 图。

在合成 E-R 图时,各分 E-R 图之间会出现一些矛盾或冲突,合并各分 E-R 图主要就是解决这些冲突。而这些冲突主要有属性冲突、命名冲突和结构冲突 3 类。

①属性冲突。属性冲突主要体现在属性域冲突和属性取值单位冲突两方面。

属性域冲突:即属性值的类型、取值范围或取值集合不同。例如,属性“零件号”有的定义为字符型,有的为数值型。

属性取值单位冲突:即属性值的单位不同。例如,属性“质量”有的以克为单位,有的以千克为单位。

②命名冲突。命名冲突主要是同名和异名的问题。

同名异义:对象名称相同但是意义却不同。

异名同义(一义多名):意义相同的对象却有不相同的名称。例如:“项目”和“课题”名称不同意义相同。

③结构冲突。结构冲突主要是在各分 E-R 图中实体、属性和联系的混乱,主要有以下表现:

a. 同一对象在不同应用中具有不同的抽象。例如,“课程”在某一局部应用中被当作实体,而在另一局部应用中则被当作属性。

b. 同一实体在不同局部视图中所包含的属性不完全相同,或者属性的排列次序不完全相同。

c. 实体之间的联系在不同局部视图中呈现不同的类型。例如,实体 E1 与 E2 在局部应用 A 中是多对多联系,而在局部应用 B 中是一对多联系。又如,在局部应用 X 中 E1 与 E2 发生联系,而在局部应用 Y 中 E1、E2、E3 三者之间有联系。

解决方法是根据应用的语义对实体联系的类型进行综合或调整。

(3)要进行修改与重构,生成基本 E-R 图。

分 E-R 图经过合并生成的是初步 E-R 图。之所以称其为初步 E-R 图,是因为其中可能存在冗余的数据和冗余的实体间联系,即存在可由基本数据导出的数据和可由其他联系导出的联系。冗余数据和冗余联系容易破坏数据库的完整性,给数据库维护增加困难,因此得到初步 E-R 图后,还应进一步检查 E-R 图中是否存在冗余,如果存在,应设法予以消除。修改、重构初步 E-R 图以消除冗余,主要采用分析方法,还可以用规范化理论。

三、安全管理数据库

(一)数据库的安全性

数据库的安全性不是孤立的。在网络环境下,数据库的安全性与三个层次相关:网络系统层、操作系统层、数据库管理系统层。这三层共同构筑起数据库的安全体系，它们与数据库的安全性逐步紧密，重要性逐层加强，从外到内保证数据库的安全性。在规划和设计数据库的安全性时，要综合每层的安全性，使三层之间相互支持和配合，提高整个系统的安全性。在此只讨论数据库管理系统对数据库进行安全管理的问题，网络系统层的安全性、操作系统层的安全性不做介绍。要对数据库进行安全管理就要知道对数据库的破坏来自哪里。一般来说，对数据库的破坏来自以下 4 个方面：

1. 非法用户

非法用户是指那些未经授权而恶意访问、修改甚至破坏数据库的用户，包括那些超越权限访问数据库的用户。一般来说，非法用户对数据库的危害是相当严重的。

2. 非法数据

非法数据是指那些不符合规定或语义要求的数据，一般由用户的误操作引起。

3. 各种故障

各种故障指的是各种硬件故障（如磁盘介质）、系统软件与应用软件的错误、用户的失误等。

4. 多用户的并发访问

数据库是共享资源，允许多个用户并发访问（Concurrent Access），由此会出现多个用户同时存取同一个数据的情况。如果对这种并发访问不加控制，各个用户就可能存取到不正确的数据，从而破坏数据库的一致性。

针对以上 4 种可能对数据库破坏的情况，数据库管理系统（DBMS）核心已采取相应措施对数据库实施保护，具体如下：

（1）用户标识（Identification）和鉴别（Authentication）。用户标识和鉴别是数据库系统提供的最外层安全保护措施。其方法是由系统提供一定的方式让用户标识自己的身份，每次用户要求进入系统时，通过鉴别后才提供系统使用权。用户标识的鉴别方法有多种途径，可以委托操作系统进行鉴别，可以委托专门的全局验证服务器进行鉴别。一般数据库管理系统提供了用户标识和鉴别机制。用一个用户名或者用户标识号来表明用户身份。系统内部记录着所有合法用户的标识，系统鉴别此用户是否合法，若是，则进入口令（Password）的核实；若不是，则不能使用系统。为了进一步鉴别用户，系统常常要求用户输入口令。为保密起见，用户在终端上输入的口令不显示在屏幕上，系统核对口令以鉴别用户身份。通过用户名和口令来鉴定用户的方法简单易行，但用户名与口令容易被人窃取，因此还可以用更复杂的方法。例如，每个用户都预先约定好一个计算过程或者函数。鉴别用户身份时，系统提供一个随机数，用户根据自己预先约定的计算过程或者函数进行计算，系统根据用户计算结果是否正确进一步鉴定用户身份。用户可以约定比较简单的计算过程或函数，以便计算起来方便；也可以约定比较复杂的计算过程或函数，以便安全性更好。

（2）存取控制机制。数据库安全主要是指 DBMS 的存取控制机制。数据库安全最重要的一点是确保只有授权用户访问数据库，同时令所有未被授权的人员无法接近数据，这主要通过数据库系统的存取控制机制实现。存取控制机制主要包括两部分：第一部分是用户权限定义，第二部分是合法权限检查。用户权限是指不同的用户对于不同的数据对象允许执行的操作权限。系统必须提供适当的语言定义用户权限，这些定义经过编译后存放在数据字典中，被称作安全规则。每当用户发出存取数据库的操作请求后，DBMS 查找数据字典，根据安全规则进行合法权限检查，若用户的操作请求超出了定义的权限，系统将拒绝执行此操作。

用户权限定义和合法权限检查一起组成了 DBMS 的安全子系统，支持自主存取控制（DAC）和强制存取控制（MAC）。自主存取控制（DAC）方法：用户对于不同的数据对象有不同的存取权限，不同的用户对同一对象也有不同的权限，而且用户还可将其拥有的存取权限转授给其他用户。因此自主存取控制非常灵活。强制存取控制（MAC）方法：每个数据对象被标以一定的密级，每个用户也被授予某个级别的许可证。对于任意对象，只有具有合法许可证的用户才可以存取。因此强制存取控制相对比较严格。

（3）数据加密。前面介绍的几种数据库安全措施，都是防止从数据库系统中窃取保密数据。但数据存储在存盘、磁带等介质上，还常常通过通信线路进行传输，为了防止数据在这些过程中被窃取，较好的方法是对数据进行加密。对于高度敏感性数据，例如财务数据、军事数据、国家机密，除了上述安全措施外，还可以采用数据加密技术。加密的基本思想是根据一定的算法将原始数据（术语为明文）变换为不可直接识别的格式（术语为密文），从而使得不知道解密算法的人无法获知数据的内容。数据解密是加密的逆过程，即将密文数据转变成可见的明文数据。一个密码系统包含明文集合、密文集合、密钥集合和算法，其中密钥和算法构成了密码系统的基本单元。算法是一些公式、法则或程序，它规定明文与密文之间的变换方法，密钥可以看作算法中的参数。加密方法可分为对称加密与非对称加密两种。

数据加密和解密是相当费时的操作，其运行程序会占用大量系统资源，因此数据加密功能通常是可选特征，允许用户自由选择，一般只对机密数据加密。

（4）审计。按照 TDI/TCSEC 标准中安全策略的要求，审计功能是 DBMS 达到 C2 以上安全级别必不可少的一项指标。因为任何系统的安全保护措施都不是完美无缺的，蓄意盗窃、破坏数据的人总是想方设法打破控制。审计功能把用户对数据库的所有操作自动记录下来放入审计日志（Audit Log）中。DBA 可以利用审计跟踪的信息，重现导致数据库现有状况的一系列事件，找出非法存取数据的人、时间和内容等。审计通常是很费时间和空间的，所以 DBMS 往往都将其作为可选特征，允许 DBA 根据应用对安全性的要求，灵活地打开或关闭审计功能。审计功能一般主要用于安全性要求较高的部门。

用户要进入计算机系统，系统首先根据输入的用户标识进行用户身份鉴定，只有合法的用户才准许进入计算机系统。对已经进入系统的用户，DBMS 要进行存取控制，只允许用户执行合法操作。操作系统一级也会有自己的保护措施。数据最后还可以以密码形式存储在数据库中。本节对数据库的一些逻辑安全机制进行介绍，包括用户认证、存取权限、数据加密与审查等内容。

在一般计算机系统中，安全措施是一级一级层层设置的，最上一层是对用户身份鉴定，接着是要求具有存取控制权限、数据加密和审计等。

（二）数据库的完整性

数据库的安全性和完整性是数据库安全保护的两个不同的方面。数据库的安全性保护数据库以防止不合法用户有意造成的破坏，数据库的完整性保护数据库以防止合法用户无意中造成的破坏。从数据库的安全保护角度来讲，安全性和完整性又是密切相关的。

数据库的完整性是指数据的正确性和相容性。与数据库的安全性不同，数据库的完整性是为了防止错误数据的输入，其防范对象是不合语义的数据，而安全性防范对象是非法用户和非法操作。维护数据库的完整性是数据库管理系统的基本要求。

为了维护数据库的完整性，数据库管理系统（DBMS）必须提供一种机制来检查数据库中的数据是否满足语义约束条件。这些加在数据库数据之上的语义约束条件称为数据库的完整性约束条件。DBMS 检查数据是否满足完整性约束条件的机制称为完整性检查。

完整性约束条件作用对象可以是关系、元组、列。其中列约束主要是列的数据类型、取值范围、精度、是否为空等;元组约束是元组之间列的约束关系;关系约束是指关系中元组之间以及关系和关系之间的约束。

完整性约束条件涉及的这 3 类对象,其状态可以是静态的,也可以是动态的。所谓静态约束是指数据库每一确定状态时的数据对象应满足的约束条件,它是反映数据库状态合理性的约束,这是最重要的一类完整性约束。动态约束是指数据库从一种状态转变为另一种状态时新、旧值之间应满足的约束条件,它是反映数据库状态变迁的约束。

综合上述两个方面,可以按完整性约束条件分为 6 类。

1. 静态列约束

静态列约束是对一个列的取值域的说明,这是最常用也最容易实现的一类完整性约束,主要有以下 4 个方面:

(1)对数据类型的约束,包括数据的类型、长度、单位、精度等。

例如,"姓名"类型为字符型,长度为 10。货物质量单位为千克(kg),类型为数值型,长度为 12 位,精度为小数点后 2 位。

(2)对数据格式的约束。

例如,出生日期的格式为"YYYY-MM-DD"。

(3)对取值范围或取值集合的约束。

例如,学生成绩的取值范围为 0 ~ 100,性别的取值集合为[男,女]。

(4)对空值的约束。

空值表示未定义或未知的值,与零值和空格不同,可以设置列不能为空值,例如学生学号不能为空值。

2. 静态元组约束

一个元组是由若干个列值组成的,静态元组约束就是规定元组的各个列之间的约束关系。例如,订货关系中包含发货量、订货量,规定发货量不得大于订货量。

3. 静态关系约束

在一个关系的各个元组之间或者若干关系之间常常存在各种联系或约束。常见的静态关系约束有:实体完整性约束、参照完整性约束、函数依赖约束、统计约束。其中,实体完整性约束和参照完整性约束是关系模型的两个极其重要的约束,称为关系的两个不变性。

4. 动态列约束

动态列约束是修改列定义或列值时应满足的约束条件,包括以下两方面:

(1)修改列定义时的约束。例如,将允许空值的列改为不允许空值时,如果该列目前已存在空值,则拒绝这种修改。

(2)修改列值时的约束。修改列值有时需要参照其旧值,并且新旧值之间需要满足某种约束条件。例如,职工工资调整不得低于其原来工资,学生年龄只能增长等。

5. 动态元组约束

动态元组约束是指修改元组的值时,元组中各个字段间需要满足某种约束条件。例如,职工工资调整时新工资不得低于原工资 + 工龄 ×1.5 等。

6. 动态关系约束

动态关系约束是加在关系变化前后状态上的限制条件，如事务一致性、原子性等约束条件。

(三)完整性控制机制

DBMS 的完整性控制机制应具有 3 个方面的功能：

(1)定义功能，提供定义完整性约束条件的机制。

(2)检查功能，检查用户发出的操作请求是否违背了完整性约束条件。

(3)保护功能，如果发现用户的操作请求使数据违背了完整性约束条件，则采取一定的动作来保证数据的完整性。

完整性约束条件包括 6 大类，约束条件可能非常简单，也可能极为复杂。一个完善的完整性控制机制应该允许用户定义所有这 6 类完整性约束条件。关系系统中，最重要的完整性约束是实体完整性和参照完整性，其他完整性约束条件则可以归入用户定义的完整性。

实体完整性：基本关系的所有主属性都不能取空值，以便唯一地标识实体。

参照完整性：若属性或属性组 F 是基本关系 R 的外码，它与基本关系 S 的主码 K 相对应，则对于 R 中的每个元组在 F 上的值必须为空值或等于 S 中某个元组的主码值。其中 S 和 R 可以是同一关系。参照完整性定义了外码和主码之间的引用规则。

用户定义完整性：除了实体完整性和参照完整性外，针对某一具体的关系数据库，如果需要一些特殊的约束条件，用户可以自行定义其约束条件。

目前，DBMS 系统中，提供了定义和检查实体完整性、参照完整性和用户定义完整性的功能。对于违反实体完整性和用户定义完整性的操作，一般拒绝执行，而对于违反参照完整性的操作，不是简单的拒绝，而是根据语义执行一些附加操作，以保证数据库的正确性。

(四)实现参照完整性要考虑的几个问题

1. 外键能否为空值问题

例如，学生—班级关系中，学生表为 student、班级表为 class，其中 class 表的主键为班级号 cno，student 表的主键为学生号 sno，外键为班级号 cno，称 class 为被参照关系，student 为参照关系。student 关系中某一元组的 cno 列值若为空值，表示这个学生还没有分配到任何班级。这个和应用环境的语意是相符的，因此 student 的 cno 列可以取空值。

在客户—订单关系中，包含客户表 client 和订单表 order，client 为被参照关系，其主键为客户编号 cno。order 为参照关系，主键为订单编号 ono，外键为订单客户编号 cno。若 order 中元组的 cno 为空值的话，则表明存在没有客户的订单。这与实际的应用环境是不相符合的，因此 order 的 cno 列不能取空值。

因此，在实现参照完整性时，系统除了提供定义外键的机制外，还应提供定义外键是否允许空值的机制。

2. 在被参照关系中删除元组的问题

当删除被参照关系的某个元组时，而参照关系存在若干元组，且其外键值与被参照关系中删除元组的主键值相同。如，员工和部门关系，部门表 dept 中，部门编号 dno 是主键；员工表 employ 中，员工编号 eno 是主键，员工所在部门 dno 是外键，对应 dept 中的主键。删除 dept 部门编号 dno = 8888 的部门，而 employ 中存在 dno = 8888 的 8 名员工。这时可有级联删除,受限删除,置空值删除 3 种不同的删除策略。

(1)级联删除(Cascades)。

将参照关系外键值与被参照关系中要删除元组主键值相同的元组一起删除。如上例中,删除关系 dept 中 dno = 8888 的部门,同时删除 employ 中 8 名 dno = 8888 的员工。

(2)受限删除(Restricted)。

仅当参照关系中没有任何元组的外键值与被参照关系中要删除元组的主键值相同时,系统才执行删除操作,否则拒绝此删除操作。如上例中,删除表 dept 中 dno = 8888 的部门时,检查 employ 中是否有 dno = 8888 的员工,如果有则不能删除,只有先删除 employ 中 dno = 8888 的 8 名员工,然后才能删除表 dept 中 dno = 8888 的部门。

(3)置空值删除(Nullifies)。

删除被参照关系的元组,并将参照关系中相应元组的外键值置空值。如上例中,删除表 dept 中 dno = 8888 的部门时,检查 employ 中是否有 dno = 8888 的员工,如果有将 employ 中 dno = 8888 员工的 dno 设置为 NULL。

3. 在参照关系中插入元组时的问题

当参照关系插入某个元组,而被参照关系不存在相应的元组。如向表 employ 中插入部门编号 dno = 8888,员工编号 eno = 1968 的元组(1968,8888),而表 dept 中没有 dno = 8888 的部门。这时可有以下两种插入策略。

(1)受限插入。仅当被参照关系中存在相应的元组,其主码值与参照关系插入元组的外键值相同时,系统才允许插入,否则拒绝插入。在上例中,系统拒绝插入 employ 元组(1968,8888),因为被参照关系 dept 中没有 dno = 8888 的元组。

(2)递归插入。首先向被参照关系中插入相应的元组,其主码值等于参照关系插入元组的外键值,然后向参照关系插入元组。在上例中,系统先在 dept 中插入 dno = 8888 的元组,然后在关系 employ 中插入元组(1968,8888)。

4. 修改关系中主键的问题

(1)不允许修改主键。在有些 RDBMS 中,不允许修改关系主键。如上例中不能修改 dept 表中的部门编号 dno。如果要修改,只能先删除,然后再增加。

(2)允许修改主键。在有些 RDBMS 中,允许修改关系主键,但必须保证主码的唯一性和非空,否则拒绝修改。当修改的关系是被参照关系时,还必须检查参照关系。如上例中修改 dept 中的 dno = 8888 为 dno = 6666,检查 employ 关系中是否有 dno = 8888 的元组,如果存在,则与删除策略相同。当修改的关系是参照关系时,要检查被参照关系。如学生—选课关系中,选课表 elective 中的学生号 sno 和课程号 cno 联合为主键,sno 也是外键,对应 student 中的学生编号 sno。如果选课表 elective 中的(80201111,20,90)改为(80202222,20,90),检查表 student 中是否存在 sno = 80202222 的主键值,否则与插入策略相同。

从上面的讨论我们看到,DBMS 在实现参照完整性时,除了要提供定义主键、外键的机制外,还需要提供不同的策略供用户选择。选择哪种策略,都要根据应用环境的要求确定。

任务实训方案

关系的设计与 E-R 模型图的绘制

实训题:鑫富珠宝行是一家小型珠宝店,主营难得一见的东方珠宝。它有一批人数不多但很忠诚的客户，现在它打算创建一个常客计划以进一步提高客户的忠诚度。在这个计划里，每进行 10 笔交易，客户就会得到占最近 10 笔交易总额 50% 的信用值。

1. 实训目的

憨悉数据库概念模型设计，掌握 E-R 模型图的绘制。

2. 实训要求

(1)实训前，认真学习相关章节的内容。

(2)完成实训后，应掌握数据库概念模型。

(3)学会 E-R 模型图的绘制。

(4)掌握解决 E-R 模型图中冲突的方法。

3. 实训步骤

(1)实训前，熟悉数据库的各项基础知识。

(2)熟悉 E-R 模型图。

(3)绘制分 E-R 模型图：

①确定所有的实体集合；

②选择实体集应包含的属性；

③确定实体集之间的联系；

④确定实体集的关键字，用下划线在属性上标明关键字的属性组合；

⑤确定联系的类型，在用线将表示联系的菱形框联系到实体集时，在线旁注明是 1 或 n(多)来表示联系的类型。

4. 实训注意事项

(1)实训前，应做好充分的准备。实验教师结合例题引导学生思考如何设计关系。

(2)关系设计时，应按规范设定实体等。

(3)绘制图形时，必须注意绘制要求，严格按绘制步骤进行。

(4)由分 E-R 模型图合成总图时，要求避免冲突。

(5)注意绘制过程中的其他情况。

5. 上交资料

每小组提交一份合格的 E-R 模型图。

6. 仪器及工具

每班分为两人一个小组。每小组 1 台电脑。

绘图说明：实体用矩形表示，属性用椭圆形表示，并用无向直线把实体与属性联系起来。菱形表示实体之间的关系，用无向直线把菱形与有关实体连接，在直线上标明联系的类型。

任务二　数据库创建与维护

任务导入

现阶段随着大数据时代的到来，移动互联网、社交网络、云计算等应用技术的发展越来越成熟，对数据中心的要求也越来越高，存储基础的架构也越来越重要。并且高清技术的发展，也对前端和后端存储时间的增加也有了更高的要求。

另外，政府、军队工程、科研院所工程、航空航天工程、大型商业连锁工程、医疗工程、金融、新媒体等各个领域的新兴应用层出不穷，而传统的数据中心从各个方面来说已经较为落后，不能满足新兴产业对大数据的要求。随着云计算以及虚拟化技术的发展，存储系统的架构出现了变化，甚至出现了新的存储架构。对于安防行业来说，高清视频监控的出现，对存储系统的性能、可靠性、扩展性、管理效能、节能环保和开放性提出了更高的要求。随着市场需求的更新，基于大数据时代的存储要求有了更高的需求，“应用定义存储”的概念也被提出。刘维认为：应用定义存储，是针对各个不同行业的存储方式、应用模式、数据类型等多方面的不同应用变化来进行定义的存储模式。对数据重要性、存储架构与方式、存储服务与应用分析功能给出新的定义，根据存储需求、应用模式的变化重新定义。

未来存储将彻底改变目前传统的存储模式，虚拟化、集群是未来存储方式的重点，云存储的应用是将来存储的趋势。多种应用存储模式混合、多种存储应用与强大的数据挖掘分析能力以及数据的安全、存储速度的快速，是未来存储技术的变化重点。

数据库不管设计得好坏，都可以存取数据，但是不同的数据库在存取数据的效率上有极大的差别。数据库设计也要顺应时代的变化，新的发展对数据库设计与建设也提出了更高的要求。

任务分析

1. 任务准备

多媒体教室，配有相关软件的机房。

2. 任务目标

(1)掌握数据库设计准则；

(2)学会简单规划小型数据库系统；

(3)合理设置数据表间的关系；

(4)Access 软件的安装；

(5)数据库文件的创建和基本操作。

3. 知识准备

(1)数据库基础知识；

(2)关系模型；

(3)关系操作；

(4)数据库管理系统：Access 软件。

相关知识

一、数据库设计的概念及准则

数据库设计(Database Design)是指对于一个给定的应用环境，构造最优的数据库模式，建立数据库及其应用系统，使之能够有效地存储数据，满足各种用户的应用需求(信息要求和处理要求)。在数据库领域内，常常把使用数据库的各类系统统称为数据库应用系统。

Access 数据库是所有相关对象的集合，包括表、查询、窗体、报表、宏、模块、Web 页等。每个对象都是数据库的一个组成部分，其中，表是数据库的基础，它记录数据库中的全部数据内容。而其他对象只是 Access 提供的用于对数据库进行维护的工具而已。正因为如此，设计一个数据库的关键就集中在建立数据库中的基本表上。

(一)数据库项目设计的基本规则

关系型数据库不管设计得好坏，都可以存取数据，但是不同的数据库在存取数据的效率上有很大的差别。为了更好地设计数据库中的表，下面提供几条一般规则供大家讨论。

(1)字段唯一性。即表中的每个字段只能含有唯一类型的数据信息，在同一字段内不能存放两类信息。

(2)记录唯一性。即表中没有完全一样的两个记录。在同一个表中保留相同的两个记录是没有意义的。要保证记录的唯一性，就必须建立主关键字。

(3)功能相关性。即在数据库中，任意一个数据表都应该有一个主关键字段，该字段与表中记录的各实体相对应。这一规则是针对表而言的，它一方面要求表中不能包含该表无关的信息，另一方面要求表中的字段信息要能完整地描述某一记录。

(4)字段无关性。即在不影响其他字段的情况下，必须能够对任意字段进行修改(非主关键字段)。所有非主关键字段都依赖于主关键字，这一规则说明了非主关键字段之间的关键字是相互独立的。

这些内容涉及关系模型与规范化问题，这里不作理论分析，将在数据库原理中学习和讨论。

(二)数据库项目设计的一般步骤

按照上面几条原则，可以设计一个比较好的数据库及基本表。当然数据库的设计远不止这些，还需要设计者的经验和对实际事务的分析和认识。不过可以就这几条规则总结出创建数据库的一般步骤。

1. 明确建立数据库的目的

即用数据库做哪些数据的管理，有哪些需求和功能。然后再决定如何在数据库中组织信息以节约资源，怎样利用有限的资源以发挥最大的效用。

2. 确定所需要的数据表

在明确了建立数据库的目的之后，就可以着手把信息分成各个独立的主题，每个主题都可以是数据库中的一个表。

3. 确定所需要的字段

确定在每个表中要保存哪些信息。在表中，每类信息称作一个字段，在表中显示为一列。

4. 确定关系

分析所有表，确定表中的数据和其他表中的数据有何关系。必要时，可在表中加入字段或创建新表来明确关系。

5. 改进设计

对设计进一步分析，查找其中的错误。创建表，在表中加入几个实际数据记录，看能否从表中得到想要的结果。需要时可调整设计。

(三)如何规划设计小型数据库

下面以小型公司为例，建立客户、订单、产品、雇员管理的数据库。

1. 明确目的

公司中有哪些雇员及其自然情况(何时被聘)、工作情况(销售业绩)等;公司中有哪些产品及其种类、单价、库存量、订货量等;公司有哪些客户,客户的姓名、地址、联系方式及有何订货要求等。

2. 确定数据表

客户表,存储客户信息;雇员表,存储雇员信息;产品表,存储产品信息;订单明细表,存储客户订单信息。

3. 确定字段信息

在上述相关的表中,我们可以初步确定如下必要的字段信息。习惯上,每个表都可人为设定一个关键字段。如订单表中,它的主关键字段是由多个字段组成的(如产品编号、订货日期、客户编号、雇员编号),同时为了方便,也可建立一个订单编号作为主关键字段,它本来是可有可无的字段,如图1-2-1所示。

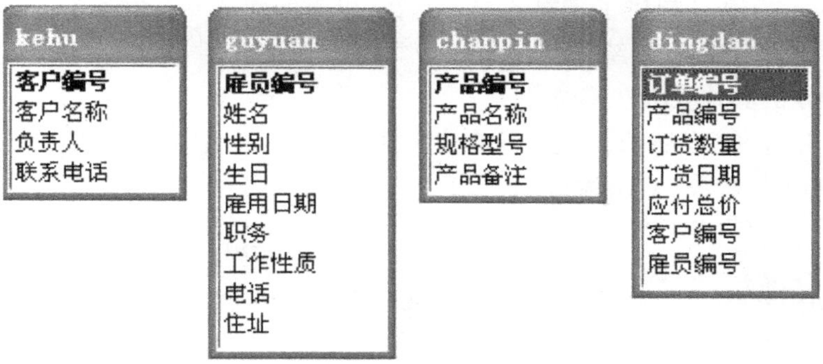

图1-2-1　字段

4. 确定表间关系

要建立两个表之间的关系,可以把其中一个表的主关键字段添加到另一个表中,使两个表都有该字段。图1-2-2中,订单明细表中的主关键字段是由多个字段组成的。当然也可以设立一个订单编号作为主关键字段。

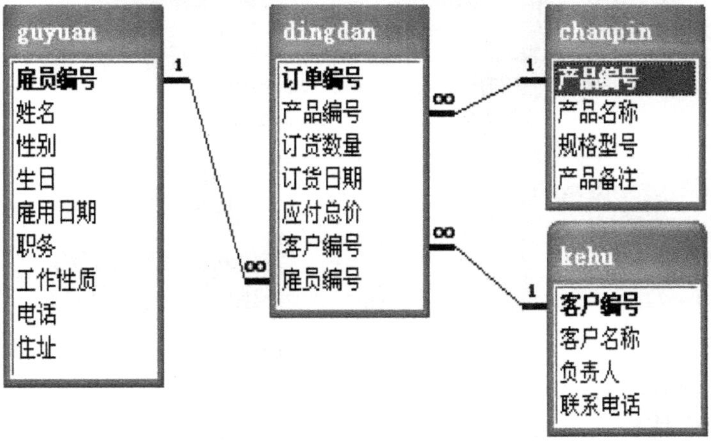

图1-2-2　表间关系

5. 改进设计

图1-2-2中每个表中的字段设置可以进一步完善和改进,甚至可以建立不同于初步设计

时的新表来完成。如有需要,为了进行雇员工资的发放,可以建立工资表。

二、Access 软件的安装与启动

Access 2010 是 Microsoft 公司微软办公软件包 Office 2010 的一部分。Access 2010 是一个面向对象的、采用事件驱动的新型关系型数据库。Access 2010 提供了表生成器、查询生成器、宏生成器、报表设计器等许多可视化的操作工具,以及数据库向导、表向导、查询向导、窗体向导、报表向导等多种向导,可以使用户很方便地构建一个功能完善的数据库系统。Access 还为开发者提供了 Visual Basic for Application(VBA)编程功能,使高级用户可以开发功能更加完善的数据库系统。

Access 2010 还可以通过 ODBC 与 Oracle、Sybase、FoxPro 等其他数据库相连,实现数据的交换和共享。并且,作为 Office 办公软件包中的一员,Access 还可以与 Word、Outlook、Excel 等其他软件进行数据的交互和共享。

此外,Access 2010 还提供了丰富的内置函数,以帮助数据库开发人员开发出功能更加完善、操作更加简便的数据库系统。

Access 2010 的具体安装步骤如下:

步骤 1:首先打开 Office 安装程序所在文件夹,找到文件名为“cn_Office_professional_plus_2010_32 位”的应用程序,双击运行,如图 1-2-3 所示。

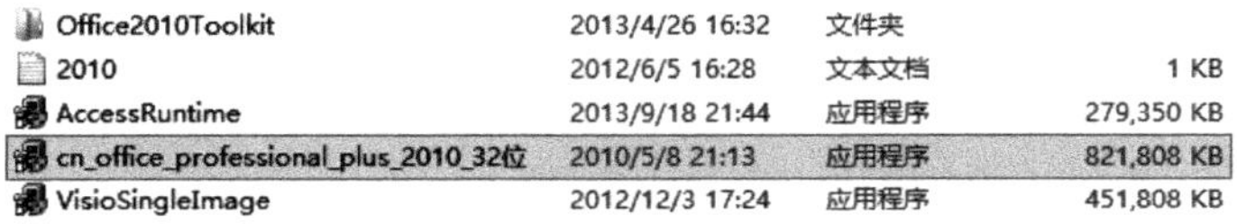

图 1-2-3　安装文件夹

步骤 2:在 Winodws 7 操作系统下,用户账户控制策略可能会弹出确认对话框,单击“是(Y)”即可,如图 1-2-4 所示。

图 1-2-4　用户账户控制对话框

步骤 3:准备安装,如图 1-2-5 所示。

步骤 4:输入产品密钥,根据安装版本的不同,可能不会出现此步骤,如图 1-2-6 所示。

到这个步骤时,打开“2010 序列号”文本文档,把蓝色标识的序列号复制、粘贴到上边,单击“继续”。勾选“尝试联机自动激活我的产品”,会在安装结束后,立即开始激活 office 的尝试。否则,会在第一次打开软件时提示激活。

图 1-2-5　安装界面

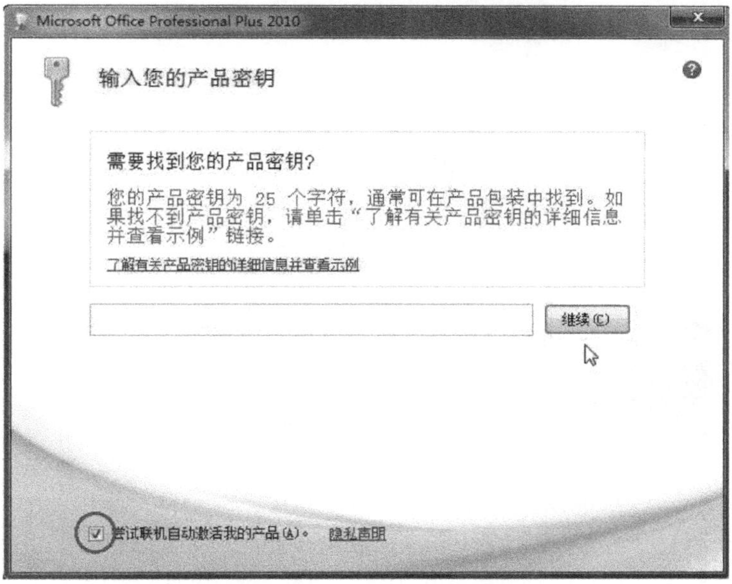

图 1-2-6　输入密钥

步骤 5:在的界面底部的“我接受此协议条款”前面选择,然后点击“继续”，如图 1-2-7 所示。

步骤 6:选择安装模式,如图 1-2-8 所示。

选择“立即安装”,软件就会帮助用户按照厂商的初始设定,安装一些必要的组件。选择“自定义”安装方式,将由用户自己选择将要安装的产品。

步骤 7:自定义——安装选项,如图 1-2-9 所示。

用户可以自定义需要安装的软件,取消不使用的软件的安装。根据版本不同,此页列出的软件可能不同。

步骤 8:选择安装位置。

切换到文件位置选项卡,可以自定义文件安装的位置,如图 1-2-10 所示。

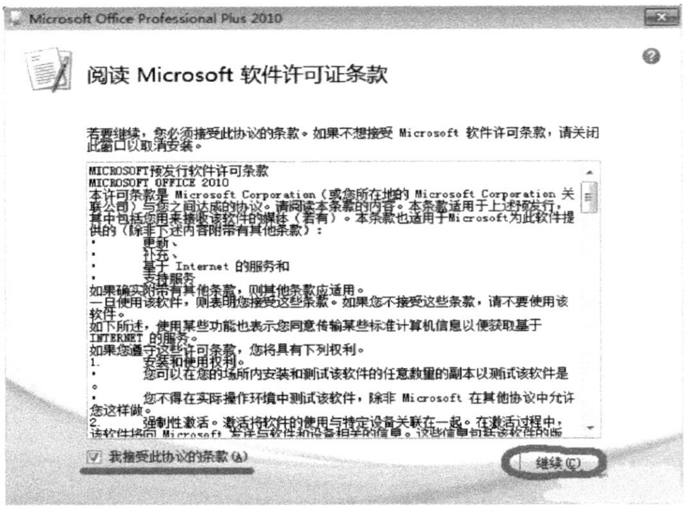

图 1-2-7　接受条款

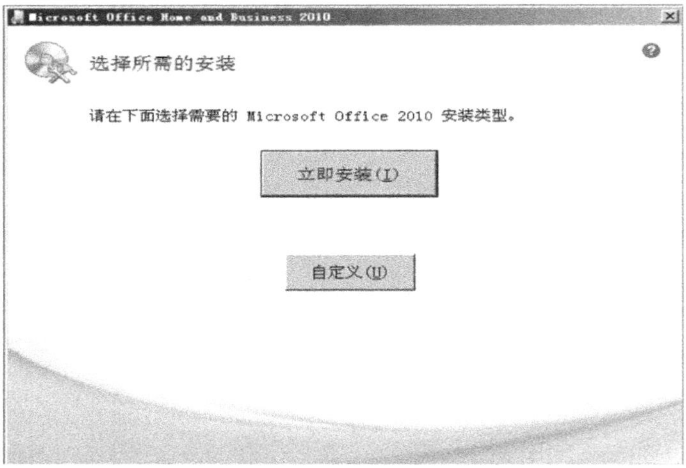

图 1-2-8　安装类型选择界面

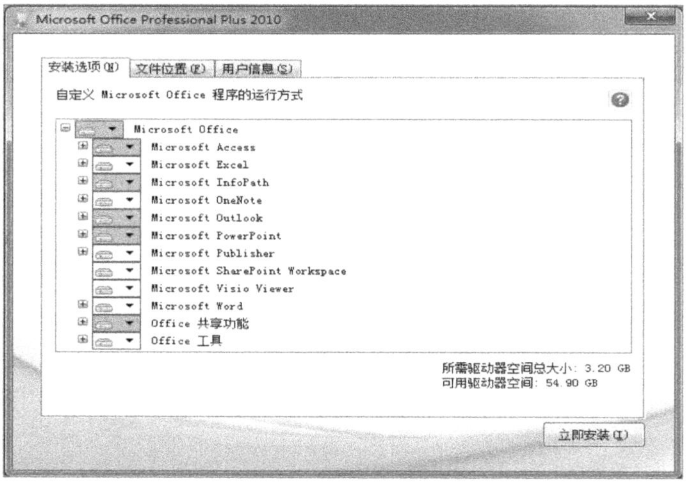

图 1-2-9　选项卡界面

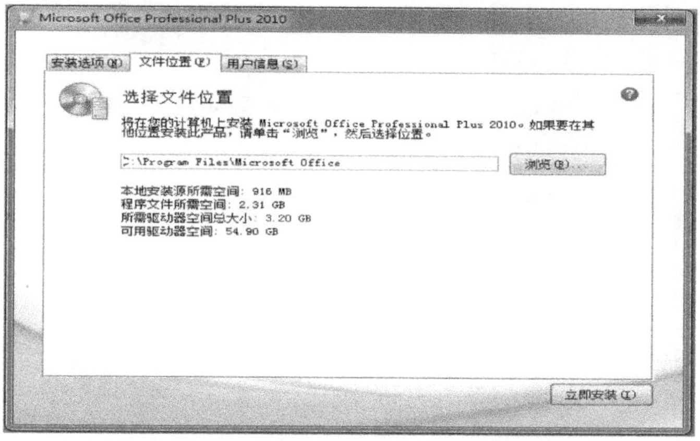

图 1-2-10　文件位置选项卡

步骤 9：配置用户信息，如图 1-2-11 所示。

切换到用户信息选项卡，输入使用者的个人信息。之后点击“立即安装”。

步骤 10：等待安装完毕，如图 1-2-12 所示。

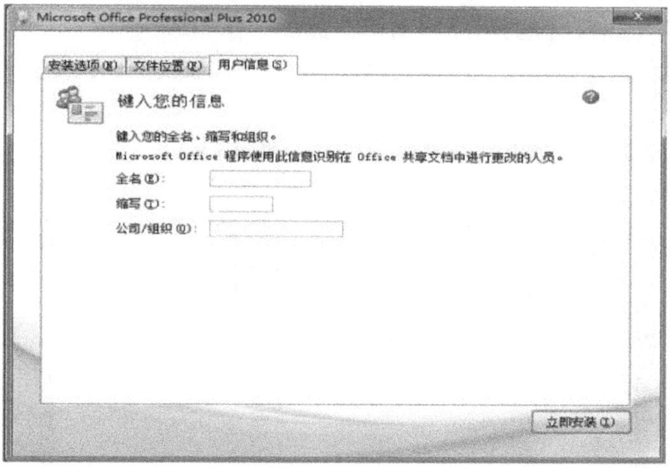

图 1-2-11　用户信息选项卡

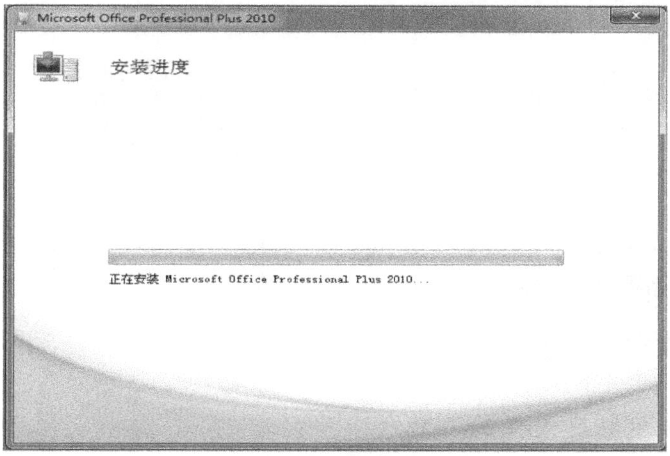

图 1-2-12　安装进度界面

进度条显示软件安装的百分比。安装时间由安装组件多少和计算机性能决定。

步骤 11:安装完毕,如图 1-2-13 所示。

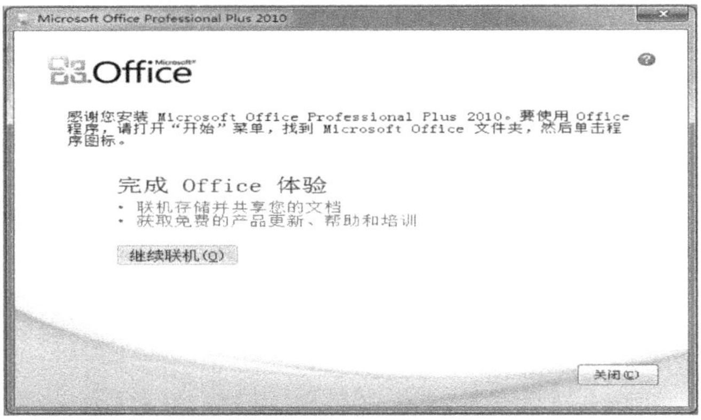

图 1-2-13　安装完成

出现图 1-2-13 的画面,说明软件已经安装完成,单击“关闭”。

安装完成后就可以启动软件了,Access 2010 采用了一种全新的用户界面,这种用户界面是 Microsoft 公司重新设计的,可以帮助用户提高工作效率。Access 2010 相对于旧版本的 Access 2003,界面发生了相当大的变化,但是与 Access 2007 却非常类似。具体启动方法如下:

(1)在计算机桌面上选择“开始”|所有程序| Microsoft Office | Microsoft Access 2010 命令,启动 Access 2010 程序,如图 1-2-14 所示。

图 1-2-14　Access2010 启动

(2)就看到 Access 2010 的启动界面,如图 1-2-15 所示,通过选择空数据库或 Access 的模板,就能创建所需要的数据库文件。

三、数据库文件的创建与基本操作

(一)Access 数据库文件的创建

首先应该明确数据库包含了多个对象,通过前面已经知道数据库表这个对象,还有“查

图 1-2-15 Access 界面

询"、"窗体"、"报表"、"宏"和"模块",这 6 个对象构成了数据库。而数据库,就是存放各个对象的容器,执行数据管理的功能。因此,在创建数据库系统之前,最先做的就是创建一个数据库。

要完成 E-R 图的实现,我们必须先建立一个空数据库,以后根据需要向空数据库中添加表、查询、窗体、宏等对象,这样才能够逐步创建符合 E-R 图设计需要的数据库系统。

1. 创建一个空数据库

步骤 1:启动 Access 2010 程序,这时进入 Backstage 视图,然后在左边导航窗格中选择单击【新建】命令,接着在中间窗格中选择单击【空数据库】选项,如图 1-2-16 所示。

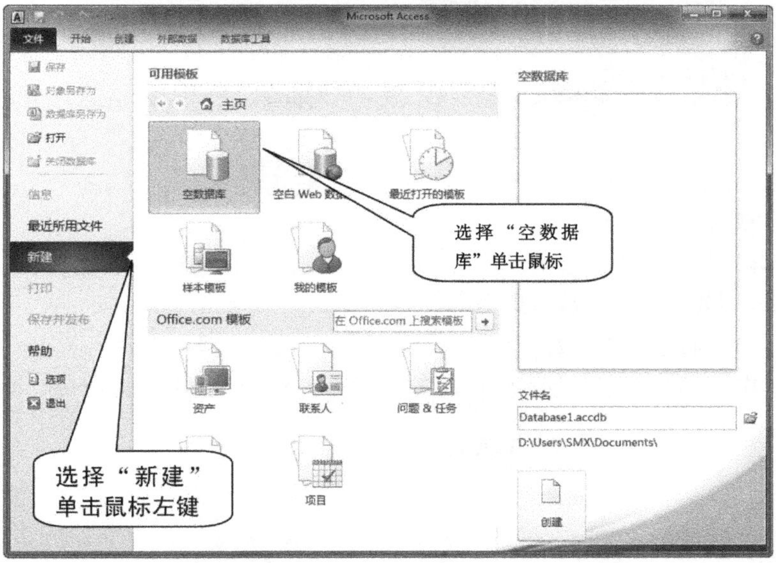

图 1-2-16 Access 数据库文件创建

步骤 2:在右侧窗格中的"文件名"文本框中输入新建文件的名称,再单击【创建】图标按钮,如图 1-2-17 所示。

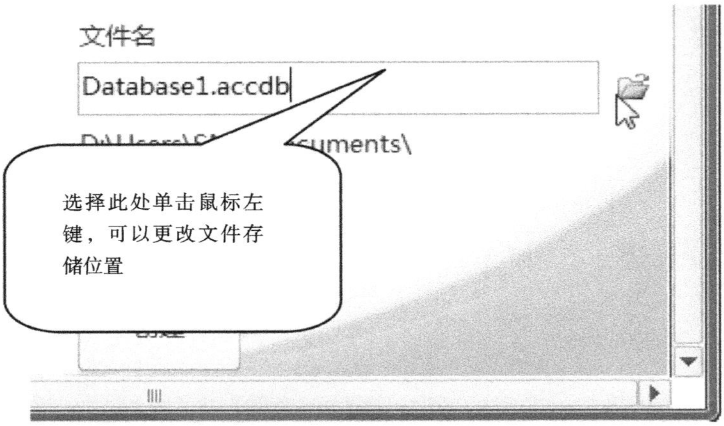

图 1-2-17　文件储存设置

步骤 3：将新建一个空白数据库，并在数据库中自动创建一个数据表，如图 1-2-18 所示。

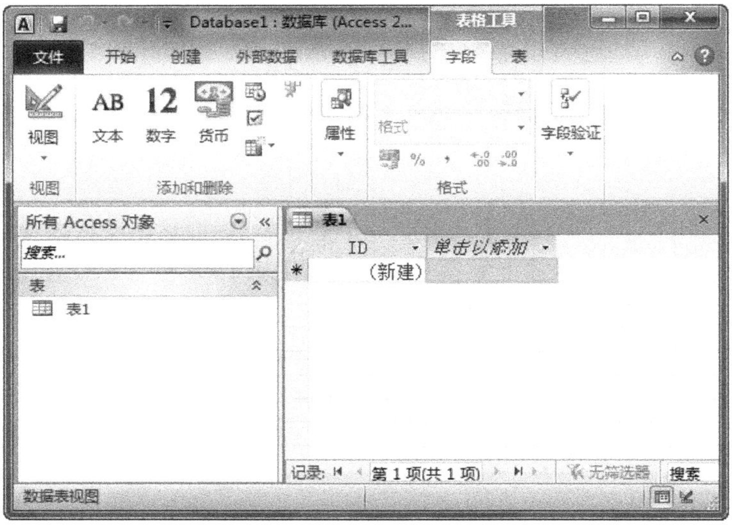

图 1-2-18　新建数据库

2. 利用模板创建数据库

步骤 1：启动 Access 2010。

步骤 2：单击【样本模板】选项，从列出的 12 个模板中选择需要的模板，这里选择【慈善捐赠 Web 数据库】选项，如图 1-2-19 所示。

步骤 3：在屏幕右下方的“文件名”中输入想要采用的数据库文件名。

步骤 4：单击【创建】按钮，完成数据库的创建。创建的数据库如图 1-2-20 所示。

(二)数据库的打开、关闭与保存

1. 数据库的打开

步骤 1：启动 Access 2010，单击屏幕左上角的【文件】标签，在打开的 Backstage 视图中选择【打开】命令，如图 1-2-21 所示。

步骤 2：在弹出的“打开”对话框中选择要打开的文件，单击【打开】按钮，即可打开选中的数据库，如图 1-2-22 所示。

图 1-2-19　样本模板选项

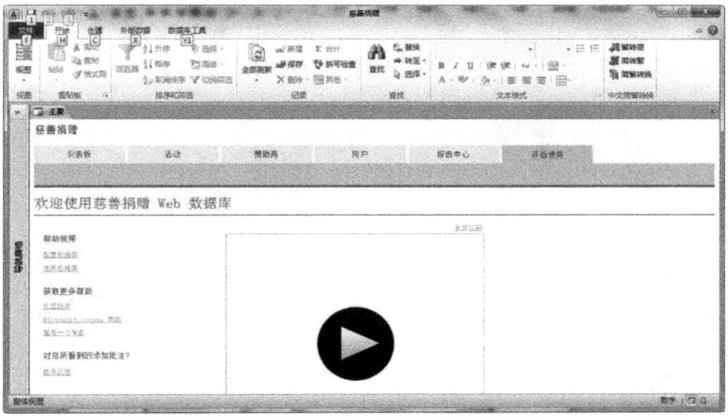

图 1-2-20　慈善捐赠 web 数据库

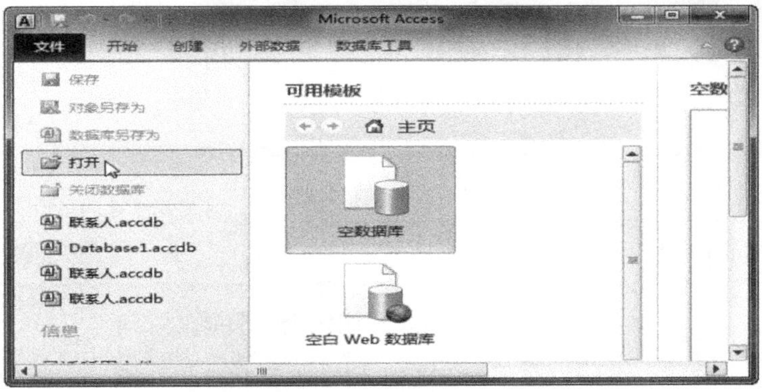

图 1-2-21　文件选项

2. 保存数据库

步骤 1:单击屏幕左上角的【文件】标签,在打开的 Backstage 视图中选择【保存】命令,即可保存输入的信息,如图 1-2-23 所示。

步骤 2:选择【数据库另存为】命令,可更改数据库的保存位置和文件名。在弹出的 Microsoft Access 对话框里,提示保存数据库前必须关闭所有打开的对象,单击【是】按钮即可,如图 1-2-24 所示。

图 1-2-22　打开对话框

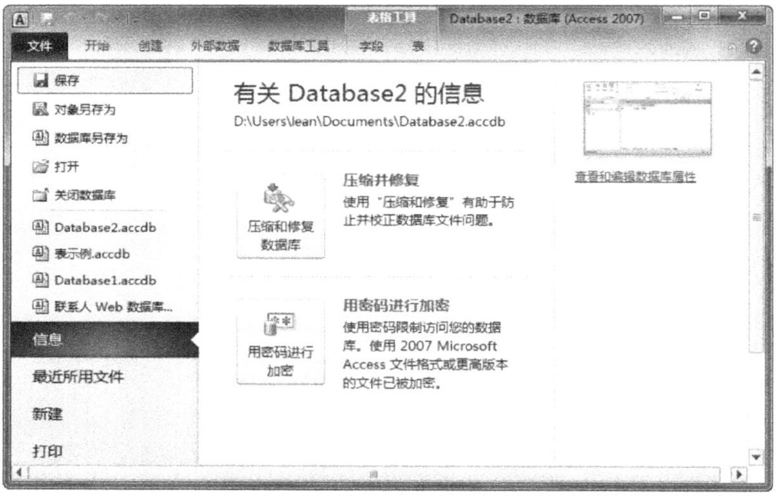

图 1-2-23　文件选项

图 1-2-24　提示对话框

步骤 3:弹出“另存为”对话框,选择文件的存放位置,然后在“文件名”文本框中输入文件名称,单击【保存】按钮即可,如图 1-2-25 所示。

3. 关闭数据库

单击屏幕右上角的【关闭】按钮,即可关闭数据库,如图 1-2-26 所示。

图 1-2-25　另存为对话框

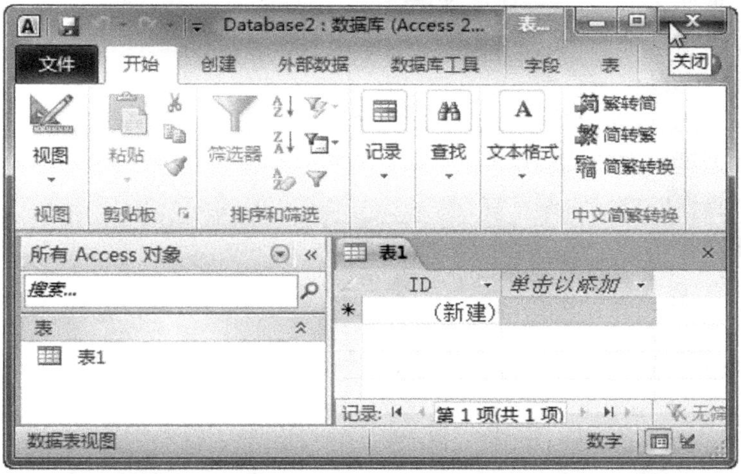

图 1-2-26　数据库界面

或者单击左上角的【文件】标签，在打开的 Backstage 视图中选择【关闭数据库】命令，即可关闭数据库，如图 1-2-27 所示。

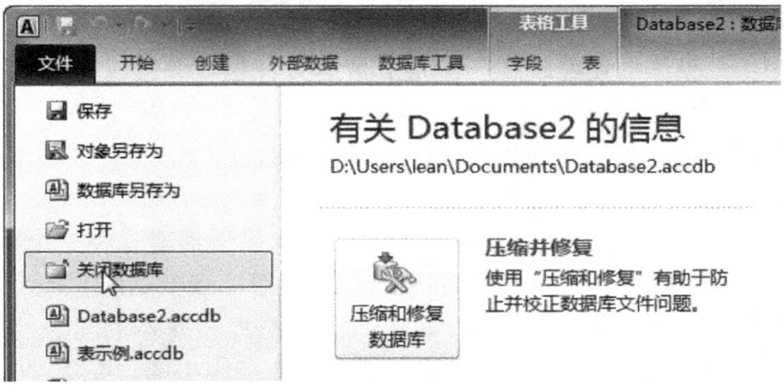

图 1-2-27　文件选项

任务实训方案

数据库文件管理

实训题:学会软件安装,练习数据库的各项基本操作。

1. 实训目的

熟悉 Access 软件安装,学会数据库的创建等基本操作。

2. 实训要求

(1)实训前,认真学习相关章节的内容。

(2)完成实训后,应掌握数据库及数据库表结构的维护。

(3)学会数据表的各种设置。

3. 实训步骤

(1)实训前,熟悉数据库的各项基础知识。

(2)从提供的安装文件开始安装 Access 软件。

(3)第一次启动 Access 软件。

(4)创建数据库文件,另存为副本文件。

(5)关闭数据库文件。

4. 实训注意事项

(1)实训前,应做好充分的准备。实训教师结合例题引导学生思考如何设计关系。

(2)掌握数据库软件的使用界面。

(3)练习数据库的创建等基本操作。

5. 上交资料

每小组提交一份合格的数据库文件副本。

6. 仪器及工具

每班分为两人或一人一个小组。每小组 1 台电脑。

任务三　数据表的维护与关系设置

任务导入

在前面介绍了数据库的创建过程。但是数据库文件里什么都没有,我们怎么才可以把数据记录完整、正确存储到数据库中去呢?这里我们就要用到“表”对象。

关系式数据结构把一些复杂的数据结构归结为简单的二元关系(即二维表格形式)。例如某单位的职工关系就是一个二元关系。

Access 数据库是关系型数据库,其对数据的操作几乎全部建立在一个或多个关系表格上,通过对这些关系表格的分类、合并、连接或选取等运算实现数据的管理。

Access 数据库有很多对象,但是“表”是 Access 数据库最基本的对象,其他所有对象都是基于“表”这个对象的,而我们所有的数据也都是存在于表中的。在数据库中对其他对象的任何操作归根结底都是针对表进行的。所以,数据表是数据库的核心和基础。

任务分析

1. 任务准备

多媒体教室,配有相关软件的机房。

2. 任务目标

(1)掌握表的功能与作用;

(2)掌握表的多种创建和维护方法;

(3)掌握表结构的创建与修改方法;

(4)掌握表中字段的数据类型、属性的设置;

(5)了解表与表间关系,学会表间关系的设置。

3. 知识准备

(1)Access 数据库各种界面的操作;

(2)数据库的创建与维护。

相关知识

一、数据表的创建

(一)使用表设计视图创建数据表

使用表的“设计视图”创建表,创建的仅仅是表的结构,即设置表的各种字段的属性。各行数据记录还需要在“数据表视图”中输入。我们通常都是使用“设计视图”来创建表。下面将以创建一个“学生信息表”为例,说明使用表的“设计视图”创建数据表的操作步骤。

步骤 1:启动 Access 2010,打开之前创建的数据库,切换到【创建】选项卡,单击“表格”组中的【表设计】按钮,进入表的设计视图,如图 1-3-1 所示。

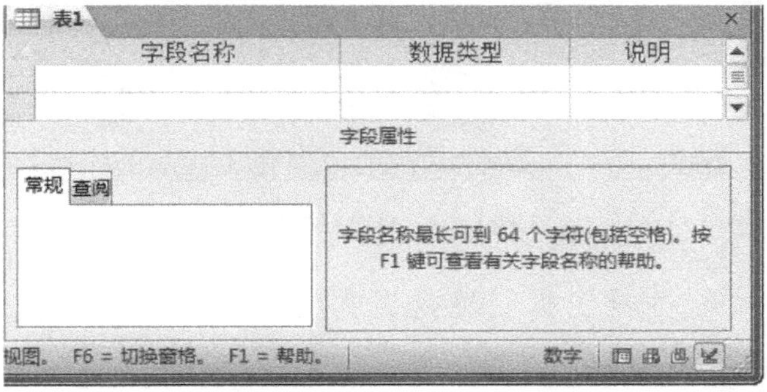

图 1-3-1 表设计视图

步骤 2:在“字段名称”栏中输入字段的名称“学号”;在“数据类型”下拉列表框中选择该字段的数据类型,这里选择“数字”选项;在“说明”栏中的输入为选择性的,也可以不输入,如图 1-3-2 所示。

步骤 3:选择主键按钮把学号设为主键,结果如图 1-3-3 所示。

步骤 4:用同样的方法,输入其他字段名称,并设置相应的数据类型。

步骤 5:单击【保存】按钮,弹出“另存为”对话框,然后在“表名称”文本框中输入“学生信息表”,再单击【确定】按钮,如图 1-3-4 所示。

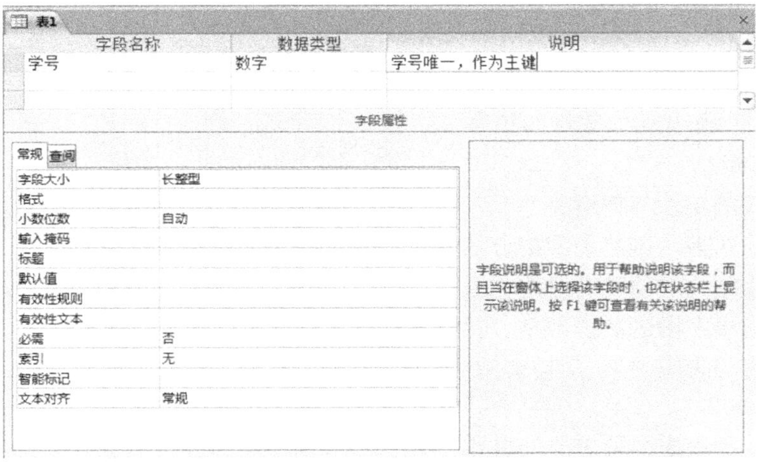

图 1-3-2　常规选项卡

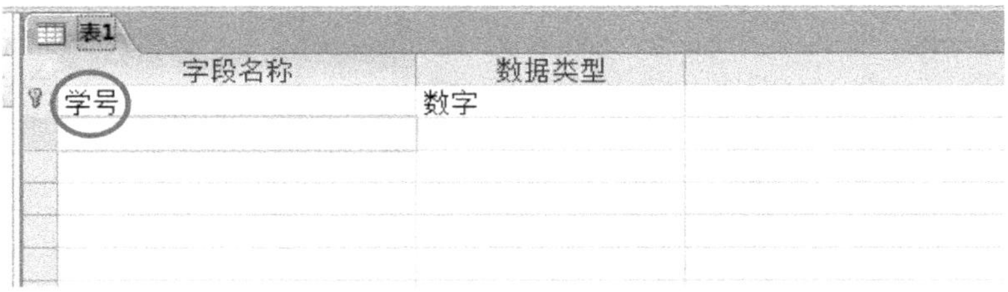

图 1-3-3　主键设置

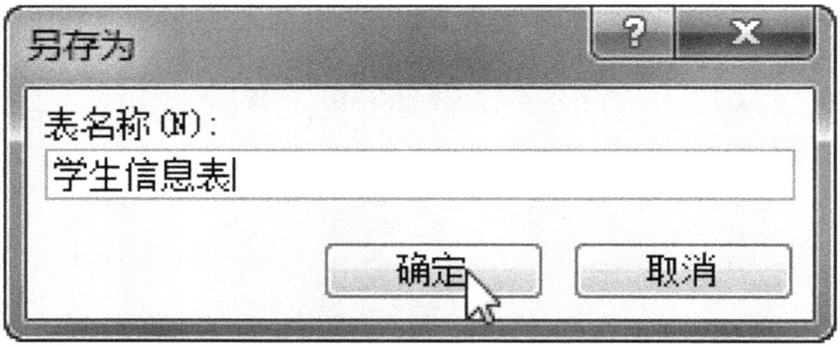

图 1-3-4　另存为对话框

(二)使用表模板、字段模板创建数据表

对于一些常用的应用,如联系人、资产等信息,运用表模板会比手动方式更加方便和快捷。下面我们来看看利用表模板创建数据表的操作方法。

启动 Access 2010,打开之前创建的数据库,切换到【创建】选项卡,单击【表模板】按钮,然后在弹出的列表中选择【用户】选项,如图 1-3-5 所示,这样就创建了一个“用户”表。

除了上面利用表模板创建数据库外,Access 2010 还提供了一种新的创建数据表的方法,即通过 Access 自带的字段模板创建数据表。模板中已经设计好了各种字段属性,可以直接使用该字段模板中的字段。下面以在新建的数据库中,运用字段模板,建立一个“学生信息表”为例,其具体步骤如下:

步骤 1:启动 Access 2010,打开新建的数据库。

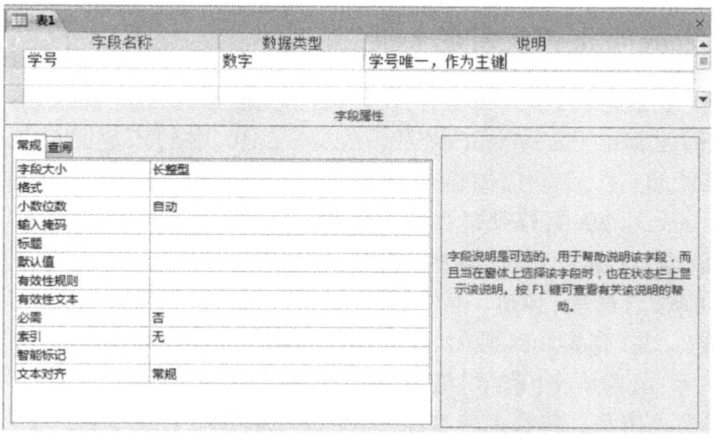

图 1-3-5　表模板

步骤 2:切换到【创建】选项卡,单击“表”组中的【表】选项,新建一个空白表,并进入该表的“数据表视图”。

步骤 3:单击“表格工具”选项卡下【字段】,在“添加和删除”组中,单击【其他字段】右侧的下拉按钮,弹出要建立的字段类型,如图 1-3-6 所示。

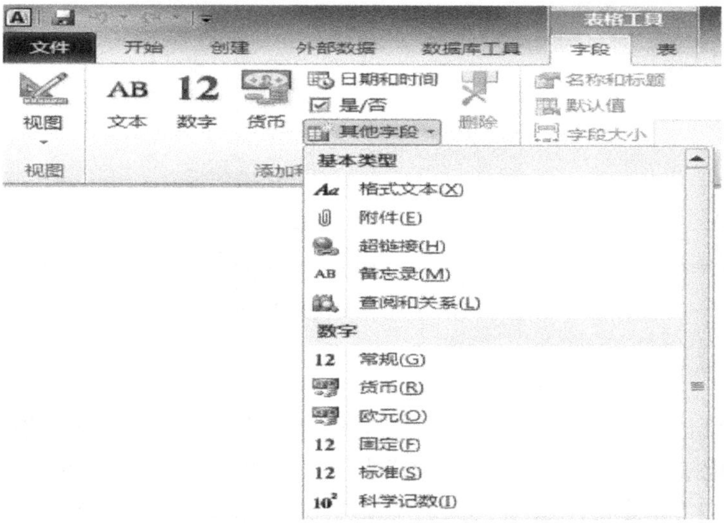

图 1-3-6　添加其他字段

步骤 4:单击要选择的字段类型,接着即可在表中输入字段名,如图 1-3-7 所示。

图 1-3-7　输入字段名

(三)使用 SharePoint 列表创建表

可以在数据库中创建从 SharePoint 列表导入的或链接到 SharePoint 列表的表。还可以使用预定义模板创建新的 SharePoint 列表。Access 2010 中的预定义模板包括“联系人”、“任务”、“问题”和“事件”,下面以创建一个“联系人”表为例,其具体步骤如下:

步骤 1:启动 Access 2010,打开建立的数据库。

步骤 2:在【创建】选项卡下的“表格”组中,单击“SharePoint 列表”,接着从弹出的下拉列表框中选择【联系人】选项,弹出“创建新列表”对话框,输入要在其中创建列表的 SharePoint 网站的链接,并在“指定新列表的名称”和“说明”文本框中分别输入新列表的名称和说明,如图 1-3-8 所示,最后单击【确定】按钮,即可打开创建的表。

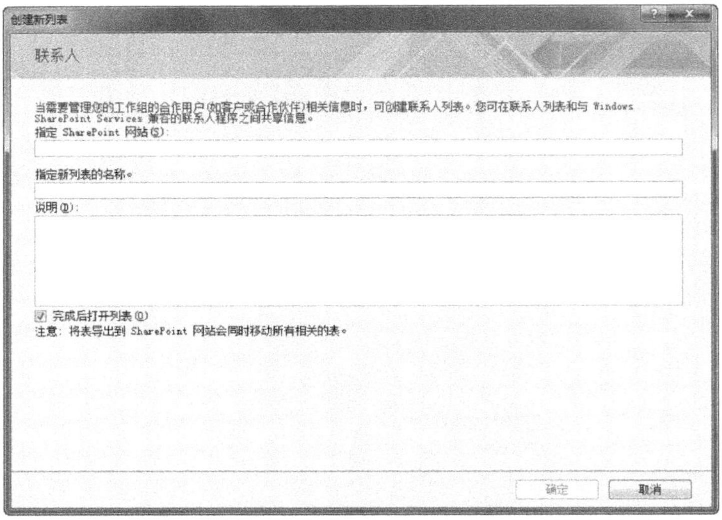

图 1-3-8　创建新列表对话框

(四)使用表设计视图创建表

使用表的“设计视图”创建表主要是设置表的各种字段的属性。而它创建的仅仅是表的结构,各种数据记录还需要在“数据表视图”中输入。通常都是使用“设计视图”来创建表。下面将以创建一个“学生信息表”为例,说明使用表的“设计视图”创建数据表,其具体操作步骤如下:

步骤 1:启动 Access 2010,打开数据库。

步骤 2:切换到【创建】选项卡,单击“表格”组中的【表设计】按钮,进入表的设计视图,如图 1-3-9 所示。

步骤 3:在图 1-3-9 界面的“字段名称”栏中输入字段的名称“学号”;在“数据类型”下拉列表框中选择该字段的数据类型,这里选择“数字”选项;在“说明”栏中的输入为选择性的,也可以不输入。

步骤 4:用同样的方法,输入其他字段名称,并设置相应的数据类型,结果如图 1-3-10 所示。

步骤 5:单击“保存”按钮,弹出“另存为”对话框,然后在“表名称”文本框中输入“学生信息表”,再单击“确定”按钮,如图 1-3-11 所示。

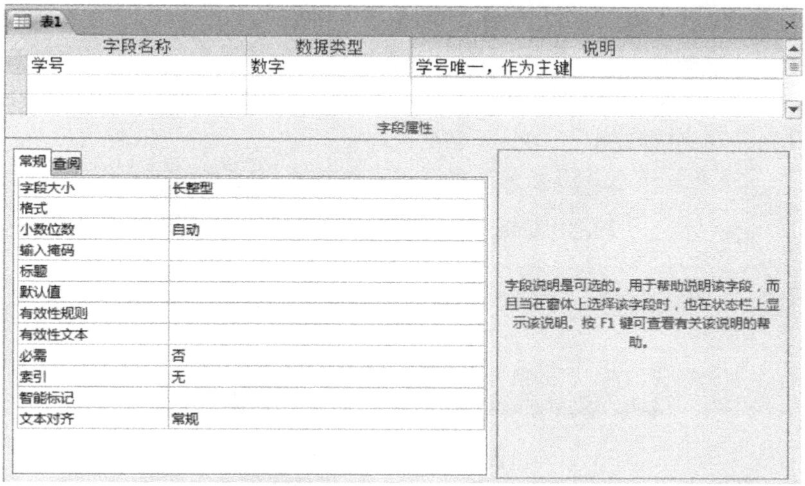

图 1-3-9　表设计视图

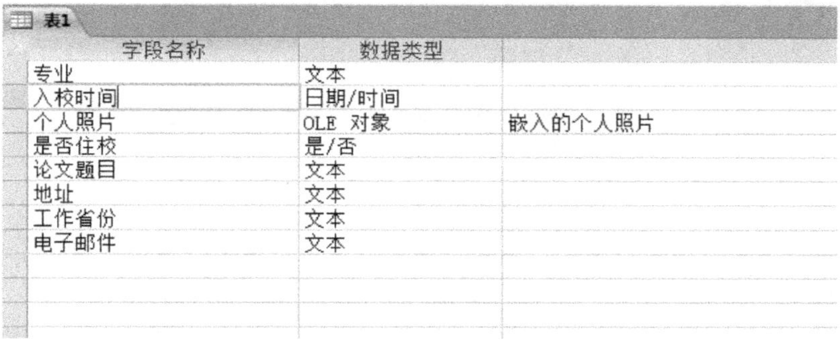

图 1-3-10　表字段

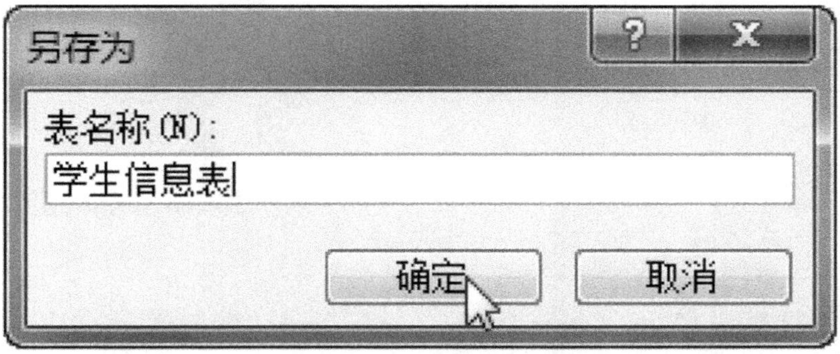

图 1-3-11　另存为对话框

步骤 6：在弹出的对话框里，提示尚未定义主键，单击“否”按钮，暂时不设定主键。

步骤 7：单击屏幕左上方的“视图”按钮，切换到“数据表视图”，这样就完成了利用表的“设计视图”创建表的操作。完成的数据表如图 1-3-12 所示。

二、数据表结构的修改

当数据库设计出了问题时，我们需要修改数据库中的表的字段，或者是字段的数据类型，也要用到表的设计视图，这种修改称为修改表结构，具体步骤如下。

步骤 1：启动 Access 2010，打开之前创建的数据库，双击要修改的表名，单击“视图”组中的【设计视图】按钮，进入表的设计视图，如图 1-3-13 所示。

步骤 2：在“字段名称”栏中选择字段“学号”；在“数据类型”下拉列表框中选择该字段的数据类型，这里把原来的“数字”改选为“文本”选项，在常规选项卡里把字段大小由 255 改为 25，如图 1-3-14 所示。

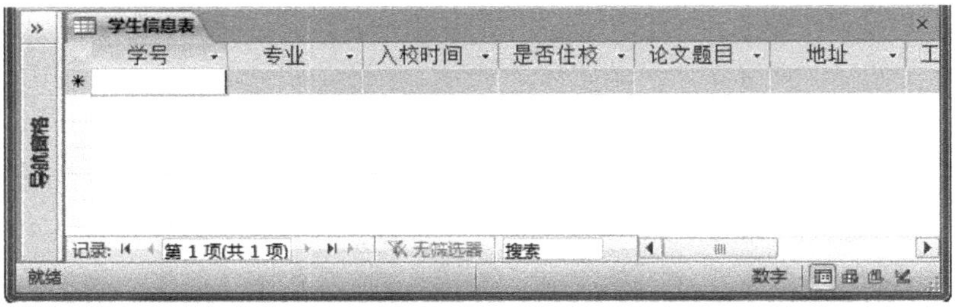

图 1-3-12　数据表视图

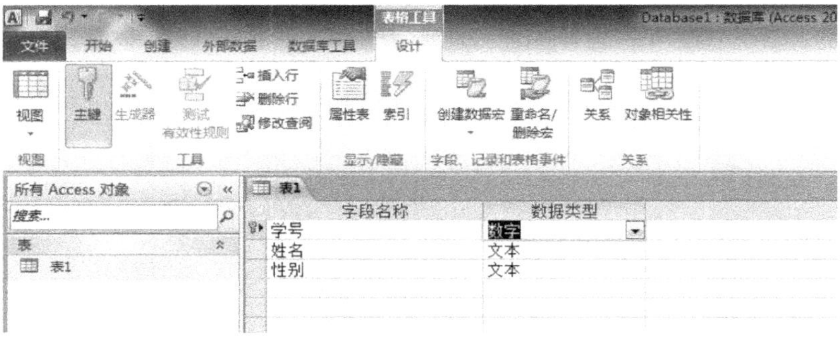

图 1-3-13　表设计视图

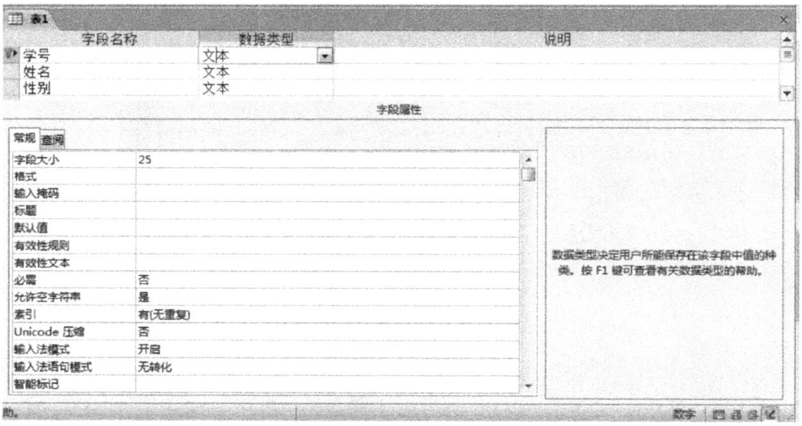

图 1-3-14　输入字段

常规选项卡中常用属性介绍：

“字段大小”属性可以控制文本或数字字段的数值范围；

“格式”属性可以指定字段的数据显示格式；

“默认值”属性可以指定添加新记录时自动输入的值；

“输入掩码”限定了输入数据的格式，可以控制用户的输入值，从而使数据输入更容易；

“有效性规则”属性可以用于限制此字段输入值的表达式；

“允许空字符串”属性可以指定该字段是否允许零长度字符串。

三、数据表的维护

(一)添加与修改记录

表是数据库中存储数据的唯一对象,对数据库添加数据,就是要向表中添加记录。使用数据库时,向数据库输入数据和修改数据,是操作数据库必不可少的操作,下面就以向“学生信息表”中添加和修改记录为例进行介绍,具体操作步骤如下。

步骤 1:启动 Access 2010,打开建立的数据库,然后从导航窗格中双击“学生信息表”,接着在右侧的窗格中单击空白单元格,按字段输入要添加的记录,如图 1-3-15 所示。

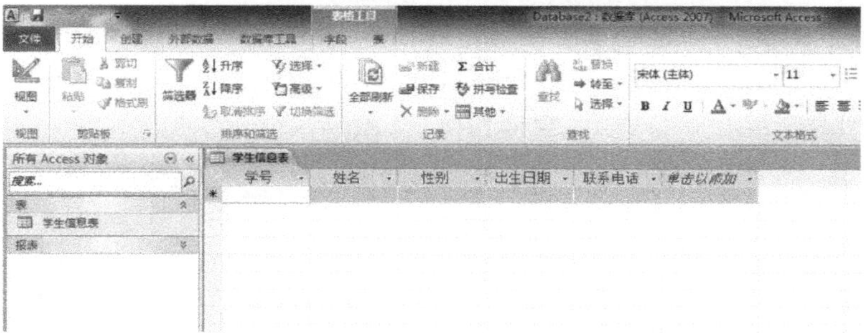

图 1-3-15　表数据维护

步骤 2:如要修改记录,单击要修改的单元格,在单元格中修改记录即可,如将“江西交院管理系”改为“江西交通职业技术学院管理工程系”,如图 1-3-16 所示。.

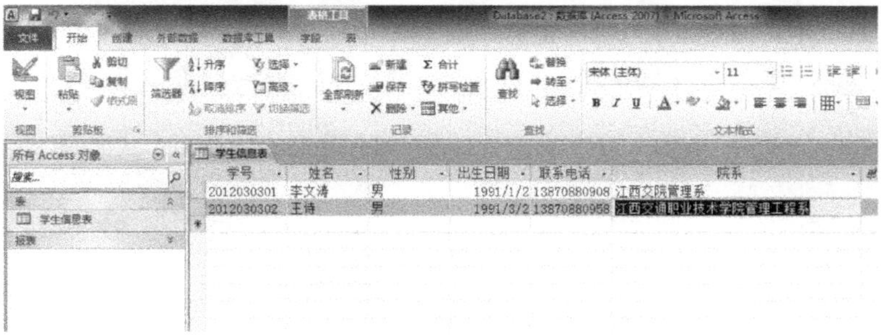

图 1-3-16　修改数据

(二)删除数据或记录

操作数据库时,删除表中的数据或记录是必不可少的操作。

删除数据项:鼠标移动到某记录的数据项出现十字符号单击鼠标左键选定,点击删除按钮或右键选删除即可。

删除记录:鼠标移动到某记录的左侧的灰色区域,此时光标变成向右的黑色箭头,单击鼠标左键选定,点击删除按钮或右键选删除,如图 1-3-17 所示。

在弹出的“您正准备删除 1 条记录”对话框中单击“是”按钮,即可删除该条记录。

(三)数据的查找与替换

和其他 Office 软件一样,Access 也提供了灵活的“查找和替换”功能,用于对指定的数据进行查看和修改。

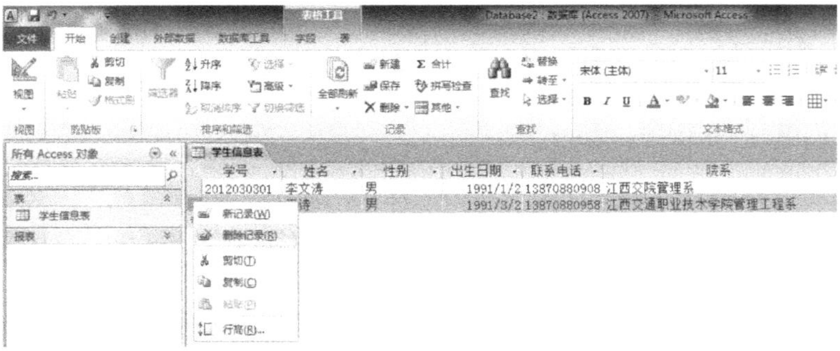

图 1-3-17　数据删除

在 Access 中，用户可以通过单击“开始”选项卡下的“查找”按钮或按下 Ctrl + F 组合键打开“查找和替换”对话框，“查找和替换”对话框如图 1-3-18 所示（替换对话框比查找对话框多一个“替换为”选项和“替换”、“全部替换”按钮，其余一样）。

图 1-3-18　查找和替换对话框

在输入查找内容以后，单击“查找下一个”按钮，系统将对数据表进行搜索，查找“查找内容”下拉列表框中的内容；当找到数据进行替换时可选择“替换”、“全部替换”按钮。

对话框中个选项作用如下：

查找内容：接受用户输入的查找内容。用户需要在“查找内容”下拉列表框中输入要查询的内容，该对话框自动记录以前曾经搜索过的内容，用户可以在下拉列表框中查看以前的搜索记录。

查找范围：该下拉列表框中设置查找的范围，是整个数据表，还是仅仅一个字段列中的值。默认值是当前光标所在的字段列。

匹配：设置输入内容的匹配方式，可以选择“字段任何部分”、“整个字段”、“字段开头”3 个选项。

搜索:控制搜索方向,是指从光标当前位置“向上”、“向下”还是“全部”搜索。

区分大小写:选中该复选框,则将对输入的查找内容区分大小写。在搜索时,小写字母和大写字母是按不同的内容进行查找的。

(四)数据的排序与筛选

在 Access 中对数据进行排序操作,和在 Excel 中的排序操作是类似的。Access 提供了强大的排序功能,用户可以按照文本、数值或日期值进行数据的排序。对数据库的排序主要有两种方法:一种是利用工具栏的简单排序;另一种就是利用窗口的高级排序。各种排序和筛选操作都在“开始”选项卡下的“排序和筛选”组中进行。

1. 简单排序

简单排序只要打开数据库,打开数据表,选择要排序的字段,然后点击“升序”、“降序”按钮即可,如图 1-3-19 所示。但是简单排序存在两个问题,即当记录中有大量的重复记录或者需要同时对多个列进行排序时,简单排序就无法满足需要了。

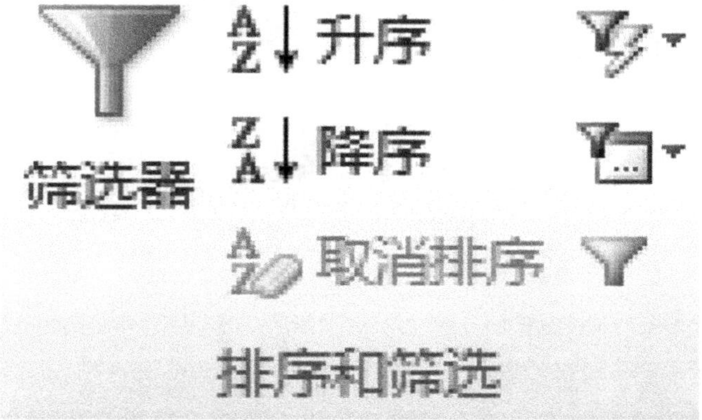

图 1-3-19　排序和筛选组

2. 高级排序

高级排序可以将多列数据按指定的优先级进行排序。也就是说,数据先按第一个排序准则进行排序,当有相同的数据出现时,再按第二个排序准则排序,以此类推。如图 1-3-20 所示单击“排序和筛选”组中的“高级”按钮,在弹出的菜单中选择“高级筛选/排序”命令,系统将进入排序筛选窗口。这里的“高级筛选/排序”操作,其实就是一个典型的选择查询。“高级筛选/排序”就是利用创建的查询来实现排序的,这些内容将在后面的学习中详细介绍。

大多数时候,用户并不是对数据表中所有的数据都感兴趣,经常要在有几百条记录的数据表中查找几个感兴趣的记录,如果用手工的方式一个一个地查找,会消耗大量的时间。

在 Access 中,可以利用数据的筛选功能,过滤掉数据表中我们不关心的信息,而返回想看的数据记录,从而提高工作效率。下面我们来看看建立筛选的方法。

方法一:通过鼠标右键建立筛选。

步骤 1:打开数据库,打开“学生信息”表,进入该表的“数据表视图”,如图 1-3-21 所示。

步骤 2:在“宿舍”列中的任意位置右击,在弹出的快捷菜单中选择“文本筛选器”命令,弹出筛选级联菜单,如图 1-3-22 所示。

步骤 3:在级联菜单中选择“等于”命令,将会弹出“自定义筛选”对话框,在文本框中输

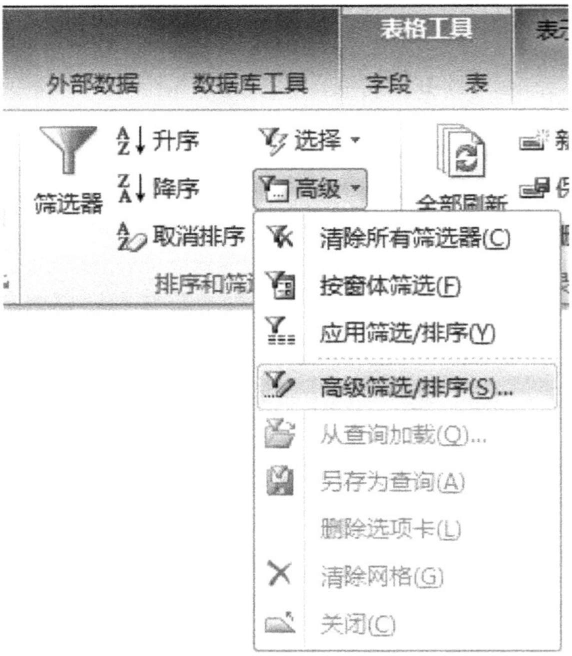

图 1-3-20　高级筛选按钮

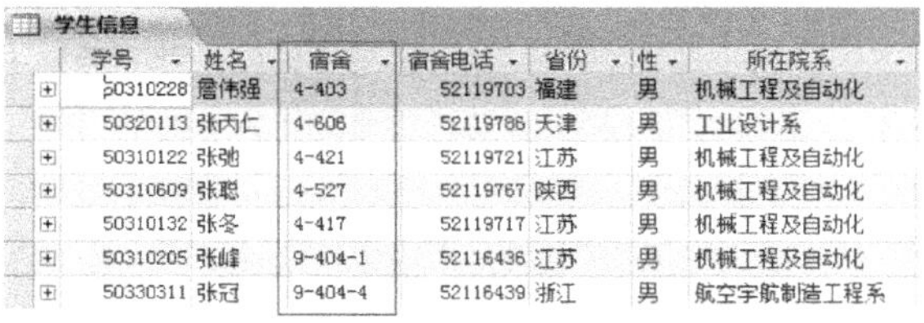

学生信息

学号	姓名	宿舍	宿舍电话	省份	性	所在院系
50310228	詹伟强	4-403	52119703	福建	男	机械工程及自动化
50320113	张丙仁	4-606	52119786	天津	男	工业设计系
50310122	张弛	4-421	52119721	江苏	男	机械工程及自动化
50310609	张聪	4-527	52119767	陕西	男	机械工程及自动化
50310132	张冬	4-417	52119717	江苏	男	机械工程及自动化
50310205	张嵘	9-404-1	52116436	江苏	男	机械工程及自动化
50330311	张冠	9-404-4	52116439	浙江	男	航空宇航制造工程系

图 1-3-21　学生信息表数据视图

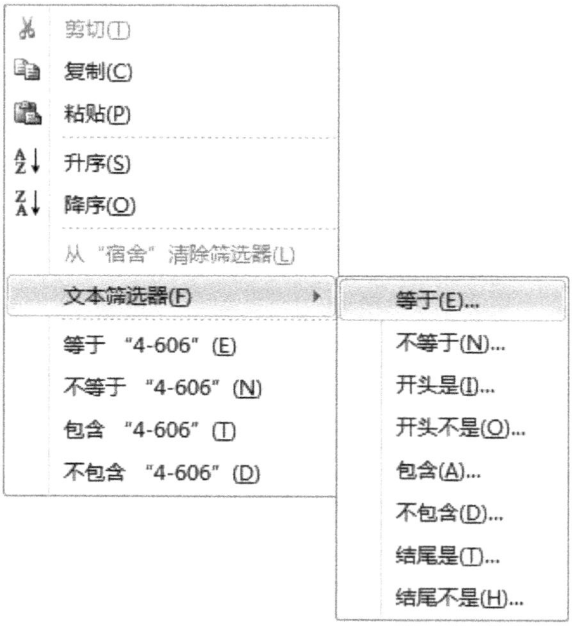

图 1-3-22　筛选级联菜单

入“4-624”,如图 1-3-23 所示。

图 1-3-23　自定义筛选对话框

步骤 4:单击“确定”按钮,则 Access 将按照“宿舍 = ‘4-624’”的条件进行筛选,运行筛选后的数据表视图,如图 1-3-24 所示。

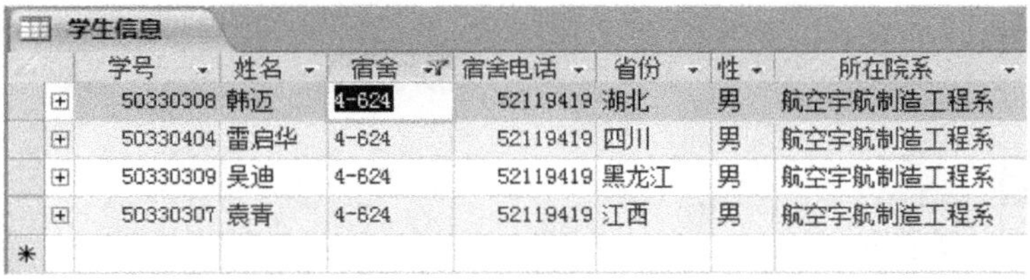

学生信息

学号	姓名	宿舍	宿舍电话	省份	性	所在院系
50330308	韩迈	4-624	52119419	湖北	男	航空宇航制造工程系
50330404	雷启华	4-624	52119419	四川	男	航空宇航制造工程系
50330309	吴迪	4-624	52119419	黑龙江	男	航空宇航制造工程系
50330307	袁青	4-624	52119419	江西	男	航空宇航制造工程系

图 1-3-24　筛选后数据表视图

步骤 5:完成筛选后,单击“排序和筛选”组中的“切换筛选”按钮,即可在源数据表和筛选表之间实现切换。

方法二:通过字段列下拉菜单建立筛选。

步骤 1:在表的数据表视图中单击“宿舍”字段列中的小箭头,弹出筛选操作菜单,如图 1-3-25 所示。

步骤 2:在下面显示了该列中不同的字符串,在本例中选中“4-624”复选框,如图 1-3-26 所示。

图 1-3-25　筛选操作菜单

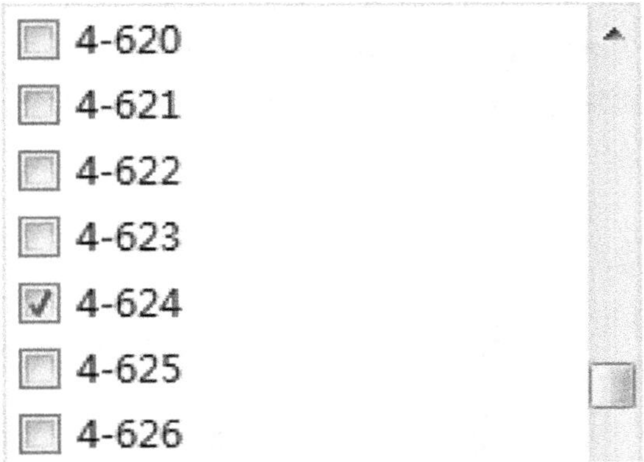

图 1-3-26　选中“4-624”复选框

步骤 3:单击“确定”按钮,即可建立筛选,筛选结果如图 1-3-27 所示。

(五)数据表格式的设置

设置表的行高:打开数据库,打开表,进入该表的“数据表视图”,右击表左侧的行选项区域,在弹出的下拉菜单中选择“行高”命令,如图 1-3-28 所示。弹出“行高”对话框,在文本框

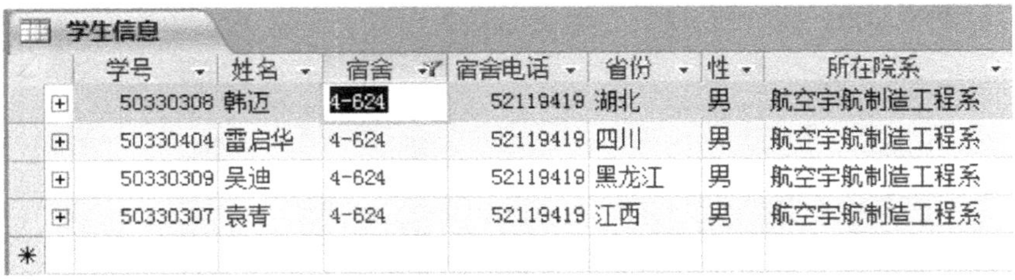

图 1-3-27　筛选结果

中输入要设置的行高数值,再单击“确定”按钮即可。

设置表的列宽:在要改变宽度的字段名上(如“性别”)单击右键,在弹出的快捷菜单中选择“字段宽度”命令,如图 1-3-29 所示。在弹出的“列宽”对话框中输入需要的列宽,单击“确定”按钮即可。

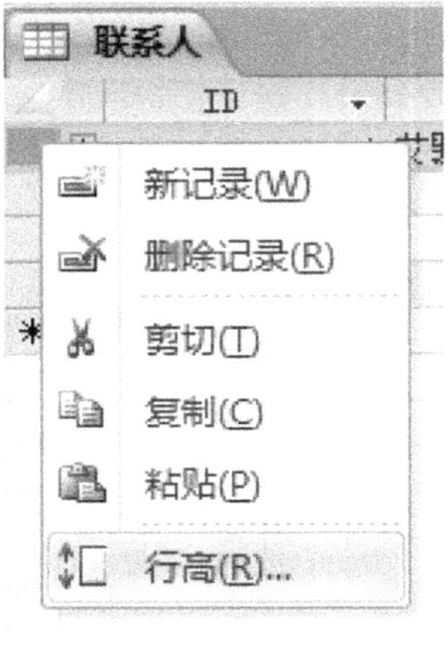

图 1-3-28　设置行高菜单

图 1-3-29　设置列宽菜单

设置字体格式:在数据库的“开始”选项卡下的“文本格式”组中,有字体的格式、大小、颜色及对齐方式等功能按钮,如图 1-3-30 所示。用户根据需要选择自己想要字体的格式即可。

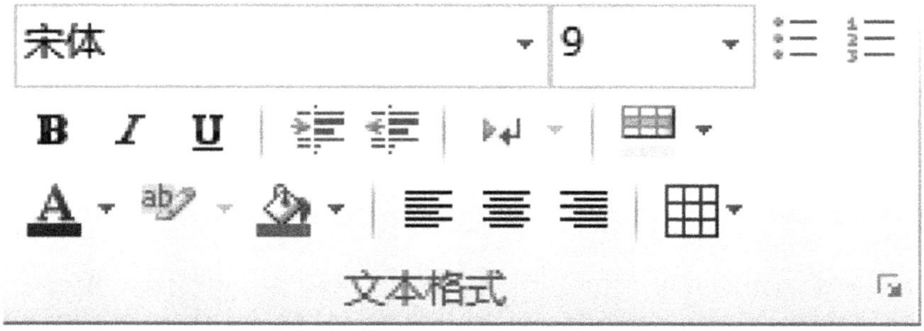

图 1-3-30　文本格式组

隐藏字段:打开数据库,打开表,进入该表的“数据表视图”,在“性别”字段名上单击右键,在弹出的快捷菜单中选择“隐藏字段”命令,如图 1-3-31 所示,该字段即被隐藏。

显示隐藏字段:打开数据库,打开表,进入该表的“数据表视图”,选定“姓名”字段,将光标放在“姓名”与“出生日期”字段的分隔线上,当光标变成双向箭头时,单击右键,在弹出的快捷菜单中选择“取消隐藏字段”命令，弹出“取消隐藏列”对话框，取消选中“性别”复选框，单击“关闭”按钮，如图 1-3-32 所示，刚隐藏的“性别”字段就会重新显示出来。

图 1-3-31 隐藏字段

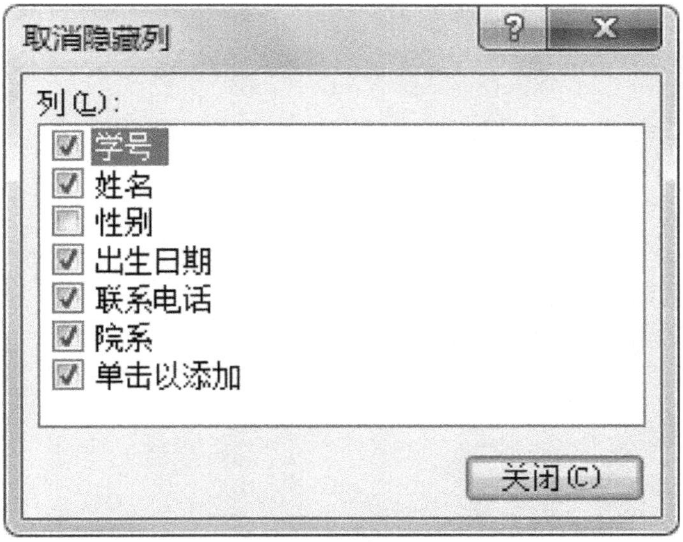

图 1-3-32 取消隐藏列对话框

冻结字段：打开数据库，打开表，进入该表的“数据表视图”，在“性别”字段名上单击右键，在弹出的快捷菜单中选择“冻结字段”命令，如图 1-3-33 所示，该字段即被冻结，不能被拖动了。

取消字段冻结：在“性别”字段名上单击右键，在弹出的快捷菜单中选择“取消冻结所有字段”命令，字段被取消冻结后即可拖动了。

(六)子数据表的利用

子数据表和下面要介绍的子窗体一样，都是和另外一个对象(表或窗体)建立了主次链

图 1-3-33　冻结字段菜单

接关系。与子数据表相对应的就是主数据表。子数据表的建立方法步骤如下：

步骤 1：打开数据库，在左边的导航窗格中打开“学生信息表”。单击左上角的“视图”按钮，进入表的“设计视图”，如图 1-3-34 所示。

图 1-3-34　表的设计视图

步骤 2：单击“设计”选项卡下“显示/隐藏”组中的“属性表”按钮，如图 1-3-35 所示。

步骤 3：系统弹出表的“属性表”窗格，用户可以在里面对数据表进行各种设置。单击“子数据表名称”行旁的下拉箭头，在弹出的下拉列表框中选择“表：学生宿舍表”选项，设置“链接子字段”和“链接主字段”值为“学号”，如图 1-3-36 所示。

步骤 4：保存该设置，单击左上角的“视图”按钮进入“数据表视图”，可以看到每条记录前都有一个“ + ”标记，表示已经建立了子数据表。单击任意一个“ + ”标记，则将弹出全部

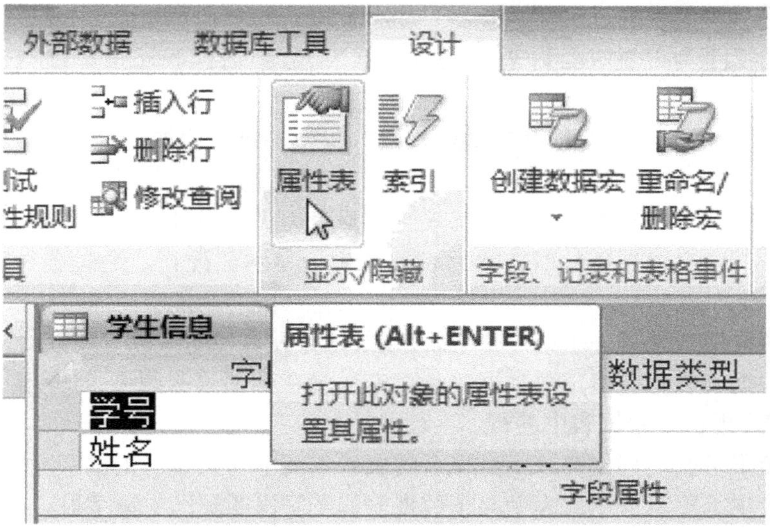

图 1-3-35　显示/隐藏组

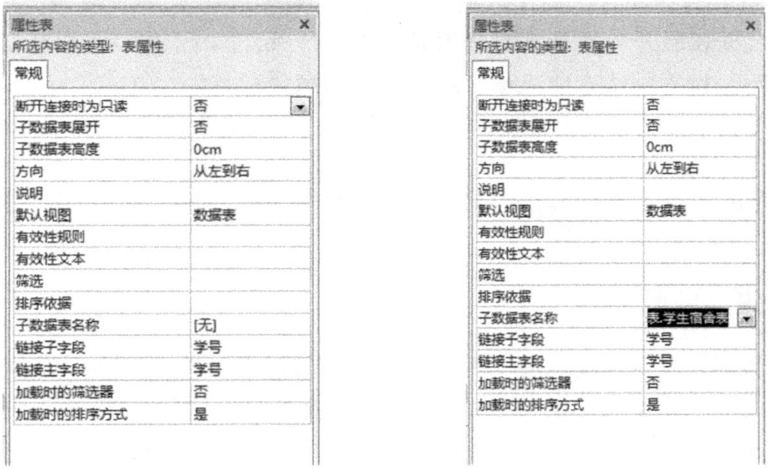

图 1-3-36　属性表窗格

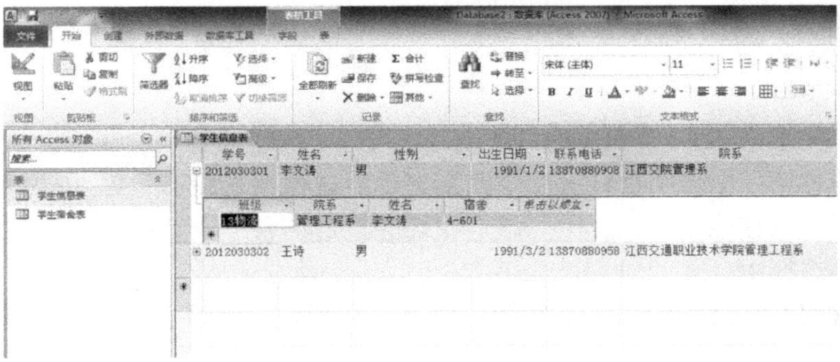

图 1-3-37　数据表视图

的子数据表记录，如图 1-3-37 所示。

这样就利用表的“属性表”窗格建立了一个子数据表。还可以看到在“属性表”窗格中要进行多种设置，各种设置的作用分别如下：

(1)“说明”:提供表的说明。

(2)“默认视图”:设置在打开表时是将数据表、数据透视表还是数据透视图作为默认视图。

(3)“有效性规则”:和字段的“有效性规则”一样,提供在添加记录或更改记录时必须为“真”的表达式。

(4)“有效性文本”:当输入记录与有效性规则表达式冲突时显示的文本。

(5)“筛选”:定义筛选条件以在数据表视图中仅显示匹配行。通过各种方式建立的筛选都会在此显示。

(6)“排序依据”:选择一个或多个字段,以指定数据表视图中的行的默认排序。

(7)“子数据表名称”:指定子数据表是否应显示在数据表视图中,如果显示则还要指定哪个表或查询应提供子数据表中的行。

(8)“链接子字段”:列出在该子数据表的表或查询中与此表的主键字段匹配的字段

(9)“链接主字段”:列出此表中与子数据表的子字段匹配的主键字段。

(10)“子数据表高度”:指定在打开时是展开以显示所有可用的子数据表行(默认设置),还是设置要在打开时显示的子数据表窗口的高度。

(11)“子数据表展开”:设置在打开表时是否展开所有的子数据表。

(12)“方向”:设置阅读方向是从左到右还是从右到左。

(13)“加载时的筛选器”:在数据表视图中打开表时,是否自动应用“筛选”属性中的筛选条件。

(14)“加载时的排序方式”:在数据表视图中打开表时,是否自动应用“排序依据”属性中的排序条件。

四、建立表之间的关系

表关系是数据库中非常重要的一部分,甚至可以说,表关系是 Access 作为关系型数据库的根本。这也是关系型数据库的最大优势所在,它将各种记录信息按照不同的主题安排在不同的数据表中,通过在建立了关系的表中设置公共字段,实现各个数据表中数据的引用。要正确执行上述过程,必须首先了解表关系的概念,并在 Access 2010 数据库中建立表关系。

(一)Access 2010 表关系类型

1. 一对一关系

在一对一关系中,第一个表中的每条记录在第二个表中只有一个匹配记录,而第二个表中的每条记录在第一个表中也只有一个匹配记录。这种关系并不常见,因为多数与此方式相关的信息都可以存储在一个表中。但是在某些特定场合下还是需要用到一对一关系的,比如以下一些情况中:

把不太常用的字段放置于单独的表中,以减小数据表占用的空间,提高常用字段的检索和查询效率;

当某些字段需要较高的安全性时,可以将其放在单独的表中,只授权具有特殊权限的用户查看。

2. 一对多关系

假设有一个客户管理数据库,其中包含了一个“客户”表和一个“订单”表。客户可以签署任意数量的订单。“客户”表中显示的所有客户都是这样,“订单”表中可以显示很多订单。因此,“客户”表和“订单”表之间的关系就是一对多关系。

我们知道表关系的建立是通过两个表中的公共字段来建立的,因此如果要在数据库设计中建立一对多的关系,必须设置表关系中“一”端为表的主键,并将其作为公共字段添加到表关系为“多”端的表中。

例如,本例中,在“客户”表中建立一个“客户 ID”字段,并将该字段添加到“订单”表中,然后,Access 可以利用“客户”表中的“客户 ID”字段中的值来查找每个客户的多个订单。

3. 多对多关系

客户管理数据库中还包含一个“产品”表。这样一个订单中可以包含多个产品。另外,一个产品可能出现在多个订单中。因此,对于“订单”表中的每条记录,都可能与“产品”表中的多条记录相对应。同时,对于“产品”表中的每条记录,都可能与“订单”表中的多条记录相对应。这种关系称为多对多关系。

要建立多对多的表关系,在 Access 中必须创建第三个表,该表通常称为连接表,它将多对多关系划分为两个一对多关系,将这两个表的主键都插入到第三个表中,通过第三个表的连接建立起多对多的关系。例如,“订单”表和“产品”表有一种多对多的关系,这种关系是通过与“订单明细”表建立两个一对多关系来定义的。一个订单可以有多个产品,每个产品可以出现在多个订单中。

(二)Access 2010 表关系的创建

关系表征了事物之间的内在联系。例如,关系可以表征产品表和订单表、学生信息表和成绩表之间的这种自然关系,这种关系是客观存在的,所以在建立关系的时候要充分考虑到这种自然性。

1. 建立一对一表关系

一对一表关系在实际中应用得较少,但是在上面介绍的特殊用途中,仍然是非常有用的。它通过数据表的“主键”字段建立表关系。下面为数据库中的“学生信息表”和“原始信息表”建立一对一的关系。具体步骤如下:

步骤 1:打开数据库,从导航窗格中分别打开“学生信息表”和“原始信息表”。

步骤 2:单击“视图”按钮,分别进入“设计视图”模式,则可以看到两个表的字段分别如图 1-3-38 所示。在两个表中记录的都是与某一个学生相关的信息,而且学生名单是完全一致的,因此可以建立一对一的关系,也可以将这两个表合二为一。

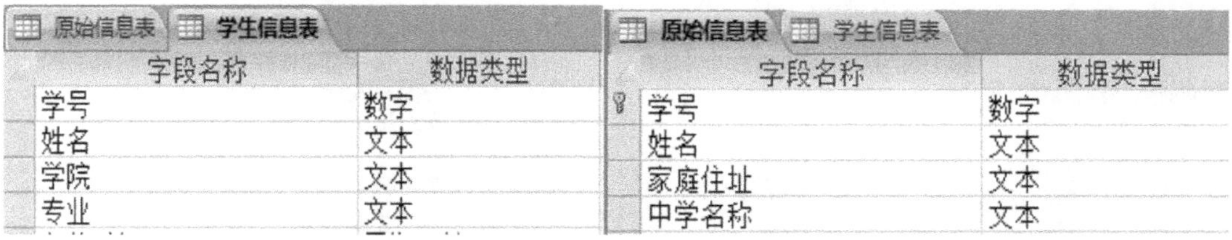

图 1-3-38 表设计视图

步骤 3:单击“数据库工具”选项卡下的“关系”按钮,如图 1-3-39 所示。

步骤 4:系统打开“关系管理器”,用户可以在“关系设计器”中创建、查看、删除表关系,如图 1-3-40 所示。

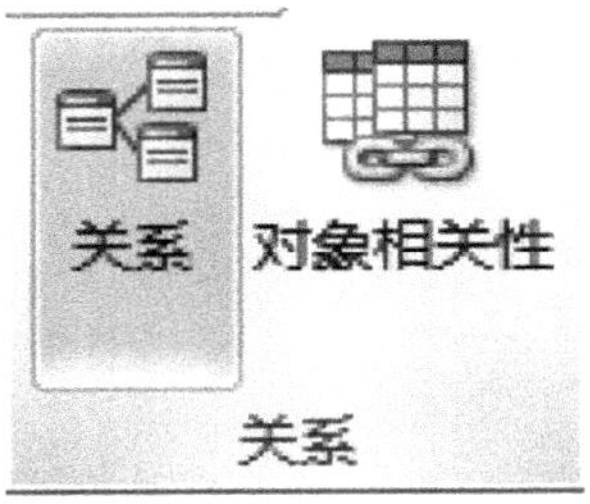

图 1-3-39　关系组

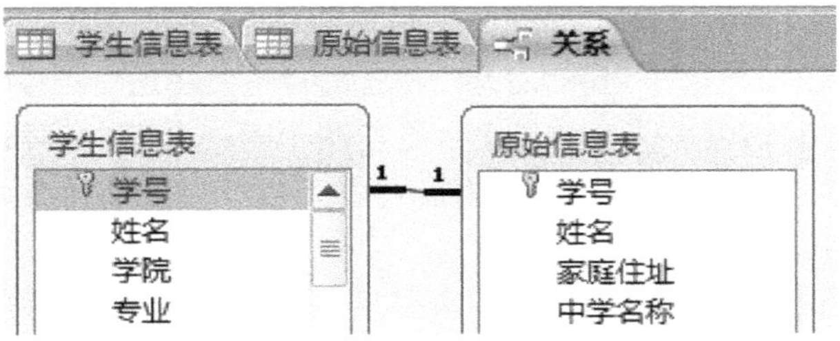

图 1-3-40　关系设计器

步骤 5:单击“关系”选项下的“显示表”按钮,或者可以单击右键,在弹出的快捷菜单中选择“显示表”命令,如图 1-3-41 所示。

步骤 6:系统弹出“显示表”对话框,如图 1-3-42 所示。

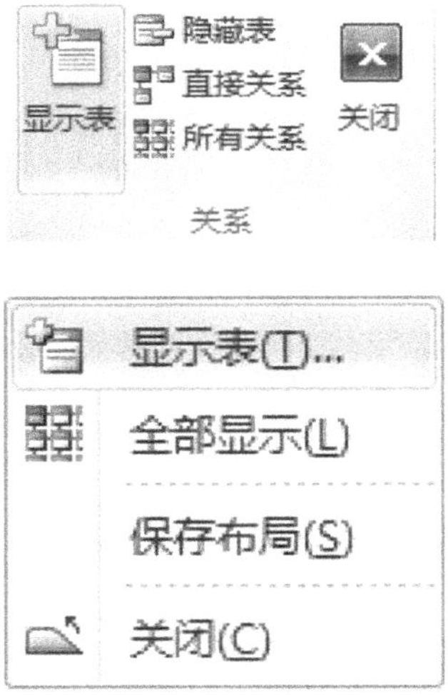

图 1-3-41　显示表按钮/快捷菜单

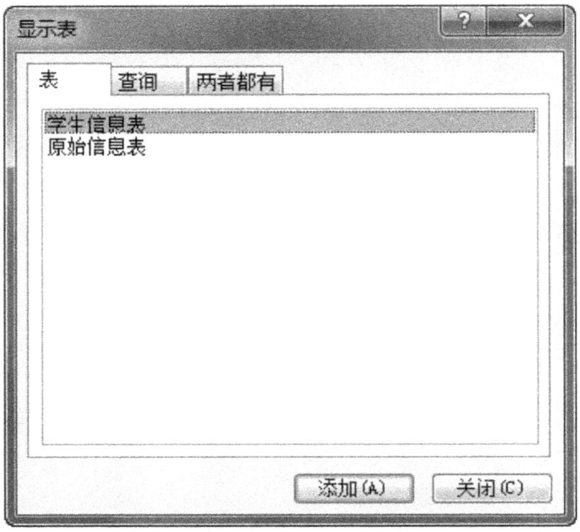

图 1-3-42　显示表对话框

步骤 7:选择“学生信息表”,然后单击“添加”按钮,将“学生信息表”添加到“关系管理器”中,用同样的方法将“原始信息表”添加到“关系管理器”中,如图 1-3-43 所示。

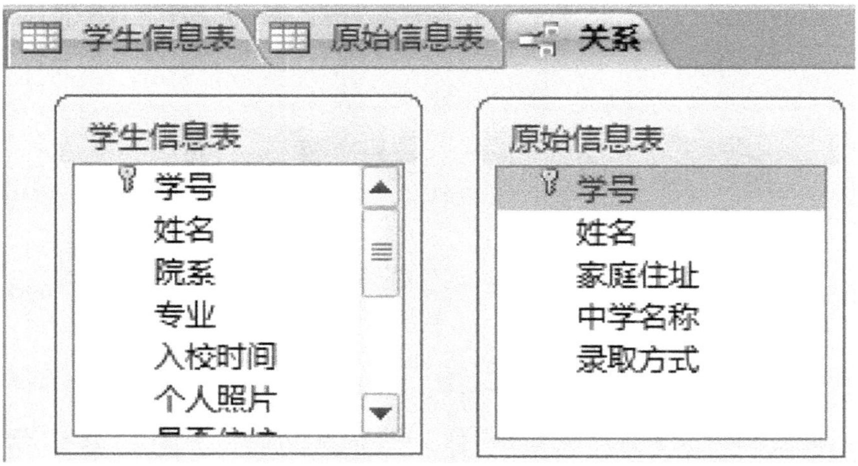

图 1-3-43　关系设计视图

步骤 8：将“学生信息表”中的“学号”字段用鼠标拖到“原始信息表”的“学号”字段处，松开鼠标后，弹出“编辑关系”对话框，如图 1-3-44 所示。在该对话框的下方显示两个表的“关系类型”为“一对一”。

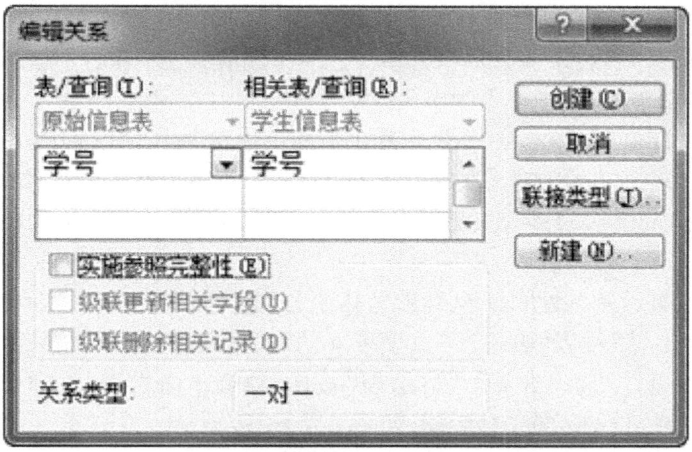

图 1-3-44　编辑关系对话框

步骤 9：单击“创建”按钮，返回“关系管理器”，可以看到，在“关系”窗口中两个表的“学号”字段之间出现了一条关系连接线，如图 1-3-45 所示。

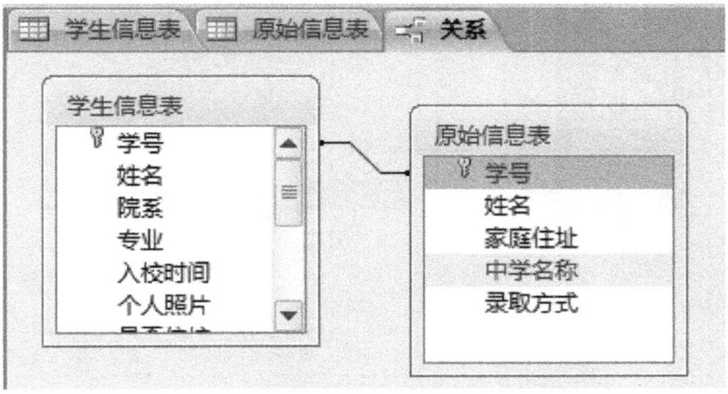

图 1-3-45　创建关系

2. 建立一对多表关系

一对多的表关系是数据库中最常见的一种关系，它是指一个表中的一条记录可以对应另一个表的多条记录。在一对多关系表中，表的“一”端通常为表关系的“主键”字段，并且该表称为主表；表的“多”端为另一个表的一个字段，该字段称为表关系的“外键”。

通过简单分析可以知道，一个客户可以有多个订单，因此，在表关系的一对多中，“一”端应该为“客户”表中的字段，而“多”端应该为“订单”表中的字段。下面以对数据库中“客户”表和“订单”表建立一对多的表关系为例，操作步骤参照一对一的步骤过程。

3. 创建多对多的表关系

多对多的表关系可以看作是两个表之间的一对多关系，它们之间通过连接表连接在一起。这两个一对多的表关系，连接表都作为表关系的“多”端。因此在连接表中至少应该包括两个字段，这两个字段作为表关系中的“外键”。

在下面的例子中，将在数据库中添加“运货商”表，客户订单可以由多家运货商承运，一家运货商也可以承运多家客户的订单,因此在“客户”表和“运货商”表之间是多对多的关系。

另外,一个客户可以有多个订单,而一个运货商也可以承运多个订单,因此可以将“订单”表作为该多对多关系的连接表。建立两个一对多的表关系,实现“客户”表和“运货商”表的多对多关系。

通过以上分析可知,在表关系的一对多中,“一”端应该为“客户”表和“运货商”表中的字段,而“多”端应该为“订单”表中的字段。

“客户”表和“订单”表中的一对多关系在上面所述的操作中已经建立,在这里建立“运货商”表和“订单”表之间的一对多关系。这样利用了“订单”表作为连接表,建立起“客户”表和“运货商”表之间的多对多表关系。建立“客户”表和“运货商”表之间的多对多关系的操作步骤如下:

步骤1:打开“表示例”数据库,从导航窗格中分别打开“订单”表、“客户”表和“运货商”表。单击“数据库工具”或者“表设计”选项卡下的“关系”按钮,进入“关系”视图。

步骤2:单击“设计”选项卡下的“显示表”按钮,或者单击右键,在弹出的快捷菜单中选择“显示表”命令,弹出“显示表”对话框,如图1-3-46所示。

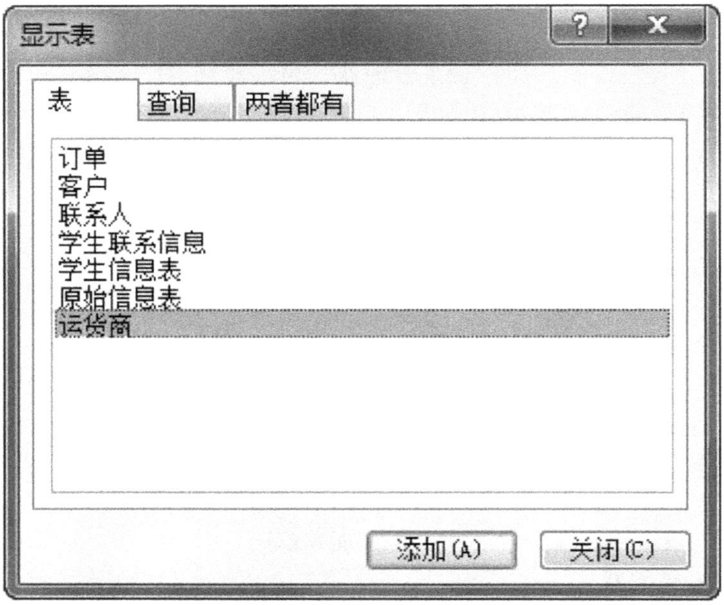

图1-3-46 显示表对话框

步骤3:选择“运货商”表、“客户”表、“订单”表,单击“添加”按钮,将表添加到“关系”窗口中,如图1-3-47所示。

步骤4:用鼠标拖动“运货商”表的ID字段到“订单”表的“运货商”字段处,在弹出的“编辑关系”对话框中单击“创建”按钮,创建两个表之间的一对多关系,创建后的视图如图1-3-48所示。

步骤5:单击“关系”组中的“关闭”按钮,关闭“关系”视图,在弹出的“是否保存”对话框中单击“是”按钮,完成该一对多表关系的创建。

4. 查看与编辑表关系

如果要对创建的表关系进行查看、修改、隐藏、打印等操作,或者是维护表数据的完整性,就要通过表关系的编辑。

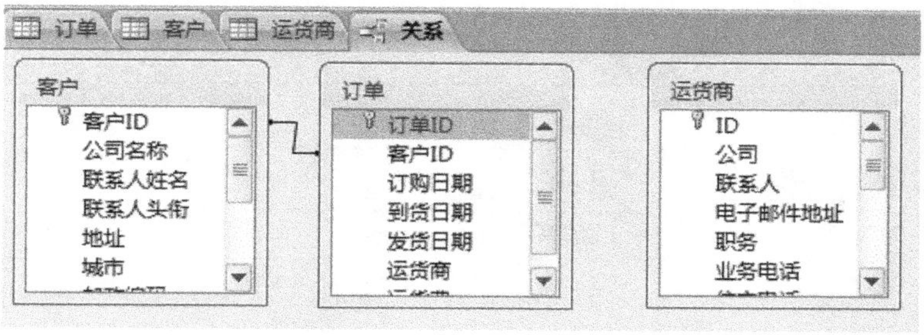

图 1-3-47　关系设计视图

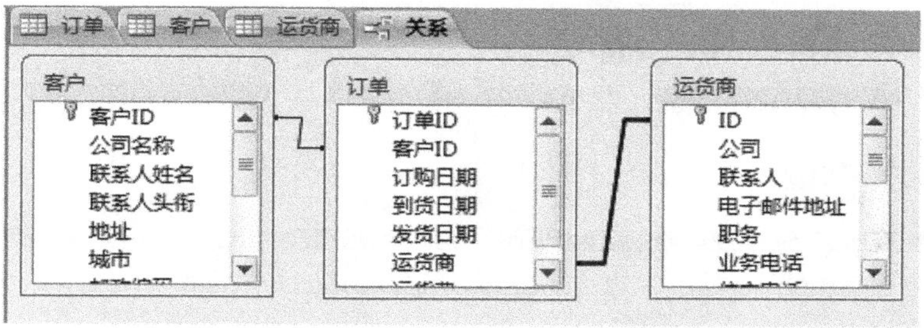

图 1-3-48　创建关系

对表关系的一系列操作主要通过"设计"选项卡下的工具组和关系组中的功能按钮来实现,如图 1-3-49 所示。

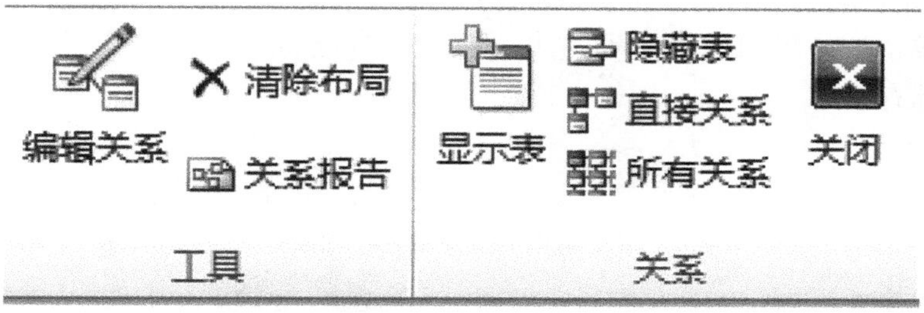

图 1-3-49　工具组

工具组中包含了"编辑关系"、"清除布局"和"关系报告"按钮,它们的作用如下。

(1)单击"编辑关系"按钮可对表关系进行修改,在弹出"编辑关系"对话框中,可以进行实施参照完整性、设置联接类型、新建表关系等操作,如图 1-3-50 所示。

①"实施参照完整性":不可以在"多"端的表中输入主表中没有的记录;当"多"端的表中含有和主表相匹配的数据记录时,不可以从主表中编辑、删除这个记录。

②"级联更新相关字段"当更新主键时,Access 将自动更新参照主键的所有字段。

③"级联删除相关字段"当删除包含主键的记录时,Access 会自动删除参照该主键的所有记录。

(2)"清除布局"按钮的作用是,系统将清除窗口中的关系布局。当单击"关系报告"按钮,Access 将自动生成各种表关系的报表,并进入"打印预览"视图,在这里可以进行关系打印、页面布局等操作。

(3)关系组中包含了"显示表"、"隐藏表"、"直接关系"、"所有关系"等按钮。它们的作用分别是如下。

①显示表:单击该按钮,窗口显示"显示表"对话框,选中一个表然后单击添加。

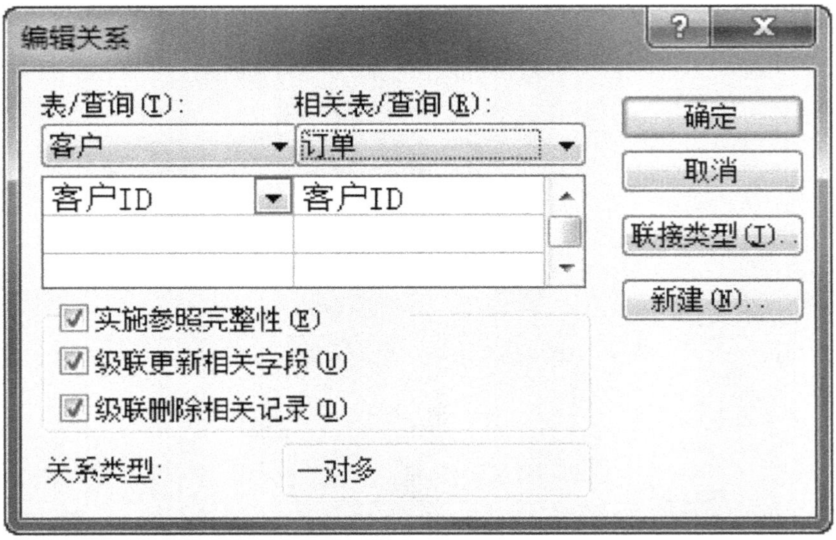

图 1-3-50 编辑关系对话框

②隐藏表:选中一个表,然后单击该按钮,则在“关系”窗口中隐藏该表。

③直接关系:单击该按钮,可以显示与窗口中的表有直接关系的表。例如,假设在窗口中只显示了“客户”表,那么当单击该按钮以后,会显示隐藏的“运货商”表和“订单”表。

④所有关系:单击该按钮,显示该数据库中的所有表关系。

⑤关闭:单击该按钮,退出“关系”窗口,如果窗口中的布局没有保存,则会弹出提示对话框,询问是否保存。

5. 表关系的删除

要删除表关系,必须在“关系”窗口中删除关系线。先选中两个表之间的关系线(关系线显示得较粗),然后按下 Delete 键,即可删除表关系,如图 1-3-51 所示。

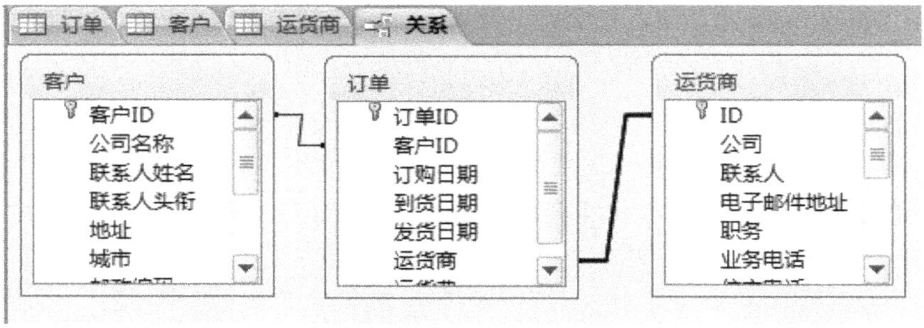

图 1-3-51 表关系的删除

删除表关系时,如果选中了“实施参照完整性”复选框,则同时会删除对该表的参照完整性设置,Access 将不再自动禁止在原来表关系的“多”端建立孤立记录。

如果表关系中涉及的任何一个表处于打开状态,或正在被其他程序使用,用户将无法删除该关系。必须先将这些打开或使用着的表关闭,才能删除关系。

6. 表关系的修改

修改表关系是在“编辑关系”对话框中完成的。选中两个表之间的关系线(关系线显示得较粗),然后单击“设计”选项卡下的“编辑关系”按钮,或者直接双击连接线,将弹出“编辑关系”对话框,即可在该对话框中进行相应的修改。

现在,我们已经可以把 E- R 模型图中的关系在数据库中设置好了;再与之前的内容合并,就可以完整地把我们绘制的 E- R 模型图在数据库中实现出来,也从而跨出了实现数据库建设的关键一步。

任务实训方案

利用 E-R 模型图创建数据库

实训题:系部、课程、学生模型图,如图 1-3-52 所示。

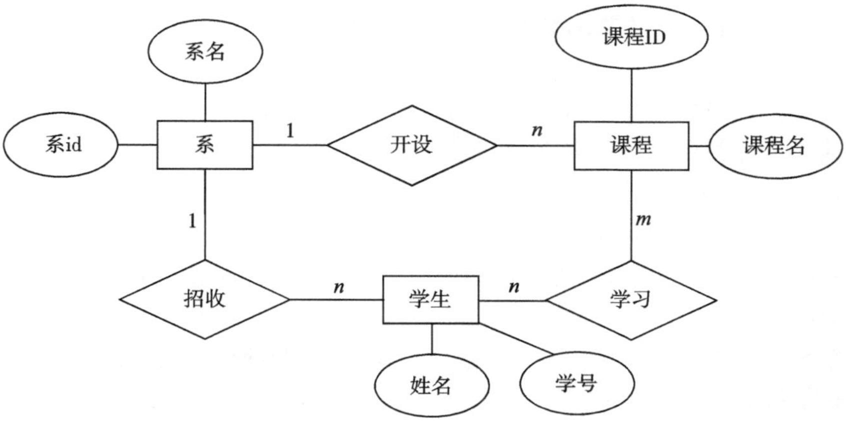

图 1-3-52　系部、课程、学生模型图

1. 实训目的

熟悉数据库概念模型设计,利用 E-R 模型图创建数据库。

2. 实训要求

(1)实训前,认真学习相关章节的内容;

(2)完成实训后,应掌握数据库的创建;

(3)学会利用 E-R 模型图创建数据库表结构。

3. 实训步骤

(1)实训前,熟悉数据库的各项基础知识;

(2)熟悉 E-R 模型图;

(3)创建数据库文件;

(4)创建数据库表结构;

(5)设计表间关系。

4. 实训注意事项

(1)实训前,应做好充分的准备。实训教师结合例题引导学生思考如何设计关系。

(2)掌握数据库软件的使用界面。

(3)创建数据库表结构时,必须注意数据类型,严格按创建步骤进行。

(4)注意创建过程中的其他情况。

5. 上交资料

每小组提交一份由合格的 E-R 模型图创建的数据库文件(含数据库表)。

6. 仪器及工具

每班分为两人一个小组。每小组 1 台电脑。

任务四　数据查询的设计与制作

任务导入

前面介绍了数据库的建立及表的创建过程。通过“表”对象,我们可以存储数据库中的数据记录。但是建立数据库的最终目的并不仅仅是将数据完整、正确地保存在数据库中,而是为了对数据进行各种处理和分析,以便更好地使用它。数据表只能存储数据,要从数据库中处理和分析从而提取出需要的数据,就需要用到查询。生活中我们也处处要使用数据查询。

每次出门,是否总担心路上遇到交通拥堵?每次行车,是否总害怕前方遇上交通事故?这些问题,恐怕当今社会每个人都曾遭遇过。通过现有的 IT 技术在大数据时代背景下,我们完全可以打造一座智慧之城。

例如,基于强大的云平台运行智慧交通云系统、云视频监控和智能分析应用,实时采集和处理南京 1000 个摄像头、每天的海量交通数据,并对整个南京 140 万辆机动车规模的交通数据进行实时查询和分析。

除此之外,云计算平台还可以跟踪车辆的行车记录、统计分析交通拥堵路段。以往需要人工参与并监控的交通拥堵和车祸等信息,现在完全可以交由该平台进行处理,主动分析摄像头收集的各个路段信息,并分析视频、主动报警、主动通知用户。

智慧城市,很大程度上蕴含了交通作为城市动脉的数据流。通过视频监控,采集各个道路视频摄像头信息,并对比历史记录和实时车流、人流进行分析,可以计算和预测该路段当前、未来的交通情况,也可以动态调整交通状况并实时预警。其数据量之大、结构类型之多、实时性之高,足以体现大数据在智慧城市的应用前景和价值所在。

任务分析

1. 任务准备

多媒体教室,配有相关软件的机房。

2. 任务目标

(1)掌握查询的功能与作用;

(2)掌握各种查询的创建方法;

(3)掌握应用 SQL 中 SELECT 语句进行数据查询的方法。

3. 知识准备

(1)数据库的创建;

(2)数据表的创建与维护。

相关知识

一、查询与 SQL 语言

查询是在多个表(或一个表)中根据设定的条件筛选出符合条件的数据,供使用者查看、修改和分析。查询是数据库处理和数据分析的基本工具。

（一）查询的作用

通过创建要查询的内容和条件，Access 就可以提取数据库表中符合条件的数据并以一个表的形式列举出来。但是除了这个基本功能之外，利用查询还可以实现很多其他作用。查询的作用主要有以下方面。

（1）通过查询可以使用户方便地查看到自己感兴趣的数据，而将当前感兴趣的数据排除在外。用户可以只选择表中的部分字段或者根据指定条件查找所需的记录用二维表的形式形成一个结果。

（2）使用查询，用户不但可以看到自己需要的数据，还可以对这些进行编辑，包括添加记录、修改记录和删除记录等。

（3）查询不仅可以找到满足条件的记录，而且还可以在建立查询的过程中进行各种统计计算。

（4）查询的结果可以用于生成新表，也可以为窗体、报表和页等提供数据。

（二）查询的类型

针对上述功能，Access 主要提供以下几种类型的查询以满足对数据的多种不同需求。

1. 选择查询

从一个或多个表中检索数据，并在数据表中显示或者处理记录集。使用选择查询还可以将数据分组并进行各种类型的计算。

2. 参数查询

根据用户的输入信息进行查询，在运行的时候，显示一个对话框，提示用户输入查询条件，例如用户可以输入一个年龄，就可以查询大于该年龄的学生信息。查询的条件可以是多个，例如可以查询生日在某两个时间段之间或年龄在某两个数字之间的学生基本信息。

3. 操作查询

用于创建新表，或通过向现有表添加数据、从现有表中删除数据或更新现有表数据来更改现有表。因为操作查询功能很强大，它实际上是在更改表数据，所以应该考虑在运行操作查询之前备份相关的数据。

4. 交叉表查询

交叉表查询主要用于对数据字段的内容进行数学统计，结果显示在行与列交叉的单元格中。利用交叉表查询可以计算平均值、总计、最大值和最小值等

5. "SQL"查询

它是使用结构化查询语言（Structured Query Language，SQL）语句创建的。SQL 是查询、更新和管理关系数据库的高级方式。如果要创建 SQL 查询，Access 能够帮助用户完成创建过程，如果用户对 SQL 语句比较熟悉，也可以自己编写 SQL 语句。

（三）结构化查询语言

结构化查询语言是一种数据库查询和程序设计语言，用于存取数据以及查询、更新和管理关系数据库系统；同时也是数据库脚本文件的扩展名。结构化查询语言是高级的非过程化编程语言，允许用户在高层数据结构上工作。它不要求用户指定对数据的存放方法，也不需要用户了解具体的数据存放方式，所以具有完全不同底层结构的不同数据库系统，可以

使用相同的结构化查询语言作为数据输入与管理的接口。结构化查询语言语句可以嵌套，这使它具有极大的灵活性和强大的功能。

结构化查询语言包含 6 个部分：

1. 数据查询语言(Data Query Language,DQL)

其语句也称为“数据检索语句”,用以从表中获得数据,确定数据怎样在应用程序给出。保留字 SELECT 是 DQL(也是所有 SQL)用得最多的动词,其他 DQL 常用的保留字有 WHERE,ORDER BY,GROUP BY 和 HAVING。这些 DQL 保留字常与其他类型的 SQL 语句一起使用。

2. 数据操作语言(Data Manipulation Language,DML)

其语句包括动词 INSERT,UPDATE 和 DELETE。它们分别用于添加,修改和删除表中的行。也称为动作查询语言。

3. 事务处理语言(TPL)

它的语句能确保被 DML 语句影响的表的所有行及时得以更新。TPL 语句包括 BEGIN TRANSACTION,COMMIT 和 ROLLBACK。

4. 数据控制语言(DCL)

它的语句通过 GRANT 或 REVOKE 获得许可,确定单个用户和用户组对数据库对象的访问。某些 RDBMS 可用 GRANT 或 REVOKE 控制对表单个列的访问。

5. 数据定义语言(DDL)

其语句包括动词 CREATE 和 DROP,在数据库中创建新表或删除表(CREAT TABLE 或 DROP TABLE),为表加入索引等。DDL 包括许多与从数据库目录中获得数据有关的保留字。它也是动作查询的一部分。

6. 指针控制语言(CCL)

它的语句,像 DECLARE CURSOR,FETCH INTO 和 UPDATE WHERE CURRENT 用于对一个或多个表单单独一行的操作。

(四)SELECT 语句

在 SQL 中,select 语句的基本格式如下：

```
select [all | distinct] select_list
from table_list/view_list
[where conditions]
[group by group_list [having conditions] ]
[order by order_list [asc | desc] ]
```

第一行关键字 select 之后可选的关键字 all 表示将显示所有检索到的数据(包括重复的数据),distinct 表示不在结果中显示重复数据。select_list 列出了所选择列的名称,在检索后系统将列出符合条件的列的数据。

第二行关键字 from 之后,指定要进行检索的表的名称 table_list 或视图的名称 view_list。from 后面可以是一张表,也可以是多张表。

第三行关键字 where 之后,可以指定检索的条件,使 select 语句按照指定的检索条件在表中检索数据。要注意检索条件可以来源于一张表,也可以来源于多张表。

第四行关键字 group by 指定如何对检索到的数据进行分组,使显示结果按照用户的需要分好组，产生可读性更好的结果。关键字 having 子句可以看成用于组的 where 子句。having 子句用来限制组，就像排好序，产生可读性更好的结果。

第五行关键字 order by 指定对其后接的字段进行排序（asc 为升序，desc 为降序）。

二、查询的创建

下面通过对“学生”表和“教师”表创建查询和修改查询来学习查询的各种操作方法。在 Access 中创建查询也有两种方式：通过使用向导创建查询和使用“设计视图”创建查询。对于创建查询来说，第一种方式创建基本的查询比较方便，但是不一定都符合需要；第二种方式功能更为丰富，但不够快捷；通常采用两种结合的方法，即使用向导创建查询，然后再设计视图中打开它，修改它，完善它。

（一）利用“简单查询向导”创建选择查询

1. 单表选择查询

以“学生”表为数据源，查询学生的姓名等信息，所建查询命名为“学生情况”。

步骤 1：打开“教学系统. accdb”数据库，单击【创建】选项卡，“查询”组——单击【查询向导】弹出“新建查询”对话框，在“新建查询”对话框中选择“简单查询向导”，单击“确定”按钮，结果如图 1-4-1 所示。

图 1-4-1　简单查询向导

步骤 2：在弹出的对话框的“表与查询”下拉列表框中选择数据源为“表：教师”。再分别双击“可用字段”列表中的“姓名”等字段，将它们添加到“选定字段”列表框中，如图 1-4-1 所示。然后单击“下一步”按钮。

步骤 3：为查询取名为“学生情况”，最后单击“完成”按钮。

2. 多表选择查询

查询学生所选课程的成绩，并显示“学生编号”、“姓名”、“课程名称”和“成绩”字段。因为查询涉及“学生”、“课程”和“选课成绩”3 个表，所以必须在建查询前建立好 3 个表之间的关系，否则无法完成该查询。

步骤 1：打开“教学系统. accdb”数据库，在导航窗格中，单击“查询”对象，单击“创建”选项卡,“查询”组——单击“查询向导”弹出“新建查询”对话框,在“新建查询”对话框中选择“简单查询向导”,单击“确定”按钮。

步骤2:在弹出的对话框的“表与查询”。先选择查询的数据源为“学生”表,并将“学生编号”、“姓名”字段添加到“选定字段”列表框中,再分别选择数据源为“课程”表和“选课成绩”表,并将“课程”表中的“课程名称”字段和“选课成绩”表中的“成绩”字段添加到“选定字段”列表框中,选择结果如图1-4-2所示。

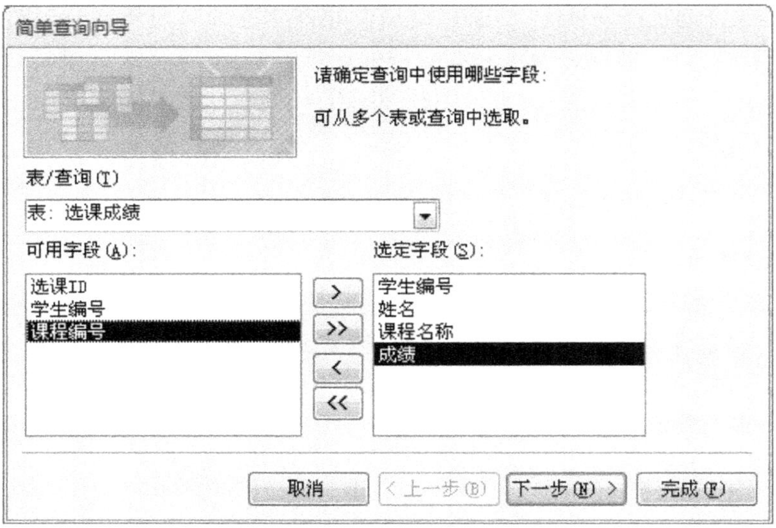

图1-4-2 多表查询

步骤3:单击“下一步”按钮,选“明细”选项。单击“下一步”按钮,为查询指定标题“学生选课成绩”,选择“打开查询查看信息”选项。

步骤4:单击“完成”按钮,弹出查询结果。

(二)利用设计视图创建选择查询

1. 创建普通选择查询

例如,查询学生所选课程的成绩,并显示“学生编号”、“姓名”、“课程名称”和“成绩”字段。

步骤1:打开“教学系统.accdb”数据库,在导航窗格中,单击“查询”对象,单击“创建”选项卡,“查询”组——单击“查询设计”,出现”表格工具/设计”选项卡,如图1-4-3所示。同时,打开查询设计视图。

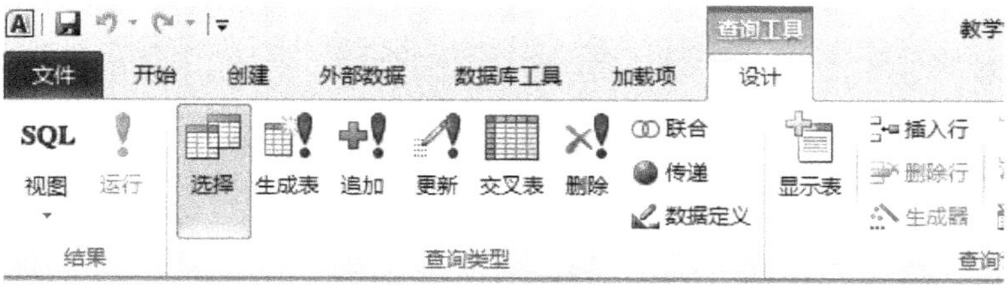

图1-4-3 查询工具

步骤2:在“显示表”对话框中选择“学生”表,单击“添加”按钮,添加“学生”表,同样方法,再依次添加“选课成绩”和“课程”表。双击“学生”表中“学生编号”、“姓名”、“课程表”

中“课程名称”和“选课成绩”表中“成绩”字段，将它们依次添加到“字段”行的第1～4列上，如图1-4-4所示。

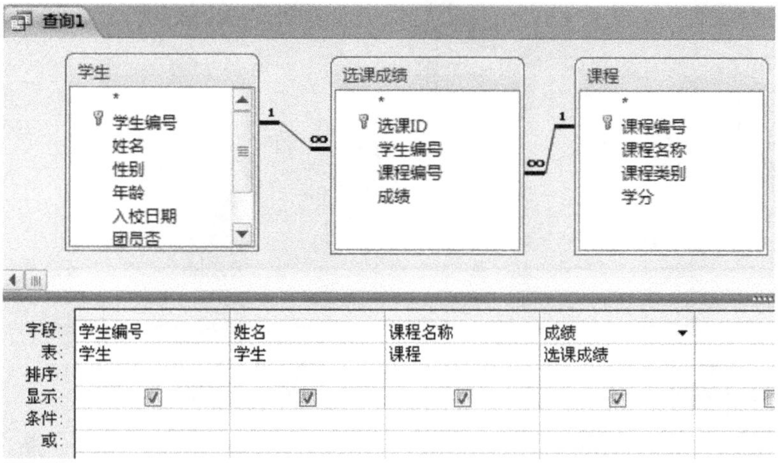

图1-4-4　查询设计器

步骤3：单击快速工具栏中“保存”按钮，在“查询名称”文本框中输入“选课成绩查询”，单击“确定”按钮。

步骤4：选择“开始/视图”→“数据表视图”菜单命令，或单击“查询工具/设计”——“结果”上的“运行”按钮，查看查询结果。

2. 创建带条件的选择查询

例如，查找2013年9月1日入校的男生信息，要求显示“学生编号”、“姓名”、“性别”字段内容。

步骤1：打开“教学系统. accdb”数据库，在导航窗格中，单击“查询”对象，单击“创建”选项卡，“查询”组——单击“查询设计”，出现”表格工具/设计”选项卡，如图1-4-3所示，同时打开查询设计视图。

步骤2：添加“学生”表到查询设计视图中，依次双击“学生编号”、“姓名”、“性别”、“团员否”、“入校日期”字段，将它们添加到“字段”行的第1～5列中。

步骤3：单击“入校日期”字段“显示”行上的复选框，使其空白，查询结果中不显示入校日期字段值。

步骤4：在“性别”字段列的“条件”行中输入条件“男”，在“入校日期”字段列的“条件”行中输入条件#2013-9-1#，设置结果如图1-4-5所示。

步骤5：单击保存按钮，在“查询名称”文本框中输入“2013年9月1日入校的男生信息”，单击“确定”按钮。

步骤6：单击“查询工具/设计”——“结果”上的“运行”按钮，查看查询结果。

(三)创建计算查询

1. 创建普通的计算查询

例如，统计学生人数。

步骤1：在设计视图中创建查询，添加“学生”表到查询设计视图中。

步骤2：双击“学生编号”字段，添加到“字段”行的第1列中。

步骤3：单击“查询工具/设计”——“显示/隐藏”组上的“汇总”按钮，插入一个“总计”行，如图1-4-6所示。

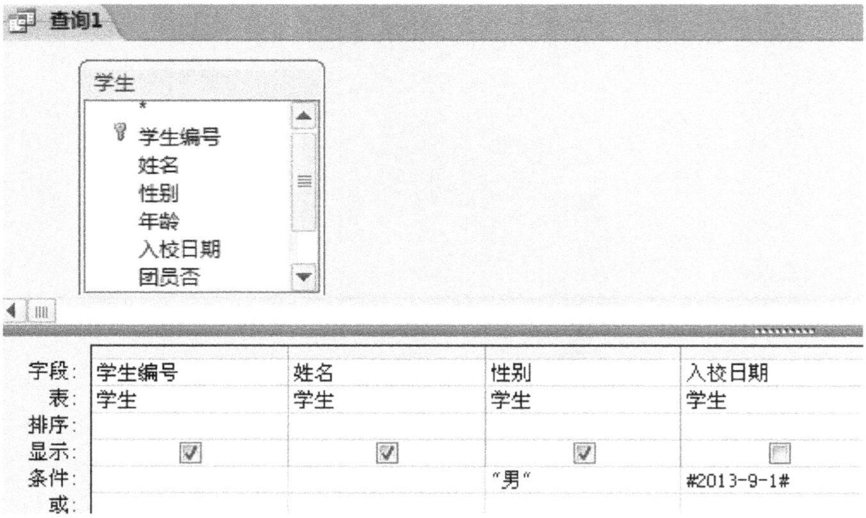

图1-4-5　带条件的查询

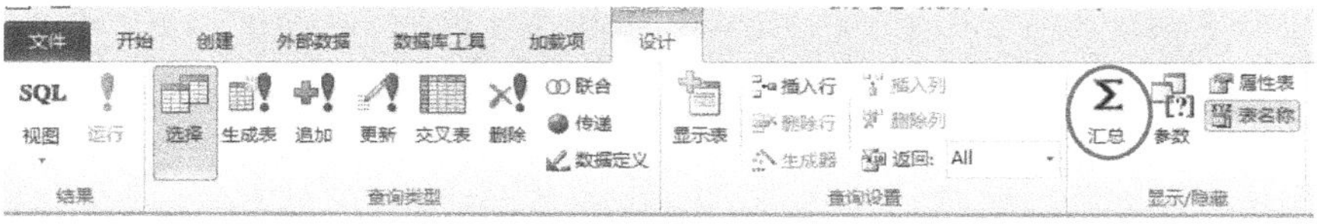

图1-4-6　汇总工具

步骤4：单击“学生编号”字段的“总计”行右侧的向下箭头，选择“计数”函数，如图1-4-7所示。单击“保存”按钮，在“查询名称”文本框中输入“统计学生人数”。

步骤5：运行查询，查看结果。

2. 创建带条件的统计查询

例如，统计2013年入学的男生人数。

步骤1：在设计视图中创建查询，添加“学生”表到查询设计视图中。

步骤2：双击“学生编号”、“性别”和“入校日期”字段，将它们添加到“字段”行的第1～3列中。

步骤3：单击“性别”、“入校日期”字段“显示”行上的复选框，使其空白。

步骤4：单击“查询工具/设计”——“显示/隐藏”组上的“汇总”按钮，插入一个“总计”行，单击“学生编号”字段的“总计”行右侧的向下箭头，选择“计数”函数，“性别”和“入校日期”字段的“总计”行选择“Where”选项。

步骤5：在“性别”字段列的“条件”行中输入条件“男”；在“入校日期”字段列的“条件”行中输入条件 Year([入校日期]) =2013，如图1-4-8所示。

步骤6：单击“保存”按钮，在“查询名称”文本框中输入“统计2013年入学的男生人数”。

步骤7：运行查询，查看结果。

3. 创建分组统计查询

例如，统计男、女学生年龄的最大值、最小值和平均值。

步骤1：在设计视图中创建查询，添加“学生”表到查询设计视图中。

图 1-4-7 普通的计算查询

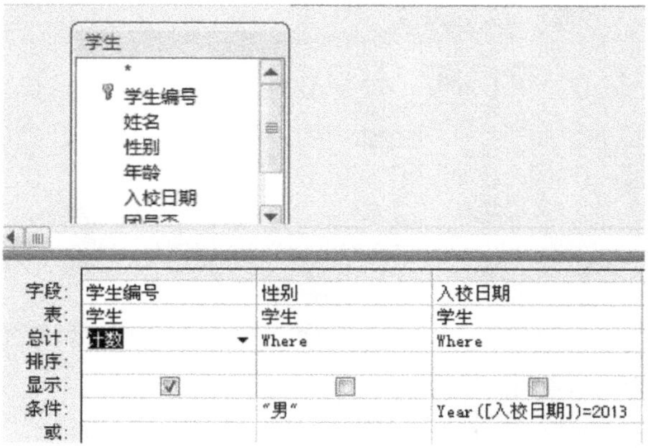

图 1-4-8 带条件的统计查询

步骤 2:字段行第 1 列选“性别”,第 2 列到第 4 列选“年龄”。

步骤 3:单击“查询工具/设计”——“显示/隐藏”组上的“汇总”按钮,插入一个“总计”行,设置“性别”字段的“总计”行为“Group By”,“年龄”字段的“总计”行分别设置成最大值、最小值和平均值,查询的设计窗口如图 1-4-9 所示。

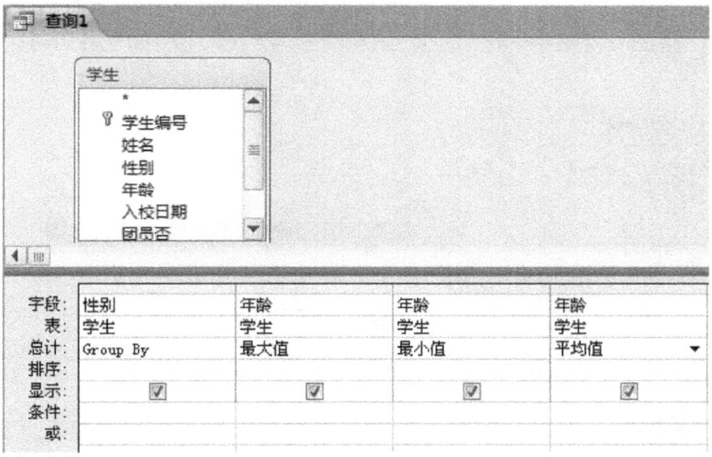

图 1-4-9 分组统计查询

步骤 4:单击“保存”按钮,在“查询名称”文本框中输入“统计男女生年龄”。

步骤 5:运行查询,查看结果。

4. 新增含有 Date( ) 函数的计算字段

例如,显示教师的姓名、工作时间和工龄。

步骤 1:在设计视图中创建查询,添加“教师”表到查询设计视图中。

步骤 2:在“字段”行第 1 列中选“姓名”字段,第 2 列选“工作时间”字段,第 3 列输入“工龄:Year(Date())-Year([工作时间])”,并选中该列“显示”行上的复选框,如图 1-4-10 所示。

步骤 3:单击“保存”按钮,将查询命名为“统计教师工龄”,运行并查看结果。

(四)创建交叉表查询

1. 利用“交叉表查询向导”创建查询

例如,查询每个学生的选课情况和平均成绩,行标题为“学生编号”,列标题为“课程编

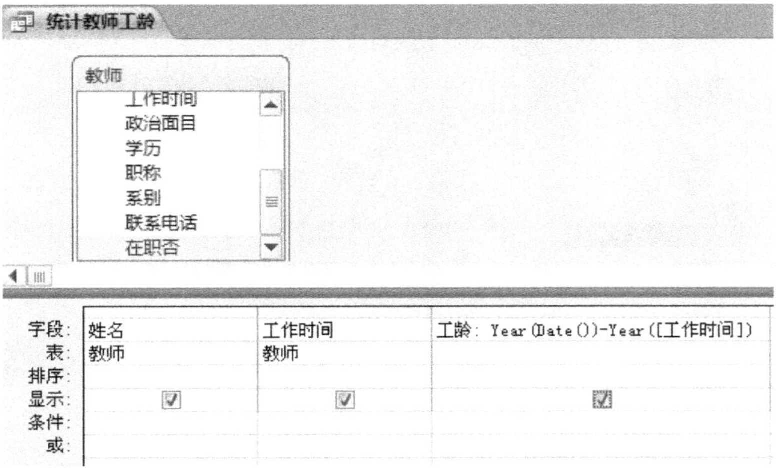

图 1-4-10　含有 Date( ) 函数的计算字段查询

号”,计算字段为“成绩”。注意:交叉表查询不做各行小计。

步骤 1:在数据库窗口中,选择“查询”对象,单击“新建”按钮,选择“交叉表查询向导”,单击“确定”按钮。

步骤 2:选择“视图”选项中“表”选项,选择“选课成绩”表,如图 1-4-11 所示,单击“下一步”按钮。

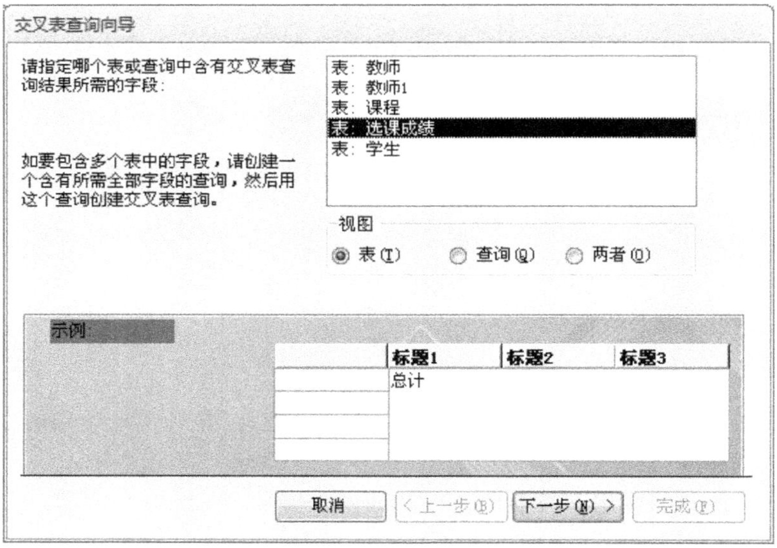

图 1-4-11　指定包含交叉表查询字段的表

步骤 3:将“可用字段”列表中的“学生编号”添加到其右侧的“选定字段”列表中,即将“学生编号”作为行标题,单击“下一步”按钮,如图 1-4-12 所示。

步骤 4:选择“课程编号”作为列标题,然后单击“下一步”按钮。

步骤 5:在“字段”列表中,选择“成绩”作为统计字段,在“函数”列表中选“平均”选项,取消“是,包含各行小计”的选择,单击“下一步”按钮,如图 1-4-13 所示。

步骤 6:在“指定查询的名称”文本框中输入“选课成绩交叉查询”,选择“查看查询”选项,最后单击“完成”按钮。

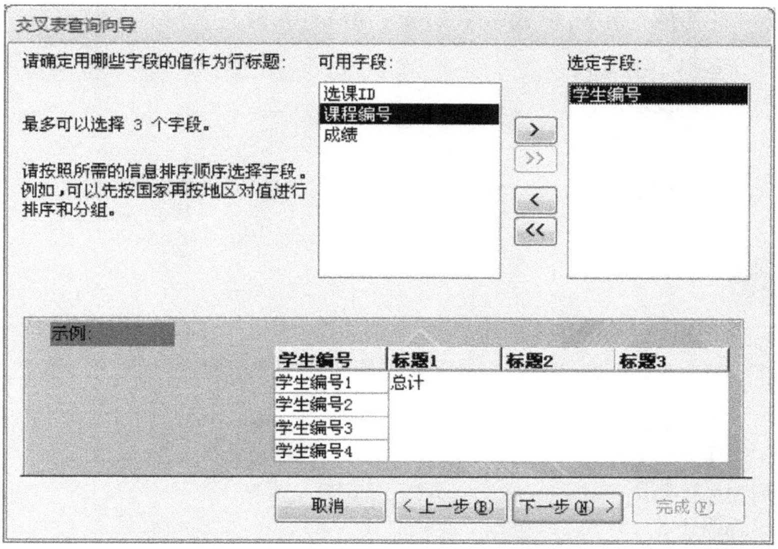

图 1-4-12　确定哪些字段的值作为行标题

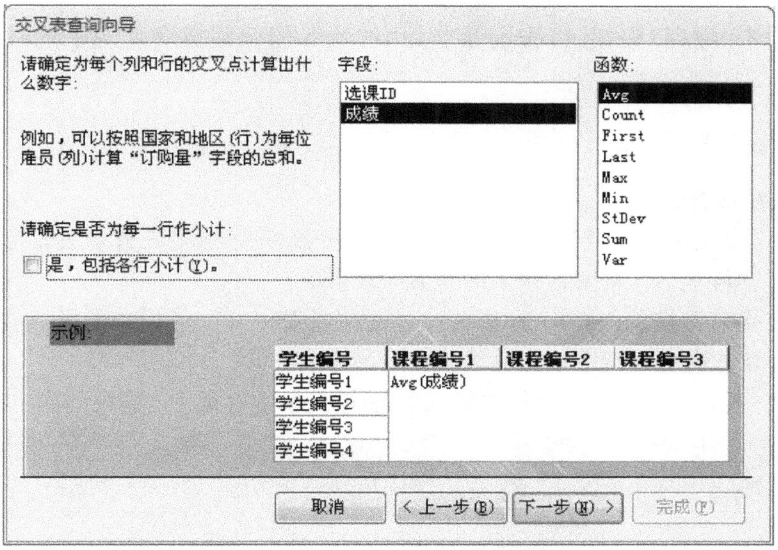

图 1-4-13　确定行列交叉点计算出什么数字

2. 使用设计视图创建交叉表查询

例如，使用设计视图创建交叉表查询，用于统计各门课程男女生的平均成绩，要求不做各行小计。

步骤 1：在设计视图中创建查询，并将“课程”、“选课成绩”和“学生”三个表添加到查询设计视图中。

步骤 2：双击“课程”表中的“课程名称”字段，“学生”表中的“性别”字段，“选课成绩”表中的“成绩”字段，将它们添加到“字段”行的第 1 ~ 3 列中。

步骤 3：选择“查询类型”组→“交叉表”。

步骤 4：在“课程名称”字段的“交叉表”行，选择“行标题”选项，在“性别”字段的“交叉表”行，选择“列标题”选项，在“成绩”字段的“交叉表”行，选择“值”选项，在“成绩”字段的

“总计”行,选择“平均值”选项,设置结果如图 1-4-14 所示。

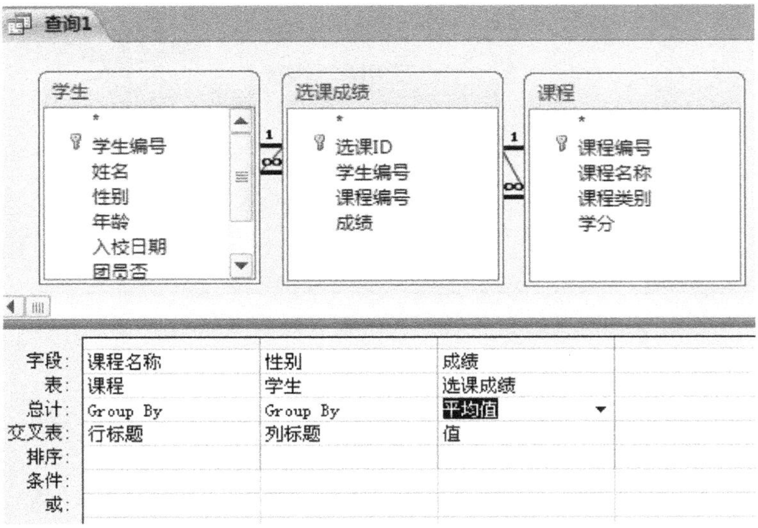

图 1-4-14　设计视图创建交叉表查询

步骤 5:单击“保存”按钮,将查询命名为“统计各门课程男女生的平均成绩”。运行查询,查看结果。

(五)创建参数查询

1. 创建单参数查询

例如,把“选课成绩查询”为数据源建立查询,按照学生“姓名”查看某学生的成绩,并显示“学生编号”、“姓名”、“课程名称”和“成绩”等字段。

步骤 1:在导航窗格的“查询”对象中,选“选课成绩查询”,然后单击鼠标右键——“设计视图”菜单,打开查询设计视图。

步骤 2:在“姓名”字段的条件行中输入“[请输入学生姓名]”,结果如图 1-4-15 所示。

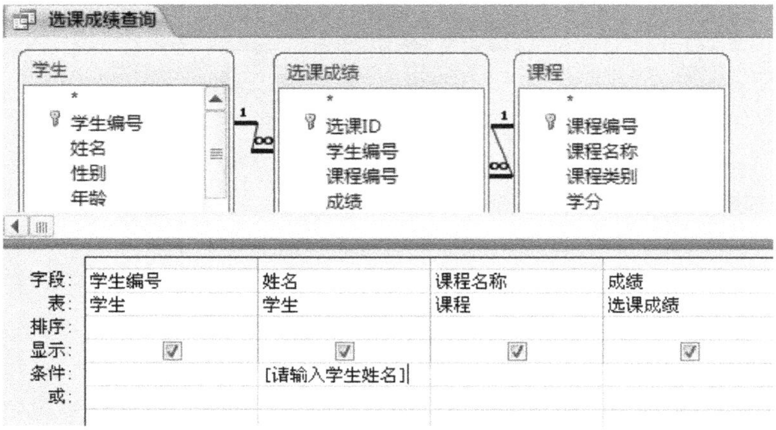

图 1-4-15　创建单参数查询

步骤 3:单击“查询/设计”——“结果”上的“运行”按钮,在“请输入学生姓名”文本框中输入要查询的学生的姓名,例如“张清”,单击“确定”按钮,显示查询结果。

步骤 4:单击“文件”→“另存为”菜单命令,将查询另存为“单参数查询—按姓名查询”。

2. 创建多参数查询

例如，建立一个多参数查询，用于显示指定范围内的学生成绩，要求显示“姓名”和“成绩”字段的值。

步骤1：在设计视图中创建查询，在“显示表”对话框中，选择“查询”选项卡，并将“选课成绩查询”添加到查询设计视图中。

步骤2：双击字段列表区中的“姓名”、“成绩”字段，将它们添加到设计网格“字段”行的第1列和第2列中。

步骤3：在“成绩”字段的“条件”行中输入“Between [请输入成绩下限：] And [请输入成绩上限：]”，此时的设计视图如图2-11所示。在“成绩”字段的“排序”行中设置“升序”，如图1-4-16所示。

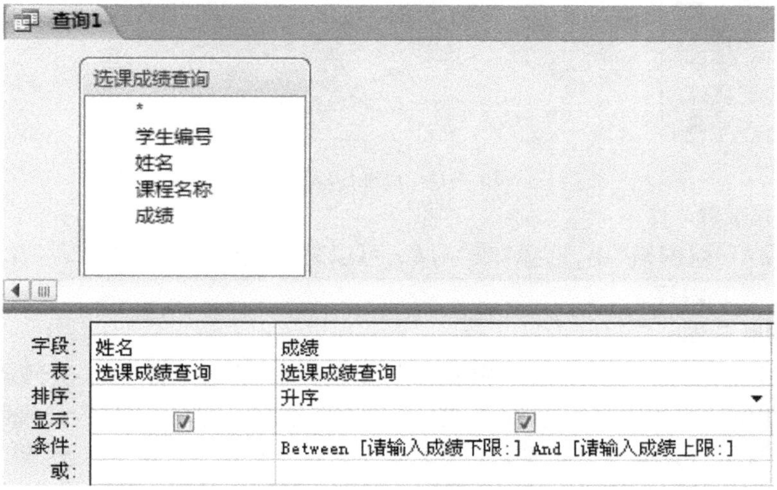

图1-4-16　创建多参数查询

步骤4：单击 “运行”按钮，屏幕提示输入下限，例如80，确定后，输入上限，例如100，指定要查找的成绩范围，单击“确定”按钮，显示查询结果。

步骤5：保存查询为“多参数查询—按成绩范围查询”。

(六)创建操作查询

1. 创建生成表查询

例如，将成绩在90分以上学生的“学生编号”、“姓名”、“成绩”存储到“优秀成绩”表中。

步骤1：在设计视图中创建查询，并将“学生”表和“选课成绩”表添加到查询设计视图中。双击“学生”表中的 “学生编号”、“姓名”字段，“选课成绩”表中的“成绩”字段，将它们添加到设计网格“字段”行中。

步骤2：在“成绩”字段的“条件”行中输入条件“ > =90”，如图1-4-17所示。

步骤3：选择“查询类型”组→“生成表”命令，打开“生成表”对话框。在“表名称”文本框中输入要创建的表名称“优秀成绩”，并选中“当前数据库”选项，单击“确定”按钮。

步骤4：单击“结果”组——“视图”按钮，预览记录，保存查询，查询名称为“生成表查询”

步骤5：单击“结果”组——单击“运行”按钮，屏幕上出现一个提示框，单击“是”按钮，

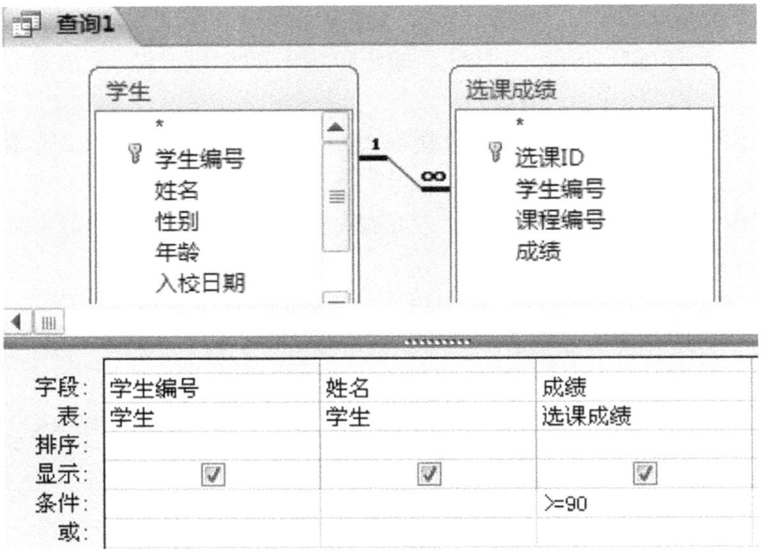

图 1-4-17 创建生成表查询

开始建立“优秀成绩”表。

步骤6:在“导航窗格”中,选择“表”对象,可以看到生成的“优秀成绩”表,选中它,在数据表视图中查看其内容。

2. 创建删除查询

例如,创建查询,将“学生”表的备份表“学生表副本”中姓“张”的学生记录删除。

步骤1:在设计视图中创建查询,并将“学生表副本”表添加到查询设计视图中。

步骤2:选择“查询类型”→“删除”菜单命令,设计网格中增加一个“删除”行。

步骤3:双击字段列表中的“姓名”字段,将它添加到设计网格“字段”行中,该字段的“删除”行显示“Where”,在该字段的“条件”行中输入条件“Left([姓名],1) = “张””,如图1-4-18所示。

步骤4:单击工具栏上的“视图”按钮,预览要删除的一组记录,保存查询为“删除查询”。

步骤5:单击工具栏上的“运行”按钮,单击“是”按钮,完成删除查询的运行。

步骤6:打开“学生的副本”表,查看姓“张”的学生记录是否被删除。

3. 创建更新查询

例如,创建更新查询,将“课程编号”为“105”的“成绩”增加5分。

步骤1:在设计视图中创建查询,并将“选课成绩”表添加到查询设计视图中,双击“选课成绩”表中的“课程编号”、“成绩”字段,将它们添加到设计网格“字段”行中。

步骤2:选择“查询类型”→“更新”命令,设计网格中增加一个“更新到”行。在“课程编号”字段的“条件”行中输入条件“105”,在“成绩”字段的“更新到”行中输入“[成绩]+5”,如图1-4-19所示。

步骤3:单击工具栏上的“视图”按钮,预览要更新的一组记录,保存查询为“更新查询”。

步骤4:单击工具栏上的“运行”按钮,单击“是”按钮,完成更新查询的运行。

步骤5:打开“选课成绩”表,查看结果。

4. 创建追加查询

例如创建查询,将选课成绩在80~89分之间的学生记录添加到已建立的“优秀成绩”

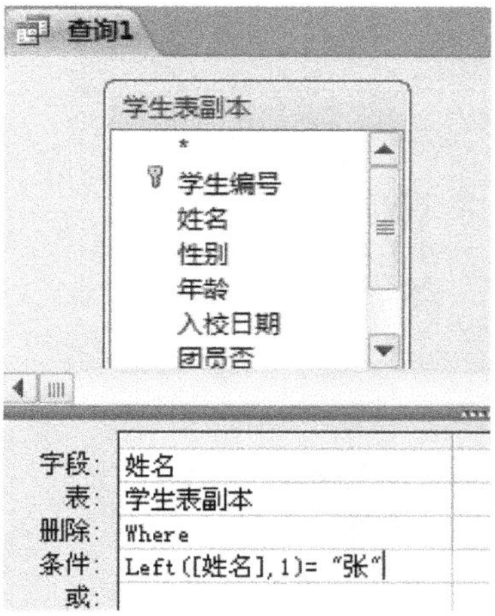

图 1-4-18　创建删除查询

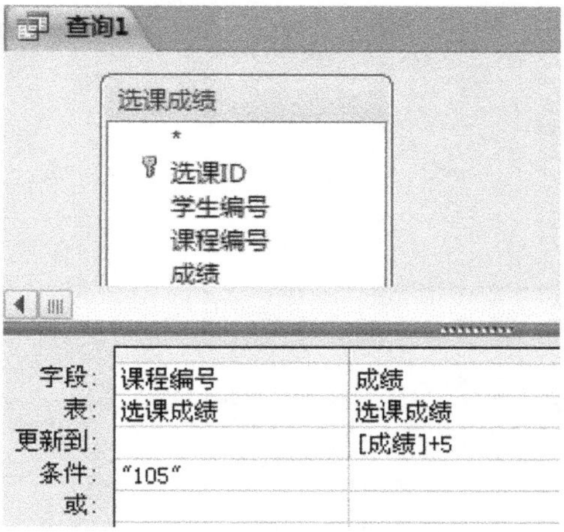

图 1-4-19　创建更新查询

表中。

步骤 1:在设计视图中创建查询,并将"学生"表和"选课成绩"表添加到查询设计视图中。

步骤 2:单击"查询类型",选择"追加查询",在"追加到"选项中的"表名称"下拉列表框中选"优秀成绩"表,并选中"当前数据库"选项,单击"确定"按钮,这时设计网格中增加一个"追加到"行,如图 1-4-20 所示。

图 1-4-20　追加对话框

步骤 3:双击"学生"表中的"学生编号"、"姓名"字段,"选课成绩"表中的"成绩"字段,将它们添加到设计网格"字段"行中,"追加到"行中自动填上"学生编号"、"姓名"和"成绩"。在"成绩"字段的"条件"行中,输入条件">=80 And <90",结果如图 1-4-21 所示。

步骤 4:单击工具栏上的"视图"按钮,预览要追加的一组记录,保存查询为"追加记录"。

步骤 5:单击工具栏上的"运行"按钮,单击"是"按钮,完成记录的追加。

步骤 6:打开"优秀成绩"表,查看追加的记录。

(七)创建 SQL 查询

例如,对"教师"表进行查询,显示全部教师信息。

步骤 1:在设计视图中创建查询,不添加任何表,在"显示表"对话框中直接单击"关闭"按钮,进入空白的查询设计视图。

步骤 2:单击"查询类型",单击"SQL 视图"按钮(也可以鼠标右键单击查询 1 选项卡),进入 SQL 视图,如图 1-4-22 所示。

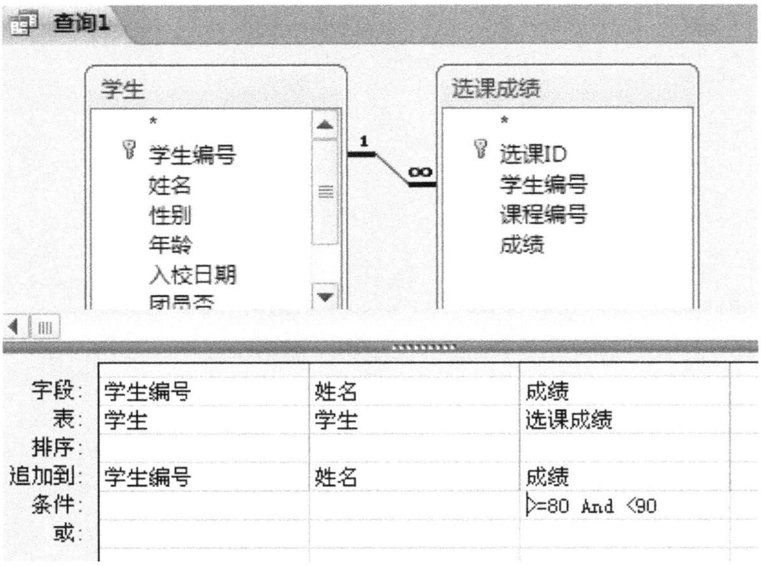

图 1-4-21　带条件的查询设计器

步骤 3:在 SQL 视图中输入以下语句:SELECT ＊ FROM 学生 where 性别 = ‘男’,保存查询“SQL 查询”,如图 1-4-23 所示。

图 1-4-22　SQL 查询菜单

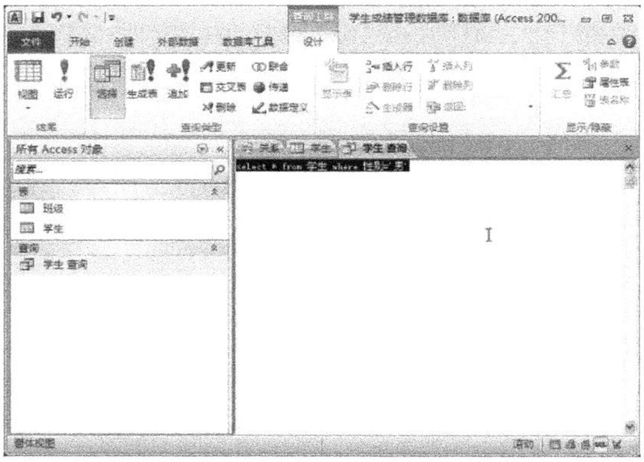

图 1-4-23　SQL 视图

步骤 4:单击“运行”按钮,显示查询结果。

提示:实际上,在前面创建的其他查询对应的也有 SQL 语句。如果想查看其他查询对应的 SQL 语句,先进入相应查询的编辑界面,然后单击菜单【视图】|【SQL 视图】就可以看到该查询对应的 SQL 语句。

三、查询的修改

创建好的查询保存之后,还可以打开进行修改。修改的方法与执行 SQL 语句的方法类似。

步骤 1:打开要修改的查询。

步骤 2:在【开始】|【视图】组中,单击【视图】按钮。

步骤 3:选择“设计视图”进入设计视图界面进行修改,如图 1-4-24 所示。

图 1-4-24　视图选项

步骤 4:也可选择"SQL 视图"进入 SQL 视图界面进行修改。我们可以通过该方法查看前面创建的查询并修改其 SQL 语句。

任务实训方案

创建查询并修改

实训题:创建追加查询并修改,将选课成绩在 80 ~ 89 分之间的学生记录添加到已建立的"优秀成绩"表中。

1. 实训目的

利用 Access 软件的创建查询并修改。

2. 实训要求

(1)实训前,认真学习相关章节的内容;

(2)完成实训后,应掌握查询的创建;

(3)学会多种查询的创建。

3. 实训步骤

(1)在设计视图中创建查询,并将"学生"表和"选课成绩"表添加到查询设计视图中。

(2)单击 "查询类型",选择"追加查询"。

(3)在"追加到"选项中的"表名称"下拉列表框中选"优秀成绩"表,并选中"当前数据库"选项,单击"确定"按钮,这时设计网格中增加一个"追加到"行,如图 2-21 所示。

(4)双击"学生"表中的"学生编号"、"姓名"字段,"选课成绩"表中的"成绩"字段,将它们添加到设计网格"字段"行中,"追加到"行中自动填上"学生编号"、"姓名"和"成绩"。

(5)在"成绩"字段的"条件"行中,输入条件" > =80 And <90"。

(6)单击工具栏上的"视图"按钮,预览要追加的一组记录。

(7)保存查询为"追加记录"。

(8)单击工具栏上的"运行"按钮,单击"是"按钮,完成记录的追加。

(9)打开"优秀成绩"表,查看追加的记录。

4. 实训注意事项

(1)实训前,应做好充分的准备。实验教师结合例题引导学生思考如何成绩查询;

(2)掌握数据库软件创建查询的使用界面;
(3)创建查询时,注意其 SQL 语句的变化;
(4)注意创建过程中的其他情况。

5. 上交资料

每小组提交一份数据库文件(含数据表和查询)。

6. 仪器及工具

每班分为两人一个小组。每小组一台电脑。

任务五　窗体的设计与制作

任务导入

窗体又称表单,是 Access 数据库的重要对象之一,它为用户提供一个友好的操作界面。它是联系数据库与用户的桥梁。由于很多数据库都不是给创建者自己使用的,所以还要考虑到别的使用者的使用方便。建立一个友好的使用界面将会给他们带来很大的便利,让更多的使用者都能根据窗口中的提示完成自己的工作,而不用专门进行培训。

窗体让用户专注于当前正在操作的数据,而不用关心表中的其他数据,也有利于保证数据的安全性。创建窗体可以方便用户的操作,当用户输入或查看数据时,窗体可以让用户只注意当前正在操作的数据,而不用关心其他的数据,这样不会产生误操作,如误把其他记录的信息修改。所设计的窗体还应当容易使用和理解,如果不能方便用户操作,用户宁愿在表上直接操作。在窗体上应该给用户足够多的提示信息,帮助用户在这个窗体上进行操作。另外,窗体可以只显示部分数据或部分字段,一方面可以方便用户的操作,另一方面能够保证数据的安全。

任务分析

1. 任务准备

多媒体教室,配有相关软件的机房。

2. 任务目标

(1)掌握窗体的功能与作用;
(2)掌握各种窗体的创建方法;
(3)掌握窗体控件的设置方法。

3. 知识准备

(1)数据库的创建;
(2)数据表、查询的创建与维护。

相关知识

一、窗体的作用

窗体也是 Access 中的一种对象,它使用计算机屏幕将数据库中的表或查询中的数据展示给用户。窗体又称表单,是 Access 数据库的重要对象之一,它为用户提供一个友好的操作界面。它是联系数据库与用户的桥梁。

窗体的基本作用是可以让用户清晰的查看数据，并且能够对数据进行很好的控制。也可以将窗体用作切换面板来打开数据库中的其他窗体或报表，或者用于自定义对话框来接受输入数据及根据输入执行操作。

利用窗体可以将 Access 2010 数据库组织起来，形成一个用户应用系统。窗体的作用主要有以下几个方面：

(1)数据显示与数据维护。窗体最基本作用是可以让用户清晰地查看数据(可以是多个表或查询中的数据)，并且能够对数据进行很好的控制，如进行添加、删除、修改等，还可以设置数据的属性。

(2)数据安全录入。窗体让用户专注于当前正在操作的数据，而不用关心表中的其他数据，也有利于保证数据的安全性。创建窗体可以方便用户的操作，当用户输入或查看数据时，窗体可以让用户只注意当前正在操作的数据，而不用关心其他的数据，这样不会产生误操作，如误把其他记录的信息修改。

(3)简单形象，便于操作。所设计的窗体较数据表容易使用和理解，同时在窗体上应该给用户足够多的提示信息，帮助用户在这个窗体上进行操作，从而使得用户操作界面更简便。

(4)通过控件和应用程序流程控制作为链接，将整个数据库组织起来，形成一个完整的用户应用系统，实现相应的功能。

二、窗体的创建

(一)使用“窗体”按钮自动创建“学生”窗体

步骤 1：打开数据库，在导航窗格中，选择作为窗体的数据源“学生”表，在功能区“创建”选项卡的“窗体”组，单击“窗体”按钮，如图 1-5-1 所示，窗体立即创建完成，并以布局视图显示。

图 1-5-1　自动创建窗体

步骤 2：在快捷工具栏里，单击“保存”按钮，在弹出的“另存为”对话框中输入窗体的名称“学生”，然后单击“确定”按钮，结果如图 1-5-2 所示。

Access 会自动给每个新窗体添加一组导航按钮，窗体的最下边就是导航按钮。导航按钮中间输入框中的数字表示当前选中的记录是第几条，最左边的按钮是跳到第一条记录，第二个按钮是跳转到前一条记录，第三个按钮是跳转到下一条记录，第四个按钮是跳转到最后

图 1-5-2　窗体结果

一条记录，最后一个按钮是跳转到表的最后，并且新建一条记录。这些导航按钮能方便用户在浏览记录时的操作，还可以在输入框中输入记录数跳转到任意一条记录上。

注意：这里导航按钮在“设计视图”中是看不见的，但是当切换到“窗体视图”时就会出现，在使用窗体查看或输入数据时也会显示。

（二）使用向导创建窗体

如果想在创建窗体的过程中得到一些指导，使用窗体向导是最佳选择。通过这种方式创建窗体非常简单，并且基本上可以满足用户的需求，如果对所创建的窗体不是非常满意，可以通过设计视图来修改。使用向导创建“学生”表窗体的过程如下。

步骤 1：在【创建】|【窗体】中，单击“窗体向导”，如图 1-5-3 所示。

图 1-5-3　新建窗体

步骤 2：在“窗体向导”对话框中，选择窗体所对应的数据来源表或者查询。每个窗体应该对应一个数据表，或者一个查询的结果，也就是满足某种查询条件的数据。在本例中选择“学生”表作为数据来源，如图 1-5-4 所示。

步骤 3：选择要在窗体中显示的字段，如图 1-5-5 所示。因为数据表中可能有很多列，但是在窗体中只需要显示其中的某些字段。选中需要的字段，然后双击鼠标或者单击中间的“ > ”按钮，就可以把选中的字段移动到右边；如果要显示所有的字段，可以使用鼠标单击“ > > ”按钮。

步骤 4：单击【下一步】，确定窗体使用的布局方式，如图 1-5-6 所示。可选择的布局方式有纵栏式、表格、数据表、两端对齐。

步骤 5：单击【下一步】，确定窗体的样式，如图 1-5-7 所示。根据应用的不同以及自己的喜好，可以选择不同的窗体样式。选择了某种样式后，在左边会出现这种样式的预览。

步骤 6：单击【下一步】，为窗体指定标题，也可以使用默认的名称，然后单击【完成】按钮完成窗体的创建。窗体创建完成后，就可以查询窗体的信息，如图 1-5-8 所示。

图 1-5-4　选择窗体创建方式和来源

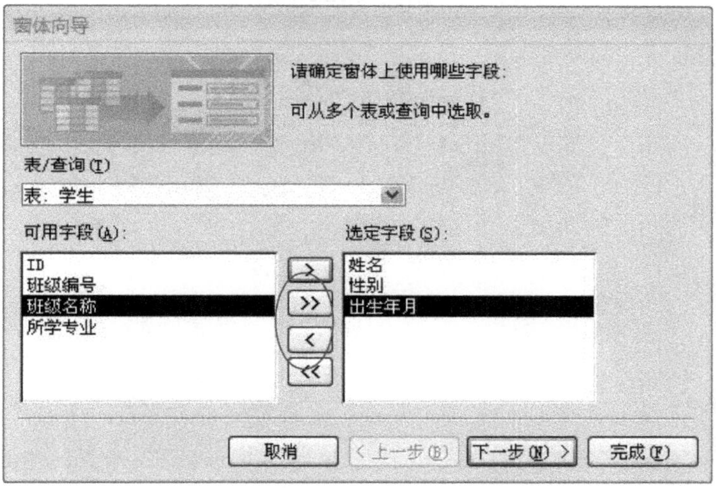

图 1-5-5　窗体向导——选择字段

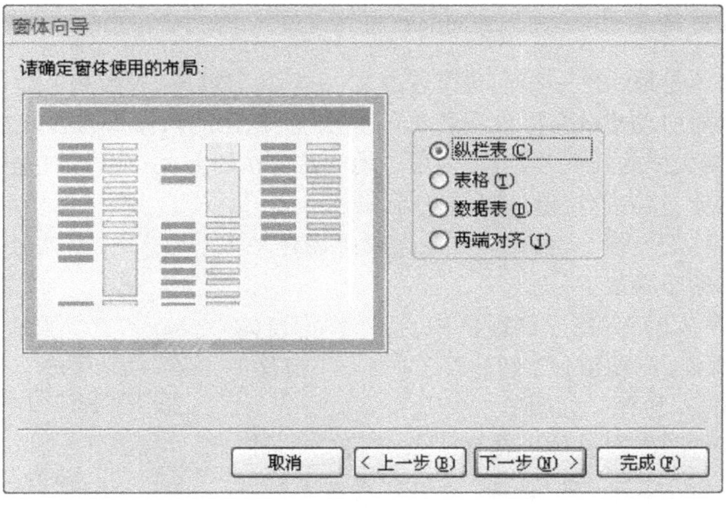

图 1-5-6　窗体向导——确定窗体的布局方式

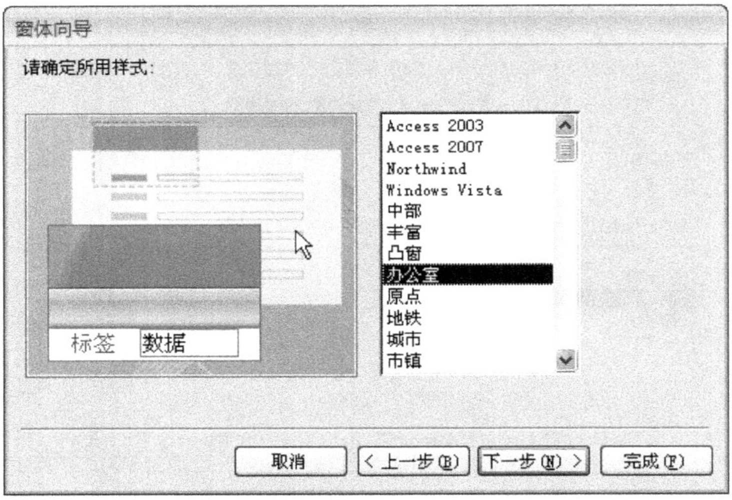

图 1-5-7　窗体向导——选择窗体样式

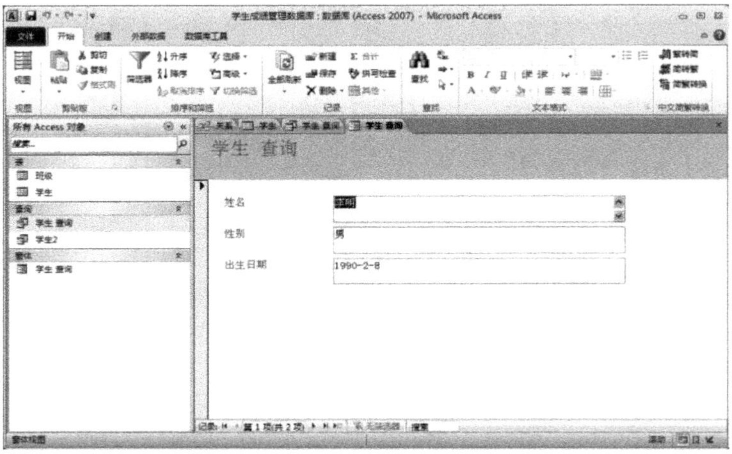

图 1-5-8　使用窗体向导创建的窗体

(三)自动创建窗体

自动创建窗体是最快的一种创建窗体方式,用户参与也最少,当然灵活性也没有另外两种方式好。如果对所创建的窗体没有特殊的要求,所创建的窗体要包含表或查询的所有字段,并且不必控制窗体的外观,则可以采用自动创建窗体的方式。也可以先使用自动创建窗体的方式创建窗体,然后通过设计视图进行修改。

自动创建窗体的过程非常简单,在数据库中创建一个“纵栏式”窗体,用于显示“教师”表中的信息窗体的步骤如下。

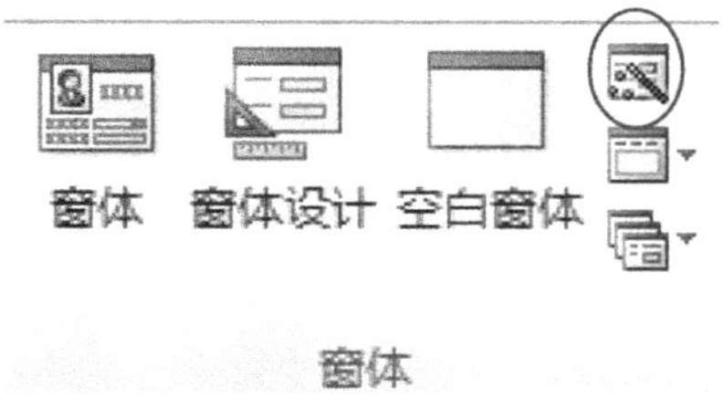

图 1-5-9　窗体组

步骤 1:打开数据库,在导航窗格中,选择作为窗体的数据源“教师”表,在功能区“创建”选项卡的“窗体”组,单击“窗体向导”按钮。如图 1-5-9 所示。

步骤 2:打开“请确定窗体上使用哪些字段”对话框中,如图 1-5-10 所示。在“表/查询”下拉列表中光标已经定位在所需要的数据源“教师”表,单击 » 按钮,把该表中全部字段送到“选定字段”窗格中，单击下一步按钮。

步骤3：在打开“请确定窗体上使用哪些字段”对话框中，选择“纵栏式”，如图1-5-11所示，单击下一步按钮。

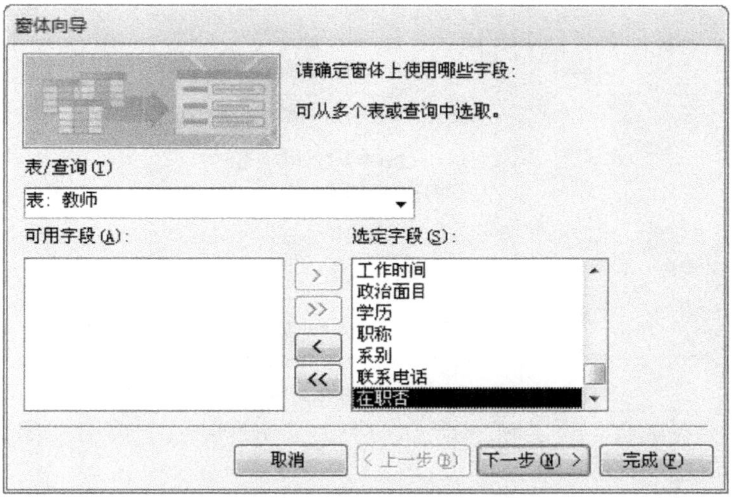

图1-5-10　窗体向导

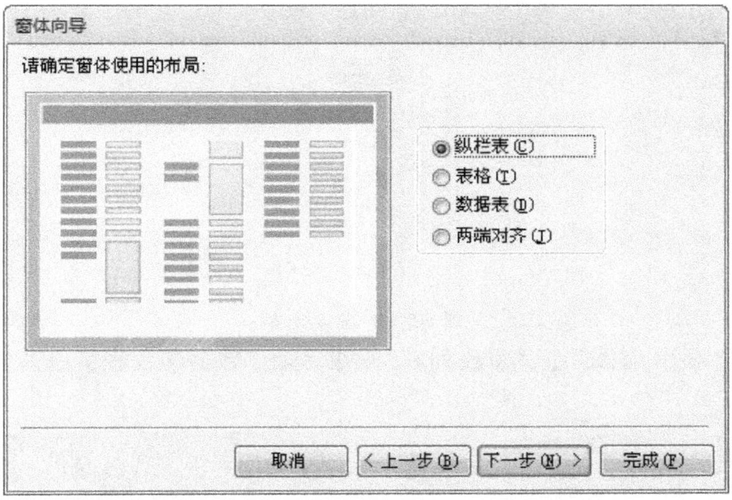

图1-5-11　窗体向导

步骤4：在打开“请确定窗体上使用哪些字段”对话框中，输入窗体标题“教师”，选取默认设置“打开窗体查看或输入信息”，单击“完成”按钮，如图1-5-12所示。

步骤5：这时打开窗体视图，可以看到所创建窗体的效果，如图1-5-13所示。

（四）创建“数据透视表”窗体

使用“自动窗体”方式，以“教师”表为数据源自动创建一个“数据透视表”窗体，用于计算各学院不同职称的人数。

步骤1：在导航窗格中，选择“表”对象，选中“教师表”，“创建”选项卡——“窗体”组，单击“其他窗体”下拉列表，单击“数据透视表”菜单，出现“数据透视表工具/设计”选项卡，如图1-5-14所示。

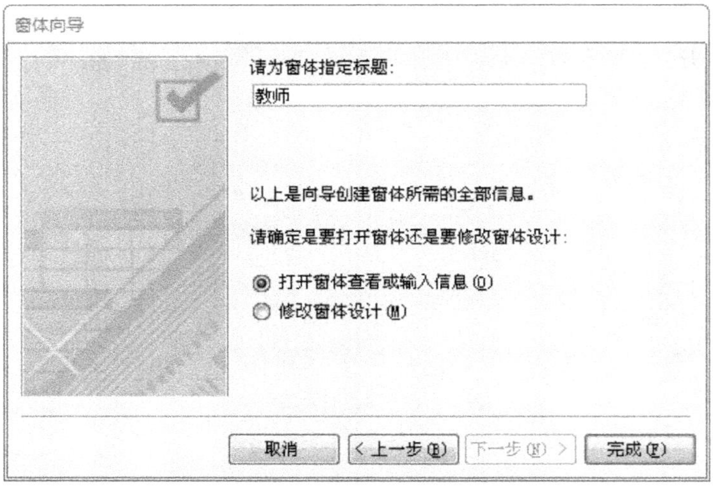

图 1-5-12　窗体向导

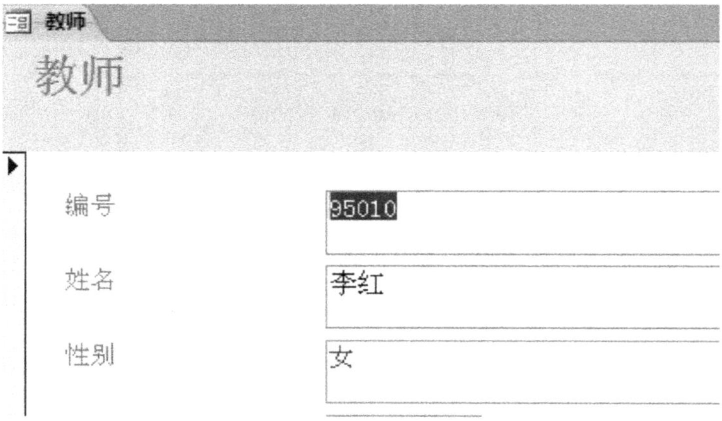

图 1-5-13　窗体结果

步骤 2:单击“显示/隐藏”组,“字段列表”按钮,弹出“数据透视表字段列表”,如图 1-5-15 所示。

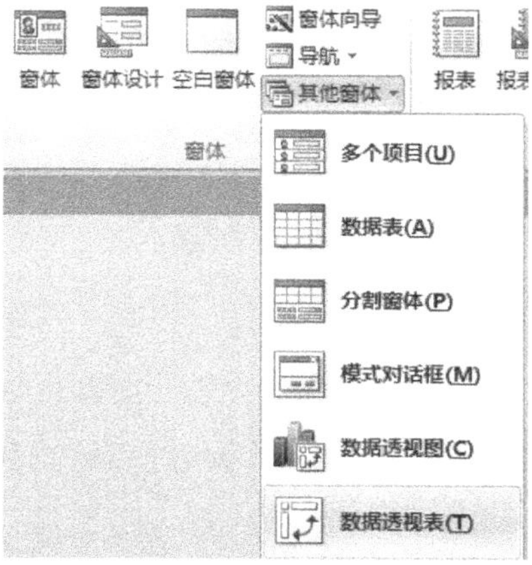

图 1-5-14　其他窗体下拉列表

图 1-5-15　数据透视表字段列表

步骤 3:将“数据透视表字段列表”窗口中的“系别”字段拖至“行字段”区域,将“职称”

字段拖至“列字段”区域，选中“编号”字段，在右下角的下拉列表框中选择“数据区域”选项，单击“添加到”按钮，如图 1-5-16 所示。这时就生成了数据透视表窗体。单击“保存”按钮，保存窗体，窗体名称为“教师职称统计”。

图 1-5-16　窗体结果显示

(五)在设计视图中创建窗体

以“学生”表和“选课成绩”表为数据源创建一个嵌入式的主/子窗体。

步骤 1：在数据库窗口的“窗体”对象下，双击“使用向导创建窗体”选项，打开“窗体向导”对话框。

步骤 2：在“窗体向导”对话框中，在“表/查询”下拉列表框中，选中“表：学生”，并将其全部字段添加到右侧“选定字段”中；再选择“表：选课成绩”，并将全部字段添加到右侧“选定字段”中。

步骤 3：单击“下一步”，在弹出的窗口中，查看数据方式选择“通过学生”，并选中“带有子窗体的窗体”选项。

步骤 4：单击“下一步”，子窗体使用的布局选择“数据表”选项。

步骤 5：单击“下一步”，所用样式选择“标准”选项。

步骤 6：单击“下一步”，将窗体标题设置为“学生”，“子窗体”标题设置为“选课成绩”。

步骤 7：单击“完成”按钮，出现如图 1-5-17 所示的界面。

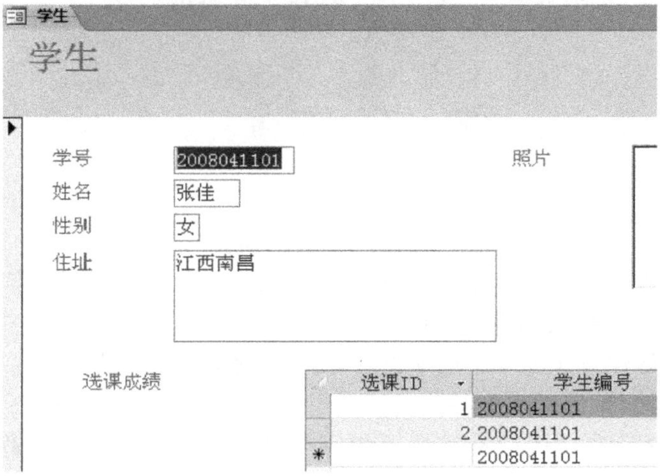

图 1-5-17　子窗体结果显示

任务实训方案

窗体综合应用

实训题:完成“教师奖励信息”窗体设计,设计结果如图1-5-18所示。

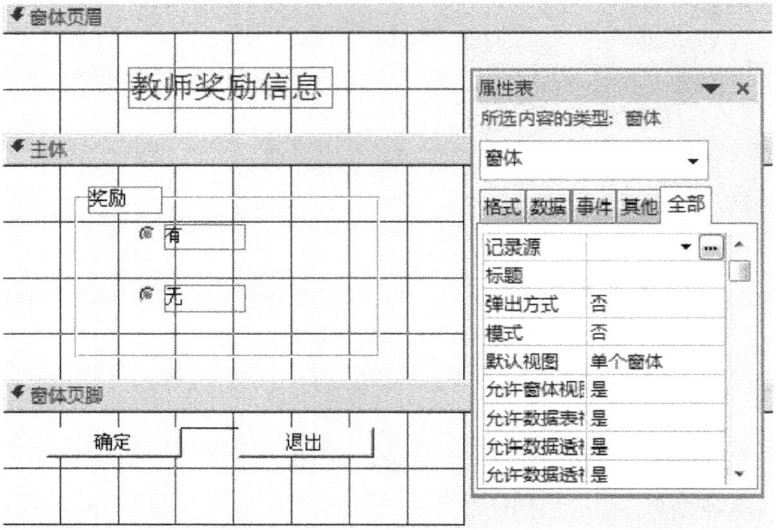

图1-5-18 “教师奖励信息”窗体设计

1. 实训目的

利用Access软件的创建窗体并修改,熟悉窗体的各种控件的属性设置。

2. 实训要求

(1)实训前,认真学习相关章节的内容;

(2)完成实训后,应掌握窗体的创建;

(3)学会多种窗体的控件的使用。

3. 实训步骤

(1)打开“Access3-1”数据库,选“教师”窗体,打开窗体设计视图。在“窗体设计工具”选项卡中选择“设计”选项卡——“控件”组,如1-5-19所示。

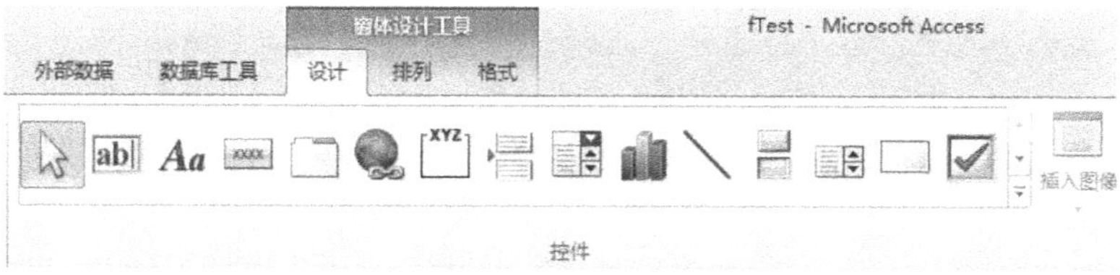

图1-5-19 窗体设计工具

(2)在窗体的页眉节区位置添加一个标签控件,其名称为“窗体标题”,在“属性”窗口中“格式”选项卡修改标题“教师奖励信息”。

(3)在主体节区位置添加一个选项组控件,将其命名为“奖励选项”,选项组标签显示内容为“奖励”,名称为“奖励选项标签”;在选项组内放置两个单选按钮控件,选项按钮分别命名为“opt1”和“opt2”,选项按钮标签显示内容分别为“有”和“无”,名称分别为“bopt1”和“bopt2”。

(4)在工具箱中选择“命令按钮”控件,在窗体页脚节区位置添加两个命令按钮,分别命名为“bOk”和“bQuit”,按钮标题分别为“确定”和“退出”。

(5)保存窗体,单击工具栏中“视图”按钮切换到窗体视图,查看窗体效果。

4. 实训注意事项

(1)实训前,应做好充分的准备。实训教师结合例题引导学生思考如何设计和布局。

(2)掌握数据库软件设计窗体的使用界面。

(3)创建窗体时,注意其属性的设置。

(4)注意创建过程中的其他情况。

5. 上交资料

每小组提交一份数据库文件(含数据表和窗体)。

6. 仪器及工具

每班分为两人一个小组。每小组一台电脑。

任务六　报表的制作与打印

任务导入

报表提供了多种可用来对数据进行组织、分类和汇总的方法。它能够帮助用户按照希望的格式很好地展示数据,并且提供了用来显示数据的窗体。报表就是用表格、图表等格式动态显示数据。报表常常用于显示概览信息,以便突出显示主要信息和趋势。报表主要是对数据的分析,报表的主要好处是对数据进行分组和排序,使人们能够更容易理解数据。通过报表,人们能很快获取主要信息。

报表是专门为打印而设计的特殊窗体,Access 使用报表对象来实现格式数据打印,将数据库中的表、查询的数据进行组合形成报表,还可以进行多级汇总、统计比较、图片和图表等。

任务分析

1. 任务准备

多媒体教室,配有相关软件的机房。

2. 任务目标

(1)掌握报表的功能与类型;

(2)掌握各类报表的创建方法;

(3)掌握报表控件的设置方法。

3. 知识准备

(1)数据库的创建;

(2)数据表、查询、窗体的创建与维护。

相关知识

一、报表概述

报表是将数据库中的数据通过打印机输出的工具。报表和窗体的创建过程基本相同,报表也是由各种“控件”组成的,包括显示数据的控件,例如文本框;还有起装饰作用的控件,例如分隔线和公司徽标等。不过报表不具备交互功能而窗体可以。

(一)报表的作用

窗体主要用于输入数据,报表则主要用于打印数据。除了不能输入数据外,窗体的特点,报表都适用。同时报表还能更进一步地分析数据。

(1)帮助用户按照希望的格式来很好地展示数据,具有良好的外观。

(2)对大量数据进行分组和排序,使人们能够更容易理解数据;也可以进行比较、汇总、分组、小计等分析数据。

(3)用表格、图表等格式来动态显示数据,增强视觉的可读性。

(二)报表的分类

1. 纵栏式报表

纵栏式报表也称为窗体报表,一般是在一页的主体节内以垂直方式显示一条或多条记录。这种报表可以显示一条记录的区域,也可同时显示多条记录的区域,甚至包括合计。

2. 表格式报表

表格式报表以行和列的形式显示记录数据,通常一行显示一条记录、一页显示多行记录。表格式报表与纵栏式报表不同,字段标题信息不是在每页的主体节内显示,而是在页面页眉显示。可以在表格式报表中设置分组字段、显示分组统计数据。

3. 标签报表

标签是一种特殊类型的报表。在实际应用中,经常会用到标签,例如物品标签、客户标签等。

在上述各种类型报表的设计过程中,根据需要可以在报表页中显示页码、报表日期甚至使用直线或方框等来分隔数据。此外,报表设计可以同窗体设计一样,设置颜色和阴影等外观属性。

4. 图表报表

图表报表是指在报表中使用图表,这种方式可以更直观地表示数据之间的关系。不仅美化了报表,而且可使结果一目了然。

(三)报表的视图

在 Access 中,报表操作提供了 3 种视图:“设计”视图、“打印预览”视图和“版面预览”视图。“设计”视图用于创建和编辑报表的结构;“打印预览”视图用于查看报表的页面数据输出形态;“版面预览”视图用于查看报表的版面设置。3 个视图的切换可以通过“报表设计”工具栏中“视图”工具按钮右侧下拉菜单中的“设计”视图、“打印预览”视图和“版面预览”视图 3 个按钮来进行选择。

(四)报表的结构

在报表的“设计”视图中,区段被表示成带状形式,称为“节”。报表中的信息可以安排在多个节中,每个节在页面上和报表中具有特定的目的并按照预期顺序输出打印。与窗体的“节”相比,报表区段被分为更多种类的节。

1. 报表页眉

在报表的开始处,即报表的第一页打印一次。用来显示报表的标题、图形或说明性文字,每份报表只有一个报表页眉。一般来说,报表页眉主要用在封面。

2. 页面页眉

页面页眉中的文字或控件一般输出显示在每页的顶端。通常,它是用来显示数据的列标题。可以给每个控件文本标题加上特殊的效果,如颜色、字体种类和字体大小等。一般来说,把报表的标题放在报表页眉中,该标题打印时在第一页的开始位置出现。如果将标题移动到页面页眉中,则该标题在每页上都显示。

3. 组页眉

根据需要,在报表设计5个基本的"节"区域的基础上,还可以使用"排序与分组"属性来设置"组页眉/组页脚"区域,以实现报表的分组输出和分组统计。组页眉节主要安排文本框或其他类型控件显示分组字段等数据信息。

可以建立多层次的组页眉及组页脚,但不可分出太多的层(一般不超过3~6层)。

4. 主体

打印表或查询中的记录数据,是报表显示数据的主要区域。根据主体节内字段数据的显示位置,报表又划分为多种类型。

5. 组页脚

组页脚节内主要安排文本框或其他类型控件显示分组统计数据。打印输出时,其数据显示在每组结束位置。在实际操作中,组页眉和组页脚可以根据需要单独设置使用,可以从"视图"菜单中选择"排序与分组"选项。

6. 页面页脚

一般包含页码或控制项的合计内容,数据显示安排在文本框和其他的一些类型控件中。在报表每页底部打印页码信息。

7. 报表页脚

该节区一般是在所有的主体和组页脚输出完成后才会打印在报表的最后面。通过在报表页脚区域安排文本框或其他一些类型控件,可以显示整个报表的计算汇总或其他的统计数字信息。

二、报表的创建

创建报表的方法有3种,分别是自动创建报表、使用向导创建报表和使用"设计视图"创建报表,和窗体的创建方法类似。根据不同的需要可以选择不同的方式。报表主要是对数据库中数据的展示,如果要创建报表,需要使用数据库中一个或者多个表中的数据,或者使用查询中的数据。若要使用多个表,则首先要创建一个从多个表中检索数据的查询,以便从这些表中检索出数据。

(一)使用"报表向导"创建报表

在使用"报表向导"创建报表的过程中,系统会提出问题,然后根据用户的选择来创建报表。如果希望在创建报表的过程中得到引导,这种方法是最好的。下面以创建"班级"表为例,介绍一下使用"报表向导"创建报表的过程。

步骤1:在"创建"|"报表"中,单击"报表向导"按钮,如图1-6-1所示。

图 1-6-1　新建报表向导

步骤 2:选择数据源,从下拉框中选择表或者查询,例如选择“表:班级”就是选择了“班级”表。选择表之后,就可以从表中选择要在报表中显示的字段。如果需要选择某个字段,可以双击该字段或者选择该字段之后单击“ > ”,如果要选择全部字段,可以单击“ > > ”按钮,如图 1-6-2 所示。

图 1-6-2　报表向导——选择字段

步骤 3:单击【下一步】,选择是否对数据进行分组,如图 1-6-3 所示。如果要对数据分组,可以选择某个字段。

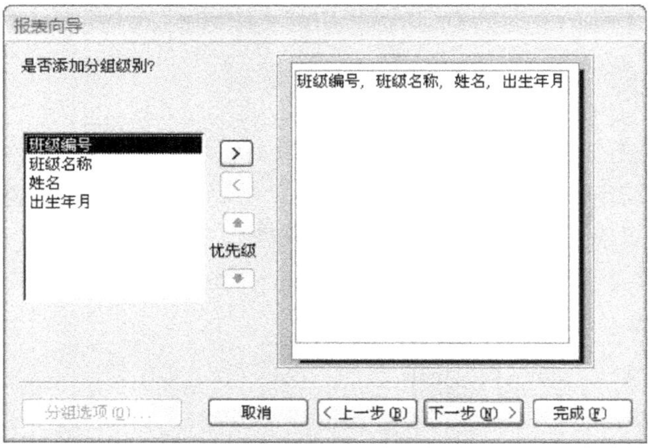

图 1-6-3　报表向导——选择是否分组

步骤 4:单击【下一步】,选择是否对数据进行排序,如图 1-6-4 所示。可以根据一个字段或者多个字段对数据进行排序,例如可以选择根据“学号”排序。

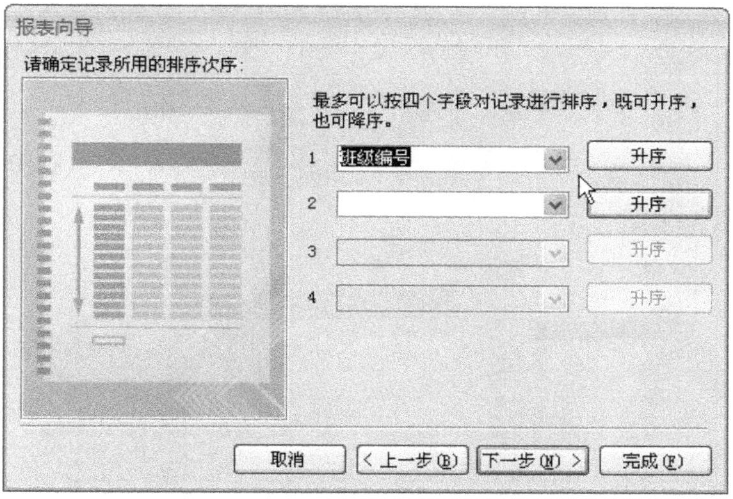

图 1-6-4　报表向导——选择是否排序

步骤 5:单击【下一步】,选择报表的布局和方向,如图 1-6-5 所示。根据前面选择的不同,可选择的布局方式也不一样,报表的方向可以采用“纵向”也可以采用“横向”。

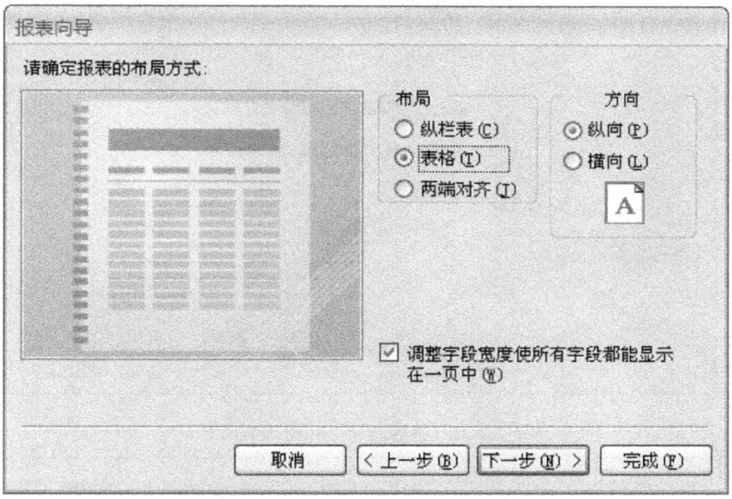

图 1-6-5　报表向导——选择布局方式

步骤 6:单击【下一步】,选择报表的样式,如图 1-6-6 所示。向导给出了多种供选择的报表样式,可以单击不同的样式查看效果,然后从中选择。

步骤 7:单击【下一步】,给报表命名,如图 1-6-7 所示。

步骤 8:单击【完成】,可以查看创建的报表,如图 1-6-8 所示。

(二)自动创建报表

与“自动窗体”相同,“自动创建报表”是创建报表的最快捷的方法,但是不能对报表的结构和外观进行很好的控制,只能使用默认的设置。自动创建报表的方法是:在导航窗格中,单击表或查询,在“创建”选项卡上的“报表”组中,单击【报表】按钮,报表就创建完成了。“自动创建报表”最适合下面的情况:需要打印表中的原始数据,对格式没有太大的要求;需要快速打印查询结果中的数据;需要快速地创建一个报表的原型。

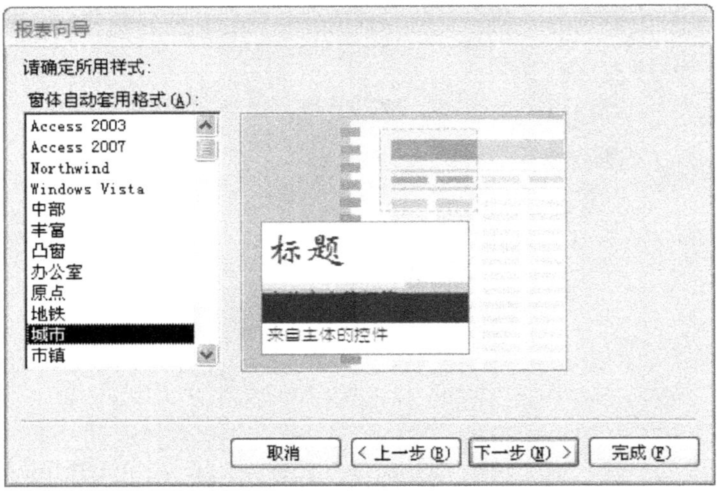

图 1-6-6　报表向导——选择报表样式

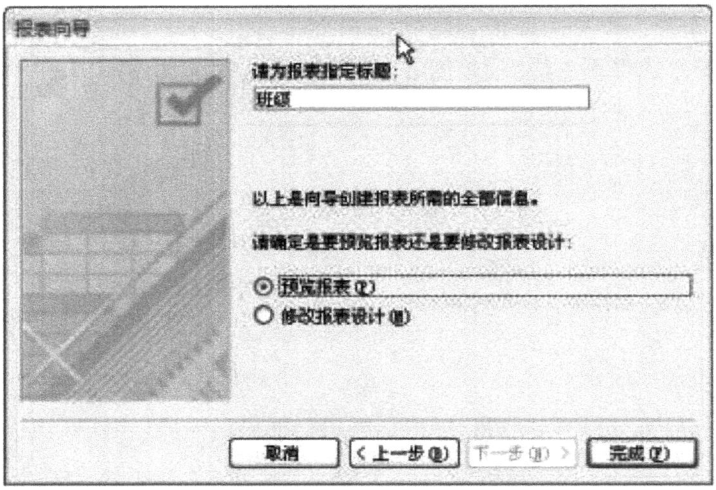

图 1-6-7　报表向导——给报表命名

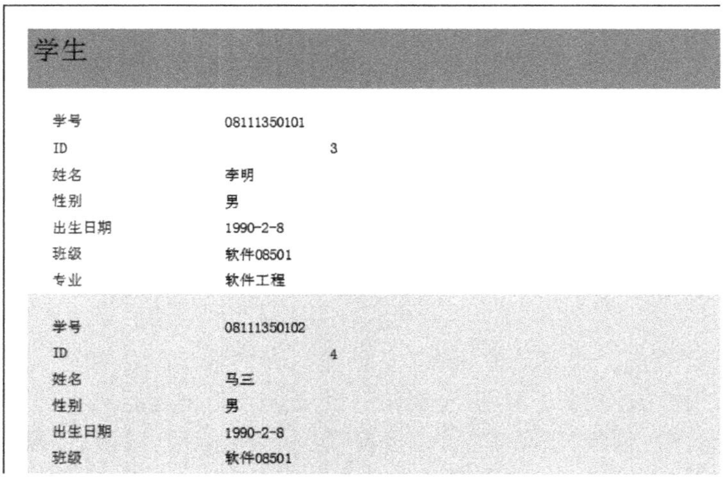

图 1-6-8　报表向导——创建的报表

例如,以教师表为数据源,使用“报表”按钮创建报表,其操作步骤如下。

步骤 1:打开数据库,在“导航”窗格中选中“教师”表。

步骤 2:在“创建”选项卡的“报表”组中,如图 1-6-9 所示,单击“报表”按钮,“教师”报表立即创建完成,并且切换到布局视图,结果如图 1-6-10 所示。

图 1-6-9　报表组

图 1-6-10　教师报表

(三)使用设计视图创建报表

虽然使用“自动创建报表”和“报表向导”能够创建一些简单的报表,但是与实际的需要总是有一段距离,适合初学者使用。对于复杂的需求可以使用“设计视图”非常灵活地来完成报表的创建。如果想对报表的创建进行完全的控制,应该使用“设计视图”来创建报表。在“设计视图”中提供了一个工具箱,可以从中选择控件,然后在网格上排列这些控件。如果要显示数据,选择可以与数据绑定的控件,这些数据与数据库数据绑定在一起,能够直接把数据显示出来;还可以使用一些不与数据绑定的控件,说明性文字、分隔线、产品徽标和其他装饰控件通常是未绑定的控件。

例如,以“学生成绩查询”为数据源,在报表设计视图中创建“学生成绩信息报表”,其操作步骤如下。

步骤 1:打开“教学管理”数据库,在“创建”选项卡的“报表”组中,单击“报表设计”按钮,打开报表设计视图。这时报表的页面页眉/页脚和主体节同时都出现,这点与窗体不同。

步骤 2:在“设计”选项卡的“工具”分组中,单击“属性表”按钮,打开报表“属性表”窗口,在“数据”选项卡中,单击“记录源”属性右侧的下拉列表,从中选择“学生成绩查询”,如图 1-6-11 所示。

步骤 3:在“设计”选项卡的“工具”分组中,单击“添加现有字段”按钮,打开“字段列表”窗格,并显示相关字段列表,如图 1-6-12 所示。

步骤 4:在“字段列表”窗格中,把“学号”、“姓名”、“课程名”、“成绩”字段,拖到主体节中。

步骤 5:在快速工具栏上,单击“保存”按钮,以“学生选课信息”为名称保存报表。但是这个报表设计不太美观,需要进一步修饰和美化。

步骤 6:在报表页眉节区中添加一个标签控件,输入标题“学生选课成绩表”,使用工具栏设置标题格式:字号 20、居中。

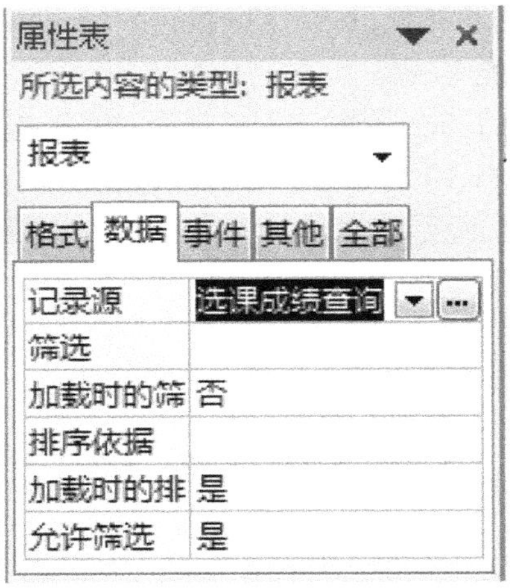

图 1-6-11　属性窗口记录源设计

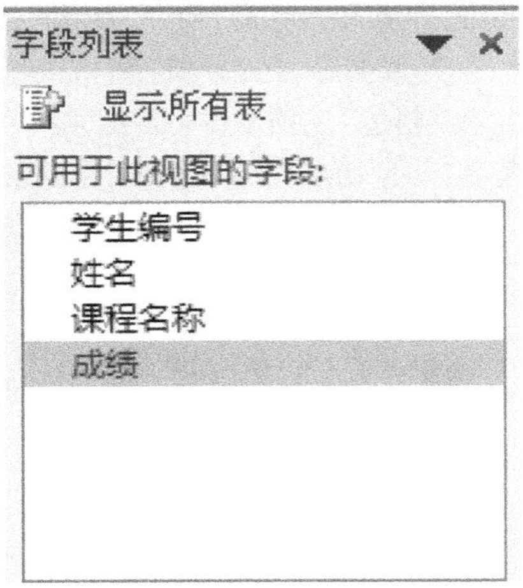

图 1-6-12　字段列表窗口

步骤 7：从“字段列表”窗口中依次将报表全部字段拖放到“主体”节中，产生 4 个文本框控件(4 个附加标签)。

步骤 8：选中主体节区的一个附加标签控件，使用快捷菜单中的“剪切”、“粘贴”命令，将它移动到页面页眉节区，用同样方法将其余 3 个附加标签也移过去，然后调整各个控件的大小、位置及对齐方式等；调整报表页面页眉节和主体节的高度，以合适的尺寸容纳其中的控件，(注：可采用“报表设计工具/排列”——“调整大小和排序”进行设置)设置效果如图 1-6-13所示。

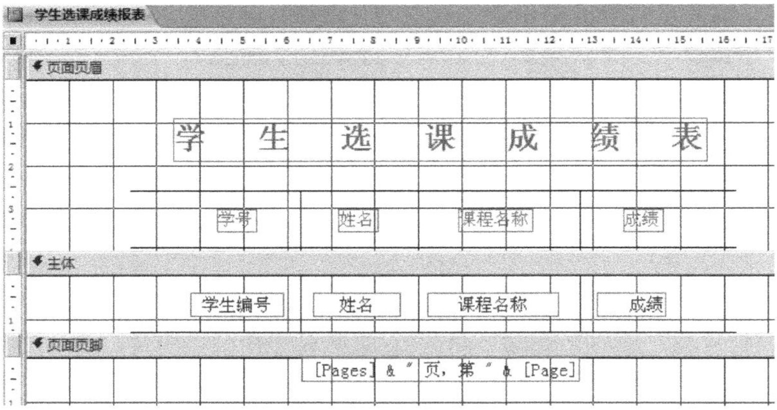

图 1-6-13　设计视图效果

步骤 9：“报表设计工具/排列”——“控件”组，选“直线”控件，按住 shift 键画直线。

步骤 10：选中“学生选课成绩表”标签，在属性窗口中修改字号、文本对齐属性值。

步骤 11：单击“视图”组——“打印预览”，查看报表，结果如图 1-6-14 所示。

步骤 12：保存报表，报表名称为“学生选课成绩报表”。

三、报表的维护

(一)报表的修改

例如，修改报表“报表打印”，在页面页脚区添加日期、页码，其操作步骤如下。

图 1-6-14　学生选课成绩表打印预览视图效果

步骤 1:打开报表“报表打印”的设计视图,选择“页眉/页脚”→“日期和时间”按钮,选中“包含日期”复选框,取消“包含时间”选择,选择短日期格式,然后单击“确定”按钮,将新添加的日期控件移动到页面页脚的左端。

步骤 2:选择“插入”→“页码”按钮,格式选“第 N 页,共 M 页”选项,位置选“页面底端”,对齐选“右”选项,结果如图 1-6-15 所示。

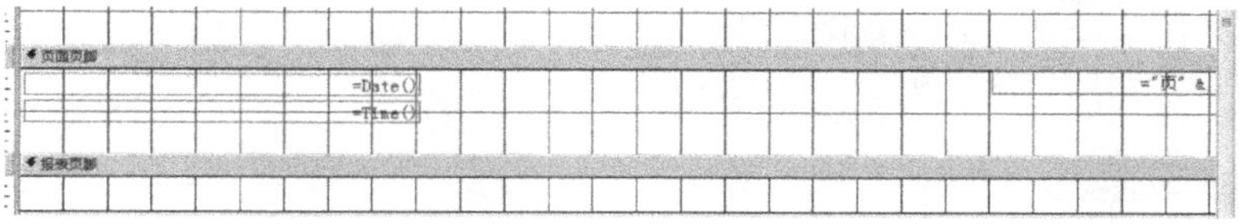

图 1-6-15　报表的设计视图

步骤 3:保存并预览报表。

(二)报表的打印

报表设计完后,就可以进行报表打印了,其具体步骤如下。

步骤 1:打开数据库,选择要打印的报表,点击右键弹出快捷菜单,选择“打印预览”,结果如图 1-6-16 所示。

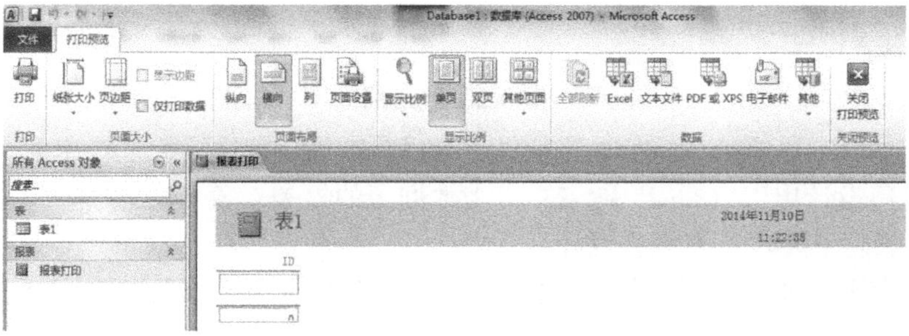

图 1-6-16　打印预览

步骤 2:在页面布局选项卡中点击“页面设置”,在弹出对话框中根据需要设置“打印选项”、“页”、“列”的相应格式,如图 1-6-17 所示。

步骤 3:在打印选项卡中单击“打印”按钮,打开“打印”对话框,如图 1-6-18 所示。

图 1-6-17　页面设置

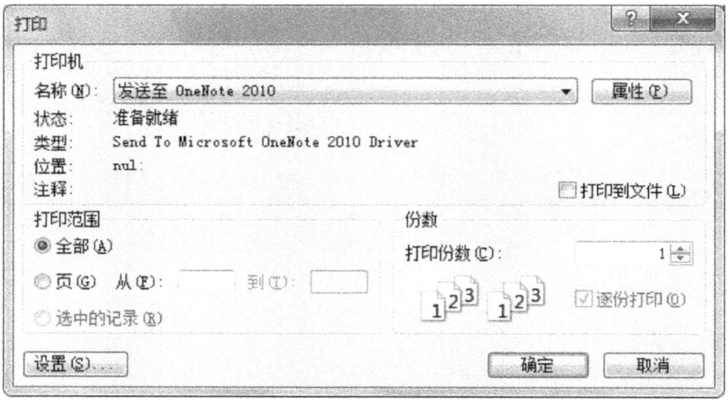

图 1-6-18　打印对话框

步骤 4:根据需要设置对话框中选项,点击“确定”按钮,即可打印所选报表。

任务实训方案

报表综合应用

实训题:给定一个数据库文件“团队游”数据库,里面已经设计好表对象“tBand”和“tLine”,同时还设计出以“tBand”和“tLine”为数据源的报表对象“rBand”。

要求:按照以下要求补充报表设计:

(1)在报表页眉节区位置添加一个标签控件,其名称为“bTitle”,标题显示为“团队旅游信息表”,字体名称为“宋体”,字号为 22,字体粗细为“加粗”,倾斜字体为“是”。

(2)在“导游姓名”字段标题对应的报表主体区位置添加一个控件,显示出“导游姓名”字段值,并命名为“tName”。

(3)在报表的报表页脚区添加一个计算控件,要求依据“团队 ID”来计算并显示团队的个数。计算控件放置在“团队数:”标签的右侧,计算控件命名为 “bCount”。

(4)将报表标题设置为“团队旅游信息表”，报表设计结果如图 1-7-19 所示。

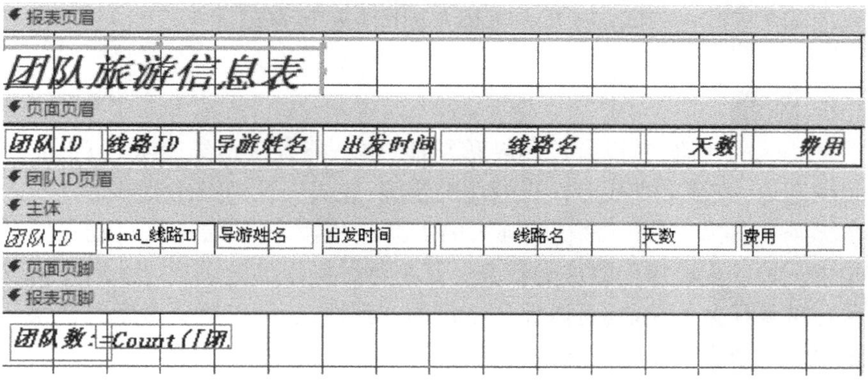

图 1-7-19　报表设计视图

1. 实训目的

利用 Access 软件的创建报表并修改报表，学会报表的预览、打印。

2. 实训要求

(1)实训前，认真学习相关章节的内容；

(2)完成实训后，应掌握窗体的创建；

(3)学会多种窗体的控件的使用。

3. 实训步骤

(1)选中“rBand”报表对象，右键“设计视图”，打开报表设计视图。

(2)将报表页眉节区调大，并添加一个标签控件，输入标题“团队旅游信息表”，打开属性窗口，设置标签“名称”属性为“bTitle”，“字体名称”属性为“宋体”，“字号”属性为 22，“字体粗细”属性为“加粗”，“倾斜字体”属性选“是”；调整标签大小，使标题文字能全部显示出来。

(3)在报表主体区添加一个文本框控件，位置要与“导游姓名”标签左边对齐，删除附加标签，打开属性窗口，设置文本框“名称”属性为“tName”，“控件来源”属性为“导游姓名”。

(4)在报表页脚区的“团队数”标签右侧添加文本框控件，删除附加标签，打开属性窗口，设置文本框的“名称”为“bCount”，“控件来源”设为“ = Count([团队 ID])”。

(5)选中报表，打开属性窗口，设置报表“标题”属性为“团队旅游信息表”。

(6)预览并保存报表。

4. 实训注意事项

(1)实训前，应做好充分的准备。实训教师结合例题引导学生思考如何设计和布局。

(2)掌握数据库软件报表设计界面的格式。

(3)设计报表时，注意其控件属性的设置。

(4)注意创建过程中的其他情况。

5. 上交资料

每小组提交一份数据库文件(含数据表和报表)。

6. 仪器及工具

每班分为两人一个小组。每小组一台电脑。

任务七　宏的制作与运行

任务导入

宏是一种特殊的代码，它没有控制转移功能，也不能直接操纵变量，但它能够将各种对象有机地组织起来，按照某个顺序执行操作的步骤，完成一系列操作动作。

宏是 Access 数据库中的一种功能强大的工具，数据库中的宏用来自动完成某些特定的任务。它是由一种或多种操作组成的集合。其中每种操作都能实现一个特定的功能。通过宏的自动执行重复任务的功能，可以保证工作的一致性，还可以避免由于忘记某一操作步骤而引起的错误。宏节省了执行任务的时间，提高了工作效率。

宏是连接 Access 数据库中各对象的桥梁，通过宏把窗体、查询、报表等连接在了一起。

任务分析

1. 任务准备

多媒体教室，配有相关软件的机房。

2. 任务目标

(1)掌握宏的概念与类型；

(2)掌握宏的创建方法；

(3)掌握宏命令的设置方法。

3. 知识准备

(1)数据库的创建；

(2)数据表、查询、窗体等的创建与维护。

相关知识

一、认识宏

宏在 Access 数据库中是一种功能强大的工具，使用宏非常方便，不需要记语法，也不需要会编程。有效利用宏，可以完成许多烦琐的人工操作。

宏是由一个或多个自动执行操作组成的集合，通过运行操作并实现特定的功能。我们通过直接执行宏或使用包含宏的用户界面可以完成许多复杂的操作，而不需要编写程序代码。

宏可以分为 3 种类型：操作序列宏、宏组、条件操作宏。

(一)简单宏

宏是一种特殊的代码，它没有控制转移功能，也不能直接操纵变量，但它能够将各种对象有机地组织起来，按照某个顺序执行操作的步骤，完成一系列操作动作。宏操作是宏最基本的单元，一个宏操作由一个宏命令完成。宏是宏操作的集合。

(二)宏组

宏组是多个基本操作序列宏的集合。设计时将不同的宏，按照分类组织到不同的宏组中，将有助于对数据库的管理。宏组将相关的宏以一个宏名存储。宏组类似于“主程序”，而宏组中的宏类似于“子程序”。使用宏组既可以增加控制，又可以减少编制宏的工作量。

宏组是一个宏文件中包含一个或者多个宏，这些宏叫作子宏。每个宏都是独立的，互不相关。为了在宏组中区别各个不同的宏，需要为每个宏指定一个宏名，并设置操作。

宏组是宏的集合。宏和宏组都可以有其名。可以通过引用宏组中的宏名执行宏组中的宏。其语法：宏组名.宏名。

宏与宏组的区别：宏是由宏操作构成的，而宏组是由宏构成的；宏组中的子宏必须命名，而宏不需要；宏在运行时，所有的宏操作按顺序执行；而宏组在运行时之执行最前面的宏。

（三）条件操作宏

条件操作宏是在操作序列宏的基础上增加一定的条件后执行的宏。条件操作宏的条件是一个逻辑表达式，宏将根据表达式运算结果的 True 或 False 而确定操作是否进行。

作为 Access 的重要对象之一，宏和数据表、查询、窗体等一样，用户可以自由组合成各种各样的宏，完成包括引用窗体、显示信息、删除记录、控制对象和打印数据等功能，再加上宏的条件定义，大部分程序的功能，宏都能很好地实现。

二、常用的宏操作

Access2010 提供 80 多个宏操作命令，有 8 类，即窗口管理命令、宏命令、筛选/查询/搜索命令、数据库导入导出命令、数据库对象命令、数据库命令、系统命令、用户操作命令。

下面介绍几种常见的宏命令。

（一）ApplyFilter 操作

使用 ApplyFilter 操作可以对表、窗体或报表应用筛选、查询或 SQL WHERE 子句，以便限制或排序表的记录以及窗体或报表的基础表或基础查询中的记录。对于报表，只能在其“打开”事件属性所指定的宏中使用该操作。ApplyFilter 操作具有以下参数，如表 1-7-1 所示。

ApplyFilter 操作的参数 表 1-7-1

操 作	说 明
筛选名称	用以限制或排序表、窗体或报表中的记录的筛选或查询的名称。可以输入已有查询或筛选的名称，该筛选已作为查询保存在“宏”窗口“操作参数”节的“筛选名称”框内
Where 条件	有效的 SQL WHERE 子句（不包含 WHERE 一字）或表达式，用以限制表、窗体或报表中的记录 在“Where 条件”参数表达式中，表达式的左边通常包含某个窗体或报表的基础表或基础查询的字段名。表达式的右边通常包含要应用于该字段的条件，以限制或排序记录。例如，条件可以是另一个窗体中的控件的名称，该窗体包含要用来使第一个窗体的记录与之相匹配的值。控件名称必须完整限定，例如：Forms！formname！controlname 字段名应使用双引号包围起来，而字面值则应使用单引号 “Where 条件”参数最长为 255 个字符。如果要输入较长的 SQL 子句，可以在 Microsoft Visual Basic 中，使用 DoCmd 对象的 ApplyFilter 方法。在 Visual Basic 中可以输入最长为 32768 个字符的 SQL WHERE 子句

如果同时使用两个参数，Microsoft Access 将应用 WHERE 子句的条件进行筛选。使用该操作时必须至少包含一个参数。

可以对“窗体”视图或“数据表”视图中的窗体应用筛选或查询。所用的筛选和 WHERE 条件将成为窗体或报表的“筛选”或“服务器筛选”属性设置。

对于表和窗体，该操作与单击“记录”菜单上的“应用筛选/排序”或“应用服务器筛选”类似。但是，该菜单命令将对表或窗体应用最新创建的筛选，而 ApplyFilter 操作则应用指定的筛选或查询。

在 Access 数据库中，如果在运行 ApplyFilter 操作之后指向“记录”菜单上的“筛选”，然后单击“高级筛选/排序”，那么“高级筛选/排序”窗口将显示对该操作所选的筛选条件。

在 Access 数据库中，如果要删除筛选并显示表或窗体的全部记录，可使用 ShowAllRecords 操作或“记录”菜单上的“取消筛选/排序”命令。

保存表或窗体时，Access 将保存当前在对象中定义的任一筛选，但是下一次打开对象时并不会自动应用该筛选（虽然在保存它之前，会自动应用对对象的任何排序）。如果要在首次打开窗体时自动应用筛选，可以指定一个包含 ApplyFilter 操作的宏，或包含 DoCmd 对象的 ApplyFilter 方法的事件过程作为对窗体的“打开”事件属性的设置。也可以使用 OpenForm 或 OpenReport 操作，或者与它们相对应的方法来应用筛选。如果要在首次打开表时自动应用筛选，可以使用一个包含 OpenTable 操作并紧跟 ApplyFilter 操作的宏来打开表。

（二）Beep 操作

使用 Beep 操作，可以通过计算机的扬声器发出嘟嘟声。Beep 操作没有任何参数。可以使用 Beep 操作提示下列情况：

（1）已发生重要的屏幕更改。

（2）控件中输入了某种错误类型的数据。例如，用户在文本框控件中输入了数值型数据。

（3）宏已经执行到指定位置或已经完成操作。

（4）嘟嘟声的频率和持续时间取决于计算机硬件，在不同的计算机上可能会有所不同。

（三）Close 操作

使用 Close 操作可以关闭指定的 Microsoft Access 窗口，或者，如果没有指定窗口，则关闭活动窗口。Close 操作具有以下参数，如表 1-7-2 所示。

Close 操作具的参数　　表 1-7-2

操作参数	说　明
对象类型	要关闭的窗口的对象类型。可以在“宏”窗口“操作参数”节的“对象类型”框中选择“表”、“查询”、“窗体”、“报表”、“宏”、“模块”、“数据访问页”、“服务器视图”、“图表”、“存储过程”或“函数”。如果要选择活动窗口，那么将该参数留空
对象名称	要关闭的对象名称。“对象名称”框中显示了数据库中由“对象类型”参数所选择的全部对象。单击该对象即可关闭它。如果“对象类型”参数为空，将该参数留空
保存	决定关闭时是否要保存对对象的更改。可选择“是”（保存对象）、“否”（关闭对象而不保存）或“提示”（提示用户是否要保存对象）。默认值为“提示”

对于用户可以明确地打开或关闭的所有数据库对象,都可以使用 Close 操作来关闭。该操作与下列行为的效果类似:即选择对象然后单击“文件”菜单上的“关闭”,单击对象窗口的“控制”菜单上的“关闭”或单击对象的“关闭”按钮关闭对象。

如果“保存”参数设置为“提示”,并且在 Close 操作执行之前,对象尚未保存,那么在宏关闭对象之前将显示对话框以提示用户保存对象。如果将 SetWarnings 操作的“打开警告”参数设置为“否”,将不显示对话框,并且自动保存对象。

(四)CopyObject 操作

使用 CopyObject 操作,可以将指定的数据库对象复制到另外一个 Microsoft Access 数据库中,或以新的名称复制到同一数据库或 Access 项目中。例如,可以在另一个数据库中复制或备份一个已有的对象,也可以快速地创建一个略有更改的相似对象。CopyObject 操作具有下列参数,如表 1-7-3 所示。

CopyObject 操作具有下列参数 表 1-7-3

操作参数	说　明
目标数据库	目标数据库的有效路径和文件名称。在“宏”窗口“操作参数”部分的“目标数据库”框中输入路径和文件名称。如果要选择当前的数据库,则将此参数留空 如果在某个类库数据库中执行包含 CopyObject 操作的宏,并且将此参数留空,Access 就会把对象复制到该类库数据库中
新名称	对象的新名称。在将对象复制到不同的数据库时,如果将此参数留空,可使对象保留原来的名称不变
源对象类型	要复制的对象类型。可单击“表”、“查询”、“窗体”、“报表”、“宏”、“模块”、“数据访问页”、“服务器视图”、“图表”、“存储过程”或“函数”。若要复制“数据库”窗口中选定的对象,则将此参数留空
源对象名称	要复制的对象的名称。“源对象名称”框中显示了数据库中由“源对象类型”参数选择的类型的全部对象。在“源对象名称”框中,单击要复制的对象。如果“源对象类型”参数为空,则也应将本参数留空 如果在某个类库数据库中执行包含 CopyObject 操作的宏,Access 将首先在该类库数据库中查找具有该名称的对象,然后再到当前数据库中查找

说明:使用该操作时,必须至少为“目标数据库”和“新名称”参数中的一个参数输入值。如果将“源对象类型”和“源对象名称”参数留空,Access 将复制“数据库”窗口中选定的对象。若要在“数据库”窗口中选择对象,可以使用 SelectObject 操作,并将“在‘数据库’窗口中”参数设为“是”。

CopyObject 操作与下列行为相类似:在“数据库”窗口中选择对象,单击“编辑”菜单上的“复制”,然后单击“编辑”菜单上的“粘贴”。在随后出现的“粘贴为”对话框中,可以为该对象指定一个新名称。CopyObject 操作会自动执行所有这些步骤。

目标数据库的路径和文件名称必须在宏运行 CopyObject 操作之前已经存在。如果不存在,Access 将显示错误信息。

(五)DeleteObject 操作

用 DeleteObject 操作可删除指定的数据库对象。DeleteObject 操作具有以下参数,如表 1-7-4 所示。

DeleteObject 操作参数 表 1-7-4

操作参数	说　明
对象类型	要删除对象的类型。可在“宏”窗口“操作参数”部分的“对象类型”框中单击“表”、“查询”、“窗体”、“报表”、“宏”、“模块”、“数据访问页”、“服务器视图”、“图表”、“存储过程”或“函数”。若要删除“数据库”窗口中的选定对象，请将该参数留空
对象名称	要删除对象的名称。“对象名称”框中显示了数据库中由“对象类型”参数指定的类型的所有对象。如果“对象类型”框为空，则也应将本框留空 如果在某个类库数据库中运行一个包含 DeleteObject 操作的宏，Microsoft Access 将首先在该类库数据库中查找具有该名称的对象，然后再到当前数据库中查找

如果“对象类型”和“对象名称”参数为空，Access 在遇到 DeleteObject 操作而删除“数据库”窗口中选定的对象时并不显示警告信息。

说明：用 DeleteObject 操作可删除在运行宏时创建的临时对象。例如，在用 OpenQuery 操作运行一个生成表查询时可以创建一个临时的表。在使用完该临时表之后，就可用 DeleteObject 操作删除它。该操作的效果与在“数据库”窗口中选择一个对象，然后按 Del 键或单击“编辑”菜单上的“删除”是一样的。

（六）FindRecord 操作

使用 FindRecord 操作，可以查找符合 FindRecord 参数指定条件的数据的第一个实例。该数据可能是在当前的记录中，在之前或之后的记录中，也可以是在第一个记录中。可以在活动的表数据表、查询数据表、窗体数据表或窗体中查找记录。FindRecord 操作具有下列参数，如表 1-7-5 所示。

FindRecord 操作参数 表 1-7-5

操作参数	说　明
查找内容	指定要在记录中查找的数据。请输入想要查找的文本、数字或日期，或在“宏”窗口“操作参数”部分的“查找内容”框中，键入以等号（=）开始的表达式。可以使用通配符。该参数是必需的参数
匹配	指定数据在字段中所在的位置。可以指定搜索字段中任何部分（“字段任何部分”）的数据、搜索整个字段中（“整个字段”）的数据或搜索位于字段开头部分（“字段开头”）的数据。默认值为“整个字段”
区分大小写	指定该搜索是否区分大小写。可单击“是”（进行区分大小写的搜索）或“否”（不区分大小写字母的搜索）。默认值为“否”
搜索	指定是从当前记录向记录开头进行搜索（“向上”）还是向记录结尾进行搜索（“向下”），或是向下搜索到记录结尾然后再从记录开头搜索到当前记录，以便对所有的记录都进行搜索（“全部”）。默认值为“全部”
格式化搜索	指定搜索中是否包含带格式的数据。可单击“是”（Microsoft Access 在搜索时按字段中所显格式看待数据）或“否”（Access 搜索数据库中存储的数据，这些数据并不总是与其显示的格式相同）。默认值为“否” 可以使用该功能限制搜索某一特定格式的数据。例如，如果单击“是”，并在“查找内容”参数中键入 1234，则会在字段中查找包括逗号的格式化数值 1234。如果要键入 1234 以在该字段中搜索数据，则单击“否”

续上表

操作参数	说明
格式化搜索	搜索日期时,单击“是”可以查找格式完全相同的日期,例如 09-March-2001。如果单击“否”,则要按 Windows 控制面板的“区域设置”中设置的格式在“查找内容”参数中输入日期,该格式显示在“区域设置”的“日期”选项卡上的“短日期格式”框中。例如,如果“短日期格式”框设置为 M/d/yy,则可以输入 3/9/01,并且 Access 将在日期字段中查找所有与 2001 年 3 月 9 日相对应的项目,而忽略该字段的格式 只有在当前字段为绑定控件,而“匹配”参数设置为“整个字段”,并且“只搜索当前字段”参数设置为“是”,以及“区分大小写”参数设置为“否”时,“格式化搜索”参数才会生效 如果将“区分大小写”设置为“是”,或者将“只搜索当前字段”设置为“否”,则还必须将“格式化搜索”参数设置为“是”
只搜索当前字段	指定是在每个记录的当前字段中进行搜索还是在每个记录的所有字段中进行搜索。在当前字段中进行搜索较快。可单击“是”(只在当前字段中搜索)或“否”(在每个记录的所有字段中搜索)。默认值为“是”
查找第一个	指定是从第一个记录还是从当前记录开始搜索。可单击“是”(从第一个记录开始)或“否”(从当前记录开始)。默认值为“是”

当某个宏运行 FindRecord 操作时,Access 将在记录中搜索指定数据(搜索的顺序由“搜索”参数的设置决定)。当 Access 查找到指定的数据时,该数据会在记录中被选定。

FindRecord 操作与单击“编辑”菜单中的“查找”命令具有相同的作用,而且其参数与“在字段中查找”对话框中的选项相同,可以通过单击“编辑”菜单中的“查找”打开该对话框。如果在“宏”窗口中设置 FindRecord 参数,然后运行宏,那么单击“查找”命令时,将会在“在字段中查找”对话框中看到已选择了对应的选项。

在一次数据库会话中,Access 会保留最近的 FindRecord 参数,执行后续的 FindRecord 操作时,无须重复输入同样的条件。如果将某个参数留空,Access 会使用该参数最近的设置,即由上一次 FindRecord 操作或“在字段中查找”对话框中进行的设置。

如果想通过宏来查找记录,请使用 FindRecord 操作,而不要使用 RunCommand 操作并将其参数设置为运行“查找”命令。

但是,如果使用命令按钮来执行包含 FindRecord 操作的宏,系统会重复查找符合搜索条件的第一个实例。之所以发生这种情况,是因为单击命令按钮时,会从包含匹配值的字段中删除焦点,然后 FindRecord 操作将从记录的开头进行搜索。若想避免这种问题,可使用不改变焦点的技术执行宏,这些技术包括自定义工具栏按钮或 AutoKeys 宏中定义的组合键,也可以在执行 FindRecord 操作之前,在宏中将焦点设置到包含搜索条件的字段中。

如果使用命令按钮来运行包含 FindNext 操作的宏,也会发生同样的情况。

(七)GoToControl 操作

使用 GoToControl 操作,可以把焦点移到打开的窗体、窗体数据表、表数据表或查询数据表中当前记录的指定字段或控件上。如果要让某一特定的字段或控件获得焦点,可以使用该操作。然后可将获得焦点的字段或控件用于比较或 FindRecord 操作。另外,还可以根据特定的条件,使用该操作在窗体中进行定位。例如,如果用户在“健康保险”窗体中的“婚姻”控件下输入“否”,那么焦点会自动跳过“配偶姓名”控件而移到下一个控件。注意,此操作不能用于数据访问页。GoToControl 操作具有下列参数,如表 1-7-6 所示。

GoToControl 操作参数 表 1-7-6

操作参数	说　明
控件名称	要在其中放置焦点的字段或控件的名称。在“宏”窗口“操作参数”部分的“控件名称”框中输入字段名称或控件名称。这是必需的参数 注意,在“控件名称”参数中只需输入字段名称或控件名称,而不必输入完全合格的标识符,如 Forms! 产品! [产品 ID]

不能使用 GoToControl 操作将焦点移到隐藏窗体的控件上。但是可以使用 GoToControl 操作将焦点移到子窗体上,子窗体是一种控件。然后可以使用 GoToRecord 操作移到子窗体中的特定记录中。另外,也可以移到子窗体的控件上,方法是使用 GoToControl 操作先移到子窗体中,然后再移动到子窗体的控件上。

(八)Maximize 操作

使用 Maximize 操作可以放大活动窗口,使其充满 Microsoft Access 窗口。该操作可以使用户尽可能多地看到活动窗口中的对象。

Maximize 操作没有任何参数。该操作与单击窗口右上角的“最大化”按钮或“控制”菜单中的“最大化”命令有相同的效果。

如果要最大化的窗口不是活动窗口,可能需要先使用 SelectObject 操作。

在 Access 中将一个窗口最大化后,以后所打开或切换到的其他窗口也都会最大化。不过,弹出式窗体不会最大化。若要使某个窗体在其他窗口最大化时保持原来的大小,可将其“弹出方式”属性设置为“是”。

(九)Minimize 操作

使用 Minimize 操作可以将活动窗口缩小为 Microsoft Access 窗口底部的小标题栏。

Minimize 操作没有任何参数。使用该操作可以将窗口从屏幕上移去,但仍使对象保持打开状态。另外,还可使用该操作打开某个对象,但不显示它所在的窗口。若要显示该对象,可将 SelectObject 操作与 Maximize 或 Restore 操作同时使用。Restore 操作可将最小化窗口恢复成以前的大小。

Minimize 操作与单击窗口右上角的“最小化”按钮或窗口“控制”菜单上的“最小化”命令具有相同的效果。

如果要缩小的窗口不是活动窗口,可能需要先使用 SelectObject 操作。若要将“数据库”窗口缩为最小,可先使用 SelectObject 操作,并将其“在‘数据库’窗口中”参数设为“是”,然后使用 Minimize 操作。

使用“窗口”菜单上的“隐藏”命令可以隐藏活动窗口。此时窗口不是缩小成图标,而是完全不可见。“窗口”菜单上的“取消隐藏”命令可以使窗口重新显示出来。可以通过 RunCommand 操作,在宏中执行这两个命令中的任意一个。

另外,也可以使用 SetValue 操作来设置窗体的 Visible 属性,以隐藏或显示窗体窗口。

(十)MsgBox 操作

使用 MsgBox 操作可以显示包含警告信息或其他信息的消息框。例如,可以在有效性宏中使用 MsgBox 操作。当控件或记录不符合宏中的有效性验证条件时,消息框将显示错误消息,并提示应该输入的正确数据类型。

MsgBox 操作具有下列参数,如表 1-7-7 所示。

MsgBox 操作参数 表 1-7-7

操作参数	说　明
消息	消息框中的文本。在"宏"窗口"操作参数"节的"消息"框中输入文本。最多可键入 255 个字符或输入一个表达式(前面必须有等号)
发嘟嘟声	指定计算机在显示消息时,是否发出嘟嘟声。可以选择"是"(发出嘟嘟声)或"否"(不发出嘟嘟声)。默认值为"是"
类型	消息框的类型。每种类型都有不同的图标。可以选择"无"、"重要"、"警告?"、"警告!"或"信息"。默认值为"无"
标题	消息框标题栏中显示的文本。例如,可以在标题栏显示"顾客标识号有效性"。如果将本参数留空,则标题栏显示"Microsoft Access"

使用 MsgBox 操作,可以创建与 Access 显示的内置错误消息类似的带格式错误消息。MsgBox 操作允许在"消息"参数的三个节中提供消息。可以使用"@"字符来分隔各节。

(十一)OpenForm 操作

使用 OpenForm 操作,可以在"窗体"视图或从窗体"设计"视图、"打印预览"或"数据表"视图中打开窗体,可以选择窗体的数据输入与窗口模式并限制窗体所显示的记录。

OpenForm 操作具有以下参数,如表 1-7-8 所示。

OpenForm 操作参数 表 1-7-8

操作参数	说　明
窗体名称	打开窗体的名称。在"宏"窗口的"操作参数"节中的"窗体名称"框中显示了当前数据库中的全部窗体。该参数是必选的参数。如果在类库数据库中执行包含 OpenForm 操作的宏,Microsoft Access 将首先在类库数据库中查找具有该名称的窗体,然后再到当前数据库中查找
视图	打开窗体的视图。可在"视图"框中选择"窗体"、"设计"、"打印预览"、"数据表"、"数据透视表"或"数据透视图"。默认值为"窗体"。"视图"参数设置会忽略窗体的"默认视图"和"允许视图"的属性设置。例如,如果某个窗体的"允许视图"属性设置为"数据表",仍然可以使用 OpenForm 操作在"窗体"视图中打开窗体
筛选名称	用于限制或排序窗体中记录的筛选。可以输入一个已有查询的名称或另存为查询的筛选名称。不过,该查询必须包含所打开窗体的所有字段,或将这个查询的"输出所有字段"属性设置为"是"
Where 条件	Access 用以从窗体的基础表或基础查询中选择记录的有效 SQL WHERE 子句(不包含 WHERE 一字)或表达式。如果用"筛选名称"参数选择筛选,那么 Access 将这个 WHERE 子句应用于筛选的结果。如果要打开某个窗体,并将该窗体中的记录数限制为使用其他窗体中的控件的值所指定的记录数,可使用下列表达式:[*fieldname*] = Forms! [*formname*]! [*controlname on other form*] *FieldName* 参数是要打开的窗体的基础表或基础查询中的字段名。*controlname on other form* 参数是其他窗体中的控件名称,该控件包含需要与第一个窗体的记录匹配的数值 Where 条件参数的最大的长度是 255 个字符。如果需要输入比此更长、更复杂的 SQL WHERE 子句语句,可使用 Microsoft Visual Basic 中 DoCmd 对象的 OpenForm 方法来代替。在 Visual Basic 中可以输入最长为 32,768 个字符的 SQL WHERE 子句

续上表

操作参数	说　明
数据模式	窗体的数据输入模式。该参数只能应用于在“窗体”视图或“数据表”视图中打开的窗体。可选择“添加”(用户可以添加新记录,但不能编辑已有记录)、“编辑”(用户可以编辑已有记录,也可以添加记录)或“只读”(用户只能查看记录)。默认值为“编辑” (1)“数据模式”参数设置会忽略窗体的“允许编辑”、“允许删除”、“允许添加”和“数据输入”属性设置。例如,如果窗体的“允许编辑”属性设置为“否”,仍然可以用 OpenForm 操作在“编辑”模式下打开窗体 (2)如果该参数留空,Access 会以窗体的“允许编辑”、“允许删除”、“允许添加”和“数据输入”属性所指定的数据输入模式打开窗体
窗口模式	在其打开窗体的窗口模式。单击“普通”,这样窗口模式由窗体的下列属性指定:“隐藏”(隐藏窗体)、“图标”(窗体在打开时最小化为屏幕底部的小标题栏)或“对话框”(窗体的“模式”和“弹出式”属性设置为“是”)。默认值为“普通”

该操作类似于单击对象下的“窗体”后单击“打开”按钮或“设计”按钮,然后在“数据库”窗口中选择窗体。窗体可以是模式(该窗体必须在用户执行任何其他操作前关闭或隐藏)的、非模式(用户可以在窗体打开时移动到其他窗口中)的。窗体也可以是弹出式窗体(停留在所有其他 Access 窗口顶部的窗体,用以收集或显示信息)。设计窗体时,可以设置“模式”和“弹出方式”属性。如果将“窗口模式”参数设置为“普通”,那么窗体会以这些属性设置所指定的方式打开。如果将“窗口模式”参数设置为“对话框”,那么这两个属性都将被设置为“是”。当显示或恢复某个以隐藏或图标方式打开的窗体时,它返回到由窗体属性设置所指定的模式中。

打开“窗口模式”参数设置为“对话框”的窗体时,Access 将暂时挂起宏的执行,直到窗体关闭或隐藏为止。也可以使用 SetValue 操作,将 Visible 属性设置为“否”,以此方式来隐藏窗体。

在“数据库”窗口中选择窗体,然后将其拖到宏操作行中,可以自动创建在“窗体”视图中打开该窗体的 OpenForm 操作。所应用的筛选和 WHERE 条件将成为窗体的“过滤器”属性设置。

(十二)OpenQuery 操作

使用 OpenQuery 操作,可以在“数据表”视图、“设计”视图或“打印预览”中打开选择查询或交叉表查询。该操作将运行一个操作查询。可以为查询选择数据输入方式。

只有在 Microsoft Access 数据库环境中才有该操作。如果所使用的是 Access 项目环境,请参见 OpenView、OpenStoredProcedure 或 OpenFunction 操作。OpenQuery 操作具有以下参数,如表 1-7-9 所示。

如果“视图”参数使用“数据表”,而查询的类型为选择、交叉表、联合或传递查询,并且查询的“返回记录”属性设置为“是”,那么 Access 会显示查询结果集;如果该查询为操作、数据定义或传递查询,且查询的“返回记录”属性设置为“否”,那么只运行该查询。

OpenQuery 操作类似于在“数据库”窗口中单击“对象”下的“查询”后单击“打开”按钮或“设计”按钮,然后选择查询。使用该操作,可以选择附加选项。

在“数据库”窗口中可以选择查询,并将其拖到宏操作行中。这样可以自动创建在“数

OpenQuery 操作参数　　表 1-7-9

操作参数	说　　明
查询名称	要打开的查询名称。在"宏"窗口"操作参数"节的"查询名称"框中显示了当前数据库中的所有查询。该参数是必选参数 如果在类库数据库中运行包含 OpenQuery 操作的宏，Access 将首先在类库数据库中查找具有该名称的查询，然后再到当前数据库中查找
视图	打开查询的视图。可在"视图"框中选择"数据表"、"设计"、"打印预览"、"数据透视表"或"数据透视图"。默认值为"数据表"
数据模式	查询的数据输入模式。该参数仅应用于在"数据表"视图中打开的查询。可选择"添加"（用户可以添加新记录，但不能编辑已有记录）、"编辑"（用户可以编辑已有记录，也可以添加记录）或"只读"（用户只能查看记录）。默认值为"编辑"

据表"视图中打开查询的 OpenQuery 操作。如果在查询打开时切换到"设计"视图，将删除该查询的"数据模式"参数。即使用户回到"数据表"视图中，该设置也不再有效。

在运行操作查询时，如果不想显示通常出现的系统消息（表明运行的是操作查询，并显示将受影响的记录数），可以使用 SetWarnings 操作来避免显示这些消息。

（十三）Quit 操作

使用 Quit 操作可以退出 Microsoft Access。另外，Quit 操作还可以从几个有关退出 Access 之前保存数据库对象的选项中指定一个。

Quit 操作具有以下参数，如表 1-7-10 所示。

Quit 操作参数　　表 1-7-10

操作参数	说　　明
选项	指定当退出 Access 时对没有保存的对象所做的处理。可在"宏"窗口"操作参数"部分的"选项"框上单击"提示"（显示是否保存每个对象的提示对话框）、"全部保存"（不经对话框提示即保存所有对象）或"退出"（退出时不保存任何对象）。默认值为"全部保存"

Access 不会运行宏中继 Quit 操作之后的任何操作。

执行该操作与单击"文件"菜单上的"退出"命令的效果是一样的。在单击此命令时如果还有尚未保存的对象，出现的对话框与 Quit 操作的"选项"参数设为"提示"时出现的对话框是相同的。

在宏中用 Save 操作可以在不退出 Access 也不关闭对象的情况下保存指定对象。

（十四）Requery 操作

使用 Requery 操作可以通过重新查询控件的数据源来更新活动对象指定控件中的数据。如果不指定控件，该操作将对对象本身的数据源进行重新查询。使用该操作可以确保活动对象或其所包含的控件显示的是最新数据。

Requery 操作具有以下参数，如表 1-7-11 所示。

Requery 操作参数 表 1-7-11

操作参数	说　明
控件名称	要更新的控件的名称。请在"宏"窗口中"操作参数"部分的"控件名称"框中输入控件名称。应该只使用控件的名称,而不是它的完整标识符。如果要重新查询活动对象的数据源,则要将本参数留空。如果活动对象是数据表或查询结果集,也必须将本参数留空

Requery 操作可完成以下任务之一:

(1)返回控件或对象所基于的查询。

(2)显示所有新的或更改过的记录,并且从控件或对象所基于的表中移去所有被删除的记录。

Requery 操作不会影响记录指针的位置。

Requery 操作重新查询控件或对象的数据源,而 RepaintObject 操作则只是重新绘制指定对象中的控件,并不重新查询数据库,也不显示新记录。ShowAllRecords 操作不仅重新查询活动对象,而且还删除所有已经应用过的筛选,而 Requery 操作是不会删除这些筛选的。

如果要重新查询非活动对象上的控件,必须使用 Visual Basic 中的 Requery 方法,而不要用 Requery 操作或与其相应的 DoCmd 对象的 Requery 方法。Visual Basic 的 Requery 方法比 Requery 操作和 DoCmd. Requery 方法要快。而且,当使用 Requery 操作或 DoCmd. Requery 方法时,Microsoft Access 将关闭查询然后重新从数据库加载查询。而使用 Requery 方法时,Access 将重新运行查询,而不是关闭再重新加载它。

(十五)RunApp 操作

使用 RunApp 操作可以在 Microsoft Access 中运行一个 Microsoft Windows 或 MS-DOS 应用程序,如 Microsoft Excel、Microsoft Word 或 Microsoft PowerPoint。例如,用户可能要将 Excel 电子表格数据粘贴到 Access 数据库中。

RunApp 操作具有以下参数,如表 1-7-12 所示。

RunApp 操作参数 表 1-7-12

操作参数	说　明
命令行	用以打开应用程序的命令行(命令行应包括路径和其他所需参数,例如用于以特定模式运行应用程序的开关)。请在"宏"窗口"操作参数"节的"命令行"框中键入命令行。该参数是必选参数

该操作选择的应用程序将在前台加载和运行。包含该操作的宏在打开应用程序后将继续运行。用 Microsoft Windows 的动态数据交换(DDE)工具或"剪贴板"可在 Access 和其他应用程序之间交换数据。而用 SendKeys 操作则可将键击传送到其他的应用程序中(虽然 DDE 是交换数据更有效的方法)。用自动化也可以在应用程序间共享数据。MS-DOS 应用程序将在 Windows 环境中的 MS-DOS 窗口中运行。在 Windows 操作系统中,运行应用程序的方法很多,例如,可以在 Windows 资源管理器中打开程序或者可以用"开始"菜单的"运行"命令,还可以双击"Windows 桌面"上的程序图标。

在 Microsoft Visual Basic 中没有 RunApp 操作,可以使用 Visual Basic 的 Shell 函数来代替。

(十六)RunMacro 操作

使用 RunMacro 操作可以执行宏。该宏可以在宏组中。

可在以下情况中使用该操作:从某个宏中运行另一个宏;根据一定条件运行宏;将宏附加到自定义菜单命令中。RunMacro 操作具有以下参数,如表 1-7-13 所示。

RunApp 操作参数　　　　表 1-7-13

操作参数	说　明
宏名	所要运行的宏的名称。在“宏”窗口中“操作参数”部分的“宏名”框中显示的是当前数据库中的所有宏(包括所有宏组)。如果宏在宏组中,那么它将以 *macrogroupname. macroname* 列在列表中宏组名称下面。该参数是必需的。如果在某个类库数据库中运行含有 RunMacro 操作的宏,Microsoft Access 将在该类库数据库中查找具有该名称的宏,而不是在当前数据库中查找
重复次数	宏运行次数的上限。如果将本参数留空(并且将“重复表达式”也留空),该宏将只运行一次
重复表达式	该表达式的计算结果为 True (-1)或 False (0)。当表达式的值为 False 时宏将停止运行。每次宏运行的时候都将计算该表达式的值

如果为“宏名”参数输入的是宏组名称,Access 将运行宏组中的第一个宏。该操作的效果和单击“工具”菜单上的“宏”(在其中可以选择和运行一个特定的宏)是一样的。不过,使用菜单中的命令只能运行宏一次,而 RunMacro 操作可以不受限制地多次运行宏。

可使用“重复次数”和“重复表达式”参数来决定宏运行的次数。如果将两个参数都留空,则宏只运行一次。如果为“重复次数”参数输入了某个数字,但将“重复表达式”参数留空,则宏将运行“重复次数”参数指定的次数。如果为“重复表达式”参数输入了某个表达式,但将“重复次数”参数留空,则宏将运行至表达式值为 False 为止。如果为两个参数都输入了值,则宏将运行由“重复次数”指定的次数或直至“重复表达式”的值为 False(取决于哪个参数先满足条件)。

如果运行一个含有 RunMacro 操作的宏时遇到了 RunMacro 操作,Access 将运行被调用的宏。该宏运行完以后,Access 将返回原来的宏继续执行下一个操作。

宏可以嵌套。也就是说,可运行宏 A,在宏 A 中可以调用宏 B,等等。在这种情况下,当运行完被调用的宏以后,Access 将返回原来的宏中继续执行下一个操作。可在宏组中用 RunMacro 操作来从自定义菜单中运行一个宏(该宏组为自定义菜单栏定义了自定义命令)。不过,用新的命令栏功能从菜单栏、工具栏或快捷菜单运行宏将更容易。在“视图”菜单上,指向“工具栏”,单击“自定义”可显示“自定义”对话框。在对话框的“工具栏”选项卡上,选择要从中运行宏的菜单栏、工具栏或快捷菜单。在“命令”选项卡上,单击“类别”框中的“所有宏”,然后在“命令”框中选择要运行的宏并将其拖至相应的菜单栏、工具栏或快捷菜单中。在菜单栏、工具栏或快捷菜单上单击该宏的图标时,Access 将运行该宏。另外,还可从“数据库”窗口将宏拖至菜单栏或工具栏上,Access 会创建运行该宏的图标。

(十七)StopMacro 操作

用 StopMacro 操作可终止当前正在运行的宏。StopMacro 操作没有参数。

一般情况下,在出现必须终止宏运行的情况时使用该操作。可在包含该操作的宏操作行中使用条件表达式。当表达式值为 True (-1)时,Microsoft Access 会停止运行该宏。例如,您可能创建了一个宏,该宏打开一个窗体,在窗体中显示的是在自定义对话框输入的日期的日订单数据的总计。此时可用一个条件表达式来保证对话框中的“订购日期”控件值是有效的。如果值无效,MsgBox 操作会显示一条错误消息而 StopMacro 操作会终止宏的运行。

如果一个宏用 Echo 或 SetWarnings 操作关闭回响或系统信息的显示,此操作会自动再将其打开。

三、设计宏

宏的设计很简单,不涉及 VB 语言及编程。用户可以通过创建宏来自动执行某一项重复的或者十分复杂的任务。为了了解什么是“宏”,我们先来新建一个“宏”,并查看一下它的结构。创建宏的过程主要包括添加操作、设置参数、添加备注。

(一)利用宏的设计视图新建一个简单宏

步骤 1:打开“计件工资管理系统”数据库,单击“创建”标签,在“创建”选项卡的“宏与代码”组中单击“宏”,打开“宏”设计器窗口,如图 1-7-1 所示。

图 1-7-1　宏设计窗口

步骤 2:打开“宏”设计器窗口,同时出现“操作目录”面板,在“添加新操作”列第 1 行选择“OpenReport”操作,如图 1-7-2 所示。

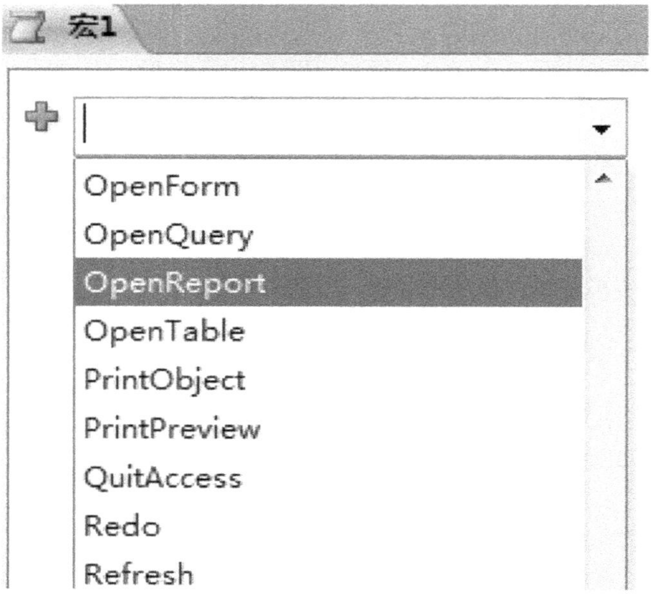

图 1-7-2　宏操作目录

步骤 3:在"操作参数"区中的"报表名称"选"选课成绩","视图"选择"打印预览"。单击"保存"按钮,"宏名称"文本框中输入"预览报表宏",如图 1-7-3 所示。

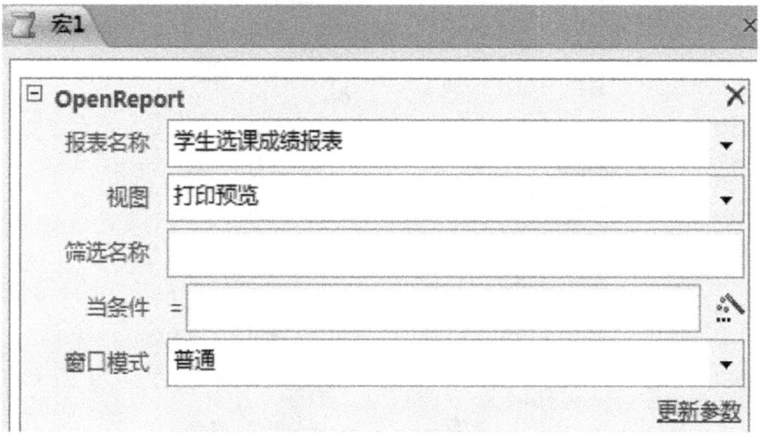

图 1-7-3 设置操作参数

步骤 4:单击"运行"按钮,运行宏。

(二)创建宏组,并运行其中每个宏

设计一个宏组,宏 1 的功能是打开"学生"表,打开表前要发出"嘟嘟"声;再关闭"学生"表,关闭前要用消息框提示操作。宏 2 的功能是打开和关闭"学生选课成绩"查询,打开前发出"嘟嘟"声,关闭前要用消息框提示操作。具体操作步骤如下:

步骤 1:打开数据库,选择"创建"选项卡——"代码与宏"组,单击"宏"按钮,进入宏设计窗口,如图 1-7-4 所示。

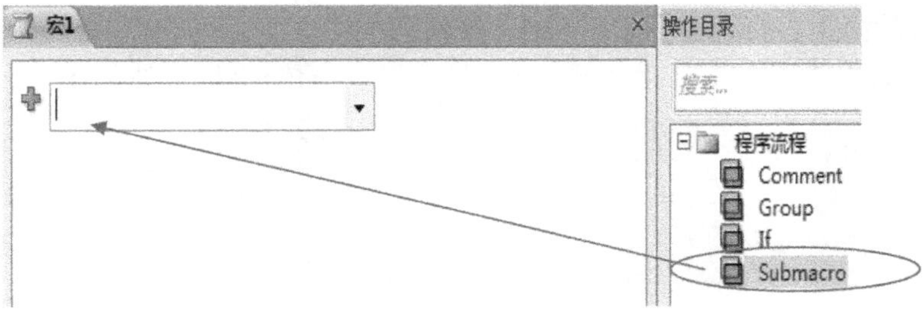

图 1-7-4 宏设计窗口

步骤 2:在"操作目录"窗格中,把程序流程中的"Submacro"拖到"添加新操作"组合框中,在子宏名称文本框中,默认名称为 Subl,把该名称修改为"宏 1"(也可以双击"Submacro")。在"添加新操作"列,选择"Beep"操作。在"添加新操作"列,选择"OpenTable"操作,"操作参数"区中的"表名称"选择"学生"表。"编辑模式"只读。在"添加新操作"列,选择"MsgBox"操作。"操作参数"区中的"消息"框中输入"关闭表吗?"。在"添加新操作"列,选择"RunMenuCommand"操作——命令行选择"Close"。

步骤 3:重复步骤 2,子宏名称设为"宏 2",把选择"OpenTable"改为选中"OpenQuery",设置查询名称为"选课成绩查询"。数据模式为"只读"。

步骤 4:单击"保存"按钮,"宏名称"文本框中输入"宏组",运行宏。设计视图结果如图 1-7-5 所示。

图 1-7-5　宏组设计结果

(三)创建并运行条件操作宏

我们来创建一个登录验证宏,即只有输入的密码为“123456 ”才能打开启动窗体,否则,弹出消息框,提示用户输入的系统密码错误。具体操作步骤如下:

步骤 1:设计窗体。打开窗体设计视图,放入一个文本框,用来输入密码。一个命令按钮用来验证密码(此命令按钮留待后面再进行创建)以及窗体标题,窗体如图 1-7-6 所示。

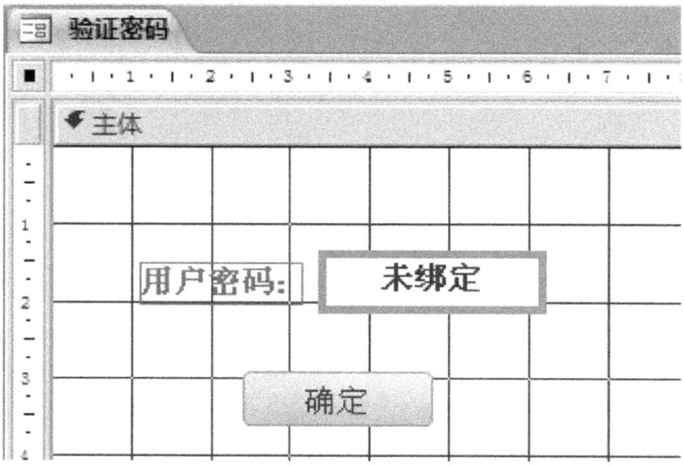

图 1-7-6　验证密码窗体

步骤 2:在“创建”选项卡的“宏与代码”组中,单击“宏”按钮,打开“宏设计器”;在添加新操作组合框中,输入“IF”,单击条件表达式文本框右侧的按钮;打开“表达式生成器”对话框,在“表达式元素”窗格中,展开“教学管理/Forms/所有窗体”,选中“登录”窗体;在“表达式类别”窗格中,双击“Text0”,在表达式值中输入 < >″123456″,如图 1-7-7 所示。单击“确定”按钮,返回到“宏设计器”中。

步骤 3:在“添加新操作”组合框中单击下拉箭头,在打开的列表中选择“MessageBox”,在“操作参数”窗格的“消息”行中输入“密码错误! 请重新输入系统密码!”,在类型组合框中,选择“警告!”,其他参数默认,如图 1-7-8 所示。

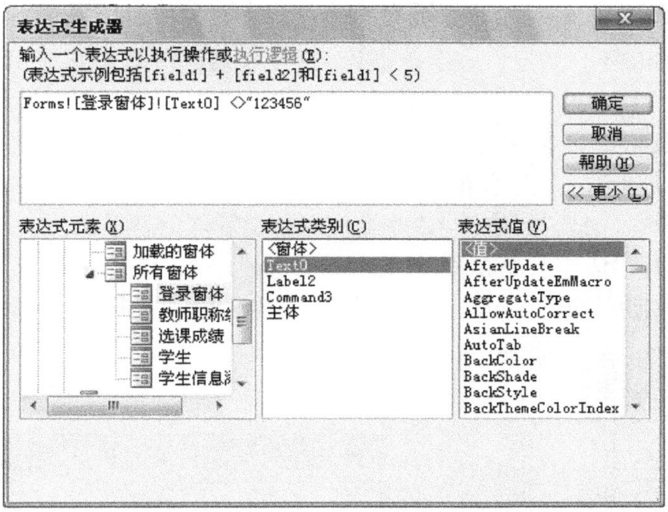

图 1-7-7 表达式设计器对话框

步骤 4:设置第 2 个 IF 。在 IF 的条件表达式中输入条件:[Forms]! [登录]! [T ext0] = “123456”。在添加新操作组合框中,选择“Closewindows”,其他参数分别为“窗体、验证密码、否”。添加新操作中,选择“OpenForm”,各参数分别为“选课成绩、窗体、普通”,设置的结果,如图 1-7-9 所示。保存宏名称为“登录验证”。

步骤 5:打开“验证密码”窗体切换到设计视图中,选中“确定”按钮,在属性窗口中“事件”选项卡,“单击”项选“登录验证”,如图 1-7-10 所示。

步骤 6:选“窗体”对象,打开“登录窗体”窗体,分别输入正确的密码、错误的密码,单击“确定”按钮,查看结果。

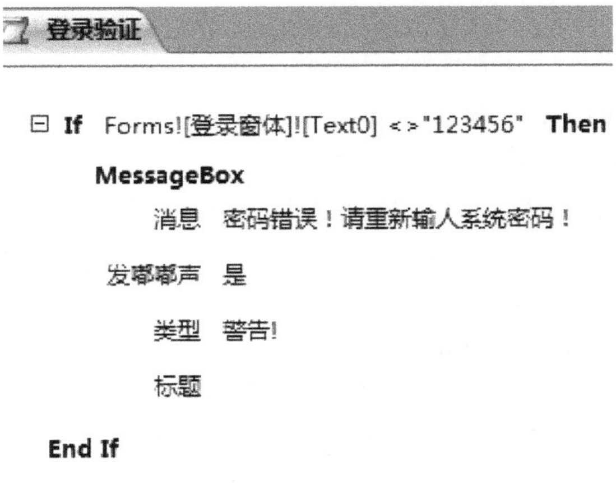

图 1-7-8 设置操作及操作参数

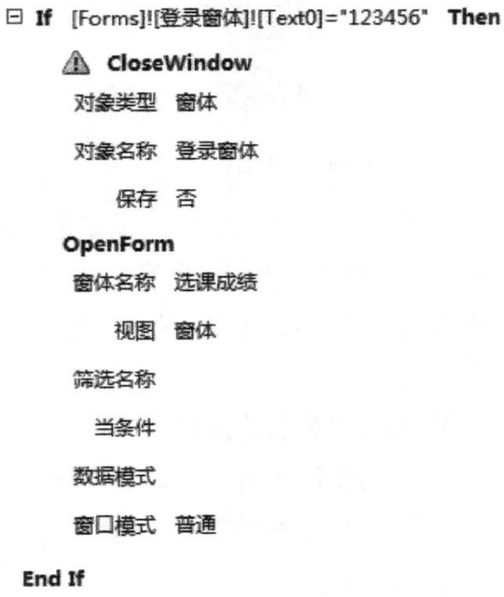

图 1-7-9 设置操作及操作参数

（四）创建 AutoExec 宏

名为 AutoExec 的宏是一个特殊的宏，其作用是在首次打开数据库时，名为 AutoExec 的宏将自动执行其中的操作。该宏可在首次打开数据库时，Microsoft Access 将查找一个名为 AutoExec 的宏，如果找到，就自动运行它。创建 AutoExec 宏的方法与普通的宏相同，只是在保存时，将其宏名设置为 AutoExec 。如果不想在打开数据库时运行 AutoExec 宏，可以在打开数据库时按住 Shift 键。如设计一个欢迎宏，打开数据库时弹出欢迎信息，其具体创建步骤如下：

步骤 1：在“创建”选项卡的“宏与代码”组中，单击“宏”按钮，打开“宏设计器”。

步骤 2：在“添加新操作”组合框中单击下拉箭头，在打开的列表中选择“MessageBox”，在“操作参数”窗格的“消息”行中输入“欢迎使用教学管理信息系统！”，在类型组合框中，选择“信息”，其他参数默认。保存宏，宏名为“AutoExec”。

步骤 3：关闭数据库，重新打开，宏自动执行，弹出一个消息框，结果如图 1-7-11 所示。

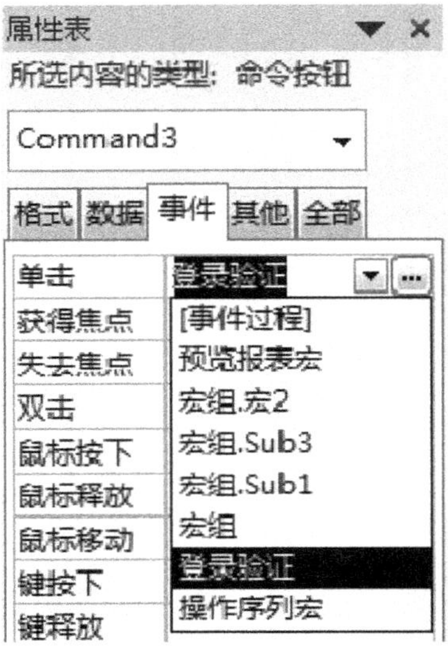

图 1-7-10　设置按钮事件

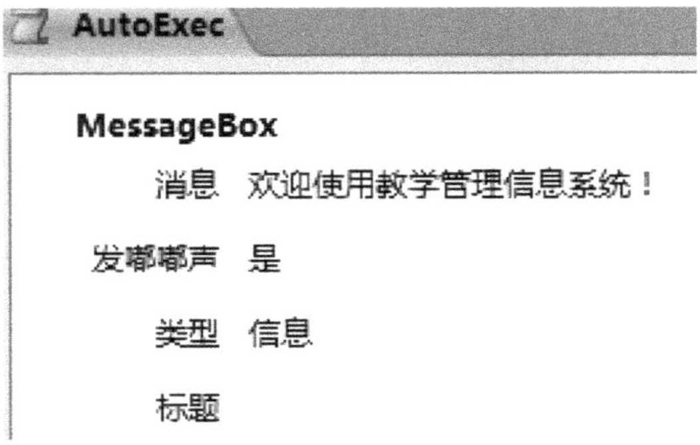

图 1-7-11　自动执行宏

（五）创建 Autokeys 宏组

要为一个操作或操作集合指定快捷键或组合键，可以创建一个名为 AutoKeys 的宏组。在按下特定的按键或组合键时，系统就会执行相应的操作。如创建一个宏组，当按下 Ctrl + A 键时打开“学生信息”表，当按下 Ctrl + B 键时打开“学生成绩查询”，其具体操作步骤如下：

步骤 1：打开数据库，选择“创建”选项卡——“代码与宏”组，单击“宏”按钮，进入宏设计窗口。

步骤 2：在“操作目录”窗格中，把程序流程中的“Submacro”拖到“添加新操作”组合框中，在子宏名称文本框中，默认名称为 Subl，把该名称修改为“^ a”（也可以双击“Submacro”）。在“添加新操作”列，选择“OpenTable”操作，“操作参数”区中的“表名称”选择“学生信息”表，“编辑模式”只读。

步骤 3：重复步骤 2，子宏名称设为“^ b”，把选择“OpenTable”改为选中“OpenQuery”，设置查询名称为“学生成绩查询”，数据模式为“只读”。

步骤4：单击“保存”按钮，“宏名称”文本框中输入“AutoKeys”，运行宏。这样就能实现通过快捷键或组合键来调用宏，可以在 AutoKeys 宏组中指派的组合键如表1-7-14所示。

AutoKeys 宏组中指派的组合键　　表1-7-14

宏　名	组合键	宏　名	组合键
{F1}	F1	+ {Insert}	Shift + Ins
^ {F1}	Ctrl + F1	{Delete}或{Del}	Del
+ {F1}	Shift + F1	^ {Delete}或^{Del}	Ctrl + Del
{Insert}	Ins	+ {Delete}或 + {Del}	Shift + Del
^ {Insert}	Ctrl + Ins		

四、宏的维护

（一）编辑宏

编辑宏包括添加宏操作、删除宏操作、更改宏操作顺序，修改宏的操作和参数，添加备注。

1. 添加宏操作

步骤1：打开宏的设计视图。

步骤2：在“添加新操作”输入命令。

步骤3：设置参数。

2. 删除宏操作

步骤1：打开宏的设计视图。

步骤2：选择需要删除的宏。

步骤3：单击删除按钮或者右键“删除”或者“Delete”。

3. 更改宏操作顺序

步骤1：打开宏的设计视图。

步骤2：选择需要改变顺序的行。

步骤3：单击上下箭头按钮或者拖动宏或者 Ctrl + 上键、Ctrl + 下键。

4. 添加注释

步骤1：打开宏的设计视图。

步骤2：仅需要在设计视图中打开“操作目录”窗格，把 Comment 拖放在“添加新操作”上面或者在“添加新操作”中选择“Comment”。

（二）执行宏

Access 在执行宏时从第一个操作开始，执行至最后一个操作。宏组仅执行第一个宏。如果指定了宏操作的条件，则只执行满足条件的操作。可以从其他宏或事件过程中直接执行宏，也可以将执行宏作为对窗体、报表、控件中发生的事件做出的响应。

宏有多种运行方式：直接运行宏、运行宏组里的宏、通过响应对象的事件运行宏。直接运行宏主要有三种方法：

方法一：从宏设计视图下运行宏（单击“运行”按钮）。

方法二：在导航窗格中双击宏名运行宏。

方法三:在导航窗格中点击右键,在快捷菜单中选择“运行”。

要想让宏真正起作用,必须将宏与数据库中的对象或控件建立起联系。用户通过操作这些对象或控件,调用宏实现特定的功能。

(三)调试宏

通常在调试宏的时候,一次性运行整个宏并不是一种理想的方法。Access 系统提供了单步执行的调试工具。使用单步跟踪执行,可以观察到宏的流程和每个操作的执行结果。单步调试宏的操作步骤如下:

步骤 1:在设计视图下打开宏,“工具”组中单击“单步”按钮,如图 1-7-12 所示。

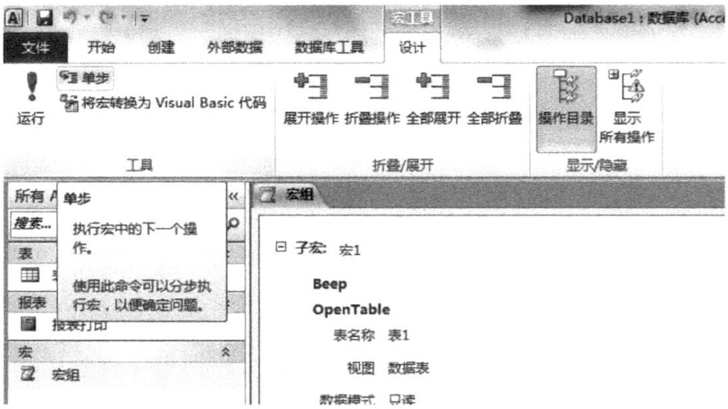

图 1-7-12　单步按钮

步骤 2:退出设计视图,运行宏。

此时将打开“单步执行宏”的第一个操作对话框,单击“单步执行”按钮,将执行第一个操作,同时打开第二个操作对话框。单击“停止”按钮,将停止宏的运行并关闭窗口,单击“继续”按钮,将关闭窗口并继续执行剩下的操作,如图 1-7-13 所示。

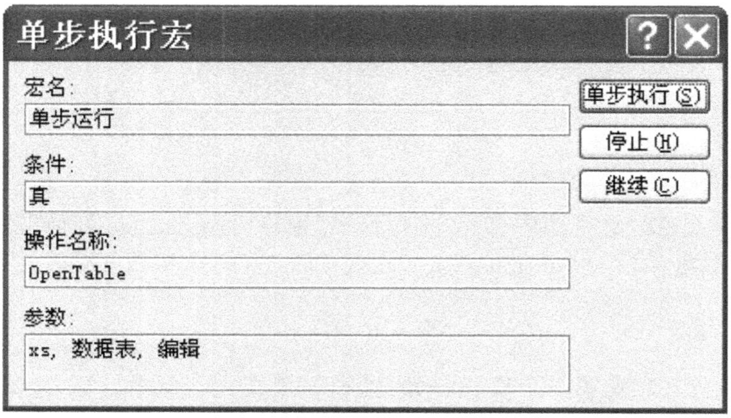

图 1-7-13　单步执行宏对话框

任务实训方案

宏 的 应 用

实训题:创建宏,功能是打开“学生”表,打开表前要发出“嘟嘟”声;再关闭“学生”表,关闭前要用消息框提示操作。

1. 实训目的

利用 Access 软件的设计操作序列创建宏并运行调试。

2. 实训要求

(1)实训前,认真学习相关章节的内容;

(2)完成实训后,应掌握宏的创建;

(3)学会多种宏操作的使用。

3. 实训步骤

(1)在数据库中,选择“创建”选项卡——“代码与宏”组,单击“宏”按钮,进入宏设计窗口。

(2)在“添加新操作”列的第 1 行,选择“Beep”操作。

(3)在“添加新操作”列的第 2 行,选择“OpenTable”操作,“操作参数”区中的“表名称”选择“学生”表。

(4)在“添加新操作”列的第 3 行,选择“MsgBox”操作。“操作参数”区中的“消息”框中输入“关闭表吗?”。

(5)在“添加新操作”列的第 4 行,选择“RunMenuCommand” 操作,再选择“Close” 操作,“操作参数”区中的“对象类型”框中选“表”,“对象名称”框中选“学生”。

(6)单击“保存”按钮,“宏名称”文本框中输入“操作序列宏”。

(7)单击“运行”按钮,运行宏。

4. 实训注意事项

(1)实训前,应做好充分的准备。实训教师结合例题引导学生思考如何设计和布局。

(2)掌握数据库软件宏设计视图界面的操作。

(3)设计宏时,注意命令属性的设置。

(4)注意创建过程中的其他情况。

5. 上交资料

每小组提交一份数据库文件(含数据表、窗体、报表和宏)。

6. 仪器及工具

每班分为两人一个小组。每小组一台电脑。

模块小结

采用数据库技术管理数据,是企业必备的能力,在未来海量数据的浪潮中,拥有数据库管理能力是企业管理人员日常管理的必要手段。

1. 通过数据库,将把对数据的管理由创意变为现实

如今,数据库用于各种任务,例如跟踪资产、管理库存、维护企业和个人通讯录或学生记录信息。

尽管对数据管理的需求可能增加,但没有必要通过外包和聘请顾问来解决。使用 Access 2010,不必是数据库专家也能充分利用信息。通过利用一些新的模板和设计工具,增强了一些常用的模板和工具,从而可以轻松创建功能强大而可靠的数据库。只要需要,就可以立即开始收集和分析信息,非常简单。

2. 掌握数据库,可以提高效率完成更多的事务

新增和改进的功能可进一步提高工作效率,但前提条件是能够在需要时找到这些功能。

幸运的是,通过 Access 2010 的学习,从数据库增强的可自定义功能区,可以轻松地发现更多的命令,这样就可以专注于完成需要的功能,而不是专注于数据库设计完成的过程。新的 Microsoft Office Backstage™视图可以更轻松地管理数据库,更快、更直接地发布数据库,甚至更多。

3. 不必进行复杂学习就能轻松地构建数据库

现成的模板和可重复使用的组件使 Access 2010 成为可用的最快、最简单的数据库解决方案。只需单击几下就能上手。查找无须自定义就能使用的新的预建模板,或者选择同行在 Access 在线社区中创建的模板,并对其进行自定义就可以满足需求。使用新的模块化组件构建数据库。通过新的应用程序部件,可以在数据库中添加一组常用的 Access 组件,如用于任务管理的表格和窗体,只需单击几下就能完成。数据库构建将不再复杂。

课后习题

1. 什么是关系型数据库?关系型数据库的特点?
2. 数据库设计的基本规则是什么?
3. 打开 Access 数据库有几种不同的方法?
4. Access 有哪几种表视图,它们之间有什么区别?
5. 什么是表的主键?如何设置表的主键?
6. 查询有几种类型,它们的区别是什么?如何利用 SQL 视图编写查询语句?
7. 什么是窗体?窗体有哪几种类型?
8. 如何利用窗体向导来创建窗体?向导一共能创建几种窗体?
9. 报表控件与窗体控件的联系与区别?如何在报表中添加页码?
10. 什么是宏?如何建立宏与对象的链接?

模块二　物流信息识别与采集

情境寄语

物流信息技术是物流现代化的重要标志,也是物流技术中发展最快的领域,从数据采集的条码系统,到办公自动化系统中的计算机、互联网,各种终端设备等硬件以及计算机软件都在日新月异地发展。同时,随着物流信息技术的不断发展,产生了一系列新的物流理念和新的物流经营方式,推进了物流的变革。本模块主要学习条码标签以及射频标签的制作和使用。

学习目标

通过本模块的学习,期望达到下列目标。

1. 专业能力

(1)理解条码的概念和特点;

(2)掌握条码的种类和编码原则;

(3)能够制作条码,掌握识别条码的方法;

(4)掌握 RFID 的概念、分类、系统组成;

(5)掌握 RFID 在物流环境中的各种应用;

(6)能够制作 RFID 无线射频标签。

2. 社会能力

(1)通过分小组活动,培养学生的团队协作精神;

(2)通过规范文明操作,培养良好的职业道德和安全环保意识;

(3)通过分小组讨论、选代表上台陈述,学生及老师评述,来培养与客户的沟通能力。

3. 方法能力

(1)通过查阅资料、文献等,培养个人自学能力和获取信息的能力;

(2)通过情境化的任务单元活动,掌握分析问题和解决实际问题的能力;

(3)制订工作计划,培养工作方法能力。

模块图解

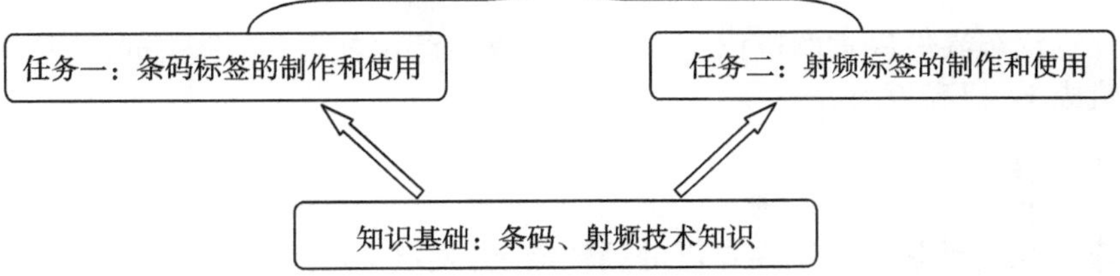

任务一　条码标签的制作和使用

任务导入

条码在天津丰田汽车的应用

天津丰田汽车有限公司是丰田汽车公司在中国的第一个轿车生产基地。在这里,丰田汽车公司不惜投入TOYOTA的最新技术,生产专为中国最新开发的、充分考虑到环保、安全等条件因素的新型小轿车。二维码应用管理解决方案使丰田汽车在生产过程控制管理系统中成功应用了QR二维条码数据采集技术,并与丰田汽车公司天津公司共同完成了生产过程控制管理系统的组建。

一、丰田汽车组装生产线数据采集管理

汽车是在小批量、多品种混合生产线上生产的,将写有产品种类生产指示命令的卡片安在产品生产台,这些命令被各个作业操作人员读取并完成组装任务,使用这些卡片存在严重的问题和大的隐患,包括速度、出错率、数据统计、协调管理、质量管理等一系列问题。

(一)系统概要

如果用二维码来取代手工卡片,初期投入费用并不高,但建立了高可靠性的系统。

(1)生产线的前端,根据主控计算机发出的生产指示信息,条码打印机打印出1张条码标签,贴在产品的载具上。

(2)各作业工序中,操作人员用条码识读器读取载具上的条码符号,将作业的信息输入计算机,主系统对作业人员和检查装置发出指令。

(3)各个工序用扫描器读取贴在安装零件上的条码标签,然后再读取贴在载具上的二维条码,以确认零件安装是否正确。

(4)各工序中,二维条码的生产指示号码、生产线顺序号码、车身号数据和实装零部件的数据、检查数据等,均被反馈回主控计算机,用来对进展情况进行管理。

(二)应用效果

(1)投资较低。

(2)二维条码可被识读器稳定读取(错误率低)。

(3)可省略大量的人力和时间。

(4)主系统对生产过程的指挥全面提升。

(5)使生产全过程和主系统连接成为一体,生产效率大大提高。

二、丰田汽车供应链采集系统的应用

应用环境:汽车零件供货商按汽车厂商的订单生产零配件,长期供货,这样可以减少人为操作,缩减成本,提高效率。

(一)应用描述

(1)汽车厂家将看板标签贴在自己的周转箱上,先定义箱号。

(2)汽车厂家读取看板标签上的一维条码,将所订购的零件编号、数量、箱数等信息制作成 QR 码,并制作带有该 QR 码的看板单据。

(3)将看板单据和看板标签一起交给零件生产厂。

(4)零件生产厂读取由车辆提供的看板单据上的 QR 码,处理接受的订货信息,并制作发货指示书。

(5)零件生产厂将看板标签附在发货产品上,看板单据作为交货书发给汽车生产厂。

(6)汽车生产厂读取看板单据上的 QR 码进行接货统计。

(二)应用效果

(1)采用 QR Code 使得原来无法条码化的"品名""规格""批号""数量"等可以自动对照,出库时的肉眼观察操作大幅减少,降低了操作人员人为识别验货的错误,避免了误配送的发生。

(2)出库单系统打印二维条码加密、安全、不易出错。

(3)验货出库工作,可以完全脱离主系统和网络环境独立运行,对主系统的依赖性小,减少主系统网络通信和系统资源的压力,同时对安全性要求降低。

(4)真正做到了二维条码数据与出库单数据及实际出库物品的属性特征的统一。

(5)减少了出库验收作业的时间,缩短了工作的过程,并且验收的信息量大大增加,从而提高了效率、降低了成本、保证了安全、防止了错误的发生。

任务分析

1. 任务准备

条码打印机 6 台,多媒体教室,计算机。

2. 任务目标

(1)能够制作条码,掌握识别条码的方法;

(2)能在物流领域中应用各类条码,从而有效解决物流管理中的各种实际问题。

3. 知识准备

(1)理解条码的概念和特点;

(2)掌握条码的种类和编码原则;

(3)掌握一维条码和二维条码的概念、原理、特点和分类。

相关知识

一、条码技术概述

条码(Bar Code)是将宽度不等的多个黑条和空白,按照一定的编码规则排列,用以表达一组信息的图形标识符。常见的条码是由反射率相差很大的黑条(简称条)和白条(简称空)排成的平行线图案。条码可以标出物品的生产国、制造厂家、商品名称、生产日期、图书分类号、邮件起止地点、类别、日期等许多信息,因而在商品流通、图书管理、邮政管理、银行系统等许多领域都得到了广泛的应用。

通用商品条码一般由前缀部分、制造厂商代码、商品代码和校验码组成。商品条码中的前缀码是用来标识国家或地区的代码,赋码权在国际物品编码协会,如 00-09 代表美国、加拿大,45 –49 代表日本,690-695 代表中国大陆,471 代表我国台湾地区,489 代表中国香港。制造厂商代码的赋权在各个国家或地区的物品编码组织,我国由国家物品编码中心赋予制造厂商代码。商品代码是用来标识商品的代码,赋码权由产品生产企业自己行使,生产企业按照规定条件自己决定在何种商品上使用哪些阿拉伯数字为商品条码。商品条码最后用 1 位校验码来校验商品条码中左起第 1 ~12 位数字代码的正确性。商品条码是指由一组规则排列的条、空及其对应字符组成的标识,用以表示一定的商品信息的符号。其中条为深色、空为纳色,用于条码识读设备的扫描识读。其对应字符由一组阿拉伯数字组成,供人们直接识读或通过键盘向计算机输入数据使用。这一组条空和相应的字符所表示的信息是相同的。

条码技术是随着计算机技术与信息技术的发展和应用而诞生的,它是集编码、印刷、识别、数据采集和处理于一身的新型技术。

使用条码扫描是今后市场流通的大趋势。为了使商品能够在全世界自由、广泛地流通,企业无论是设计制作、申请注册还是使用商品条码,都必须遵循商品条码管理的有关规定。

二、条码的历史

最早被打上条码(图 2-1-1)的产品是箭牌口香糖。条码技术最早产生在风声鹤唳的 20 世纪 20 年代,诞生于威斯汀豪斯(Westinghouse)的实验室里。一位性格古怪、名叫约翰·科芒德(John Kermode)的发明家“异想天开”地想对邮政单据实现自动分拣,那时候对电子技术应用方面的每一个设想都使人感到非常新奇。

图 2-1-1 条码

他的想法是在信封上做条码标记,条码中的信息是收信人的地址,就像今天的邮政编码。为此科芒德发明了最早的条码标识,设计方案非常的简单(这种方法称为模块比较法),即一个“条”表示数字“1”,二个“条”表示数字“2”,依次类推。然后,他又发明了由基本的元件组成的条码识读设备:一个扫描器(能够发射光并接收反射光);一个测定反射信号条和空的方法(即边缘定位线圈)和使用测定结果的方法(即译码器)。

科芒德的扫描器利用当时新发明的光电池来收集反射光。“空”反射回来的是强信号,“条”反射回来的是弱信号。与当今高速度的电子元器件应用不同的是,科芒德利用磁性线圈来测定“条”和“空”。就像一个小孩将电线与电池连接再绕在一颗钉子上来夹纸。科芒德用一个带铁芯的线圈在接收到“空”的信号的时候吸引一个开关,在接收到“条”的信号的时候,释放开关并接通电路。因此,最早的条码阅读器噪音很大。开关由一系列的继电器控制,“开”和“关”由打印在信封上“条”的数量决定。通过这种方法,条码符号直接对信件进行分检。

此后不久,科芒德的合作者道格拉斯·杨(Douglas Young),在科芒德码的基础上作了些改进。科芒德码所包含的信息量相当的低,并且很难编出十个以上的不同代码。而杨码使用更少的条,但是利用条之间空的尺寸变化,就像今天的 UPC 条码符号使用四个不同的条空尺寸。新的条码符号可在同样大小的空间对一百个不同的地区进行编码,而科芒德码只能对十个不同的地区进行编码。直到 1949 年的专利文献中才第一次有了诺姆·伍德兰(Norm Woodland)和伯纳德·西尔沃(Bernard Silver)发明的全方位条码符号的记载,在这之前的专利文献中始终没有条码技术的记录,也没有投入实际应用的先例。诺姆·伍德兰和伯纳德·西尔沃的想法是利用科芒德垂直的“条”和“空”,并使之弯曲成环状,非常像射箭的靶子。这样扫描器通过扫描图形的中心,能够对条码符号解码,不管条码符号方向的朝向。在利用这项专利技术对其进行不断改进的过程中,一位科幻小说作家艾萨克·阿西莫夫(Isaac Azimov)在他的《赤裸的太阳》(The Naked Sun)一书中讲述了使用信息编码的新方法实现自动识别的事例。那时人们觉得此书中的条码符号看上去像是一个方格子的棋盘,但是今天的条码专业人士马上会意识到这是一个二维矩阵条码(如图 2-1-2 所示)符号。虽然此条码符号没有方向、定位和定时,但很显然它表示的是高信息密度的数字编码。直到 1970 年,Iterface Mechanisms 公司开发出“二维码”之后,才有了价格适于销售的二维矩阵条码的打印和识读设备。那时二维矩阵条码用于报社排版过程的自动化。二维矩阵条码印在纸带上,由今天的一维 CCD 扫描器扫描识读。CCD 发出的光照在纸带上,每个光电池对准纸带的不同区域。每个光电池根据纸带上印刷条码与否输出不同的图案,组合产生一个高密度信息图案。用这种方法可在相同大小的空间打印上一个单一的字符,作为早期科芒德码之中的一个单一的条。定时信息也包括在内,所以整个过程是合理的。当第一个系统进入市场后,包括打印和识读设备在内的全套设备大约要 5000 美元。

图 2-1-2　二维矩阵条码

此后不久,随着 LED(发光二极管)、微处理器和激光二极管的不断发展,迎来了新的标识符号和其应用的大爆炸,人们称之为“条码工业”。今天很少能找到没有直接接触过既快又准的条码技术的公司或个人。由于在这一领域的技术进步与发展非常迅速,并且每天都有越来越多的应用领域被开发,用不了多久条码就会像灯泡和半导体收音机一样普及,将会使我们每个人的生活变得更加轻松和方便。

三、条码的识别原理

要将按照一定规则编译出来的条码转换成有意义的信息,需要经历扫描和译码两个过程。物体的颜色是由其反射光的类型决定的,白色物体能反射各种波长的可见光,黑色物体则吸收各种波长的可见光,所以当条码扫描器光源发出的光在条码上反射后,反射光照射到条码扫描器内部的光电转换器上,光电转换器根据强弱不同的反射光信号,转换成相应的电信号。根据原理的差异,扫描器可以分为光笔、CCD、激光三种。电信号输出到条码扫描器的放大电路增强信号之后,再送到整形电路将模拟信号转换成数字信号。白条、黑条的宽度不同,相应的电信号持续时间长短也不同。然后,译码器通过测量脉冲数字电信号 0,1 的数目来判别条和空的数目。通过测量 0,1 信号持续的时间来判别条和空的宽度。此时所得到的数据仍然是杂乱无章的,要知道条码所包含的信息,则需根据对应的编码规则(例如 EAN-8 码),将条符号换成相应的数字、字符信息。最后,由计算机系统进行数据处理与管理,物品的详细信息便被识别了。

四、条码的优越性

1. 可靠性强

条码的读取准确率远远超过人工记录,平均每 15000 个字符才会出现一个错误。

2. 效率高

条码的读取速度很快,相当于每秒40个字符。

3. 成本低

与其他自动化识别技术相比,条码技术仅仅需要一小张贴纸和相对构造简单的光学扫描仪,成本相当低廉。

4. 易于制作

条码的编写很简单,制作也仅仅需要印刷,被称作“可印刷的计算机语言”。

5. 构造简单

条码识别设备的构造简单,使用方便。

6. 灵活实用

条码符号可以手工键盘输入,也可以和有关设备组成识别系统实现自动化识别,还可和其他控制设备联系起来实现整个系统的自动化管理。

五、条码的扫描

条码的扫描需要扫描器,扫描器利用自身光源照射条码,再利用光电转换器接受反射的光线,将反射光线的明暗转换成数字信号。不论是采取何种规则印制的条码,都由静区、起始字符、数据字符与终止字符组成。有些条码在数据字符与终止字符之间还有校验字符。

(1)静区:静区也叫空白区,分为左空白区和右空白区,左空白区是让扫描设备做好扫描准备,右空白区是保证扫描设备正确识别条码的结束标记。为了防止左右空白区(静区)在印刷排版时被无意中占用,可在空白区加印一个符号(左侧没有数字时印<号,右侧没有数字时印>号)这个符号叫静区标记。主要作用是防止静区宽度不足。只要静区宽度能保证,有没有这个符号都不影响条码的识别。

(2)起始字符:第一位字符,具有特殊结构,当扫描器读取到该字符时,便开始正式读取代码了。

(3)数据字符:条码的主要内容。

(4)校验字符:检验读取到的数据是否正确。不同编码规则可能会有不同的校验规则。

(5)终止字符:最后一位字符,一样具有特殊结构,用于告知代码扫描完毕,同时还起到进行校验计算的作用。为了方便双向扫描,起止字符具有不对称结构。因此扫描器扫描时可以自动对条码信息重新排列。条码扫描器有光笔、CCD、激光三种。

(6)光笔:最原始的扫描方式,需要手动移动光笔,并且还要与条码接触。

(7)CCD:以CCD作为光电转换器,LED作为发光光源的扫描器。在一定范围内,可以实现自动扫描,并且可以阅读各种材料、不平表面上的条码,成本也较为低廉。但是与激光式相比,扫描距离较短。

(8)激光:以激光作为发光源的扫描器,可分为线型、全角度等几种。线型:多用于手持式扫描器,范围远,准确性高。全角度:多为卧式,自动化程度高,在各种方向上都可以自动读取条码。

六、条码技术的优点

条码是迄今为止最经济、实用的一种自动识别技术。条码技术具有以下几个方面的优点。

(1)输入速度快:与键盘输入相比,条码输入的速度是键盘输入的5倍,并且能实现“即时数据输入”。

(2)可靠性高:键盘输入数据出错率为三百分之一,利用光学字符识别技术出错率为万分之一,而采用条码技术误码率低于百万分之一。

(3)采集信息量大:利用传统的一维条码一次可采集几十位字符的信息,二维条码更可以携带数千个字符的信息,并有一定的自动纠错能力。

(4)灵活实用:条码标识既可以作为一种识别手段单独使用,也可以和有关识别设备组成一个系统实现自动化识别,还可以和其他控制设备连接起来实现自动化管理。

另外,条码标签易于制作,对设备和材料没有特殊要求,识别设备操作容易,不需要特殊培训,且设备也相对便宜。

七、条码的编码规则

(1)唯一性:同种规格同种产品对应同一个产品代码,同种产品不同规格应对应不同的产品代码。根据产品的不同性质,如重量、包装、规格、气味、颜色、形状等,赋予不同的商品代码。

(2)永久性:产品代码一经分配,就不再更改,并且是终身的。当此种产品不再生产时,其对应的产品代码只能搁置起来,不得重复起用再分配给其他的商品。

(3)无含义:为了保证代码有足够的容量以适应产品频繁更新换代的需要,最好采用无含义的顺序码。

八、一维条码

(一)一维条码的结构

模块:是条码中最窄的条或空,它是构成条码的基本单位。

单元:一个条或空组成一个单元,编码方式不同其包含的模块数不同。

(1)空白区。使阅读器进入准备状态,并有助于区分两个相邻条码。

(2)起始/终止符。标志条码的开始、结束和阅读方向。

(3)数据符。可双向扫描,表示具体信息。

(4)校验码。判断读取是否正确。

(二)一维条码的分类

一维条码分为ENA码、39码和128码、93码、交叉二五码、Codabar码。

(三)一维条码的应用

1.商品领域

(1)EAN-13码应用于零售包装(供零售卖场POS系统扫描结账的包装)。

标准版由13位数字组成。结构一:左7位为厂商识别代码;接下来5位为商品项目代码;最后1位为校验码。结构二:左8位为厂商识别代码;接下来4位表示商品项目代码;最后1位为校验码。结构三:左9位为厂商识别代码;接下来3位表示商品项目代码;最后1位为校验码。

最左边3位前缀为国家码,EAN分配给我国690-695。当前缀为690、691时,其代码结构同结构一;当前缀为 692 时,其代码结构同结构二。

(2)EAN-8 码应用于印刷面积小的零售包装(无法印贴 EAN-13 的零售包装,条码印刷面积超过可印刷面积的 1/4)。

2. 物流领域

(1)概念:物流条码是物流过程中用以标识具体实物的一种特殊代码,用于生产、运输、仓储、配送和销售等整个供应链的数据采集和共享以提高效率。

(2)物流条码的码制。

①ITF-14 条码,它是一种连续定长自校验的双向条码。由矩形保护框、左侧空白区、条码字符、右侧空白区组成,用于标识非零售的商品,广泛运用于仓储和物流管理。

②UCC/EAN-128 条码,它是一种连续非定长有含义的高密度条码,由左侧空白区、起始符号、数据字符、校验符、终止符、右侧空白区及供人识读字符组成。

可用于标识带有附加属性信息的商品,如批号、规格、数量、生产和有效日期、交货地点等。

③EAN-13 条码结构同商品 EAN-13 条码。

(3)物流条码标识的内容。

①项目标识:商品项目、货运单元项目。

②动态项目标识:对不同货运包装箱的标识。

④度量:数量、重量、长宽高、面积和体积。

⑤参考项目:客户购货订单代码。

⑥位置码:交货对象、交货地点。

⑦特殊应用:医疗保健业等内部使用、零件、行业等。

3. 条码识别设备

条码识别设备主要有光笔扫描器、手持式扫描器、台式扫描器、激光快速(全角度)扫描器、卡式阅读器、便携式阅读器。

九、二维条码

(一)二维条码的特点

1. 高密度

一维条码密度较低,仅作为一种标识,不能对产品进行描述。二维条码通过利用垂直方向的尺寸来提高条码的信息密度。其密度是一维条码的几十到几百倍,可把产品信息全部存储在一个二维条码中,查看产品信息,只要用识读设备扫描二维条码即可,不需要事先建立数据库,真正实现了用条码对“物品”的描述。

2. 具有纠错功能

一维条码没有考虑到条码本身的纠错功能,尽管引入了校验字符的概念,但仅限于防止读错。二维条码引入错误纠正机制,这种纠错机制使得二维条码因穿孔、污损等引起局部损坏时,照样可以正确得到识读。二维条码的纠错算法与人造卫星和 VCD 等所用的纠错算法相同。这种纠错机制使得二维条码成为一种安全可靠的信息存储和识别的方法。

3. 可以表示多种语言文字

一维条码能表示的字符集最多是 128 个 ASCII 符。二维条码都具有字节表示模式。任何语言文字,在计算机中存储时都以机内码的形式表现,而内部码都是字节码。这样我们就可以设法将各种语言文字信息转换成字节流,然后再将字节流用二维条码表示。

4. 可表示图像数据

既然二维条码可以表示字节数据,而图像多以字节形式存储,因此使图像(如照片、指纹等)的条码表示成为可能。

5. 可引入加密机制

加密机制的引入是二维条码的又一优点。比如我们用二维条码表示照片时,可以先用一定的加密算法将图像信息加密,然后再用二维条码表示。在识别二维条码时,再加以一定的解密算法,就可以恢复所表示的照片。这样便可以防止伪造各种证件、卡片等。

(二)二维条码的种类

1. 堆叠式二维条码

形态上是由多行截短的一维条码堆叠而成。

2. 矩阵式二维条码

以矩阵的形式组成,在矩阵相应元素位置上用“点”表示二进制“1”, 用“空”表示二进制“0”,由“点”和“空”的排列组成代码。

常用的码制有 Data Matrix, Maxi Code, Aztec, QR Code, Vericode, PDF417, Ultracode, Code 49, Code 16K 等。

(三)二维条码的识别设备

二维条码的识别设备主要有线性 CCD 和线性图像式阅读器、带光栅的激光阅读器、图像式阅读器。

(四)二维条码的应用领域

1. 物流领域

(1)单证:订购单、船运舱单、报关单;

(2)EDI:商业单证 、公文单证;

(3)仓储盘点:物流中心、仓储中心等的物品盘点;

(4)物品追踪:生产零件、客户服务、邮购运送、维修记录。

2. 二维条码在物流领域中的标准

(1)进货单及出货单采用 PDF417 二维条码;

(2)电子数据交换的信息及相关文件采用 PDF417 二维条码;

(3)输送带上的产品追踪采用 Maxicode 二维条码。

3. 其他领域

(1)证照:护照、身份证、挂号证、驾驶执照、会员证、识别证;

(2)资料保密:商业机密、政治情报、军事机密、私人信函。

任务实训方案

1. 训练目标

通过实践训练,使学生进一步理解条码技术的理论知识,加深学生对条码构成、生成的直观认识,掌握条码打印机的打印方法。

2. 训练准备

(1)正确理解一维条码、二维条码的基本概念、条码分类和编码方法;

(2)根据学生具体人数再结合调查的任务分成若干组,选组长1人;

(3)做好实习动员,安排实习任务,提出实习要求;

(4)检查学生的实习准备情况,解答学生的相关疑问。

3. 训练项目

利用打印软件按照标签的大小进行设置,实现各种一维条码、二维条码的生成。

4. 技能训练步骤

(1)打开 Zebradesigner 软件。双击打开 Zebradesigner 斑马软件,选中“创建新标签”,点击“完成”。

(2)标签设置向导。在“选择打印机”窗体里点击属性,选中“ZDesigner 888-DT”, 单击“下一步” 如图 2-1-3 所示。

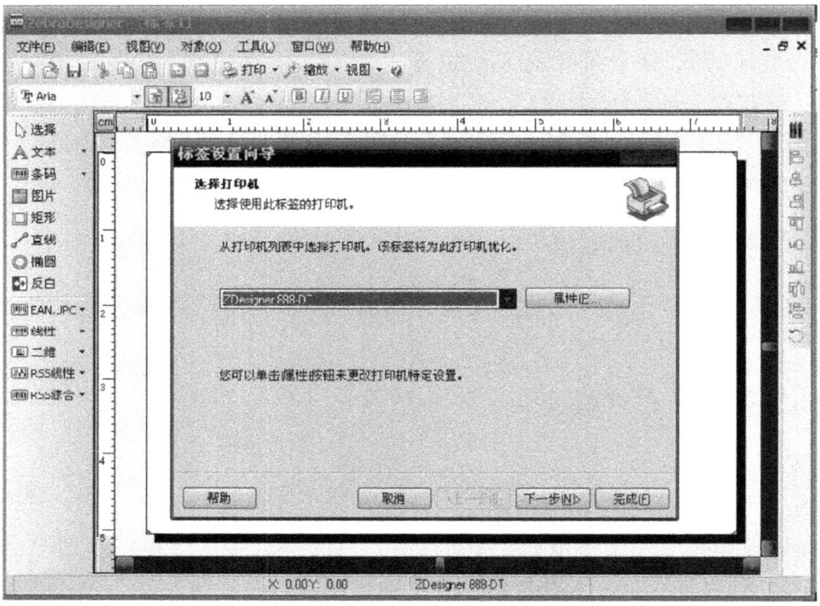

图 2-1-3　标签设置打印机选择界面

选择标签库的作用:预定义标签格式(标签库)可以加速标签设计,单击“下一步” 。

在“页面大小”设置窗体里选择所需的页面尺寸,可以选择“自动调整大小”

或“页面大小”在其中设计条码的宽度、高度,单击“下一步” 。

在“标签布局”选择一个最符合要求的页面布局。根据设计条码标签的类型,选择条码打印方向为“纵向”或“横向” ,如图 2-1-4 所示。

在“标签尺寸”中设置标签版面尺度和选择合适的衡量单位。根据标签的大小设置“标签宽度” 、“标签高度” 等变量。

(3)标签设计。选择想设计的标签,例如,设计 EAN. UCC 类型条码,选择 EAN. UCC 条码,单击选中 EAN-13 条码,鼠标单击右侧空白区,如图 2-1-5 所示。

单击“定义”开始编辑条码,设置如图 2-1-6 所示。符号高度设置为 2.0 公分,X 方向放大因子为4,条码校验位选择“自动生成条码校验位” ,人眼可识别码选择“条码下方” ,单击“确定”完成条码编辑。

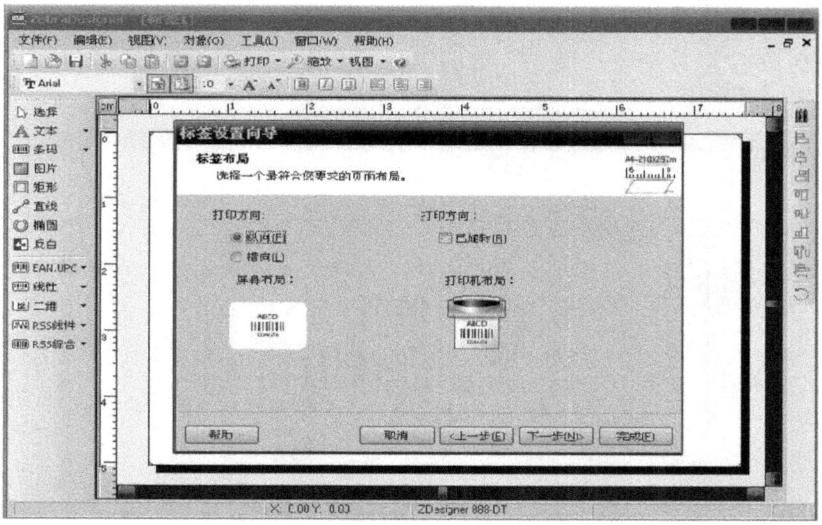

图 2-1-4　标签设置向导

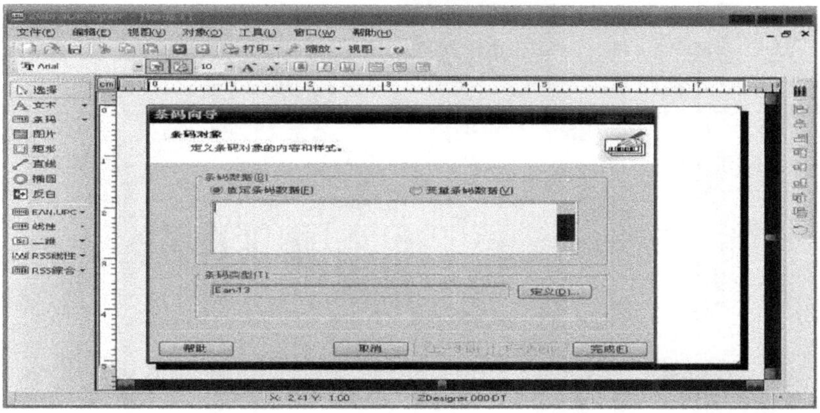

图 2-1-5　条码内容设计界面

图 2-1-6　条码类型选择界面

(4)条码标签代码的生成。单击选择“固定条码数据”输入自定义条码符号,如690123456789 12 位符号,单击“完成”,如图 2-1-7 所示,单击“文件”选择“打印”,如图 2-1-8 所示。

图 2-1-7　条码生成界面

图 2-1-8　打印选择界面

(5)按照上述步骤依次生成:

EAN-8:要求打印内容为 69012341,其中最后一位 1 为系统自动生成的校验位。

汉信码:要求打印内容为自己的班级、姓名和学号。

Code-39:要求打印内容为 HGL7ZI03016-3A1,最后一位 1 为系统自动生成的校验位。

UCC/EAN-128:要求打印内容为(01)16903128100250(13)091020(15)100420,表示贸易项目代码为 16903128100250,该产品包装日期为 2009 年 10 月 20 日,保质期到 2010 年 4 月 20 日。

PDF417:此种条码为二维码,要求打印内容为自己的班级、姓名和学号。

ITF-14:要求打印内容为 16922065711336。

QR 码:此种条码为二维码,要求打印内容为自己的班级、姓名和学号。

5. 训练评价

训练评价的方式有教师评价、小组内部成员评价和第三方评分组成员评价三种,建议教师评价占 60% 的权重,小组内部成员评价占 20% 的权重,第三方评分组成员评价占 20% 的权重。将三者综合起来的得分为该生在该项目的评价分。训练评价表如表 2-1-1 所示。

训 练 评 价 表 表 2-1-1

考评人		被考评人	
考评地点			
考评内容	条码制作		
考评标准	具体内容	分值(分)	实际得分
	工作态度	15	
	沟通水平和团队合作	15	
	条码设计制作情况	70	
合计		100	

注:实训满分为 100 分。60 分以下为不及格,60 ~ 69 分为及格,70 ~ 79 分为中等,80 ~ 89 分为良好,90 分以上为优秀。

6. 技能训练活动建议

将打印出的条码粘贴在实验报告册上,并写出此种条码的名称及应用。

任务二 射频标签的制作和使用

任务导入

RFID 技术在沃尔玛物流配送中的应用

美国零售商巨头沃尔玛商场在全球零售行业中享有的最大优势就是其配送系统效率最高。究其原因,无非是向科学技术积极要生产力,普遍采用射频识别技术标签(物联网 RFID)。同时,不断革新其持续快速补充货架的物流战略,不断引进和运用现代化供应链管理技术,货架持续保持令消费者近悦远来的足够商品数量、种类和质量,避免货物无故脱销和短缺,从而使沃尔玛在美国和世界各地的商场供应链的经济效益和服务效率大幅提高,造就了沃尔玛今日的辉煌。

一、采用 RFID 技术成就最大优势

据美国托运人研究中心 2005 年年底的一份研究报告指出,沃尔玛在其美国和世界各地的零售商场和配送中心普遍采用 RFID 标签技术以后,货物短缺和货架上的产品脱销发生率降低 16%,从而大幅提高了客户服务满意率。其实所谓 RFID 标签无非是在每种,甚至每件货物贴上技术含量远远超过条码、并且信息独一无二的 RFID 标签。在货物进出通道口的时候,RFID 标签能够发出无线信号,把信息立即传递给无线射频机读器,传递到供应链经营管理部门的各个环节上。于是仓库、堆场、配送中心、甚至商场货架上的有关商品的存货动态一目了然。

沃尔玛的这项 RFID 标签技术是在美国阿肯萨斯大学帮助下开发出来的,事实证明,在 RFID 标签技术和其他电子产品代码技术的大力支持下,避免了订货和货物发送的重复操作和遗漏,更不会出现产品或者商品供应链经营操作过程中的死角和黑箱。

仅仅在 2005 年,沃尔玛在原来的基础上又增加使用 5000 余万件 FRID 技术标签。FRID

技术标签的操作方式其实相当简便，只需要少数人管理，货物跟踪和存货搜索效率高得惊人，大幅提高了存货管理水平，减少了库存，降低了物流成本。沃尔玛商场的工作人员手持射频识别标签技术机读器，定时走进商场销售大厅或者货物仓库，用发射天线对着所有的货物一扫，各种货物的数量、存量等动态信息全部自动出现在机读器的荧光屏幕上，已经缺货和即将发生短缺的货物栏目会发出提示警告声光信号，无一漏缺。

总而言之，确保沃尔玛零售商场货架上的各种产品该有的不得无故短缺，商场货架快充物流战略必须进一步实施，如果突发事件和意外事故无可避免，也必须向消费者发出提前告示，解释原因，表示道歉，并且预告货物补充的日期。令人佩服的是，分布在美国和世界各地的沃尔玛零售商场的 FRID 网络，可以通过卫星通信网络技术实施全球一体化经营管理。也就是说，沃尔玛集团的各个零售商场，各家供货商、制造商、运输服务商和中间商等的存货、销售和售后服务、金融管理等信息动态均被美国沃尔玛零售商总部全面掌握。

二、RFID 技术成本由供货商负担

据来自美国阿肯萨斯大学的一份报告，到 2005 年 10 月底，沃尔玛已经把射频识别技术标签（RFID）等现代化供应链经营管理技术，推广到美国和世界各地的 500 多家沃尔玛零售商场和连锁店。到 2006 年年底将把 RFID 技术的使用范围扩大到 1000 余家。也就是说，凡是沃尔玛零售商集团名下的所有店铺货架上的商品，供货商的产品包装箱和货物托盘等必须全部使用 RFID 标签，与其配套的扫描跟踪屏幕显示机读器也必须到位。

那么，RFID 在沃尔玛物流作业的作用有什么？RFID 标签技术的主要优点又有哪些？

任务分析

1. 任务准备

RFID 射频标签、RFID 制作系统、自动化立体仓库。

2. 任务目标

（1）能够制作 RFID 射频标签，掌握识别 RFID 射频标签的方法；

（2）能在物流领域中应用各类条码、RFID 射频标签，从而有效解决物流管理中的各种实际问题。

3. 知识准备

（1）理解无线射频识别技术 RFID 的概念和特点；

（2）掌握 RFID 系统组成；

（3）掌握 RFID 射频标签的制作方法；

（4）掌握 RFID 主要应用领域。

相关知识

一、RFID 基础知识

（一）什么是 RFID

RFID 是 Radio Frequency Identification 的缩写，即射频识别，常称为感应式电子晶片或近

接卡、感应卡、非接触卡、电子标签、电子条码，等等。

一套完整的 RFID 系统由 Reader 与 Transponder 两部分组成，其动作原理为由 Reader 发射一特定频率的无限电波能量给 Transponder，用以驱动 Transponder 电路将内部的 ID Code 送出，此时 Reader 便接收此 ID Code。Transponder 的特殊在于免用电池、免接触、免刷卡，故不怕脏污，且晶片密码为世界唯一，无法复制，安全性高、长寿命。

RFID 的应用非常广泛，目前典型的应用有动物晶片、汽车晶片防盗器、门禁管制、停车场管制、生产线自动化、物料管理。RFID 标签有两种：即有源标签和无源标签。

（二）什么是电子标签

电子标签是一种非接触式的自动识别技术，通过射频信号识别目标对象并获取相关数据，识别工作无须人工干预，作为条码的无线版本，RFID 技术具有条码所不具备的防水、防磁、耐高温、使用寿命长、读取距离大、标签上数据可以加密、存储数据容量更大、存储信息更改自如等优点。

（三）什么是 RFID 技术

RFID 射频识别是一种非接触式的自动识别技术，它通过射频信号自动识别目标对象并获取相关数据，识别工作无须人工干预，可工作于各种恶劣环境。RFID 技术可识别高速运动物体并可同时识别多个标签，操作快捷方便。

短距离射频产品不怕油渍、灰尘污染等恶劣的环境，可在这样的环境中替代条码，例如用在工厂的流水线上跟踪物体。长距离射频产品多用于交通上，识别距离可达几十米，如自动收费或识别车辆身份等。

（四）什么是 RFID 解决方案

RFID 解决方案是 RFID 技术供应商针对行业发展特点制定的 RFID 应用方案，可根据不同企业的实际要求“量身定做”。

RFID 解决方案可按照行业进行分类，物流、防伪防盗、身份识别、资产管理、动物管理、快捷支付等。

（五）什么是 RFID 中间件

中间件（Middle ware）可称为是 RFID 运作的中枢，因为它可以加速关键应用的问世。

RFID 产业潜力无穷，应用的范围遍及制造、物流、医疗、运输、零售、国防等。Gartner Group 认为，RFID 是 2005 年建议企业可考虑引入的十大策略技术之一，然而其成功的关键除了标签（Tag）的价格、天线的设计、波段的标准化、设备的认证之外，最重要的是要有关键的应用软件（Killer Application），才能迅速推广。

（六）RFID 系统的基本组成部分

最基本的 RFID 系统由阅读器、天线、标签三部分组成。

1. 阅读器（Reader）

读取（或写入）标签信息的设备，可设计为手持式或固定式，如图 2-1-1 所示。

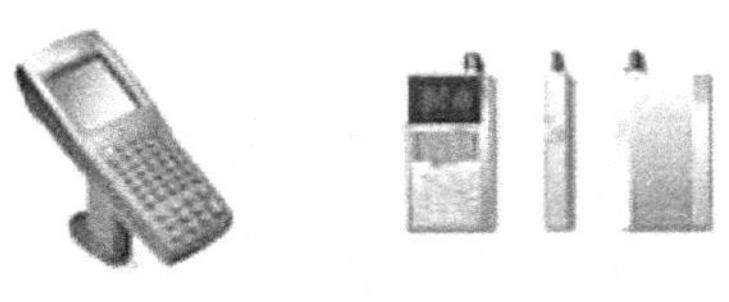

手持阅读器

固定阅读器

图 2-2-1　RFID 阅读器

2. 天线(Antenna)

在标签和阅读器间传递射频信号,如图 2-2-2 所示。

电子标签设备天线

门型天线

图 2-2-2　天线

3. 标签(Tag)

由耦合元件及芯片组成,每个标签具有唯一的电子编码,附着在物体上标识目标对象;每个标签都有一个全球唯一的 ID 号码——UID。UID 是在制作芯片时放在 ROM 中的,无法修改。用户数据区(DATA)是供用户存放数据的,可以进行读写、覆盖、增加等操作。阅读器对标签的操作有以下三类:

(1)识别(Identify):读取 UID;

(2)读取(Read):读取用户数据;

(3)写入(Write):写入用户数据。

RFID 标签样式如图 2-2-3 所示。

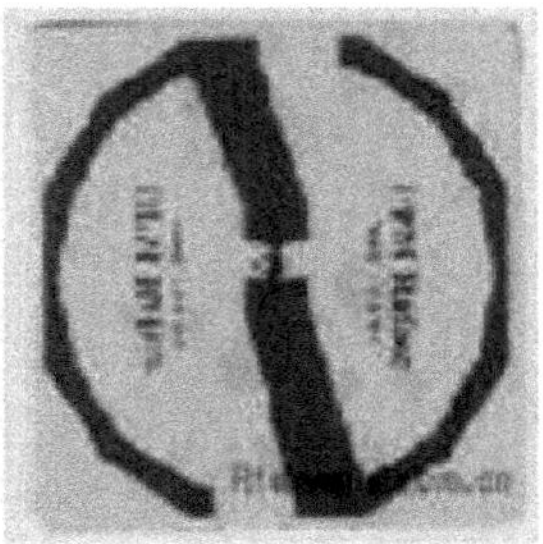

图 2-2-3　RFID 电子标签

(七)是什么让零售商如此推崇 RFID

据 Sanford C. Bernstein 公司的零售业分析师估计,通过采用 RFID,沃尔玛每年可以节省 83.5 亿美元,其中大部分是因为不需要人工查看进货的条码而节省的劳动力成本。尽管另外一些分析师认为 80 亿美元这个数字过于乐观,但毫无疑问,RFID 有助于解决零售业两个最大的难题：商品断货和损耗（因盗窃和供应链被搅乱而损失的产品）。而现在单是盗窃一项，沃尔玛一年的损失就差不多有20亿美元，如果一家合法企业的营业额能达到这个数字，就可以在美国1000家最大企业的排行榜中名列第694位。研究机构估计，这种RFID技术能够把失窃和存货水平降低25%。

（八）RFID无线识别电子标签基础介绍

无线射频识别技术（Radio Frequency Idenfication，RFID）是一种非接触的自动识别技术，其基本原理是利用射频信号和空间耦合（电感或电磁耦合）或雷达反射的传输特性，实现对被识别物体的自动识别。

RFID系统至少包含电子标签和阅读器两部分。电子标签是射频识别系统的数据载体，电子标签由标签天线和标签专用芯片组成。依据电子标签供电方式的不同，电子标签可以分为有源电子标签（Active tag）、无源电子标签（Passive tag）和半无源电子标签（Semi-passive tag）。有源电子标签内装有电池，无源射频标签没有内装电池，半无源电子标签（Semi-passive tag）部分依靠电池工作。

电子标签依据频率的不同可分为低频电子标签、高频电子标签、超高频电子标签和微波电子标签。依据封装形式的不同可分为信用卡标签、线形标签、纸状标签、玻璃管标签、圆形标签及特殊用途的异形标签等。

RFID阅读器（读写器）通过天线与RFID电子标签进行无线通信，可以实现对标签识别码和内存数据的读出或写入操作。典型的阅读器包含高频模块（发送器和接收器）、控制单元以及阅读器天线。

（九）RFID发展历程

RFID直接继承了雷达的概念，并由此发展出一种生机勃勃的AIDC新技术——RFID技术。1948年哈里·斯托克曼发表的“利用反射功率的通信”奠定了射频识别RFID的理论基础。

无线电技术的理论与应用研究是20世纪科学技术发展最重要的成就之一。RFID技术的发展可按10年期划分如下：

1941—1950年，雷达的改进和应用催生了RFID技术，1948年奠定了RFID技术的理论基础。

1951—1960年，早期RFID技术的探索阶段，主要处于实验室实验研究。

1961—1970年，RFID技术的理论得到了发展，开始了一些应用尝试。

1971—1980年，RFID技术与产品研发处于一个大发展时期，各种RFID技术测试得到加速，出现了一些最早的RFID应用。

1981—1990年，RFID技术及产品进入商业应用阶段，各种规模应用开始出现。

1991—2000年，RFID技术标准化问题日趋得到重视，RFID产品得到广泛采用，RFID产品逐渐成为人们生活中的一部分。

2001年至今，标准化问题日趋为人们所重视，RFID产品种类更加丰富，有源电子标签、无源电子标签及半无源电子标签均得到发展，电子标签成本不断降低，规模应用行业扩大。

RFID技术的理论得到丰富和完善。单芯片电子标签、多电子标签识读、无线可读可写、无源电子标签的远距离识别、适应高速移动物体的RFID正在成为现实。

（十）射频技术和条码的区别

射频技术与条码是两种不同的技术，有不同的适用范围，有时会有重叠。两者之间最大的区别是条码是“可视技术”。射频标签只要在接收器的作用范围内就可以被读取。

从概念上来说，两者很相似，目的都是快速准确地确认追踪目标物体。它们的主要区别如下：有无写入信息或更新内存的能力。条码的内存不能更改。射频标签不像条码，它特有的辨识器不能被复制。标签的作用不仅仅局限于视野之内，因为信息是由无线电波传输，而条码必须在视野之内。由于条码成本较低，有完善的标准体系，已在全球散播，所以已经被普遍接受，在成本方面，条码的成本就是条码纸张和油墨成本，而有内存芯片的主动射频标签价格在 2 美元以上，被动射频标签的成本也在 1 美元以上。但是没有内置芯片的标签价格只有几美分，它可以用于对数据信息要求不那么高的情况，同时又具有条码不具备的防伪功能。

（十一）RFID 产品分类

RFID 技术中所衍生的产品大概有无源 RFID 产品、有源 RFID 产品、半有源 RFID 产品三大类。

无源 RFID 产品发展最早，也是发展最成熟、市场应用最广的产品。比如，公交卡、食堂餐卡、银行卡、宾馆门禁卡、二代身份证等，这些在我们的日常生活中随处可见，属于近距离接触式识别类，如图 2-2-4 所示。

图 2-2-4　RFID 产品

有源 RFID 产品是最近几年慢慢发展起来的，其远距离自动识别的特性，决定了其巨大的应用空间和市场潜质。在远距离自动识别领域，如智能监狱、智能医院、智能停车场、智能交通、智慧城市、智慧地球及物联网等领域有重大应用。有源 RFID 在这个领域异军突起，属于远距离自动识别类。

半有源 RFID 产品，结合有源 RFID 产品及无源 RFID 产品的优势，在低频 125KHz 频率的触发下，让微波 2.45G 发挥优势。半有源 RFID 技术，也可以叫做低频激活触发技术，利用低频近距离精确定位、微波远距离识别和上传数据，来解决单纯的有源 RFID 和无源 RFID 没有办法实现的功能。简单地说，就是近距离激活定位，远距离识别及上传数据。

（十二）RFID 的优势

RFID 是一项易于操控，简单实用且特别适合用于自动化控制的灵活性应用技术，识别工作无须人工干预，它既可支持只读工作模式也可支持读写工作模式，且无须接触或瞄准；

可自由工作在各种恶劣环境下。短距离射频产品不怕油渍、灰尘污染等恶劣的环境，可以替代条码，例如用在工厂的流水线上跟踪物体。长距离射频产品多用于交通上，识别距离可达几十米，如自动收费或识别车辆身份等。射频识别系统主要有以下几个方面系统优势：

读取方便快捷：数据的读取无须光源，甚至可以透过外包装来进行。有效识别距离更大，采用自带电池的主动标签时，有效识别距离可达到30米以上；

(1)识别速度快：标签一进入磁场，解读器就可以即时读取其中的信息，而且能够同时处理多个标签，实现批量识别。

(2)数据容量大：数据容量最大的二维条码(PDF417)，最多也只能存储2725个数字；若包含字母，存储量则会更少；RFID标签则可以根据用户的需要扩充到数十K。

(3)使用寿命长，应用范围广：其无线电通信方式，使其可以应用于粉尘、油污等高污染环境和放射性环境，而且其封闭式包装使得其寿命大大超过印刷的条码。

(4)标签数据可动态更改：利用编程器可以向其写入数据，从而赋予RFID标签交互式便携数据文件的功能，而且写入时间相比打印条码更少。

(5)更好的安全性：不仅可以嵌入或附着在不同形状、不同类型的产品上，而且可以为标签数据的读写设置密码保护，从而具有更高的安全性。

(6)动态实时通信：标签以每秒50~100次的频率与解读器进行通信，所以只要RFID标签所附着的物体出现在解读器的有效识别范围内，就可以对其位置进行动态的追踪和监控。

(十三)RFID 工作原理

无线电的信号是通过调成无线电频率的电磁场，把数据从附着在物品上的标签上传送出去，以自动辨识与追踪该物品。某些标签在识别时从识别器发出的电磁场中就可以得到能量，并不需要电池；也有的标签本身拥有电源，并可以主动发出无线电波(调成无线电频率的电磁场)。标签包含了电子存储的信息，数米之内都可以识别。与条码不同的是，射频标签不需要处在识别器视线之内，也可以嵌入被追踪物体之内。一套完整的RFID系统，是由阅读器(Reader)与电子标签(TAG)也就是所谓的应答器(Transponder)及应用软件系统三个部分所组成，其工作原理是Reader发射一特定频率的无线电波能量给Transponder，用以驱动Transponder电路将内部的数据送出，此时Reader便依序接收解读数据，送给应用程序做相应的处理。如图2-2-5所示。

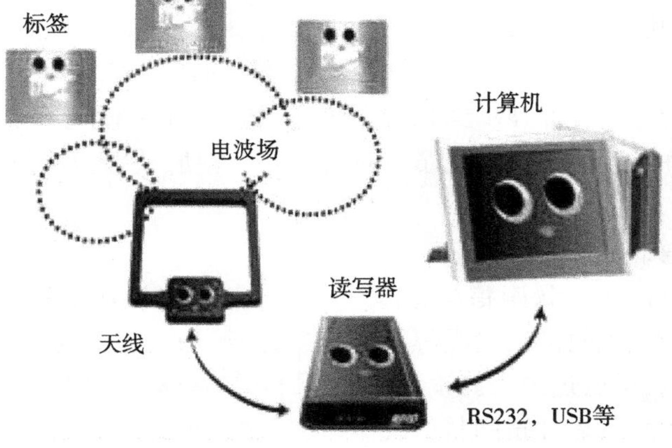

图2-2-5　射频信号的耦合类型

(十四)RFID应用的领域和前景

(1)物流:物流过程中的货物追踪、信息自动采集、仓储应用、港口应用。

(2)零售:商品的销售数据实时统计、补货、防盗。

(3)制造业:生产数据的实时监控、质量追踪、自动化生产。

(4)服装业:自动化生产、仓储管理、品牌管理、单品管理、渠道管理。

(5)医疗:医疗器械管理、病人身份识别、婴儿防盗。

(6)身份识别:电子护照、身份证、学生证等各种电子证件。

(7)防伪:贵重物品(烟、酒、药品)的防伪、票证的防伪等。

(8)资产管理:各类资产(贵重的或数量大、相似性高的或危险品等)。

(9)交通:高速不停车、出租车管理、公交车枢纽管理、铁路机车识别等。

(10)食品:水果、蔬菜、生鲜、食品等保鲜度管理。

(11)动物识别:驯养动物、畜牧牲口、宠物等识别管理。

(12)图书馆:书店、图书馆、出版社等应用。

(13)汽车:制造、防盗、定位、车钥匙。

(14)航空:制造、旅客机票、行李包裹追踪。

(15)军事:弹药、枪支、物资、人员、卡车等识别与追踪。

就目前的市场情况而言,RFID技术将会首先在政府主导的项目中应用,之后随着技术的进一步成熟和成本的进一步降低,逐步应用到各行各业中。目前主要会在以下领域中应用。

1. 高速公路收费及智能交通系统

近些年,中国的高速公路发展非常快,但是目前高速公路收费却存在一些问题,如收费站口交通堵塞。而RFID技术应用在高速公路自动收费上能够充分体现射频识别技术的优势。在车辆高速通过收费站的同时自动完成缴费,解决了交通的瓶颈问题,提高了车行速度,避免了拥堵,提高了收费计算效率。

2. 机动车自动识别与管理

通过建立采用射频识别技术的自动车号识别系统,能够随时了解车辆的运行情况,不仅实现了车辆的自动跟踪管理,还可以大大减少事故发生的可能性。另外,通过射频识别技术对车辆的主人进行有效验证,防止车辆偷盗发生,且可以在车辆丢失以后有效寻找丢失的车辆。便于车牌管理,防止假牌和套牌。

3. 电子票证

使用射频识别标签实现非现金结算,解决现金交易既不方便也不安全的问题。同时,射频识别标签可以用作各种票证以及人员管理等,达到方便、快捷,如奥运会门票和世博会门票等。

4. 动物跟踪和管理

射频识别技术可用于动物跟踪与管理。将用小玻璃封装的射频识别标签植于动物皮下,可以标识牲畜,监测动物健康状况等重要信息,为牧场的管理现代化提供了可靠的技术手段。在大型养殖场,可通过采用射频识别技术的动物耳标方式建立饲养档案、预防接种档案等,达到高效、自动化管理牲畜的目的,同时为食品安全提供了保障。射频识别技术还可用于信鸽比赛、赛马识别等,以准确测定到达时间。

5. 资产追踪管理

将射频识别系统用于固定资产或仓库货物管理，可以有效地解决资产的盘点、维修以及货物流向等相关信息管理，监控货物信息，实时了解产品情况，自动识别货物，确定货物的位置等，如 RFID 图书馆应用管理系统。

除此之外，RFID 还将在门禁管理、防伪识别、生产的自动化及过程控制、人员管理等领域得到应用和推广。

二、RFID 相关术语

射频：一般指微波。

微波：波长为 0.1～100cm 或频率在 1～100GHz 的电磁波。

电子标签：以电子数据形式存储标识物体代码的标签，也叫射频卡。

被动式电子标签：内部无电源、靠接收微波能量工作的电子标签。

主动式电子标签：靠内部电池供电工作的电子标签。

微波天线：用于发射和接收微波信号。

读出装置：用于读取电子标签内电子数据。

阅读器：用于读取电子标签内电子数据。

编程器：用于将电子数据写入电子标签或查阅电子标签内存储的数据。

波束范围：指天线发射微波的照射功率范围。

标签容量：电子标签编程时所能写入的字节数或逻辑位数。

振幅（Amplitude）：无线电波最高点和零值之间的距离。

只读存储（Read-only Memory，ROM）：一种将信息存储在芯片上的形式，不能被覆盖。只读芯片要比读写芯片便宜得多。

自动数据采集（Automatic Data Capture，ADC）：用于收集数据并直接将其导入（不涉及人工参与）计算机系统的方法（见自动识别与数据采集）。

智能卡（Smart Card）：内嵌微芯片的塑料卡（通常是一张信用卡的大小）的统称。一些智能卡包含一个 RFID 芯片，所以它们不需要与读写器的任何物理接触就能够识别持卡人。RFID 智能卡常常被称为“遥控”智能卡。

a-Biz—自动识别技术的应用案例框架：a-Biz 是一项自动识别工程，它的终极目标是将自动识别技术与现实世界中的应用案例结合，以此实现“商业自动化”，或者说是 a-Biz。

ASN—高级货运通知：也可称之为 DA，此电子文档先于货物被发送出去，以通知对方货物在运送途中。

BIS—商业信息系统：商业信息系统，即 BIS，是用来处理商业交易信息的系统。

DA—发货通知：此电子文档先于货物被发送出去，以通知对方货物在运送途中。

EAN—欧洲物品编码组：该组织创建于 1974 年，是由欧洲 12 个国家的生产商和分销商建立的一个 ad-hoc 委员会。它的任务是调查在欧洲制订统一的标准化编码体系的可能性，类似于美国使用的 UPC 体系。最终创立了与 UPC 兼容的“欧洲物品编码”。可访问 http://www.ean-int.org 获取更多讯息。

EPCTM—产品电子码：产品电子码，即 EPC，是自动识别体系中用来唯一标识对象的编码。它的目的类似于 GTIN 及 UPC 等。

ONS—对象名解析服务：对象名称解析服务，即 ONS，是自动识别系统的一个组件。类似于 Internet 中的域名解析服务 DNS,ONS 也执行名称解析功能。

PML—实体标记语言 :自动识别设备使用实体标记语言传递实体信息。

SavantTM:SavantTM 是自动识别技术框架的一部分。它是一个在全球范围内分布的服务器,提供数据路由服务,实现数据捕获、数据监视及数据传送功能。

UCC—统一编码委员会 :统一编码委员会的目标是在全球范围内建立与推动物品识别及相关电子通信技术的多元化工业标准。提高供应链内的管理水平,为使用者带来附加价值。可访问 http://www.uc-council.org 获取更多讯息。

UML—统一建模语言 :统一建模语言,即 UML,是一种使用案例和活动图等工具,为商业需求和商业流程建模的描述性语言。

三、射频标签

(一)什么是电子产品代码标签

电子产品代码是全球产品代码的发展,可以识别视野之外的目标。电子产品代码并不仅仅是一个无线电波条码,它包含着一系列的数据和信息,像产地、日期代码和其他关键的供应信息,这些信息储存在一个小的硅片中,利用标签、解读器和计算机的联网,生产者和零售商可以随时了解精确的产品和库存信息。

(二)RFID 标签的价格

RFID 标签的价格一直是抑制 RFID 发展的主要因素。

射频标签价格根据标签种类和应用,价格从 30 美分到 50 美元不等,总的来说,用在高档产品中的智能标签在 50 美分以上,主动标签要贵得多,带有复杂灵敏元件的价格在 100 美元以上。

曾经,某公司重磅推出 5 美分 Gen 2 标签产品,宣称终端用户只要一次标签定购量达到 1 亿枚,其 RFID Gen 2 标签价格就可以降到 5 美分/枚。而很明显,暂时没有哪家公司的用量有这么大。而同时, 一些机构预测:RFID 标签的市场潜能非常大,目前的应用仅是冰山之一角。

(三)射频标签能用于金属物体和含水成分较高的物品吗

金属和多水环境也是阻止 RFID 大量使用的一个很大因素。无线电波会从金属物体上反射回来,会被水吸收。这会使跟踪金属物体或是含水较高的物体产生困难。但是精心设计的系统能解决这些问题。

(四)只读和读写标签有什么区别

RFID 解决方案是 RFID 技术供应商针对行业发展特点制定的 RFID 应用方案,可根据不同企业的实际要求“量身定做”。

RFID 解决方案可按照行业进行分类,如物流、防伪防盗、身份识别、资产管理、动物管理、快捷支付等。

(五)什么叫标签冲突

解读器在同时读取多个标签发射回来的信息会产生标签冲突的问题,商家采用不同的系统使得标签一次发回一个信息。解读器又能同时读取多个标签，所以，所有的标签能同时被读取。

（六）射频标签能储存多少信息

标签根据商家种类的不同能储存从512字节到4兆不等的数据。标签中储存的数据是由系统的应用和相应的标准决定的。例如，标签能够提供产品生产，运输，存储情况，也可以辨别机器，动物和个体的身份。这些类似于条形码中存储的信息。标签还可以连接到数据库，存储产品库存编号，当前位置，状态，售价，批号的信息。相应的，射频标签在读取数据时不用参照数据库可以直接确定代码的含义。

（七）射频标签可以和传感器连接吗

可以，射频标签已经和许多传感器连接了，包括能记录温度，湿度的。当环境条件发生变化时，标签能够得到提示，尤其是当变化对物品的储存和使用有重要影响时。

（八）应答器、智能标签、射频标签有什么区别

最初在技术领域，应答器是指能够传输信息、回复信息的电子模块，近些年，由于射频技术发展迅猛，应答器有了新的说法和含义，又被叫作智能标签或标签。智能标签确切地说是射频标签的一种创新，由具有黏性的标签和超薄射频标签组成。智能标签将射频技术和方便灵活的标签印刷优点结合起来，具有读写功能的智能标签能被多次编程，遵循标签最初制作时的编码规律。

电子标签依据频率的不同可分为低频电子标签、高频电子标签、超高频电子标签和微波电子标签。依据封装形式的不同可分为信用卡标签、线形标签、纸状标签、玻璃管标签、圆形标签及特殊用途的异形标签等。

RFID阅读器（读写器）通过天线与RFID电子标签进行无线通信，可以实现对标签识别码和内存数据的读出或写入操作。典型的阅读器包含高频模块（发送器和接收器）、控制单元以及阅读器天线。

（九）哪种标签适合客户的产品

标签能在有水的环境下正常工作吗？金属会破坏它的功能吗？在什么温度下它能正常工作？含水量较高的产品、金属物品、很高或是很低的温度对于标签的工作都是一项挑战。但是经过精心设计的系统能克服这些缺点，因此根据应用功能和对象的不同，标签的种类也大相径庭。射频标签的目的是使用一种统一标准的电子产品代码，使产品在不同领域都能被辨识。

四、RFID读写设备基本介绍

（一）什么是RFID读写器

无线射频识别技术（Radio Frequency Idenfication，RFID）是一种非接触的自动识别技术，其基本原理是利用射频信号和空间耦合（电感或电磁耦合）或雷达反射的传输特性，实现对被识别物体的自动识别。

RFID 系统至少包含电子标签和阅读器两部分。RFID 阅读器(读写器)通过天线与RFID 电子标签进行无线通信,可以实现对标签识别码和内存数据的读出或写入操作。典型的阅读器包含高频模块(发送器和接收器)、控制单元以及阅读器天线。

(二)RFID 的工作原理

射频识别系统的基本模型如图 2-2-6 所示。其中,电子标签又称为射频标签、应答器、数据载体;阅读器又称为读出装置、扫描器、通讯器、读写器(取决于电子标签是否可以无线改写数据)。电子标签与阅读器之间通过耦合元件实现射频信号的空间(无接触)耦合、在耦合通道内,根据时序关系,实现能量的传递、数据的交换。

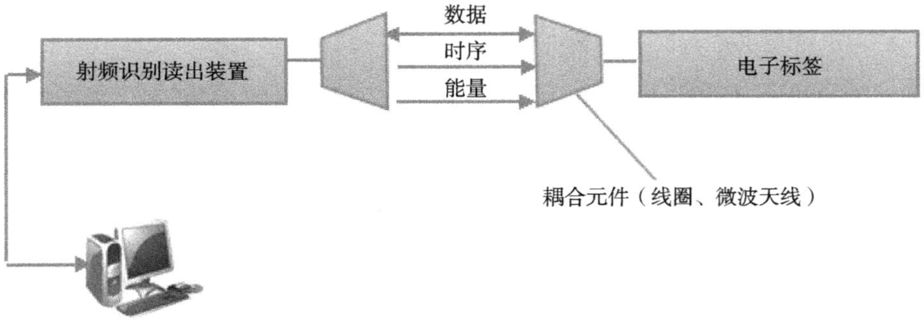

图 2-2-6　RFID 读写器技术原理图

发生在阅读器和电子标签之间的射频信号的耦合类型有电感耦合和电磁反向散射耦合两种。

(1)电感耦合。变压器模型,通过空间高频交变磁场实现耦合,依据的是电磁感应定律,如图 2-2-7 所示。

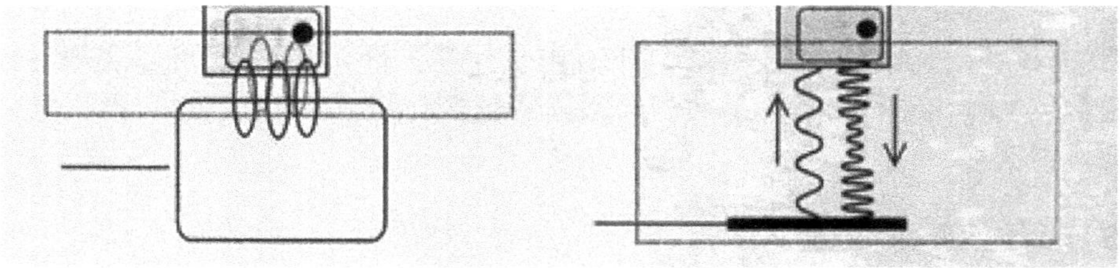

图 2-2-7　电感耦合模型的读写器

(2)电磁反向散射耦合:雷达原理模型,发射出去的电磁波,碰到目标后反射,同时携带回目标信息,依据的是电磁波的空间传播规律。电感耦合方式一般适合于中、低频工作的近距离射频识别系统。典型的工作频率有 125kHz、225kHz 和 13. 56MHz。识别作用距离小于 1m,典型作用距离为 10 ~ 20cm。

电磁反向散射耦合方式一般适合于高频、微波工作的远距离射频识别系统。典型的工作频率有 433MHz、915MHz、2. 45GHz、5. 8GHz。识别作用距离大于 1m,典型作用距离为3 ~ 10m。

(三)RFID 读写器防冲撞(防碰撞)实理机理

RFID 分类的一个重要的看点在于是否需要同时读取复数个标签。为了实现这个功能,在通信上所采取的技术是"防碰撞"(防冲撞)。同时读取复数个标签是常被人们谈及的

RFID 比条码远为优越的地方,但是如果没有防碰撞（防冲撞）的功能时,RFID 系统只能读写一个标签。在这种情况下如果有两个以上的标签同时处于可读取的范围,就会导致读取的错误。

下面,我们来简单地说明防碰撞(防冲撞)功能的工作原理。即使是具有防碰撞(防冲撞)功能的 RFID 系统,实际上并非同时读取所有标签的内容。在同时查出有复数个标签存在的情况下,检索信号并防止冲突的功能开始动作。为了进行检索,首先要确定检索条件。

(1)首先,阅读器指定电子标签内存的特定位数(1 ~4 位左右)为次数批量。

(2)电子标签根据次数批量,将响应的时机离散化。例如,在两位数的次数批量“00、01、10、11”时,读写器将以不同的时机对这四种可能性逐一进行响应。

(3)若在各个时机里同时响应的电子标签只有一个的场合下才能得到这个电子标签的正常数据。信息读取之后,阅读器对于这个电子标签发送在一定的时间内不再响应的睡眠的指令(Sleep/Mute)使之休眠,避免再次向应。

(4)若在各个时机内同时有几个电子标签响应,判别为“冲突”。在这种情况下,内存内的另外两位数所记录的次数批量,重复以上从(2)开始的处理。

(5)所有的电子标签都完成响应之后,阅读器向他们发送唤醒的指令(Wake Up),从而完成对所有电子标签的信息读取。

在这种搭载防碰撞(防冲撞)功能的 RFID 系统中,为了只读一个标签,几经调整次数批量反复读取进行检索。所以,一次性读取具有一定数量的标签的情况下,所有的标签都被读到为止其速度是不同的,一次性读取的标签数目越多,完成读取所需时间要比单纯计算所需的时间越长。

实现防止碰撞(防冲撞)的功能是 RFID 在物流领域取代条码所必不可少的条件。例如,在超市,商品是装在购物车里面进行计价的。为了实现这种计价方式,防碰撞（防冲撞）功能必须完备。另外,在电子货币和个人认证方面利用 RFID 系统时,同时识别几个标签是发生差错的主要原因。

具有防碰撞(防冲撞)功能的 RFID 系统的价格比不具有这种功能的系统要昂贵。当个人用户在制作 RFID 系统的时候,如果没有必要进行复数个 ID 同时认识,就没有必要选择防碰撞机能的读写器。

五、RFID 读写器

(一)RFID 读写器频率分类

与收音机道理一样,射频标签和阅读器也要调制到相同的频率才能工作。LF、HF、UHF 就对应着不同频率的射频。LF 代表低频射频,在 125kHz 左右,HF 代表高频射频,在 13.54MHz左右,UHF 代表超高频射频,在 850 ~910MHz 之间,还有 2.4G 的微波读写器。

(二)为什么要使用不同的频率

在操作中有 4 种波段的频率,低频(125kHz),高频(13.54MHz),超高频(850 ~910MFz),微波(2.45GHz)。每种频率都有它的特点,被用在不同的领域,因此要正确使用就要先选择合适的频率。不同的国家所使用频率也不尽相同。

欧洲的超高频是 868MHz,美国的则是 915MHz,日本目前不允许将超高频用到射频技术中。政府也通过调整阅读器的电源来限制它对其他器械的影响。有些组织,例如全球商务促进委员会,正鼓励政府取消限制。标签和阅读器生产厂商也正在开发能使用不同频率的系统避免这些问题。

(三)所有的阅读器都能支持不同种类的标签吗

很多公司生产的阅读器支持现有供应链中用的新标签的射频技术。一些阅读器只支持新的电子产品代码,一些只支持某些生产厂商生产的特定标签。

(四)什么是阅读器冲突

射频技术遇到的一个问题就是阅读器冲突,即一个阅读器接收到的信息和另外一个阅读器接收到的信息发生冲突、产生重叠。解决这个问题的一种方法是使用 TDMA 技术,简单来说就是阅读器被指挥在不同时间接收信号,而不是同时,这样就保证了阅读器不会互相干扰。但是在同一区域的物品就会被读取两次,因此就要建立相应的系统去避免这种情况的发生。

(五)我们如何知道哪个频率适合于我们的产品

不同的频率有不同的特点,因此他们的用途也形形色色。例如,低频标签比超高频标签便宜,节省能量,穿透废金属物体力强,他们最适合用于含水成分较高的物体,例如水果等。超高频作用范围广,传送数据速度快,但是他们比较耗能,穿透力较弱,作业区域不能有太多干扰,适用于监测从海港运到仓库的物品。当选择时,最好咨询一下相关的专家和供货商,从而选择正确的射频。

(六)我需要什么样的阅读器

阅读器和标签一样,得通过研究供给方式决定使用种类和数量。例如,要求是管理进出仓库的库存,阅读器可以安装在码头货物进出的舱门上。如果要求是管理送给特定客户的产品,阅读器应该不仅仅装在舱门上,还应该装在卡车上。如果要求是控制零售货架,固定或是手持装置可以采用,从而方便自动出库记录和计数。

六、RFID 知识进阶

(一)工作方式

射频识别系统的基本工作方式分为全双工(Full Duplex)和半双工(Half Duplex)系统以及时序(SEQ)系统。全双工表示射频标签与读写器之间可在同一时刻互相传送信息。半双工表示射频标签与读写器之间可以双向传送信息,但在同一时刻只能向一个方向传送信息。

在全双工和半双工系统中,射频标签的响应是在读写器发出的电磁场或电磁波的情况下发送出去的。因为与阅读器本身的信号相比,射频标签的信号在接收天线上是很弱的,所以必须使用合适的传输方法,以便把射频标签的信号与阅读器的信号区别开来。在实践中,从射频标签到阅读器的数据传输一般采用负载反射调制技术将射频标签数据加载到反射回波上(尤其是针对无源射频标签系统)。

时序方法则与之相反,阅读器辐射出的电磁场短时间周期性地断开。这些间隔被射频标签识别出来,并被用于从射频标签到阅读器的数据传输。其实,这是一种典型的雷达工作方式。时序方法的缺点是:在阅读器发送间歇时,射频标签的能量供应中断,这就必须通过装入足够大的辅助电容器或辅助电池进行补偿。

(二)数据量

射频识别射频标签的数据量通常在几个字节到几千个字节之间。但是,有一个例外,这就是1比特射频标签。它有1比特的数据量就足够了,使阅读器能够做出以下两种状态的判断:在电磁场中有射频标签或在电磁场中无射频标签。这种要求对于实现简单的监控或信号发送功能是足够的。因为1比特的射频标签不需要电子芯片,所以射频标签的成本可以做得很低。由于这个原因,大量的1比特射频标签在百货商场和商店中用于商品防盗系统(EAS)。当带着没有付款的商品离开百货商场时,安装在出口的读写器就能识别出“在电磁场中有射频标签”的状况,并引起相应的反应。对按规定已付款的商品来说,1比特射频标签在付款处被除掉或者去活化。

(三)可编程

能否给射频标签写入数据是区分射频识别系统的另外一个因素。对简单的射频识别系统来说,射频标签的数据大多是简单的(序列)号码,可在加工芯片时集成进去,以后不能再变。与此相反,可写入的射频标签通过读写器或专用的编程设备写入数据。

射频标签的数据写入一般分为无线写入与有线写入两种形式。目前,铁路应用的机车、货车射频标签均采用有线写入的工作方式。

(四)数据载体

为了存储数据,主要使用电可擦可编程只读存储器(EEPROM)、铁电随机存取存储器(FRAM)、静态随机存取存储器(SRAM)三种方法。对一般的射频识别系统来说,使用电可擦可编程只读存储器(EEPROM)是主要方法。然而,使用这种方法的缺点是:写入过程中的功率消耗很大,使用寿命一般为写入100000次。最近,也有个别厂家使用所谓的铁电随机存取存储器(FRAM)。与电可擦可编程只读存储器相比,铁电随机存取存储器的写入功率消耗减少100倍,写入时间甚至减少1000倍。然而,铁电随机存取存储器由于生产中的问题至今未获得广泛应用。FRAM属于非易失类存储器。

对微波系统来说,还使用静态随机存取存储器(SRAM),存储器能很快写入数据。为了永久保存数据,需要用辅助电池作不中断的供电。

(五)状态模式

对可编程射频标签来说,必须由数据载体的“内部逻辑”控制对标签存储器的写/读操作以及对写/读授权的请求。在最简单的情况下,可由一台状态机来完成。使用状态机,可以完成很复杂的过程。然而,状态机的缺点是:对修改编程的功能缺乏灵活性,这意味着要设计新的芯片,由于这些变化需要修改硅芯片上的电路,设计更改实现所要的花费很大。

微处理器的使用明显地改善了这种情况。在芯片生产时,将用于管理应用数据的操作系统,通过掩膜方式集成到微处理器中,这种修改花费不多。此外,软件还能调整以适合各种专门应用。

此外,还有利用各种物理效应存储数据的射频标签,其中包括只读的表面波(SAW)射频标签和通常能去活化(写入“0”)以及极少的可以重新活化(写入“1”)的1比特射频标签。

(六)能量供应

射频识别系统的一个重要的特征是射频标签的供电。无源的射频标签没有电源。因此,无源的射频标签工作用的所有能量必须从阅读器发出的电磁场中取得。与此相反,有源的射频标签包含一个电池,为微型芯片的工作提供全部或部分(“辅助电池”)能量。

(七)频率范围

射频识别系统的另一个重要特征是系统的工作频率和阅读距离。可以说工作频率与阅读距离是密切相关的,这是由电磁波的传播特性决定的。通常把射频识别系统的工作频率定义为阅读器读射频标签时发送射频信号所使用的频率。在大多数情况下,把它叫作阅读器发送频率(负载调制、反向散射)。不管在何种情况下,射频标签的“发射功率”要比阅读器发射功率低很多。

射频识别系统阅读器发送的频率基本上划归三个范围:低频(30kHz~300kHz);中高频(3MHz~30MHz);超高频(300MHz~3GHz)或微波(大于3GHz)。

根据作用距离,射频识别系统的附加分类是密耦合(0~1cm)、遥耦合(0~1m)和远距离系统(大于1m)。

(八)射频标签→读写器数据传输

射频标签回送到阅读器的数据传输方式多种多样,可归结为以下三类:

(1)利用负载调制的反射或反向散射方式(反射波的频率与阅读器的发送频率一致);

(2)利用阅读器发送频率的次谐波传送标签信息(标签反射波与阅读器的发送频率不同,为其高次谐波(n倍)或分谐波($1/n$倍));

(3)其他形式。

七、RFID工作频率的分类

(一)概要

从应用概念来说,射频标签的工作频率也就是射频识别系统的工作频率,是其最重要的特点之一。

毫无疑问,射频标签的工作频率是其最重要的特点之一。射频标签的工作频率不仅决定着射频识别系统工作原理(电感耦合还是电磁耦合)、识别距离,还决定着射频标签及读写器实现的难易程度和设备的成本。

工作在不同频段或频点上的射频标签具有不同的特点。射频识别应用占据的频段或频点在国际上有公认的划分,即位于ISM波段之中。典型的工作频率有125kHz、133kHz、13.56MHz、27.12MHz、433MHz、902~928MHz、2.45GHz、5.8GHz等。

(二)低频段射频标签

低频段射频标签,简称为低频标签,其工作频率范围为30kHz ~ 300kHz。典型工作频率有125kHz、133kHz。低频标签一般为无源标签,其工作能量通过电感耦合方式从阅读器耦合线圈的辐射近场中获得。低频标签与阅读器之间传送数据时,低频标签需位于阅读器天线辐射的近场区内。低频标签的阅读距离一般情况下小于1m。

低频标签的典型应用有动物识别、容器识别、工具识别、电子闭锁防盗(带有内置应答器的汽车钥匙)等。与低频标签相关的国际标准有ISO 11784/11785(用于动物识别)、ISO 18000-2(125kHz~135kHz)。低频标签有多种外观形式,应用于动物识别的低频标签外观有项圈式、耳牌式、注射式、药丸式等。典型应用的动物有牛、信鸽等。

低频标签的主要优势体现在:标签芯片一般采用普通的CMOS工艺,具有省电、廉价的特点;工作频率不受无线电频率管制约束;可以穿透水、有机组织、木材等;非常适合近距离的、低速度的、数据量要求较少的识别应用(例如动物识别)等。

低频标签的劣势主要体现在:标签存储数据量较少;只能适合低速、近距离识别应用;与高频标签相比,标签天线匝数更多,成本更高一些。

(三)中高频段射频标签

中高频段射频标签的工作频率一般为3MHz~30MHz。典型工作频率为13.56MHz。该频段的射频标签,从射频识别应用角度来说,因其工作原理与低频标签完全相同,即采用电感耦合方式工作,所以宜将其归为低频标签类中。另外,根据无线电频率的一般划分,其工作频段又称为高频,所以也常将其称为高频标签。鉴于该频段的射频标签可能是实际应用中最大量的一种,因而我们只要将高、低理解成为一个相对的概念,即不会在此造成理解上的混乱。为了便于叙述,我们将其称为中频射频标签。

中频标签一般也采用无源标签,其工作能量同低频标签一样,也是通过电感(磁)耦合方式从阅读器耦合线圈的辐射近场中获得。标签与阅读器进行数据交换时,标签必须位于阅读器天线辐射的近场区内。中频标签的阅读距离一般情况下也小于1m。

中频标签由于可方便地做成卡状,典型应用包括电子车票、电子身份证、电子闭锁防盗(电子遥控门锁控制器)等。相关的国际标准有ISO 14443、ISO 15693、ISO 18000-3(13.56MHz)等。

中频标准的基本特点与低频标准相似,由于其工作频率的提高,可以选用较高的数据传输速率。射频标签天线设计相对简单,标签一般制成标准卡片形状。

(四)超高频与微波标签

超高频与微波频段的射频标签,简称为微波射频标签,其典型工作频率为433.92MHz、862(902)~928MHz、2.45GHz、5.8GHz。微波射频标签可分为有源标签与无源标签两类。工作时,射频标签位于阅读器天线辐射场的远区场内,标签与阅读器之间的耦合方式为电磁耦合方式。阅读器天线辐射场为无源标签提供射频能量,将有源标签唤醒。相应的射频识别系统阅读距离一般大于1m,典型情况为4~6m,最大可达10m以上。阅读器天线一般均为定向天线,只有在阅读器天线定向波束范围内的射频标签可被读/写。

由于阅读距离的增加,应用中有可能在阅读区域中同时出现多个射频标签的情况,从而提出了多标签同时读取的需求,进而这种需求发展成为一种潮流。目前,先进的射频识别系统均将多标签识读作为系统的一个重要特征。

以目前技术水平来说,无源微波射频标签比较成功的产品相对集中在902~928MHz工作频段上。2.45GHz和5.8GHz射频识别系统多以半无源微波射频标签产品面世。半无源标签一般采用纽扣电池供电,具有较远的阅读距离。

微波射频标签的典型特点主要集中在是否无源、无线读写距离、是否支持多标签读写、是否适合高速识别应用、读写器的发射功率容限、射频标签及读写器的价格等方面。典型的微波射频标签的识读距离为 3 ~5m,个别有达 10m 及 10m 以上的产品。对于可无线写的射频标签而言,通常情况下,写入距离要小于识读距离,其原因在于写入要求更大的能量。

微波射频标签的数据存储容量一般限定在 2Kbits 以内,再大的存储容量似乎没有太大的意义,从技术及应用的角度来说,微波射频标签并不适合作为大量数据的载体,其主要功能在于标识物品并完成无接触的识别过程。典型的数据容量指标有 1Kbits、128Bits、64Bits 等。由 Auto-ID Center 制定的产品电子代码 EPC 的容量为 90Bits。

微波射频标签的典型应用包括移动车辆识别、电子身份证、仓储物流应用、电子闭锁防盗(电子遥控门锁控制器)等。相关的国际标准有 ISO 10374、ISO 18000-4(2.45GHz)、ISO 18000-5(5.8GHz)、ISO 18000-6(860-930 MHz)、ISO 18000-7(433.92 MHz), ANSI NCITS256-1999 等。

八、RFID 中间件知识

RFID 产业潜力无穷,应用的范围遍及制造、物流、医疗、运输、零售、国防等。Gartner Group 认为,RFID 是 2005 年建议企业可考虑引入的十大策略技术之一,然而其成功之关键除了标签(Tag)的价格、天线的设计、波段的标准化、设备的认证之外,最重要的是要有关键的应用软件(Killer Application)才能迅速推广。而中间件(Middleware)可称为是 RFID 运作的中枢,因为它可以加速关键应用的问世。

(一)什么是 RFID 中间件

看到目前各式各样 RFID 的应用,企业最想问的问题是:"我要如何将我现有的系统与这些新的 RFID Reader 连接?"这个问题的本质是企业应用系统与硬件接口的问题。因此,通透性是整个应用的关键,正确抓取数据、确保数据读取的可靠性以及有效地将数据传送到后端系统都是必须考虑的问题。传统应用程序与应用程序之间(Application to Application)数据通透是通过中间件架构解决,并发展出各种 Application Server 应用软件;同理,中间件的架构设计解决方案便成为 RFID 应用的一项极为重要的核心技术。

(二)RFID 中间件的三个发展阶段

从发展趋势看,RFID 中间件可分为 3 大类发展阶段:

1. 应用程序中间件(Application Middleware)发展阶段

RFID 初期的发展多以整合、串接 RFID 读写器为目的,本阶段多为 RFID 读写器厂商主动提供简单 API,以供企业将后端系统与 RFID 读写器串接。以整体发展架构来看,此时企业的导入须自行花费许多成本去处理前后端系统连接的问题,通常企业在本阶段会通过 Pilot Project 方式来评估成本效益与导入的关键议题。

2. 架构中间件(Infrastructure Middleware)发展阶段

本阶段是 RFID 中间件成长的关键阶段。由于 RFID 的强大应用,Wal Mart 与美国国防部等关键使用者相继进行 RFID 技术的规划并进行导入的 PilotProject,促使各国际大厂持续关注 RFID 相关市场的发展。本阶段 RFID 中间件的发展不但已经具备基本数据收集、过滤等功能,同时也满足企业多对多(Devices-to-Applications)的连接需求,并具备平台的管理与维护功能。

3. 解决方案中间件(Solution Middleware)**发展阶段**

未来在 RFID 标签、读写器与中间件发展成熟过程中,各厂商针对不同领域提出各项创新应用解决方案,例如 Manhattan Associates 提出“RFID in a Box”,企业不需再为前端 RFID 硬件与后端应用系统的连接而烦恼,该公司与 Alien TechnologyCorp 在 RFID 硬件端合作,发展 Microsoft .Net 平台为基础的中间件,针对该公司 900 家的已有供应链客户群发展 Supply Chain Execution(SCE) Solution,原本使用 Manhattan Associates SCE Solution 的企业只需通过“RFID in a Box”,就可以在原有应用系统上快速利用 RFID 来加强供应链管理的透明度。

(三)RFID 中间件的两个应用方向

随着硬件技术逐渐成熟,庞大的软件市场商机促使国内外信息服务厂商莫不持续注意与提早投入,RFID 中间件在各项 RFID 产业应用中居于神经中枢,特别受到国际大厂的关注,未来在应用上可朝下列方向发展:

1. Service Oriented Architecture Based RFID 中间件

面向服务的架构(SOA)的目标就是建立沟通标准,突破应用程序对应用程序沟通的障碍,实现商业流程自动化,支持商业模式的创新,让 IT 变得更灵活,从而更快地响应需求。因此,RFID 中间件在未来发展上,将是以面向服务的架构为基础的趋势,提供企业更弹性灵活的服务。

2. 安全机制(Security Infrastructure)

RFID 应用最让外界质疑的是 RFID 后端系统所连接的大量厂商数据库可能引发的商业信息安全问题,尤其是消费者的信息隐私权。通过大量 RFID 读写器的布置,人类的生活与行为将因 RFID 而容易追踪,Wal Mart、Tesco(英国最大零售商)初期 RFID Pilot Project 都因为用户隐私权问题而遭受过抵制与抗议。为此,飞利浦半导体等厂商已经开始在批量生产的 RFID 芯片上加入“屏蔽”功能。RSA Security 也发布了能成功干扰 RFID 信号的技术“RSA Blocker 标签”,通过发射无线射频扰乱 RFID 读写器,让 RFID 读写器误以为收集到的是垃圾信息而错失数据,达到保护消费者隐私权的目的。目前 Auto-ID Center 也正在研究安全机制以配合 RFID 中间件的工作。相信安全将是 RFID 未来发展的重点之一,也是成功的关键因素。

(四)RFID 中间件原理

RFID 中间件扮演 RFID 标签和应用程序之间的中介角色,从应用程序端使用中间件所提供一组通用的应用程序接口(API),即能连到 RFID 读写器,读取 RFID 标签数据。这样一来,即使存储 RFID 标签情报的数据库软件或后端应用程序增加或改由其他软件取代,或者读写 RFID 读写器种类增加等情况发生时,应用端不需修改也能处理,省去多对多连接的维护复杂性问题。

RFID 中间件是一种面向消息的中间件(Message-Oriented Middleware,MOM),信息(Information)是以消息(Message)的形式,从一个程序传送到另一个或多个程序。信息可以以异步(Asynchronous)的方式传送,所以传送者不必等待回应。面向消息的中间件包含的功能不仅是传递(Passing)信息,还必须包括解译数据、安全性、数据广播、错误恢复、定位网络资源、找出符合成本的路径、消息与要求的优先次序以及延伸的除错工具等服务。

(五)RFID 中间件分类

RFID 中间件可以从架构上分为以下两种。

(1)以应用程序为中心(Application Centric)的设计概念是通过 RFID Reader 厂商提供的 API,以 Hot Code 方式直接编写特定 Reader 读取数据的 Adapter,并传送至后端系统的应用程序或数据库,从而达成与后端系统或服务串接的目的。

(2)以架构为中心(Infrastructure Centric)。随着企业应用系统的复杂度增高,企业无法负荷以 Hot Code 方式为每个应用程序编写 Adapter,同时面对对象标准化等问题,企业可以考虑采用厂商所提供标准规格的 RFID 中间件。这样一来,即使存储 RFID 标签情报的数据库软件改由其他软件代替,或读写 RFID 标签的 RFID Reader 种类增加等情况发生时,应用端不做修改也能应付。

(六)RFID 中间件的特征

一般来说,RFID 中间件具有下列特点

(1)独立于架构(Insulation Infrastructure)。RFID 中间件独立并介于 RFID 读写器与后端应用程序之间,并且能够与多个 RFID 读写器以及多个后端应用程序连接,以减轻架构与维护的复杂性。

(2)数据流(Data Flow)。RFID 的主要目的在于将实体对象转换为信息环境下的虚拟对象,因此数据处理是 RFID 最重要的功能。RFID 中间件具有数据的收集、过滤、整合与传递等特性,以便将正确的对象信息传到企业后端的应用系统。

(3)处理流(Process Flow)。RFID 中间件采用程序逻辑及存储再转送(Store-and-Forward)的功能来提供顺序的消息流,具有数据流设计与管理的能力。

(4)标准(Standard)。RFID 为自动数据采样技术与辨识实体对象的应用。EPC Global 目前正在研究为各种产品的全球唯一识别号码提出通用标准,即 EPC(产品电子编码)。EPC 是在供应链系统中,以一串数字来识别一项特定的商品,通过无线射频辨识标签由 RFID 读写器读入后,传送到计算机或是应用系统中的过程称为对象命名服务(Object Name Service,ONS)。对象命名服务系统会锁定计算机网络中的固定点抓取有关商品的消息。EPC 存放在 RFID 标签中,被 RFID 读写器读出后,即可提供追踪 EPC 所代表的物品名称及相关信息,并立即识别及分享供应链中的物品数据,有效率地提供信息透明度。

(七)如何将现有的系统与新的 RFID Reader 连接

面对各种 RFID 的应用,用户的首要问题是:“如何将现有的系统与新的 RFID Reader 连接?”

事实上,这个问题的本质是用户应用系统与硬件接口的问题。在 RFID 应用中,通透性是整个应用的关键,正确抓取数据、确保数据读取的可靠性以及有效地将数据传送到后端系统都是必须考虑的问题。传统应用程序之间的数据通透是通过中间件架构来解决的,并由此发展出各种 Application Server 应用软件。

RFID 中间件扮演 RFID 硬件和应用程序之间的中介角色(图 2-2-8),从应用程序端使用中间件所提供的一组通用应用程序接口(API),即能实现到 RFID 读写器的连接。这样一来,即使存储 RFID 标签数据的数据库软件或后端应用程序增加或改由其他软件取代,或者读写 RFID 读写器种类增加等情况发生时,应用端不需修改也能处理,解决了多对多连接的维护复杂性问题。

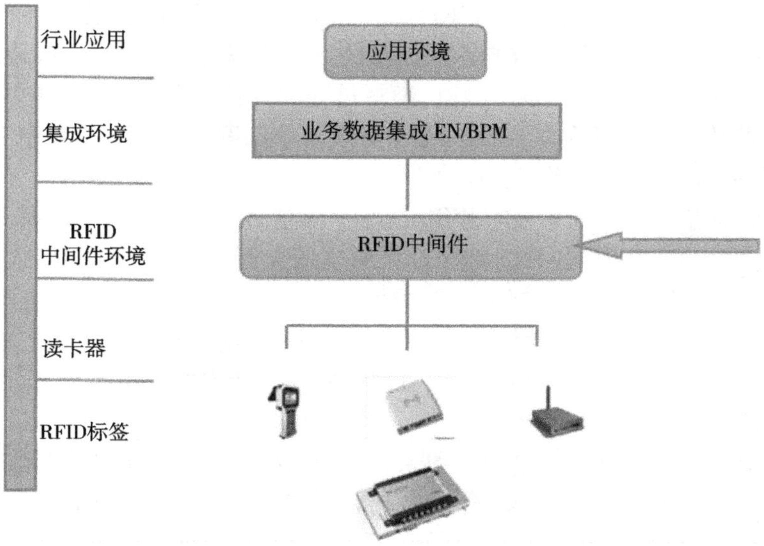

图 2-2-8　中间件在系统中的作用及位置

全向天线应该避免在标签中使用,然而可以使用方向性天线,它具有更少的辐射模式和返回损耗的干扰。天线类型的选择必须使它的阻抗与自由空间和 ASIC 匹配。在一个仓库中使用天线好像是不可行的,除非使用有源标签,但是在任何情况下,仓库内的天线辐射模式将严重失真。门禁系统的使用将是好的选择,可以使用短作用距离的无源标签。门禁系统比手持的仪器昂贵,但是手持仪器工作人员需要使用它到仓库搜寻物品,人员费用同样昂贵。在门禁系统中,每个物品盒子,仅需要 2 个而不是 4 个或 6 个 RFID 标签。

九、如何保护 RFID 内部信息

工业标准正在被强化,以保护存储在 RFID 芯片中信息的安全。业界正在为强化相关的工业标准而工作,以保护存储在 RFID 芯片中数据的安全,避免黑客利用 RFID 中存储的敏感信息,进行非法活动,以获得暴利。

2004 年是 RFID 技术发展的关键时期,因为相关的技术标准陆续发布,以满足美国商业巨头沃尔玛和美国国防部等大量物流应用所需。目前,制定 RFID 标准的比较著名的组织有三个:ISO、以美国为首的 EPC Global 以及日本的 Ubiquitous ID Center,而这三个组织对 RFID 技术应用规范都有各自的目标与发展规划。如果从发展的角度来观察全球 RFID 标准制定,目前最为积极的非 EPC Global 莫属。目前,我国也已经成立了 RFID 国家标准工作组,负责制定相关的 RFID 国家标准。

(一)RFID 存在安全隐患

RFID 数据非常容易受到攻击,主要是 RFID 芯片本身,以及芯片在读或者写数据的过程中都很容易被黑客所利用。在美国 Las Vegas 举行的 Black Hat 2004 会议上,Lukas Grunwald 公开展示了一个名为 RFDump 的工具,它可以利用 RFID 系统的弱点发动攻击。任何一个人,只要在自己的笔记本电脑上插入一个读卡器,就可以使用 RFDump 软件获得 3 英尺内的被动式 RFID 芯片中的数据。

Counterpane Internet Security 公司的首席技术官 Bruce Schneier 先生对此有自己的看法。他认为,Lukas Grunwald 所做的事情在 RFID 工作中经常会出现,这是一个严肃、认真的工作,他并没有进行任何攻击行动。RFID 在当初的设计中是完全开放的,这是出现安全问题的根本原因。他研究了 RFID 的技术规范、读写过程和其他问题,发现了其中隐藏的安全问题。假如你对芯片的安全不放心,那么你也会发现这些问题。假如在芯片中有保护措施,任何人也不会轻易就能对 RFID 系统发动攻击。

其实,RFID 标签由耦合元件及芯片组成,每个标签具有唯一的电子编码,附着在物体目标对象上。其封装可以有不同形式,例如常见的信用卡形式及小圆片的形式等。从能量方面来看,标签可以分为两种:无源标签和有源标签。无源标签自身不带有电源,当读取装置对标签进行读取时,所发射出的无线电接触到 RFID 标签的天线后产生能量,它的重量轻、体积小,寿命可以很长,但是发射距离受限。有源标签使用卡内的电池能量,识别的距离长,但是它的价格较高且寿命短。

按调制方式来分,RFID 还可分为主动式标签和被动式标签。主动式标签用自身的射频能量主动地给读写器发送数据,主要用于有障碍物的应用中;被动式标签使用调制散射方式发射数据,它必须利用读写器的载波来调制自己的信号,在门禁或交通的应用中适宜。

不过,RFDump 确实是当前所使用的 RFID 芯片的一个巨大威胁。但是按照工业界的一些资料显示,RFID 的这些弱点被发现已经有一段不算短的时间了。一项用于保护 RFID 数据的新标准已经在 2004 年 6 月获得批准,这是 EPC Golbal 发布的第二代 RFID 标准。

不过,根据市场研究公司 IDC 公司的调查,RFID 存储安全隐患并不是阻碍其市场发展的主要因素。

而非营利组织 EPC Global 中产品管理的负责人 Sue Hutchinson 女士认为,RFID 市场最大的增长来自供应链应用市场,全程监控产品的流动过程,从生产制造、经过运输和仓储、最终到达零售商和最终的消费者的全过程。

(二)第二代 RFID 标准强化的安全功能

EPC Global 在开始制定第二代 RFID 标准时,针对供应链应用,最终用户提出了一系列需求,这些成为制定第二代 RFID 标准的重要基础。

EPC 第二代 RFID 标准开发中最主要的部分是设计了第二代的 UHF(超高频率)空中接口协议,该协议用于管理从标签到读卡器的数据的移动,为芯片中存储的数据提供了一些保护措施。新标准采用“一个安全的链路”,保护被动标签免于受诸如 RFDump 和其他一些在供应链应用中被发现的大多数攻击行为。

根据第二代 RFID 标准规范,当数据被写入标签时,数据在经过空中接口时被伪装。从标签到读卡器的所有数据都被伪装,所以当读卡器在从标签读或者写数据时数据不会被截取。一旦数据被写入标签,就会被锁定,这样只可以读取数据,而不能被改写,就是具有我们常说的只读功能。

EPC 被动标签一般只包括产品的识别信息,比如产品代码、产品部件数,或者 SKU 数目,也就是仅仅包括物品本身的信息。另外,EPC 被动标签不包括依据秘密保护规则涉及的物品个性化的识别信息。

产品的识别信息通常是指相对于个性化识别信息而言不太敏感的内容,通常伪装也只针对其中涉及的数据。数据并不被加密,但是读卡器需要一个破解伪装的“密钥”。

(三)在金融领域RFID遇到了EMV的挑战

当RFID包括了消费者的相关数据时,供应链RFID应用可能才会真正走向成熟。Hutchinson认为,EPC Global未来的一项主要任务是制定包含用户数据的更高级别的RFID标签工业标准。因此,会更关注RFID的安全问题,也包括减少每年全球在供应链方面1800亿~3000亿美元的损失。这一数据是美国零售业领导协会(Retail Industry Leaders Association)估计的。

目前,从功能方面来看,RFID标签分为只读标签、可重写标签、带微处理器标签和配有传感器的标签等四种。只读型标签的结构功能最简单,包含的信息较少并且不能被更改;可重写型标签集成了容量为几十字节到几万字节的闪存,标签内的信息能被更改或重写,只读型和可重写型RFID标签主要应用于物流系统以及生产过程管理系统和行李控制系统中;带微处理器标签依靠内置式只读存储器中存储的操作系统和程序来工作,出于安全的需要,许多标签都同时具备加密电路,现在这类标签主要应用于非接触型IC卡上,既用于电子结算、出入管理,也可用做会员卡;有些RFID标签集成了传感器,包括温度传感器或压力传感器等,目前这类标签主要用于动物个体识别和轮胎管理方面。

Visa国际存储控制副总裁Ken Ayer认为,银行业和电子支付卡行业在保护存储在RFID卡上的个人识别信息方面更有实践经验,Visa和电子支付卡行业更愿意选择EMV卡。据了解,EMV规范系国际三大著名银行卡组织(Visa、MASTERCARD、EUROPAY)联合制订的金融IC卡业界标准,在金融IC卡领域具有最高权威性,EMV规范的实施对于成员国银行改善在国际化过程中的卡受理环境、降低在国际商务应用中的信用卡风险等方面起着举足轻重的作用。为保证我国IC卡的国际通用性和国外银行卡在我国的通用性,我国目前正在进行银行卡EMV标准的迁移,并着手修订与之相对应的国内金融IC卡的PBOC标准。

在EMV卡上,遵守保密规定的个人可识别数据类型采用Triple-DES加密措施。最新的非接触EMV卡遵守ISO 14443标准卡的规定,它可以在10cm的范围内被各种设备读取。他们可以依照被每个遵守标准国家的每个发卡银行认可的保密和安全的标准进行配置。

Ayer说, EMV卡支持对称的和不对称的密钥加密技术。银行卡上实际加密的部分是一个卡识别一个经过授权的读卡器的部分,以应对日益严峻的挑战。加密的其余部分是在银行的后端系统处理。

十、RFID天线知识

(一)什么是RFID天线

RFID天线在标签和读取器间传递射频信号。在RF装置中,工作频率增加到微波区域的时候,天线与标签芯片之间的匹配问题变得更加严峻。天线的目标是传输最大的能量进出标签芯片。这需要仔细的设计天线和自由空间以及其相连的标签芯片的匹配。天线必须具备以下条件:

(1)足够小,能够贴到需要的物品上;

(2)有全向或半球覆盖的方向性;

(3)提供最大可能的信号给标签的芯片;

(4)无论物品什么方向,天线的极化都能与读卡机的询问信号相匹配;

(5)具有鲁棒性;

(6)非常便宜。

在选择天线时主要考虑是:天线的类型;天线的阻抗;在应用到物品上的 RF 的性能;在有其他的物品围绕贴标签物品时的 RF 性能。

(二)可选的天线

在 435 MHz, 2.45 GHz 和 5.8 GHz 频率使用的 RFID 系统中,可选的天线有多种重点考虑的是天线的尺寸。小天线的增益是有限的,增益的大小取决于辐射模式的类型,全向的天线具有峰值增益 0 到 2dBi;方向性的天线的增益可以达到 6dBi。增益大小影响天线的作用距离。由于 RFID 标签的方向性是不可控的,所以读卡机必须是圆极化的。一个圆极化的标签天线可以产生 3dB 以强的信号。

(三)阻抗问题

为了最大功率传输,天线后的芯片的输入阻抗必须和天线的输出阻抗匹配。几十年来,设计天线与 50 或 70Ω 的阻抗匹配,但是可能设计天线具有其他的特性阻抗。例如,一个缝隙天线可以设计具有几百欧姆的阻抗。一个折叠偶极子的阻抗可以是一做个标准半波偶极子阻抗的 20 倍。印刷贴片天线的引出点能够提供一个很宽范围的阻抗(通常是 40 ~ 100Ω)。选择天线的类型,以至于它的阻抗能够和标签芯片的输入阻抗匹配是十分关键的。另一个问题是其他的与天线接近的物体可以降低天线的返回损耗。对于全向天线,例如双偶极子天线,这个影响是显著的。其他的物体也有相似的影响。此外是物体的介电常数,而不是金属,改变了谐振频率。一塑料瓶子水降低了最小返回损耗频率 16%。当物体与天线的距离小于 62.5mm 的时候,返回损耗将导致一个 3.0 dB 的插入损耗,而天线的自由空间插入损耗才 0.2dB。可以设计天线使它与接近物体的情况相匹配,但是天线的行为对于不同的物体和不同的物体距离而不同。对于全向天线是不可行的,所以设计方向性强的天线,它们不受这个问题的影响。

(四)局部结构的影响

在使用手持仪器的时候,大量的其他临近物体的使读卡机天线和标签天线的辐射模式严重失真。这可以对于 2.45GHz 的工作频率计算,假设一个代表性的几何形状,和自由空间相比,显示返回信号降低了 10dB,在双天线同时使用的时候,比预料的模式下降得更多。在仓库的使用环境下,一个物品盒子具有一个标签会有问题,几个标签贴在一个盒子上以确保所有时候都有一个标签是可以看见的。便携系统的使用有几个天线的问题。每个盒子两个天线足够适合门禁装置探测,这样局部结构的影响变得不再重要,因为门禁装置的读卡机天线被固定在仓库的出入口,并且直接指向贴标签的物体。

(五)辐射模式

在一个无反射的环境中测试了天线的模式,包括了各种需要贴标签的物体,在使用全向天线的时候性能严重下降。圆柱金属听引起的性能下降是最严重的,在它与天线距离 50mm 的时候,返回的信号下降大于 20dB。天线与物体的中心距离分开到 100 ~ 150mm 的时候,返回信号下降约 10 ~ 12dB。在与天线距离 100mm 的时候,测量了几瓶水(塑料和玻璃),返回信号降低大于 10dB。在蜡纸盒的液体,甚至苹果上做试验得到了类似的结果。

(六)距离

RFID 天线的增益和是否使用有源的标签芯片将影响系统的使用距离。乐观的考虑,在电磁场的辐射强度符合 UK 的相关标准时,2.45GHz 的无源情况下,全波整流,驱动电压不大于 3 伏,优化的 RFID 天线阻抗环境(阻抗 200Ω 或 300Ω),使用距离大约是 1m。如果使用 WHO 限制则更适合于全球范围的使用,但是作用距离下降了一半。这些限制了读卡机到标签的电磁场功率。作用距离随着频率升高而下降。如果使用有源芯片作用距离可以达到 5 ~ 10m。

全向天线应该避免在标签中使用,然而是可以使用方向性天线,它具有更少的辐射模式和返回损耗的干扰。天线类型的选择必须使它的阻抗与自由空间和 ASIC 匹配。在一个仓库中使用天线好像是不可行的,除非使用有源标签,但是在任何情况下,仓库内的天线辐射模式将严重失真。

十一、电子标签耦合

根据射频识别系统作用距离的远近情况,射频标签天线与读写器天线之间的耦合可分为三类。射频识别系统中射频标签与读写器之间的作用距离是射频识别系统应用中的一个重要问题,通常情况下这种作用距离定义为射频标签与读写器之间能够可靠交换数据的距离。射频识别系统的作用距离是一项综合指标,与射频标签及读写器的配合情况密切相关。根据射频识别系统作用距离的远近情况,射频标签天线与读写器天线之间的耦合可分为以下三类。

(一)密耦合系统

密耦合系统的典型作用距离范围为 0 ~ 1cm。实际应用中,通常需要将射频标签插入阅读器中或将其放置到读写器的天线的表面。密耦合系统利用的是射频标签与读写器天线无功近场区之间的电感耦合(闭合磁路)构成无接触的空间信息传输射频通道工作的。密耦合系统的工作频率一般局限在 30MHz 以下的任意频率。由于密耦合方式的电磁泄漏很小、耦合获得的能量较大,因而可适合要求安全性较高,作用距离无要求的应用系统,如电子门锁等。

(二)遥耦合系统

遥耦合系统的典型作用距离可以达到 1m。遥耦合系统又可细分为近耦合系统(典型作用距离为 15cm)与疏耦合系统(典型作用距离为 1m)两类。遥耦合系统利用的是射频标签与读写器天线无功近场区之间的电感耦合(闭合磁路)构成无接触的空间信息传输射频通道工作的。遥耦合系统的典型工作频率为 13.56MHz,也有一些其他频率,如 6.75MHz、27.125MHz等。遥耦合系统目前仍然是低成本射频识别系统的主流。

(三)远距离系统

远距离系统的典型作用距离从 1m 到 10m,个别的系统具有更远的作用距离。所有的远距离系统均是利用射频标签与读写器天线辐射远场区之间的电磁耦合(电磁波发射与反射)

构成无接触的空间信息传输射频通道工作的。远距离系统的典型工作频率为915MHz、2.45GHz、5.8GHz。此外,还有一些其他频率,如433MHz等。远距离系统的射频标签根据其中是否包含电池分为有无源射频标签(不含电池)和半无源射频标签(内含电池)。一般情况下,有电池的射频标签的作用距离较无电池的射频标签的作用距离要远一些。半无源射频标签中的电池并不是为射频标签和读写器之间的数据传输提供能量,而是只给射频标签芯片提供能量,为读写存储数据服务。

远距离系统一般情况下均采用反射调制工作方式实现射频标签到读写器方向的数据传输。远距离系统一般具有典型的方向性,射频标签与读写器成本目前还处于较高的水平。从技术角度来说,满足以下特点的远距离系统是理想的射频识别系统:

(1)射频标签无源;

(2)射频标签可无线读写;

(3)射频标签与读写器支持多标签读写;

(4)适合应用于高速移动物体的识别(物体移动速度大于80km/h);

(5)远距离(读写距离大于5~10m);

(6)低成本(可满足一次性使用要求)。

现实的远距离系统一般均只能满足其中的几项要求。

十二、电子标签的制作及封装

作为终极产品,智能标签不受“卡”的限制,形态材质也有广阔的发展空间。它的产品分三大类:

(一)标签类

带自粘功能的标签,可以在生产线上由贴标机揭贴在箱、瓶等物品上,或手工粘在车窗(如出租车)上、证件(如大学学生证)上,也可以制成吊牌挂、系在物品上,用标签复合设备完成加工过程。产品结构由面层、芯片线路(INLAY)层、胶层、底层组成。面层可以用纸、PP、PET作覆盖材料(印刷或不印刷)等多种材质作为产品的表面。芯片线路(INLAY)有多种尺寸、多种芯片、多种EEPROM容量,可按用户需求配置后定位在带胶面。胶层由双面胶式或涂胶式完成。底层有两种情况:一为离型纸(硅油纸),二为覆合层(按用户要求)。成品形态可以为卷料或单张。

(二)注塑类

可按应用不同采用各种塑料加工工艺,制成内含Transponder的筹码、钥匙牌、手表等异形产品。

(三)卡片类

1. PVC卡片

相似于传统的制卡工艺即印刷、配Transponder(INLAY)、层压、冲切。可以符合ISO 7810卡片标准尺寸,也可按需加工成异形。

2. 纸、PP卡

由专用设备完成,它在尺寸、外形、厚度上并不作限制。结构为面层(卡纸类)、Transponder(INLAY)层、底层(卡纸等)黏合而成。

通过上述形态介绍,可以初步了解智能标签的封装加工完全跨越了传统“卡”的概念,更表达了智能标签在应用领域的前景是广阔的。随着智能标签产业链的逐渐形成和完善,制造业的信息化水平将会因为有了形态各异的智能标签而迅速提升一个新台阶。

十三、射频标签通信协议

射频标签与读写器之间的数据交换构成的是一个无线数据通信系统。

射频标签与读写器之间交换的是数据,由于采用无接触方式通信,还存在一个空间无线信道。因而,射频标签与读写器之间的数据交换构成的是一个无线数据通信系统。在这样的数据通信系统模型下,射频标签是数据通信的一方,读写器是通信的另一方。要实现安全、可靠、有效的数据通信目的,数据通信的双方必须遵守相互约定的通信协议。没有这样一个通信双方公认的基础,数据通信的双方将互相听不懂对方在说什么,步调也无从协调一致,从而造成数据通信无法进行。

所涉及的问题包括时序系统问题、通信握手问题、数据帧问题、数据编码问题、数据的完整性问题、多标签读写防冲突问题、干扰与抗干扰问题、识读率与误码率问题、数据的加密与安全性问题、读写器与应用系统之间的接口问题。

十四、射频标签内存信息的写入方式

射频标签读写装置的基本功能是无接触读取射频标签中的数据信息。

从功能角度来说,单纯实现无接触读取射频标签信息的设备称为阅读器、读出装置、扫描器等。单纯实现向射频标签内存中写入信息的设备称为编程器、写入器等。综合具有无接触读取与写入射频标签内存信息的设备称为读写器、通信器等。

射频标签信息的写入方式大致可以分为以下三种类型。

(1)射频标签在出厂时,即已将完整的标签信息写入标签。这种情况下,应用过程中,射频标签一般具有只读功能。只读标签信息的写入在更多的情况下是在射频标签芯片的生产过程中即标签信息写入芯片,使得每一个射频标签拥有一个唯一的标识UID(如64Bits)。应用中,需再建立标签唯一UID与待识别物品的标识信息之间的对应关系(如车牌号)。只读标签信息的写入也有在应用之前,由专用的初始化设备将完整的标签信息写入。

(2)射频标签信息的写入采用有线接触方式实现,一般称这种标签信息写入装置为编程器。这种接触式的射频标签信息写入方式通常具有多次改写的能力。例如,目前在用的铁路货车电子标签信息的写入即为这种方式。标签在完成信息注入后,通常需将写入口密闭起来,以满足应用中对其防潮、防水、防污等要求。

(3)射频标签在出厂后,允许用户通过专用设备以无接触的方式向射频标签中写入数据信息。这种专用写入功能通常与射频标签读取功能结合在一起形成射频标签读写器。具有无线写入功能的射频标签通常也具有其唯一的不可改写的UID。这种功能的射频标签趋向于一种通用射频标签,应用中,可根据实际需要仅对其UID进行识读或仅对指定的射频标签内存单元(一次读写的最小单位)进行读写。

应用中,还广泛存在着一次写入多次读出WORM(Write Once Read Many)的射频标签。这种WORM概念即有接触式改写的射频标签存在,也有无接触式改写的射频标签存在。这类WORM标签一般大量用在一次性使用的场合,如航空行李标签、特殊身份证件标签等。

无论是怎样的情况，对射频标签的写操作均应在一定的授权控制之下进行。否则，将失去射频标签标识物品的意义。

十五、RFID 工作频率指南和典型应用

不同频段的 RFID 产品会有不同的特性，以下详细介绍无源的感应器在不同工作频率产品的特性以及主要的应用。

目前，定义 RFID 产品的工作频率有低频、高频和超高频的频率范围内符合不同标准的不同的产品，而且不同频段的 RFID 产品会有不同的特性。其中感应器有无源和有源两种方式，下面详细介绍无源的感应器在不同工作频率产品的特性以及主要的应用。

（一）低频（从 125kHz 到 134kHz）

其实 RFID 技术首先在低频得到广泛的应用和推广。该频率主要是通过电感耦合的方式进行工作，也就是在读写器线圈和感应器线圈间存在着变压器耦合作用。通过读写器交变场的作用在感应器天线中感应的电压被整流，可作供电电压使用。磁场区域能够很好地被定义，但是场强下降太快。其特性如下。

（1）工作在低频的感应器的一般工作频率从 120kHz 到 134kHz，TI 的工作频率为 134.2kHz。该频段的波长大约为 2500m。

（2）除了金属材料影响外，一般低频能够穿过任意材料的物品而不降低它的读取距离。

（3）工作在低频的读写器在全球没有任何特殊的许可限制。

（4）低频产品有不同的封装形式。好的封装形式就是价格太贵，但是有 10 年以上的使用寿命。

（5）虽然该频率的磁场区域下降很快，但是能够产生相对均匀的读写区域。

（6）相对于其他频段的 RFID 产品，该频段数据传输速率比较慢。

（7）感应器的价格相对于其他频段来说要贵。

低频产品主要应用如下：

（1）畜牧业的管理系统；

（2）汽车防盗和无钥匙开门系统的应用；

（3）马拉松赛跑系统的应用；

（4）自动停车场收费和车辆管理系统；

（5）自动加油系统的应用；

（6）酒店门锁系统的应用；

（7）门禁和安全管理系统。

符合的国际标准如下：

（1）ISO 11784，RFID 畜牧业的应用——编码结构；

（2）ISO 11785，RFID 畜牧业的应用——技术理论；

（3）ISO 14223-1，RFID 畜牧业的应用——空气接口；

（4）ISO 14223-2，RFID 畜牧业的应用——协议定义；

（5）ISO 18000-2，定义低频的物理层、防冲撞和通信协议；

（6）DIN 30745，主要是欧洲对垃圾管理应用定义的标准。

(二)高频(工作频率为13.56MHz)

在该频率的感应器不再需要线圈进行绕制,感应器一般通过负载调制的方式进行工作。也就是通过感应器上的负载电阻的接通和断开促使读写器天线上的电压发生变化,实现用远距离感应器对天线电压进行振幅调制。如果人们通过数据控制负载电压的接通和断开,那么这些数据就能够从感应器传输到读写器。

高频产品特性如下:

(1)工作频率为13.56MHz,该频率的波长大概为22m。

(2)除了金属材料外,该频率的波长可以穿过大多数的材料,但是往往会降低读取距离。感应器需要离开金属一段距离。

(3)该频段在全球都得到认可并没有特殊的限制。

(4)感应器一般为电子标签的形式。

(5)虽然该频率的磁场区域下降很快,但是能够产生相对均匀的读写区域。

(6)该系统具有防冲撞特性,可以同时读取多个电子标签。

(7)可以把某些数据信息写入标签中。

(8)数据传输速率比低频要快,价格不是很贵。

高频产品主要应用如下:

(1)图书管理系统的应用;

(2)瓦斯钢瓶的管理应用;

(3)服装生产线和物流系统的管理和应用;

(4)三表预收费系统;

(5)酒店门锁的管理和应用;

(6)大型会议人员通道系统;

(7)固定资产的管理系统;

(8)医药物流系统的管理和应用;

(9)智能货架的管理。

符合的国际标准如下:

(1)ISO/IEC 14443,近耦合IC卡,最大的读取距离为10cm。

(2)ISO/IEC 15693,疏耦合IC卡,最大的读取距离为1m。

(3)ISO/IEC 18000-3,该标准定义了13.56MHz系统的物理层,防冲撞算法和通信协议。

(4)13.56MHz ISM Band Class 1,定义13.56MHz符合EPC的接口定义。

(三)超高频(工作频率为860MHz~960MHz)

超高频系统通过电场来传输能量。电场的能量下降得不是很快,但是读取的区域不是很好进行定义。该频段读取距离比较远,无源可达10m左右,主要是通过电容耦合的方式进行实现。

超高频产品特性如下:

(1)在该频段,全球的定义不是很相同。欧洲和部分亚洲定义的频率为868MHz,北美定义的频段为902~905MHz之间,在日本建议的频段为950~956MHz之间。该频段的波长大概为30cm左右。

(2)该频段功率输出目前有相对统一的定义(美国定义为4W,欧洲定义为500mW)。可能欧洲限制会上升到2W EIRP。

(3)超高频频段的电波不能通过许多材料,特别是水、灰尘、雾等悬浮颗粒物质。相对于高频的电子标签来说,该频段的电子标签不需要和金属分开来。

(4)电子标签的天线一般是长条和标签状。天线有线性和圆极化两种设计,满足不同应用的需求。

(5)该频段有好的读取距离,但是对读取区域很难进行定义。

(6)有很高的数据传输速率,在很短的时间可以读取大量的电子标签。

超高频主要应用如下:

(1)供应链上的管理和应用;

(2)生产线自动化的管理和应用;

(3)航空包裹的管理和应用;

(4)集装箱的管理和应用;

(5)铁路包裹的管理和应用;

(6)后勤管理系统的应用。

符合的国际标准如下:

(1)ISO/IEC 18000-6,定义了超高频的物理层和通信协议;空气接口定义了Type A和Type B两部分;支持可读和可写操作。

(2)EPC Global定义了电子物品编码的结构和超高频的空气接口以及通讯的协议。例如:Class 0、Class 1、UHF Gen 2。

(3)Ubiquitous ID日本的组织,定义了UID编码结构和通信管理协议。

毫无疑问,超高频的产品会得到大量的应用。例如,WalMart、Tesco、美国国防部和麦德龙超市都会在它们的供应链上应用RFID技术。

十六、从传统条码到RFID

与条码识别系统相比,无线射频识别技术具有很多优势,如:通过射频信号自动识别目标对象,无须可见光源;具有穿透性,可以透过外部材料直接读取数据,保护外部包装,节省开箱时间;射频产品可以在恶劣环境下工作,对环境要求低;读取距离远,无须与目标接触就可以得到数据;支持写入数据,无须重新制作新的标签;使用防冲突技术,能够同时处理多个射频标签,适用于批量识别场合;可以对RFID标签所附着的物体进行追踪定位,提供位置信息。

由于RFID产品的优点,无线射频识别技术在国外发展得很快,它已被广泛应用于工业自动化、商业自动化、交通运输控制管理等众多领域,例如汽车或火车等的交通监控系统、高速公路自动收费系统、物品管理、流水线生产自化、门禁系统、金融交易、仓储管理、畜牧管理、车辆防盗等。在澳大利亚,RFID技术被用于机场旅客行李管理,提高了机场的工作效率,达到了理想的效益。而在地球的另一端,欧共体宣布1997年开始生产的新型汽车必须具有基于RFID技术的防盗系统。瑞士国家铁路局也将在瑞士的全部旅客列车上安装RFID自动识别系统,调度员可以实时掌握火车运行情况,不仅利于管理,还大大减小发生事故的可能性。德国汉莎航空公司正在尝试用RFID电子标签来代替飞机票,从而改变了传统的机票购销方式。时至今日,射频识别技术的新应用仍然层出不穷。

由于RFID芯片的小型化和高性能芯片的实用化,射频识别标签不仅帮助不同领域的管理者追踪物品的位置和搬运情况,还可以实时报告标签上附带的其他信息,比如温度和压力等。射频标签是通过连接到数据网络上的读写器来提供此类信息的,迄今为止射频识别标签主要作为条码的延伸而应用于工厂自动化或者库存管理等领域,但最终说来,尺寸更小的射频识别标签将应用于更先进的领域。例如,射频识别标签可以促进网络家电的应用,家电如果拥有网络功能,使用者即便在户外也能控制它们,如可以检查冰箱中的食物,帮助使用者决定需要购买什么物品,在无线操作终端上选择食物烹饪的方式等。当前,电气设备和家电产品制造商已经开始开发通用软、硬件,并正在考虑制定射频识别标签在各种不同家电上的应用标准。将射频识别标签应用于医院也能带来好处,病人一进入医院,就在他(她)身上佩戴标签,标签内含有病人的识别信息,医生和护士可以通过标签内的数据来识别病人的身份,避免认错病人,标签和读写器也能帮助医生和护士确认所使用的药物是否合适,从而避免医疗事故的发生。据统计,目前全世界已经安装了约 5000 个射频识别系统,实际年销售额约为 9.64 亿美元,但主要用于宠物与野生动物跟踪、公路和停车收费等有限的领域,而事实上,RFID 有望大展身手的领域远远不止这些。现在,已经有为数不少的企业试验性地将其运用到一些新的领域。

吉列公司是世界上最大的剃须刀制造商,该公司的产品因为体积较小、单价较高而经常受到小偷的“青睐”。为此,吉列公司决定采用射频识别技术防止产品被盗,成立了由高层经理组成的项目执行委员会和射频识别项目办公室,分别负责指导协调项目的日常管理工作,并将有关职责列入了员工目标管理的绩效考核。吉列将该项目分成两个阶段,从内部运营与零售商货架管理两个方面着手实施:第一阶段,吉列选择“锋速 3”在少数几个地方进行货架试验,待成功后再推广到所有 8 个产品系列;在第二阶段,吉列计划将其融入整个供应链,实现产品从工厂到零售商配货中心、到货架再到最终消费者手中的全过程无缝跟踪与管理。

目前,吉列公司已经完成了与沃尔玛和 Tesco 分别在美国波士顿和英国剑桥地区进行的第一阶段试验:吉列将射频识别标签植入“锋速 3”的包装,并在零售商的货架上安装阅读器,如果有顾客一次性拿走多个剃须刀,系统会提醒店员查验是否发生了偷窃行为,甚至自动拍照记录,当货架上存货数量减少到一定水平时,系统就发出补货的信号,试验结果令人非常满意。第二阶段试验也即将正式启动。值得一提的是,吉列已经向射频识别标签生产商之一艾伦科技公司订购了共计 5 亿枚标签,在低成本射频识别标签大规模的实质性商业化进程中,这无疑是一个意义重大的里程碑。

国际著名零售企业——麦德龙集团最近也在其业务运营中采用了飞利浦半导体公司的射频识别解决方案,这项技术可以帮助其提高零售中的供应链效率, 同时改善消费者的购物体验。这种射频识别技术可实时地识别产品、防范窃贼、跟踪库存,还可查看客户积分卡的状态。该系统在 13.56MHz 频率下工作,有效识别范围为 1.5m,与射频识别多媒体工作室相连接,只需扫描一下 CD 或 DVD,消费者就可以看到他们正想购买的专辑或影片的介绍性预览。化妆品和食物也贴上了标签,并放在智能货架上,这种应用可以提供实时库存和保质期控制,及时更新销售数据并发现放置错误的物品。

最近,沃尔玛公司也表示,今后将不再从那些未使用 RFID 技术的供应商处采购商品,这对应用软件产业震动极大。现在,Sun 公司正在开发一个对应的中间件产品,管理从射频识别系统获取的商品数据。该产品现在正处于测试阶段,预计在今年推出商用。另外,Sun 公司也在开发符合射频识别行业标准 EPC 的信息服务软件。

一旦用于射频识别的芯片和标签推出后,就需要相应的专门软件来管理这些数据。幸运的是,许多大型软件开发商和系统集成商已经开始进军射频识别领域,SAP、Manhattan Associates、IBM 以及其他一些公司都将推出各自的解决方案。SAP 公司公开表示,该公司与宝洁公司正在进行一系列的技术革新合作,将射频识别数据合并到 SAP/R3 系统。该系统名为 AutoID,可以保护系统只获取有价值的数据,避免错误数据的干扰。另外,IBM 公司也曾经在 Electronic Code Symposium 演示了该公司的射频识别系统,该公司可以提供射频鉴别的完整解决方案,可以不用跨系统,实现从制造商、到分销商,然后到零售商的全套业务流程。不过集成工作仍然颇具挑战性。

除此之外, 标签也将是一个庞大的市场,特别是现在射频标签价格在 20 ~ 30 美分的高价位上,由于目前在市场上买方处于主导地位,沃尔玛公司可能会要求将射频识别标签价格降到可以接受的范围,但供应商能否提供相应的技术还不可知。

十七、射频技术和条码的比较

电子标签 RFID 对比条码七大特点如下。

(一)快速扫描

一次只能有一个条码受到扫描; RFID 辨识器可同时辨识读取多个 RFID 标签。

(二)体积小型化、形状多样化

RFID 在读取上并不受尺寸大小与形状限制,不需为了读取精确度而配合纸张的固定尺寸和印刷品质。此外, RFID 标签更可趋向于小型化与多样形态发展,以应用于不同产品。

(三)抗污染能力和耐久性

传统条码的载体是纸张,因此容易受到污染,但 RFID 对水、油和化学药品等物质具有很强抵抗性。此外,由于条码是附于塑料袋或外包装纸箱上,所以特别容易受到折损; RFID 卷标是将数据存在芯片中,因此可以免受污损。

(四)可重复使用

现今的条码印刷上去之后就无法更改, RFID 标签则可以重复地新增、修改、删除 RFID 卷标内储存的数据,方便信息的更新。

(五)穿透性和无屏障阅读

在被覆盖的情况下, RFID 能够穿透纸张、木材和塑料等非金属或非透明的材质,并能够进行穿透性通信。而条码扫描机必须在近距离而且没有物体阻挡的情况下才可以辨读条码。

(六)数据的记忆容量大

一维条码的容量是 50Bytes,二维条码最大的容量可储存 2 ~3000 字符, RFID 最大的容量则大得多。随着记忆载体的发展,数据容量也有不断扩大的趋势。未来物品所需携带的资料量会越来越大,对卷标所能扩充容量的需求也相应增加。

(七)安全性

由于 RFID 承载的是电子式信息,其数据内容可经由密码保护,使其内容不易被伪造及变造。

十八、RFID 标签能否取代条码技术

自 20 世纪 70 年代以来,条码技术一直是商品清单管理的主流方法。一个条码的价格不到 0.01 美元,并且还有统一的管理标准,推动了零售业的革命化与商品的物流管理。与条码技术相比,RFID 标签识别技术更有特点,解决了有些条件下条码等其他识别技术无法使用的问题,并开拓了许多新的应用领域。但由于其价格高于条码,且缺乏统一的标准等原因,尽管不少业内人士认为 RFID 标签将成为“下一代的条码”,但在相当长的时间内,RFID 标签还将与条码技术并存。

RFID 的标准化问题。条码自动识别技术在许多行业中都有共同的标准,并且已有多年的实践传统。RFID 技术不像条码,目前还缺乏统一的标准。虽有常用的共同频率范围,但制造厂商可以自行改变。

由于制造技术较为复杂,生产费用相应较高,在新的制造工艺没有普及推广之前,高成本的 RFID 标签只能用于一些本身价值较高的产品。美国目前一个 RFID 标签的价格约为 0.30 ~ 0.60 美元,对比较贵重或高档的产品来说,0.50 美元左右的价格还比较容易被厂商接受,在这些厂商看来,RFID 标签是一个优秀的识别跟踪装置。当然,对一些价位较低的商品,如果采用高档 RFID 标签显然有些不划算了。不过,随着新的 RFID 标签制造技术的推广应用,将会促使 RFID 标签价格大幅降低,RFID 标签必将得到更广泛的应用。

据介绍,有些研究单位正在利用 RFID 技术创制新的通用的、开放的网络和相应的标准,当产品在全球供应链流通时,通过标签能对产品进行跟踪。例如,美国 MIT 高等学府的 Auto-ID Center(自动化识别中心)正在开发包括标签、读出器与计算机组合的 Electronic Product Code (EPC)网络,能使制造商与零售商实现实时跟踪,进行准确的商品库存管理,其关键技术就是采用了 RFID 标签。这类新型的跟踪管理网络技术的推出使条码技术的前景变得十分暗淡。

然而,这些研发单位的初衷并不是要取代条码。Auto-ID Center 并不主张完全用该技术代替条码,因为基于条码的系统已成为许多行业标准的自动化识别技术,并且已有多年的应用历史。为 RFID 标签生产导电油墨的 Flint Ink 公司认为:与条码相比,RFID 标签的价格显得略高,因此,条码仍然会继续使用若干年。虽然 RFID 技术被认为是“下一代的条码”,但现在正在大量使用的条码不可能很快被取代。许多观察家预言,RFID 将与条码并存,两种技术各有特点。在许多情况下,需要根据具体情况来确定该采用 RFID 技术还是条码技术,以满足不同的使用要求。

十九、RFID 面临的问题

RFID 在推广应用中遇到了不少挑战,主要表现在成本、标准、精确度与应用模式等方面,缺乏成熟的应用模式和行业标准,以及相关产品标准不统一。

(一)标准化是个大问题

标准化是推动产品广泛获得市场接受的必要措施,但射频识别读取机与标签的技术仍未见其统一,因此无法一体化使用。而不同制造商所开发的标签通讯协定,使用不同频率,且封包格式不一。而 RFID 技术又不像条码,虽有常用的共同频率范围,但制造厂商可以自行改变,此外,标签上的芯片性能、存储器存储协议与天线设计约定等,也都没有统一标准。尽管 RFID

的有关标准正在逐步开发制定、不断完善,但是不同国家又有自己的规则。有的业内人士担心,比制定条码标准各国更为困难的是,如果一个国家把某个频率权卖给某个商业企业后,在出现对其他系统的干扰时,这个国家就很难对这个频率段的使用情况进行监督管理。

(二)价格问题是制约RFID标签推广应用的巨大瓶颈之一

RFID系统不论是标签、读取器和天线,其价格都比较昂贵。在新的制造工艺没有普及推广之前,高成本的RFID标签只能用于一些本身价值较高的产品。

(三)技术的突破

RFID技术尚未完全成熟,特别是应用于某些特殊的产品,如液体或金属罐等时,大量RFID标签无法正常起作用。标签的可靠性也是个大问题。就目前看来,现在普遍使用的134kHz和13.56kHz因传输距离太短,限制了阅读器和RFID标签间的传输距离,使若干标签不能有效地被读取,标签失效率很高。此外,RFID标签与读取机有方向性,射频识别信号易被物体阻断,也是RFID技术发展一大挑战。即使贴上双重标签,仍有3%的标签无法识别。

(四)涉及人员失业、隐私保护以及安全问题

企业采用射频识别系统后,原来由手工完成的工作将有很多被该系统取代,其衍生而来的问题就是将有许多劳工面临失去工作的危机。同时RFID的大规模应用还会涉及隐私保护以及安全问题,当前的无源RFID系统没有读写能力,所以无法使用密钥验证方法来进行身份验证,如果标签是有源的,并且会收到不断变化的验证密钥,那将会大大提高其安全性,不过这又会增加其成本。正因为如此,目前的RFID技术要想在对信息有保密要求的领域展开应用还存在着障碍。

任务实训方案

1. 实训目的

通过实践训练,使学生进一步理解RFID技术的理论知识,加深学生对RFID构成、生成的直观认识,进行RFID出入库实训操作。

2. 实训准备

(1)准备RFID出/入库设备,了解进出闸应用程序;

(2)根据学生具体人数结合调查的任务分成若干组,选组长1人;

(3)做好实习动员,安排实习任务和提出实习要求;

(4)检查学生的实习准备情况,解答学生的相关疑问。

3. 实训项目

进行RFID出入库操作。

4. 实训步骤

(1)入库操作过程、步骤:

①系统管理员启动RFID出库入库服务器电脑,进入Windows 2000server操作系统。

②系统初始化完成后,通过桌面上的快捷方式首先启动SQL2000数据库服务器(软件)。

③确定数据库服务器启动完成后，启动 RFID 出库、入库管理软件，进入入库操作界面如图 2-2-9 所示。

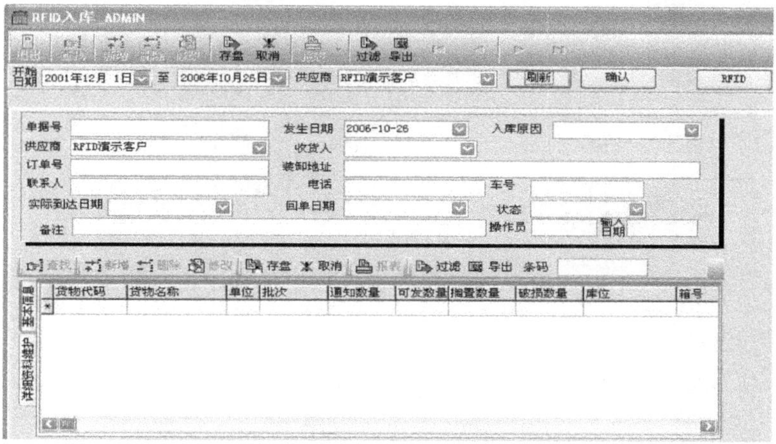

图 2-2-9　RFID 入库操作界面图

④根据货物收货订单、收获验货单填写单据号、订单号、收货人、装卸地址以及货物的基本信息。

(2)填写货物基本信息注意事项如下：

①可发数量为必填项；

②库位栏选择 A 系列库位，如库位只能是 A1001，开头字母不能是其他；

③添加另外一种货物时，保存后才能添加；

④箱号的填写要与货物 RFID 标签上的 ID 号一致，填完箱号后注意按回车键。

(3)各种信息填写完毕后，要存盘、确定。

①检查所填信息有无错误，若有错误，点击工具栏的修改按钮进行修改。

②确认无误后点击界面上的 RFID 按钮，进入 RFID 操作界面，这时入库货物信息出现在界面上。

③在 RFID 操作界面上首先点击入库天线对应的按钮激活它。

④在 RFID 操作界面上点击标题为"连接 RFID"的按钮，使无线射频系统处于工作状态。

⑤系统管理员通知理货员进行入库作业。

⑥入库货物经过 RFID 天线旁边时会有鸣叫声，以示进入感应范围，并读取货物信息；

同时系统管理员会看到 RFID 界面上的有关商品信息的文字变为红色，显示入库操作成功。

(4)出库操作过程、步骤：

①系统管理员启动 RFID 出库/入库服务器电脑，进入 Windows 2000server 操作系统。

②系统初始化完成后，通过桌面上的快捷方式首先启动 SQL2000 数据库服务器(软件)。

③确定数据库服务器启动完成后，启动 RFID 出库、入库管理软件，进入出库操作界面如图 2-2-10 所示。

(5)根据货物发货订单填写单据号、订单号、收货人、装卸地址以及货物的基本信息。

填写货物基本信息注意以下几点：

①通知数量必须等于可发数量、搁置数量和破损数量之和。

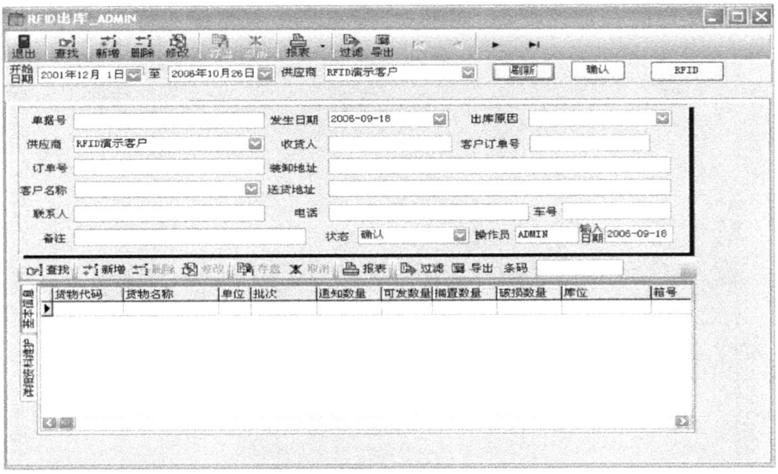

图 2-2-10 RFID 出库操作界面图

②库位栏选择 A 系列库位。

③添加另外一种货物时,保存后才能添加。

④箱号的填写要与货物 RFID 标签上的 ID 一致,填完箱号后注意按回车键。各种信息填写完毕后,要存盘、确定。

⑤检查所填信息有无错误,若有错误,点击工具栏的修改按钮进行修改。

⑥确认无误后点击界面上的 RFID 按钮,进入 RFID 操作界面,这时出库货物信息出现在界面上。

⑦在 RFID 操作界面上首先点击出库天线对应的按钮激活它。

⑧点击连接 RFID 按钮,使无线射频系统处于工作状态。

⑨系统管理员通知理货员进行出库作业。

⑩货物经过 RFID 天线旁边时会有鸣叫声,以示进入感应范围,并读取货物信息。

⑪同时系统管理员会看到 RFID 界面上的有关商品信息的文字变为红色,显示出库操作成功。

5. 实训评价

实训评价的方式有教师评价、小组内部成员评价和第三方评分组成员评价三种,建议教师评价占 60% 的权重,小组内部成员评价占 20% 的权重,第三方评分组成员评价占 20% 的权重。将三者综合起来的得分为该生在该项目的评价分,如表 2-2-1 所示。

训 练 评 价 表

表 2-2-1

考评人		被考评人	
考评地点			
考评内容	RFID 出/入库实训		
考评标准	具体内容	分值(分)	实际得分
	工作态度	15	
	沟通水平和团队合作	15	
	RFID 出/入库处理情况	70	
合计		100	

注:实训满分为 100 分,60 分以下为不及格,60 ~ 69 分为及格,70 ~ 79 分为中等,80 ~ 89 分为良好,90 分以上为优秀。

6. 实训活动建议

建议每小组 6 人，分组进行 RFID 出/入库实训。

延伸阅读

麦德龙集团 RFID 系统应用案例分析

麦德龙集团（METRO Group）是世界第三大零售商，当它宣布计划在整个供应链及其位于德国 Rheinberg 的“未来商店”采用 RFID 技术时，业界众说纷纭，其中不少是抱有怀疑的态度，然而随着麦德龙采用 RFID 的举措取得实效，预期采用 RFID 技术所得到的节省时间、降低成本及改进库存管理等运营优势一一兑现，外界原来置疑的眼光变成欣羡，而麦德龙也决定加快其部署 RFID 方案的步伐，从实验试点阶段转为正式投入使用。

麦德龙首席信息官 Zygmunt Mierdorf 表示：“我们使用 RFID 方案后取得的日常工作改进成果可谓立竿见影，正如设想一样，仓库及商店的货品交收程序大幅提速、过往浪费于送货的时间大大减少。此外，RFID 协助我们找出及纠正货品处理流程中薄弱的环节，货品在仓库上架的工序也有改进，总的来说，我们的工作效率提高了，而商店脱货的情况则减少。”

麦德龙在欧洲及亚洲 30 个国家及地区设有百货商店、大型超级市场和杂货店。在 2002 年，它公布其“未来商店”（Future Store）计划，号召了 50 多家伙伴携手开发及测试崭新的应用程序，涵盖零售供应链的各个环节，包括物流及零售店内顾客体验等方面。在 RFID 读写器方面，麦德龙只选择了两家供应商伙伴合作，其中一家便是 Intermec。Intermec 参与了麦德龙多个大型的 RFID 试点计划。

在 2004 年 11 月，当大部分的 RFID 厂商还在关注 EPC Global 第二代 RFID 标准的最终敲定和即将实施的强迫性标签项目期限时，麦德龙的托盘追踪应用已经完成试行阶段，正式投入运行。在 2005 年 1 月，其他供应链项目刚启用，而第二代标准的细节尘埃落定，麦德龙已率先庆祝“成功实施 RFID 百天纪念”，在这 100 天里，麦德龙通过使用 Intermec 的 Intellitag RFID 读写器，成功识别超过 50000 个托盘，其标签的识读率更超过 90%。此外，麦德龙正式实施 RFID 所取得的成效与试验计划相仿：仓储人力开支减少了 14%、存货到位率提高了 11%、货物丢失降低了 18%。

在 2005 年 3 月，麦德龙连同 Intermec 以及飞利浦电子公司演示了 EPC 第二代 RFID 系统的首个商业应用，示范了如何从 ISO 18000-6B 为基础的系统升级到 ISO、EPC 和 ETSI 兼容系统的简便途径，满足真正全球供应链的需要。

一、从试验计划到正式实施

鉴于试验计划取得极大成功，麦德龙决定在其位于德国 Unna 最繁忙的配送中心，建立一个全面的 RFID 托盘跟踪中心。麦德龙在该中心部署了多项 RFID 应用，其中包括可以识别衣架上衣服的系统，其每小时的物品处理量超过 8000 件。

麦德龙决定再度与 Intermec 合作，在上述计划中使用其 RFID 读写器。目前已经有超过 40 台 Intermec 的固定式、手持式和最新的叉车用车载式 RFID 读写器被采用。

麦德龙“未来商店计划”项目执行经理 Gerd Wolfram 博士表示：“Intermec 熟悉 RFID 技术，它在麦德龙全面开展 RFID 的举措中担当重要的角色。Intermec 的设备表现了卓越的识读率和系统性能，协助我们实现为零售商提供 RFID 的高效及准确的运营优势。”

托盘跟踪是这个配送中心的 RFID 系统的基础。大约 20 家麦德龙的供应商（到 2005 年年底时已增加至100家)在运送到配送中心的货箱和托盘上使用了RFID标签。进入仓库的托盘都要经过一个安装了Intermec IF5读写器的门户。IF5读写器是固定式的智能数据采集设备,它采集托盘标签上的序列运输容器代码(SSCC),过滤托盘上来自货箱标签的数据。然后SSCC就被自动地报告到麦德龙的SAP企业系统内,与麦德龙收到的预先发货通知(ASN)的电子数据交换(EDI)交易记录相核对,符合麦德龙系统订单的托盘将被批准接受,有关内容将随着物品的入库自动进行记录,库存系统记录得以更新。

IF5读写器多项出类拔萃的功能为这一项目的成功做出了贡献,这是一款高度智能化的读写器,自带的软件系统能够预先对标签读取的数据进行处理,然后才传输到系统里。数据处理使得通信更快捷,并且为企业级应用软件提供了"纯"数据供进一步处理。通过使用Intermec开发的界面,IBM的Websphere Everywhere软件也能在IF5上运行,提供额外的数据净化支持。

麦德龙还利用了IF5读写器的输入/输出端口,整合了移动传感器。当传感器探测到一个正逐渐移近的托盘时,读写器将自动开启并发出读取信号,不经人手操作便可发送读取信号,大大降低了人力成本,而且信号是在有需要的时候才发出,协助麦德龙符合环境保护及放射性方面的法规。输出端口控制着一个指示灯,当托盘清点完毕后将亮绿灯,亮红灯则指示有问题发生。

待系统确定接受托盘后,它会通过802.11无线LAN将指示传输到叉车上的Intermec CV60车载电脑上,从而告知叉车操作员进行入库作业。为了保证处理正确的托盘,操作员会用Intermec IF4读写器来读SSCC标签。由于叉车只能从两边驶进欧洲规格的托盘,这要求读写器围着托盘的角落来读取标签。麦德龙和Intermec通过试验以不同的标签和读写器放置方法解决了这个问题。

Mierdorf表示:"尽管我们遭遇了许多的技术挑战,但我们终于能大幅度改进货品交收程序,享受RFID所带来的丰硕成果。"

当叉车操作员到达货品待处理区,车载系统将自动读取永久性货位标签。系统自动核对计划货位和读取到的指示信息,以防放错位置。然后,操作员再通过无线LAN接收下一个放置或提货任务。

根据麦德龙的统计,使用RFID系统识别托盘、发货确认和入库处理后,每辆货车检查及卸载的时间缩短了15~20min。时间节省提高了工人的生产力。未到位的发货会立即被发现,因此大大改善了库存准确度,使得麦德龙能够把缺货情况减少11%。

与此同时,相反的运作流程也保证了仓库能准确、迅速地把货品送交零售店。叉车操作员通过CV60上的指令来接受订单,通过读取RFID地点标签来确认提取地点,然后通过读取他的RFID或者条码标签来确认提取的货物。被提取的货品被送至包装区域,在那里它们被装上托盘送至有关商店。

商店的每次订货通常含不同货品,混合多个托盘是很普遍的,因此准确的识别托盘里的每项物品是非常重要的。货品经扫描后,主机系统里会将数据和订单信息相比较。当订单上所列货品已经全部找出,有关托盘便会被封装,盘上的Intermec Intellitag RFID标签会被读取,托盘内容就与麦德龙数据系统里的托盘ID挂钩。托盘随后被批准交付给商店,在那里一套和配送中心相似的自动RFID采集系统将用于核对货品交收和记录。

二、乘胜前进

鉴于前期计划取得巨大成功,麦德龙与Intermec进一步合作扩大RFID计划的范围,在

2006 年,麦德龙遍布德国的全部“Cash & Carry”品牌批发商店正式启用了 Intermec 的第二代无线射频识别技术。从 4 月 1 日起,麦德龙集团的供应商已经可以向该公司付运带有第二代 RFID 标签的托盘。

麦德龙 Cash & Carry 是自助批发店中的佼佼者,它采用了一套先进的第二代 RFID 设施,包括 Intermec 的第二代 IF5 UHF RFID 读取器和 IBM 的中间件。应用于麦德龙 Cash & Carry 商店的 Intermec 第二代 RFID 技术构建了一个令各种 RFID 产品及系统兼容协作的平台,有效协助追踪托盘的去向,从而改进存货管理。

在麦德龙 Cash & Carry 商店使用 Intermec 第二代 RFID 技术来追踪托盘只是该集团有关计划的首项举措,麦德龙和 Intermec 正探讨把第二代 RFID 技术应用于其追踪货箱。

MGI 麦德龙集团信息技术股份有限公司董事总经理 Gerd Wolfram 博士表示,“第二代 RFID 技术就在眼前,Intermec 是协助麦德龙部署 RFID 技术的策略性合作伙伴,我们与该公司的合作将为麦德龙 Cash & Carry 搭建一个实际可用的第二代 RFID 设备体系,同时也证明了两家公司是采用这种崭新技术的先驱。”

模块小结

物流信息技术是物流现代化的重要标志,也是物流技术中发展最快的领域,从数据采集的条码系统,到办公自动化系统中的计算机、互联网,各种终端设备等硬件以及计算机软件都在日新月异地发展。本模块学习了条码的概念和特点、条码的种类和编码原则,使学生能够制作条码和掌握识别条码的方法;掌握 RFID 的概念、分类、系统组成、RFID 在物流环境中的各种应用,使学生能够制作 RFID 无线射频标签,掌握 RFID 出入库操作流程。

课后习题

1. 简述在条码打印机打印一个一维条码的操作步骤。
2. 将打印出的条码粘贴在实验报告册上,并写出此种条码的名称及应用。
3. 思考热敏打印机与热转印式打印机的区别。
4. 射频技术和条码有什么区别。
5. RFID 出入库操作流程是怎么样。

模块三　物流动态跟踪系统的维护与应用

情境寄语

物流动态跟踪系统是物流信息系统中的重要组成部分，建立了车辆与系统用户之间迅速、准确有效的信息传递通道，有利于提高运输工作水平和工作效率，在物流行业发挥了无比强大的作用。本情境主要讲述 GPS 接收机安装、使用、维护，讲述对应的任务，使学生掌握相关操作步骤与环节要点。

学习目标

通过本情境的学习，期望达到下列目标：

1. 专业能力

(1) 会安装动态跟踪系统的软硬件；

(2) 能对运输车辆进行跟踪、调度、查询和控制；

(3) 能对动态跟踪系统进行日常维护。

2. 社会能力

(1) 通过小组活动，培养学生的团队协作精神；

(2) 通过规范文明操作，培养良好的职业道德和安全环保意识；

(3) 培养遵章守纪、积极思考、耐心、细致、勇于实践、竞争意识等社会能力。

3. 方法能力

(1) 通过查阅资料、文献等，培养自学能力和获取信息的能力；

(2) 通过情境化的任务单元活动，掌握分析问题、解决实际问题的能力；

(3) 制订工作计划，培养工作方法能力。

模块图解

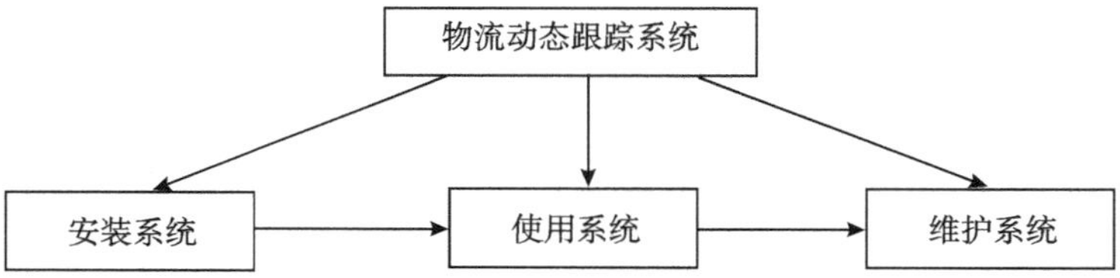

任务一　车载终端的调试与使用

任务导入

GPS 在战场上大发神威

阿富汗战争中，地球上空悬挂的上百颗军事卫星史无前例地成为人类战争机器的核心。

这场战争中常出现这样一个典型的场景：在阿富汗的土地上，一名美军特种部队士兵发现了一处塔利班目标，于是用便携式全球卫星定位系统接收仪计算目标的位置和规模，并通过卫星电话告之远在佛罗里达的指挥中心。随后，一架“捕猎者”无人驾驶侦察机会前往目标地点，拍摄并实时传回现场录像。指挥部批准轰炸后，在战区附近1万米高空巡航的B—52轰炸机飞行员将GPS数据输入“聪明炸弹”，炸弹投放后会利用自带的GPS接收机校准飞行轨迹，直奔目标，误差不超过几米。这整个过程只需要几分钟，而在过去的战争中，则需要花上几天。

在伊拉克战争中，美军以较少的兵力，以较快的速度和较小的伤亡，实现了既定战争目标，给世人留下了深刻印象和全新的战法，这就是因为美国建立了强大的GPS全球定位系统。GPS有极高的准确性，可以使武器准确命中目标。这些航天器向盟国指挥部提供有关战场情况的全套信息，还能指挥部队，直至每个士兵，所以美伊战争有“天战”一说。美军在伊拉克战争中使用最多的“撒手锏”是准确制导武器。而准确制导武器离不开卫星的侦察、定位。美军空袭几乎全部使用GPS辅助的准确制导武器，使美军可以在夜晚和沙尘暴气象条件下对伊拉克发起攻击。

自海湾战争美军第一次将卫星大规模、系统地用于实战以来，卫星在其作战系统中发挥越来越重要的作用。美军充分使用卫星资源，极大地提高了武器装备的信息化水平和作战效能。用美军指挥官的话来说，离开了卫星，美军根本就不可能取得战场上的胜利。

美军充分使用卫星资源，极大地提高了武器装备的信息化水平和作战效能。那么，什么是全球定位系统？它有哪些功能和特点？什么是车载终端？它在动态跟踪系统的功能优势什么？

任务分析

1. 任务准备

GPS接收机6台，多媒体教室，机动车6辆。

2. 任务目标

(1)了解各卫星定位系统；

(2)掌握GPS接收机的组成；

(3)正确使用与安装GPS接收机。

3. 知识准备

(1)GPS接收机的组成；

(2)GPS接收机的工作原理。

相关知识

一、GPS的含义与发展

GPS是英文Global Positioning System的缩写，译为全球定位系统。全球定位系统是利用导航卫星进行测时和测距，使在地球上任何地方的用户都能计算出他们所处的方位。当前有两个公开的GPS可以利用：一个是NAVSTAR系统，为美国研制，归美国国防部管理和操作；另一个是CLONASS系统，为俄罗斯联邦所拥有。因为首先可利用的是NAVSTAR系统，故又将这一全球卫星定位导航系统简称为GPS。

GPS 的用户是非常隐蔽的，它是一种单程系统，用户只接收而不必发射信号，因此用户的人数也是不受限制的。虽然 GPS 一开始是为军事目的而建立的，但很快在民用方面得到极大的发展，各类 GPS 接收机和处理软件纷纷涌现出来。目前在中国市场上出现的接收机主要有 ROCGUE、ASHTECH. TRIMBLE、LEICA、SOKKIA、TOP—COF 等。

二、卫星定位系统

(一)卫星定位系统介绍

1. 美国国防部的 GPS 系统

全球定位系统是美国从 20 世纪 70 年代开始研制的，历时 20 年，耗资 300 亿美元，于 1994 年全面建成，是具有在海、陆、空进行全方位实时三维导航与定位能力的新一代卫星导航与定位系统，如图 3-1-1 所示。我国测绘等部门近十年的使用表明，GPS 以全天候、高精度、自动化、高效益等显著特点，赢得广大测绘工作者的信赖，并成功地应用于大地测量、工程测量、航空摄影测量、运载工具导航和管制、地壳运动监测、工程变形监测、资源勘测、地球动力学等多种学科，从而给测绘领域带来一场深刻的技术革命。

2. 俄罗斯的 GLONASS 系统

俄罗斯的全球卫星定位系统全名为“全球导航卫星系统”(Global Navigation Satellite System，GLONASS)，如图 3-1-2 所示。该系统由苏联政府投资，现由俄罗斯接管，从 1978 年开始部署，到 1995 年年底全部卫星部署完毕，1996 年投入运行。GLONASS 由 24 颗工作卫星组成，卫星轨道比 GPS 低 1000 多 km，GLONASS 的地面构成部分与 GPS 相似。GLONASS 是苏联政府的一项航天工程，与美国 GPS 类似且作为 GPS 类似的竞争对手，为俄罗斯军方所拥有和控制，优先满足军事利益，同时也提供民用服务。

图 3-1-1　GPS 系统

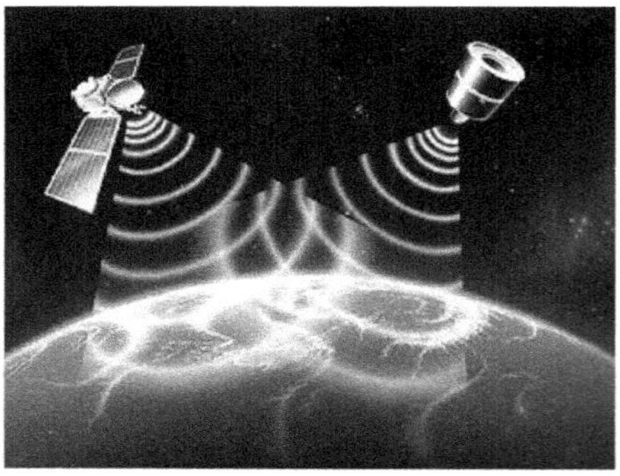

图 3-1-2　GLONASS 系统

3. 国际海事卫星组织的 INMARSAT 系统

国际海事卫星组织成立于 1979 年，是为其成员国用户在从事海上活动时提供全球卫星移动通信、导航及定位服务的政府间组织，我国是成员国之一。

国际海事卫星组织的全球卫星定位系统全名为“国际海事卫星”(International Marine Satellite，INMARSAT)。INMABSAT 是国际海事卫星组织进行商业活动的主要手段，该系统由 4 颗 INMABSAT—2 型卫星和 INMABSATT—3 型卫星组成，前者于 1992 年投入运行，后者于 1996 年投入运行。2000 年以后，INMABSAT 利用 GPS 和 GLONASS 的卫星，建立一个国际性的、完全由民间控制的、新的全球导航卫星系统，即 GNSS(Global Navigation Satellite System)。

(二)我国 GPS 的发展

自 1970 年 4 月把第一颗人造卫星送入轨道以来,我国已成功地发射了 30 多颗不同类型的人造卫星,为空间大地测量和导航工作的开展创造了有利条件。20 世纪 70 年代后期,在从事多年理论研究的同时,引进并成功试制了各种人造卫星观测仪器,其中有人造卫星摄影仪、卫星激光测距仪和多普勒接收机。20 世纪 80 年代中期,中国引进 GPS 接收机,并应用于各个领域。同时着手研究建立中国自己的卫星导航系统。1995 年,中国成立了 GPS 协会,协会下设四个专业委员会。中国的航天科技事业已跻身于世界先进水平的行列,成为世界空间强国之一。

近年来,中国已建成了北京、武汉、上海、西安、拉萨、乌鲁木齐等永久 GPS 跟踪站,进行对 GPS 卫星的精度定轨,为高精度的 GPS 定位测量提供观测数据和精密星历服务,致力于中国自主的广域差分 GPS（WADNDGPS）方案的建立。参与全球导航卫星系统(GNSS)和 GPS 广域增强系统(WASS)的筹建。同时,中国已着手建立自己的卫星导航系统(双星定位系统),能够生产导航型和测地型 GPS 接收机。

我国开始建设拥有自主知识产权的全球卫星导航系统——北斗卫星导航系统,这也是我国自主建立的第一代卫星导航定位系统,如图 3-1-3 所示。

卫星导航系统是重要的空间基础设施,它综合了传统天文导航定位和地面无线电导航定位的优点,相当于一个设置在太空的无线电导航台,可带来巨大的社会经济效益。自 2000 年以来,我国通过发射卫星已经建成了北斗导航试验系统。该系统可在服务区域内任何时间、任何地点,为用户确定其所在的地理经纬度信息,并提供双向短报文通信和精密授时服务。目前,系统已在测绘、电信、水利、公路交通、铁路运输、渔业生产、勘探、森林防火和国家安全等诸多领域逐步发挥重要作用。

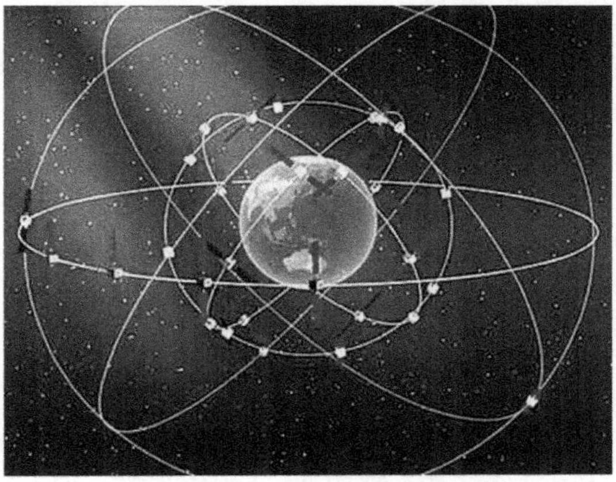

图 3-1-3　北斗卫星导航系统

据介绍,正在建设的北斗卫星导航系统空间段由 5 颗静止轨道卫星和 30 颗非静止轨道卫星组成,提供两种服务方式,即开放服务和授权服务。开放服务在服务区免费提供定位、测速和授时服务,定位精度为 10m,授时精度为 50 纳秒,测速精度为 0.2m/s。授权服务向授权用户提供更安全的定位、测速、授时和通信服务信息。北斗卫星导航系统与 GPS 和 LONASS 最大的不同在于,它不仅能使用户知道自己所在的位置,还可以告诉别人自己的位置,特别适用于需要导航与移动数据通信场所,如交通运输、调度指挥、搜索营救、地理信息实时查询等。

三、GPS 的主要功能

GPS 主要具有以下功能:

(1)跟踪车辆、船舶,实时显示车辆、船舶的实际位置。

(2)信息传递和查询。一方面可向车辆、船舶提供气象、交通、指挥等信息;另一方面,也可将运行中的车辆、船舶的信息传回。

(3)及时报警。利用 GPS 可及时接收求助信息和报警信息,从而实施缓急救援。

(4)支持管理。通过 GPS,可以实施运输指挥、实时监控、规划和选择路线,向用户发出到货预报等,有效地支持大跨度物流系统管理。

(5)大地测量。

四、GPS 的主要特点

GPS 的特点主要体现在以下几个方面。

1. 定位精度高

单机定位精度优于 10m。采用差分定位,精度可达毫米级;速度精度为 0.1m/s(利用特殊处理可达 0.005m/s)。

2. 实时导航

目前 GPS 接收机的一次定位和测速工作在 1s 甚至更短的时间内便可完成。这对高动态用户来讲尤其重要。

3. 执行操作简便

GPS 接收机自动化越来越高,有的已达“傻瓜化”程度。

4. 全球、全天候作业

目前 GPS 观测可在一天(24h)内的任何时间、任何地点进行,不受恶劣气候的影响。

5. 抗干扰性能好、保密性强

GPS 用户只接收而不必发射信号,因而 GPS 具有良好的抗干扰性和保密性。

6. 可提供三维坐标

经典大地测量将平面高度采用不同方法分别施测,GPS 可以同时精确测定经度、纬度和高度的三维坐标。在导航应用中可实现经度、纬度和速度的三维数据。

五、GPS 的构成

随着全球定位系统的不断改进,软硬件的不断完善,应用领域正在不断开拓,目前已遍及国民经济各个部门,并开始逐步深入到人们的日常生活中。

GPS 包括三大部分:空间部分,即 GPS 卫星星座;地面控制部分,即地面监控系统;用户设备部分,即 GPS 信号接收机。

(一)GPS 空间部分

GPS 的空间部分由 24 颗工作卫星组成,它位于距地表 20200km 的上空,均匀分布在 6 个轨道面上(每个轨道面 4 颗),轨道倾角为 55°。每个轨道平面内各颗卫星之间的升交角相差 90°,轨道平面上的卫星比西边相邻轨道平面上的卫星超前 30°。此外,还有 4 颗有源备份卫星在轨运行。卫星的分布使得在全球任何地方、任何时间都可观测到 4 颗以上的卫星,并能保持良好定位解算精度的几何图像。这就提供了在时间上连续的全球导航能力。

GPS 卫星产生两组电码,一组称为 C/A(Coarse/Acquisition Code 11023MHz);一组称为 P 码(Procise Code 10123MHz),P 码因频率较高、不易受干扰、定位精度高等特点,受美国军方管制,并设有密码,一般民间无法解读,主要为美国军方服务。C/A 码通过人为刻意处理降低精度后,主要开放给民间使用。

(二)GPS 地面控制部分

地面监控部分由分布在全球的若干个跟踪站组成的监控系统构成。根据其作用的不同,这些跟踪站又分为主控站、监控站和注入站。主控站只有一个,位于美国科罗拉多的斯平士(Colorado Springs)的联合空间执行中心(CSOC),它的作用是根据各监控站对 GPS 的观测数据,计算出卫星的星历和卫星钟的改正参数等,并将这些数据通过注入站注入卫星中去。同时,它还对卫星进行控制,向卫星发布指令,当工作卫星出现故障时,调度备用卫星,代替失效的卫星工作。另外,主控站也具有监控站的功能。

三个注入站分别设在大西洋、印度洋和太平洋的三个美国军事基地上,即大西洋的阿松森岛、印度洋的迭哥伽西亚岛和太平洋的卡瓦加兰岛。注入站的作用是将主控站计算出的卫星星历和卫星钟改正参数等注入卫星中去。

五个监测站设在主控站和三个注入站以及夏威夷群岛。监控站的作用是接收卫星信号、监测卫星的工作状态。监测站的主要任务是对每颗卫星进行观测,精确测定卫星在空间的位置,向主控站提供观测数据。每个监测站还配有 GPS 接收机,对每颗卫星连续不断地进行观测,每 6s 进行一次伪距测量和积分多普勒观测,并采集与气象有关的数据。监测站受主控站的控制,定时将观测数据送往主控站。

主控站拥有大型电子计算机,作为数据采集、计算机传输、诊断、编辑等功能的主体设备,它实现下列功能:

(1)采集数据。主控站采集各个监测站所测得的伪距和积分多普勒观测值、气象要素、卫星时钟和工作状态数据,监测站自身的状态数据以及海军水面兵器中心发来的参考星历。

(2)编辑导航电文。根据采集到的全部数据计算出每颗卫星的星历、时钟改正数、状态数据以及大气改正数,并按一定格式编辑为导航电文,传送到注入站。

(3)诊断功能。对整个地面支撑系统的协调工作进行诊断;对卫星的健康状况进行诊断,并加以编码,向用户发布指示。

(4)调整卫星。根据所测的卫星轨道参数,及时将卫星调整到预定轨道,使其发挥正常作用,而且还可以进行卫星调度,用备份卫星取代失效的工作卫星。

主控站将编辑的卫星电文传送到位于三大洋的三个注入站。而注入站通过 S 波段微波链路定时地将有关信息注入各个卫星,然后由 GPS 卫星发送给广大用户,这就是所用的广播星历。

(三)用户设备部分

用户设备部分包括用户组织系统和根据要求安装相应的设备,但其中心设备是 GPS 接收机。GPS 接收机是一种特制的无线电接收机,用来接收导航卫星发射的信号,并以此计算出定位数据。根据不同性质的用户和功能要求的不同,要配置不同的 GPS 接收机,相应的结构、尺寸、形状和价格也大相径庭。例如:航海和航空的接收机,要具有与存有导航图资料的存储卡相接的能力;测地的接收机要求具有很高的精度,并能快速采集数据;军事上用的接收机要附加密码模块,并要求能高精度定位。

GPS 接收机可以同时接收 12 颗卫星。早期的型号,如 GARMIN 45C 就是 8 通道。GPS 接收机收到 3 颗卫星的信号可以输出 2D(就是 2 维)数据,只有经纬度,没有高度,如果收到 4 颗以上的卫星,就输出 3D 数据,可以提供海拔高度。但是因为地球自己的问题,不是太标准的圆,所以高度数据有一些误差。现在有些 GPS 接收机内置了气压表,如 etrex 的 SUMMIT 和 VISTA,这些机器根据两个渠道得到的高度数据综合出最终的海拔高度,应该比较准确了。

GPS 接收机的第一次开机,或者开机距离上次关机地点超过 800km 以上,因为接收机里存储的星历都对不上,所以要在接收机上重新定位。

GPS 接收机的使用要在开阔的可见天空下,所以,屋里就不能用了。手持 GPS 的精度一般误差在 10m 左右,就是说一条路能看出走左边还是右边。精度主要依赖于卫星的信号接收和可接收信号的卫星在天空的分布情况,如果几颗卫星分布的比较分散,GPS 接收机提供的定位精度就会比较高。

1. GPS 接收机种类

根据使用目的的不同,用户要求的 GPS 信号接收机也各有差异。现在世界上已有几十家工厂生产 GPS 接收机,产品也有几百种。这些产品可以按照原理、用途、功能等来分类。

(1)按接收机的用途可分为导航型、测地型和授时型三种。

①导航型接收机。此类型接收机主要用于运动载体的导航,它可以实时给出载体的位置和速度,如图 3-1-4 所示。这类接收机一般采用 C/A 码伪距测量,单点实时定位精度较低,一般为 ±25m,有 SA 影响时为 ±100mm。这类接收机价格便宜,应用广泛。根据应用领域的不同,此类接收机还可以进一步分为:车载型——用于车辆导航定位;航海型——用于船舶导航定位;航空型——用于飞机导航定位(由于飞机运行速度快,因此,在航空上用的接收机要求能适应高速运动);星载型——用于卫星的导航定位。由于卫星的速度高达 7km/s 以上,因此对接收机的要求更高。

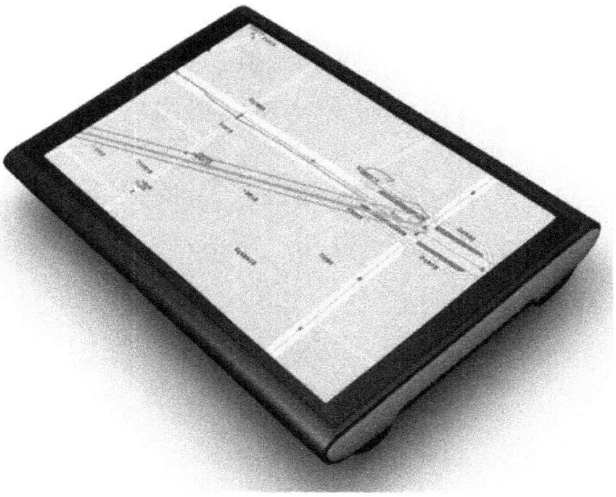

图 3-1-4　导航型接收机

②测地型接收机。测地型接收机主要用于精密大地测量和精密工程测量。定位精度高,仪器结构复杂,价格较贵,如图 3-1-5 所示。

③授时型接收机。这类接收机主要利用 GPS 卫星提供的高精度时间标准进行授时,常用于天文台及无线电通信中时间同步。

(2)按载波频率可分为单频接收机和双频接收机。

①单频接收机。单频接收机只能接收 L1 载波信号,根据测定载波相位观测值进行定位。由于不能有效消除电离层延迟影响,单频接收机只适用于短基线(小于 15km)的精密定位。

②双频接收机。双频接收机可以同时接收 L1、L2 载波信号。利用双频对电离层延迟的不同,可以消除电离层对电磁波信号的延迟影响,因此双频接收机可用于长达几千千米的精密定位。

(3)按通道数可分为多通道接收机、序贯通道接收机、多路多用通道接收机。

GPS 接收机能同时接收多颗 GPS 卫星的信号,为了分离接收到的不同卫星的信号,以实现对卫星信号的跟踪、处理和测量,具有这样功能的器件称为天线信号通道。根据接收机所具有的通道种类可分为多通道接收机、序贯通道接收机、多路多用通道接收机。

(4)按接收机工作原理可分为码相关型、平方型、混合型、干涉型 4 种。

①码相关型接收机。码相关型接收机是利用码相关技术得到伪距观测值。

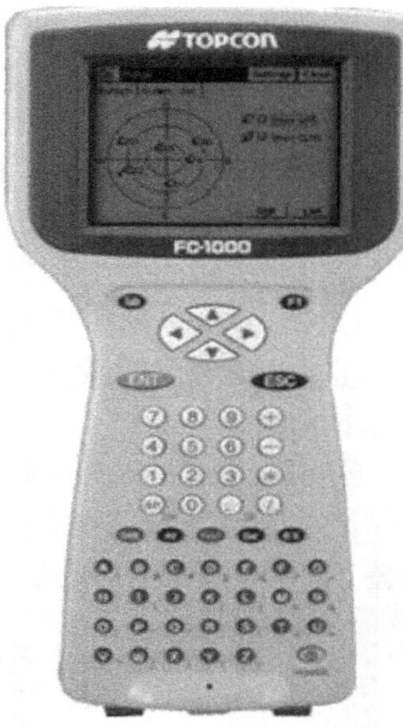

图 3-1-5 测地型接收机

②平方型接收机。平方型接收机是利用载波信号的平方技术去掉调制信号,来恢复完整的载波信号,通过相位计算测定接收机内产生的载波信号与接收到的载波信号之间的相位差,测定伪距观测值。

③混合型接收机。这种仪器是综合上述两种接收机的优点,既可以得到码相位伪距,也可以得到载波相位观测值。

④干涉型接收机。这种接收机是将 GPS 卫星作为射电源,采用干涉测量方法,测定两个测站间距离。

2. GPS 接收机的组成及工作原理

GPS 接收机主要由 GPS 接收机天线单元、GPS 接收机主机单元和电源三部分组成,如图 3-1-6 所示。接收机主机由变频器、信号通道、微处理器、存储器及显示器组成。

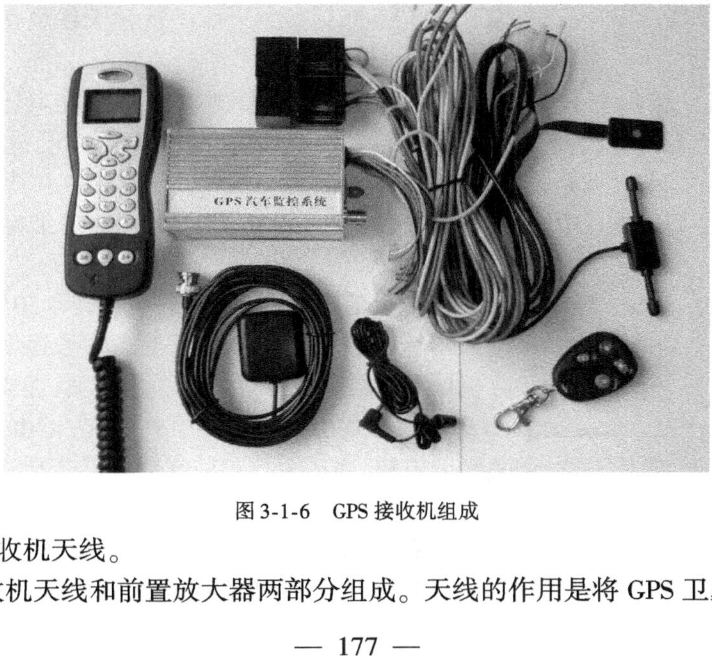

图 3-1-6 GPS 接收机组成

(1)GPS 接收机天线。

天线由接收机天线和前置放大器两部分组成。天线的作用是将 GPS 卫星信号的极微弱的电磁波能转化为相应的电流,而前置放大器则是将 GPS 信号电流予以放大。为便于接收机对信号进行跟踪、处理和量测,对天线部分有以下要求:

①天线与前置放大器应密封一体,以保障其正常工作,减少信号损失;

②能够接收来自任何方向的卫星信号,不产生死角;

③有防护与屏蔽多路径的措施;

④天线的相位中心保持高度的稳定,并与其几何中心保持一致。

GPS 接收机天线有下列几种类型。

①单板天线。这种天线结构简单、体积较小,需要安装在一块基板上,属单频天线,如图 3-1-7 所示。

②四螺旋形天线。四螺旋形天线是由四条金属管线绕制而成,底部有一块金属掏板。这种天线频带宽,全圆极化性能好,可捕捉低高度角卫星。缺点是不能进行双频接收,抗震性差,常用作导航型接收机天线,如图 3-1-8 所示。

图 3-1-7　单板天线

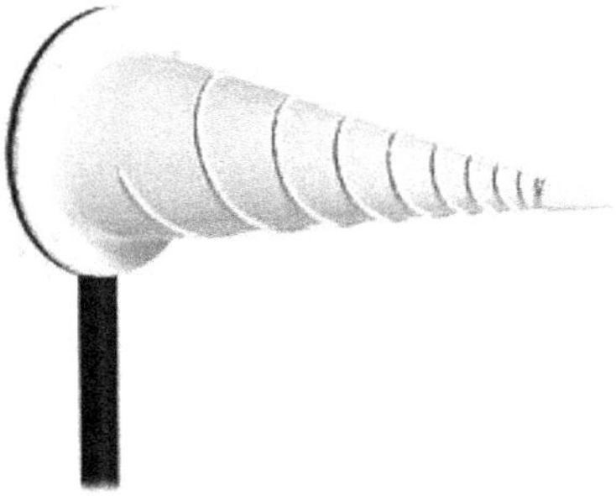

图 3-1-8　四螺旋形天线

③微带型天线。微带天线是在厚度为 $h(h \leqslant \lambda)$ 的介质板两边贴以金属片。一边为金属底板,一边做成矩形或圆形等规则形状,如图 3-1-9 所示。这种天线也称为贴片天线。微带天线的特点是高度低,重量轻,结构简单并且坚固;易集成,能和有源器件、电路集成为统一的组件;电性能多样化,不同设计的微带元,其最大辐射方向可以从边射到端射范围内调整;易于得到各种极化。目前大部分测地型天线都是微带天线。这种天线更适用于飞机、火箭等高速飞行物上。

④锥形天线。锥形天线是在介质锥体上,利用印刷电路技术在其上制成导电圆锥螺旋表面,也称盘旋螺线型天线,如图 3-1-10 所示。这种天线可以同进出,在两个频率上工作。锥形天线的特点是增益好。但是由于其天线较高,并且在水平方向上不对称,天线相位中心与几何中心不完全一致。因此,在安置天线时要仔细定向并且要给予补偿。

GPS 天线接收来自 20000km 高空的卫星信号很弱,信号电平只有 -50 ~ -180Db;输入功率信噪比为 S/N = -30dB。即信号源淹没在噪声中。为了提高信号强度,一般在天线后端设有前置放大器。对于双频接收机设有两路前置放大器以激活带宽,控制外来信号干扰,也防止 f_1、f_2 信号干扰。大部分 GPS 天线都与前置放大器结合在一起,但也有些导航型接收机为减少天线重量、便于安置、避免雷电事故,而将天线和前置放大器分开。

(2)接收机主机。

①变频器及中频接收放大器。经过 GPS 前置放大器的信号仍然很微弱,为了使接收机通道得到稳定的高增益,并且使 L 频段的射频信号变成低频信号,必须采用变频器。

②信号通道。信号通道是接收机的核心部分,GPS 信号通道是软硬件结合的电路。不同类型的接收机其通道是不同的。GPS 信号通道的作用有三点:一是搜索卫星,索引并跟踪卫星;二是对广播电文数据信号解扩,解调出广播电文;三是进行伪距测量、载波相位测量及多普勒频移测量。

图 3-1-9　微带型天线

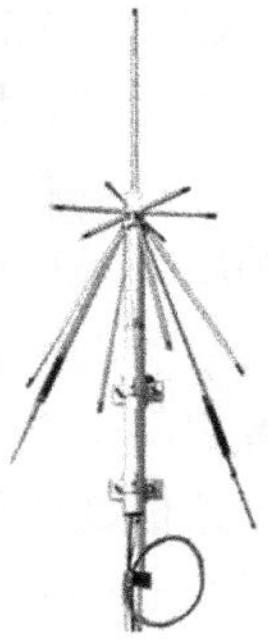

图 3-1-10　锥形天线

从卫星接收到的信号是扩频的调制信号,所以要经过解扩、解调才能得到导航电文。为了达到此目的,在相关通道电路中设有伪码相位跟踪环和载波相位跟踪环。

③存储器。接收机内设有存储器或存储卡以存储卫星星历、卫星历书、接收机采集到的码相位伪距观测值、载波相位观测值及多普勒频移。目前,GPS 接收机都装有半导体存储器(简称内存),接收机内存数据可以通过数据口传到微机上,以便进行数据处理和数据保存。在存储器内还装有多种工作软件,如自测试软件、卫星预报软件、导航电文解码软件、GPS 单点定位软件等。

④微处理器。微处理器是 GPS 接收机工作的灵魂,GPS 接收机工作都是在微处理器指令统一协同下进行的。其主要工作步骤如下:

a. 接收机开机后首先对整个接收机工作进行自检,并测定、校正、存储各通道的时延值。

b. 接收机对卫星进行搜索捕捉卫星。当捕捉到卫星后即对信号进行牵引和跟踪,并将基准信号译码得到 GPS 卫星星历。当同时锁定 4 颗卫星时,将 C/A 码伪距观测值连同星历一起计算测站的三维坐标,并按预置位置更新率计算新的位置。

c. 根据机内存储的卫星历书和测站近似位置,计算所有在轨卫星升降时间、方位和高度角。

d. 根据预先设置的航路点坐标和单点定位测站位置计算导航的参数航偏距、航偏角、航行速度等。

e. 接收用户输入信号,如测站名、测站号、作业员姓名、天线高、气象参数等。

⑤显示器。GPS 接收机都有液晶显示屏,以提供 GPS 接收机工作信息。并配有一个控制键盘。用户可通过键盘控制接收机工作,对于导航接收机,有的还配有大显示屏,在屏幕上直接显示导航的信息甚至显示数字地图。

(3)电源。GPS 接收机电源有两种,一种为内电源,一般采用锂电池,主要用于 RAM 存储器供电,以防止数据丢失。另一种为外接电源,这种电源常用可充电的 12V 直流镉镍电池组,或采用汽车电瓶。当用交流电时,要经过稳压电源或专用电流交换器。

综上所述,接收机的主要任务是:当 GPS 卫星在用户视界升起时,接收机能够捕获到按不定期卫星高度截止角所选择的待测卫星,并能够跟踪这些卫星的运行;对所接收到的 GPS

信号，具有变换、放大和处理的功能，以便测量出 GPS 信号从卫星到接收天线的传播时间，解译出 GPS 卫星所发送的导航电文，实时地计算出测站的三维位置，甚至三维速度和时间。GPS 信号接收机不仅需要功能较强有力的机内软件，而且需要一个多功能的 GPS 数据测后处理软件包。接收机加上处理软件包，才是完整的 GPS 信号用户设备。

3. GPS 系统的工作原理

GPS 导航系统的基本原理是测量出已知位置的卫星到用户接收机之间的距离，然后综合多颗卫星的数据就可知道接收机的具体位置。要达到这一目的，卫星的位置可以根据星载时钟所记录的时间在卫星星历中查出。而用户到卫星的距离则通过记录卫星信号传播到用户所经历的时间，再将其乘以光速得到（由于大气层电离层的干扰，这一距离并不是用户与卫星之间的真实距离，而是伪距（PR）。当 GPS 卫星正常工作时，会不断地用 1 和 0 二进制码元组成的伪随机码（简称伪码）发射导航电文。GPS 系统使用的伪码一共有两种，分别是民用的 C/A 码和军用的 P(Y) 码。C/A 码频率 1.023MHz，重复周期 1 毫秒，码间距 1 微秒，相当于 300m；P 码频率 10.23MHz，重复周期 266.4 天，码间距 0.1 微秒，相当于 30m。而 Y 码是在 P 码的基础上形成的，保密性能更佳。导航电文包括卫星星历、工作状况、时钟改正、电离层时延修正、大气折射修正等信息。它从卫星信号中解调制出来，以 50b/s 调制在载频上发射。导航电文每个主帧中包含 5 个子帧，每帧长 6s。前三帧各 10 个字码；每 30s 重复一次，每小时更新一次。后两帧共 15000b。导航电文中的内容主要有遥测码、转换码、第 1、2、3 数据块，其中最重要的则为星历数据。当用户接收到导航电文时，提取出卫星时间并将其与自己的时钟做对比便可得知卫星与用户的距离，再利用导航电文中的卫星星历数据推算出卫星发射电文时所处位置，用户在 WGS-84 大地坐标系中的位置、速度等信息便可得知。

可见 GPS 导航系统卫星部分的作用就是不断地发射导航电文。然而，由于用户接收机使用的时钟与卫星星载时钟不可能总是同步，所以除了用户的三维坐标 x、y、z 外，还要引进一个 Δt，即卫星与接收机之间的时间差作为未知数，然后用 4 个方程将这 4 个未知数解出来。所以，如果想知道接收机所处的位置，至少要能接收到 4 个卫星的信号。

GPS 接收机可接收到可用于授时的准确至纳秒级的时间信息；用于预报未来几个月内卫星所处概略位置的预报星历；用于计算定位时所需卫星坐标的广播星历，精度为几米至几十米（各个卫星不同，随时变化）；以及 GPS 系统信息，如卫星状况等。

GPS 接收机对伪码的量测就可得到卫星到接收机的距离，由于含有接收机卫星钟的误差及大气传播误差，故称为伪距。对 CA 码测得的伪距称为 CA 码伪距，精度约为 20m，对 P 码测得的伪距称为 P 码伪距，精度约为 2m。

GPS 接收机对收到的卫星信号，进行解码或采用其他技术，将调制在载波上的信息去掉后，就可以恢复载波。严格而言，载波相位应被称为载波拍频相位，它是收到的受多普勒频移影响的卫星信号载波相位与接收机本机振荡产生信号相位之差。一般在接收机钟确定的历元时刻量测，保持对卫星信号的跟踪，就可记录下相位的变化值，但开始观测时的接收机和卫星振荡器的相位初值是不知道的，起始历元的相位整数也是不知道的，即整周模糊度，只能在数据处理中作为参数解算。相位观测值的精度高至毫米，但前提是解出整周模糊度，因此只有在相对定位、并有一段连续观测值时才能使用相位观测值，而要达到优于米级的定位精度也只能采用相位观测值。

按定位方式，GPS 定位分为单点定位和相对定位（差分定位）。单点定位就是根据一台接收机的观测数据来确定接收机位置的方式，它只能采用伪距观测量，可用于车船等的概略导航定位。相对定位（差分定位）是根据两台以上接收机的观测数据来确定观测点之间的相对位置的方法，它既可采用伪距观测量也可采用相位观测量，大地测量或工程测量均应采用相位观测值进行相对定位。

在 GPS 观测量中包含了卫星和接收机的钟差、大气传播延迟、多路径效应等误差，在定位计算时还要受到卫星广播星历误差的影响，在进行相对定位时大部分公共误差被抵消或削弱，因此定位精度将大大提高，双频接收机可以根据两个频率的观测量抵消大气中电离层误差的主要部分，在精度要求高，接收机间距离较远时（大气有明显差别），应选用双频接收机。

GPS 定位的基本原理是根据高速运动的卫星瞬间位置作为已知的起算数据，采用空间距离后方交会的方法，确定待测点的位置。如图 3-1-11 所示，假设 t 时刻在地面待测点上安置 GPS 接收机，可以测定 GPS 信号到达接收机的时间 Δt，再加上接收机所接收到的卫星星历等其他数据可以确定以下 4 个方程式。

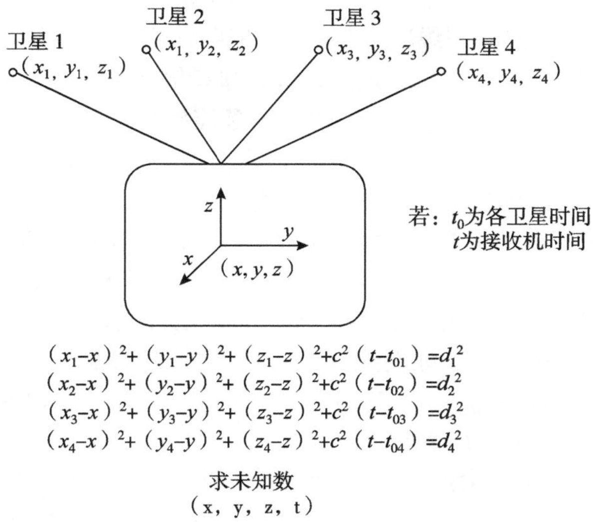

图 3-1-11　GPS 定位原理

c 为 GPS 信号的传播速度（即光速）。

$\Delta t_i=(t-t_i)(i=1、2、3、4)$分别为卫星 1、卫星 2、卫星 3、卫星 4 的信号到达接收机所经历的时间。

$d_i(i=1、2、3、4)$分别为卫星 1、卫星 2、卫星 3、卫星 4 到接收机之间的距离。

4. 使用 GPS 时常用的术语

（1）坐标（Coordinate）。有二维、三维两种坐标表示，当 GPS 能够收到 4 颗及以上卫星的信号时，它能计算出本地的三维坐标，经度、纬度、高度，若只能收到 3 颗卫星的信号，它只能计算出二维坐标，精度和纬度，这时它可能还会显示高度数据，但这个数据是无效的。大部分 GPS 不仅能以经/纬度（Lat/Long）的方式显示坐标，而且还可以用 UTM（Universal Transverse Mercator）等坐标系统显示坐标，但我们一般还是使用 LAT/LONG 系统，这主要是由所使用的地图的坐标系统决定的。坐标的精度在 Selective Availability（美国国防部为减小 GPS 精确度而实施的一种措施）打开时，GPS 的水平精度在 50 ~ 100m 之间，视接收到卫星信号的多少和强弱而定,若根据 GPS 的指示已经到达,那么四周看看,应该在大约一个足球场大小的面积内发现目标。在 SA 关闭时(目前已取消 SA),精度能达到 5 ~ 10m(GPS 性能介绍上说的精度都给的是 no SA 值)。高度的精确性由于系统结构的原因更差些。经纬度的显示方式一般都可以根据自己的爱好选择, 一般有“hddd. ddddd”,“ hddd * mm. mmm”(其中的“ * ”代表“度”,下同)。地球子午线长是 39940.67km,纬度改变一度合 110.94km,一分合 1.849km,一秒合 30.8m,赤道圈是 40075.36km,北京地区在北纬 40 度左右,纬度圈长为 40075 * sin(90 - 40),此地经度一度合 85.276km,一分合 1.42 km,一秒合 23.69m,可以选定某个显示方式,并把各位数字改变——对应地面移动多少米记住,这样能在经纬度和实际里程间建立一个大概的对应。大部分 GPS 都有计算两点距离的功能,可给出两个坐标间的精确距离。高度的显示会有英制和公制两种方式,进入 GPS 的 SETUP 页面,设置成公制,这样其他如速度、距离等的显示也都成公制了。

(2)路标(Landmark or Waypoint)。GPS 内存中保存的一个点的坐标值。在有 GPS 信号时,按一下“MARK”键,就会把当前点记成一个路标,它有个默认的一般是“LMK04”之类的名字,你可以修改成一个易认的名字(字母用上下箭头输入),还可以给它选定一个图标。路标是 GPS 数据核心,它是构成“路线”的基础。标记路标是 GPS 主要功能之一,但是也可以从地图上读出一个地点的坐标,手工或通过计算机接口输入 GPS,成为一个路标。一个路标可以将来用于 GOTO 功能的目标,也可以选进一条路线作为一个支点。一般 GPS 能记录 500 个或以上的路标。

(3)路线(Route)。路线是 GPS 内存中存储的一组数据,包括一个起点和一个终点的坐标,还可以包括若干中间点的坐标,每两个坐标点之间的线段叫一条“腿”(leg)。常见 GPS 能存储 20 条线路,每条线路 30 条“腿”。各坐标点可以从现有路标中选择,或是手工/计算机输入数值,输入的路点同时作为一个路标(Waypoint/Landmark)保存。实际上一条路线的所有点都是对某个路标的引用,比如在路标菜单下改变一个路标的名字或坐标,如果某条路线使用了它,会发现这条线路也发生了同样的变化。可以有一条路线是“活跃”(Activity)的。“活跃”路线的路点是导向功能的目标。

(4)前进方向(Heading)。GPS 没有指北针的功能,静止不动时它是不知道方向的。但是一旦动了起来,它就能知道自己的运动方向。GPS 每隔一秒更新一次当前地点信息,每一点的坐标和上一点的坐标一比较,就可以知道前进的方向,请注意这并不是 GPS 头指的方向。不同 GPS 关于前进方向的算法是不同的,基本上是最近若干秒的前进方向,所以除非已经走了一段并仍然在走直线,否则前进方向是不准确的,尤其是在拐弯的时候,会看到数值在变个不停。方向是以多少度显示的,这个度数是手表表盘朝上,12 点指向北方,顺时针转的角度。有很多 GPS 还可以用指向罗盘和标尺的方式来显示这个角度。一般同时还显示前进平均速度,也是根据最近一段的位移和时间计算的。

(5)导向(Bearing)。导向功能在以下条件下起作用:

以设定“走向”(GOTO)目标。“走向”目标的设定可以按“GOTO”键,然后从列表中选择一个路标。以后“导向”功能将导向此路标。

目前有活跃路线(Activity Route)。活跃路线一般在设置- > 路线菜单下设定。如果目前有活动路线,那么“导向”的点是路线中第一个路点,每到达一个路点后,自动指到下一个路点。在“导向”页面上部都会标有当前导向路点名称(“ROUTE”里的点也是有名称的)。它是根据当前位置,计算出导向目标的方向角,以与“前进方向”相同的角度值显示。同时显示离目标的距离等信息。读出导向方向,按此方向前进即可走到目的地。有些 GPS 把前进方向和导向功能结合起来,只要用 GPS 的头指向前进方向,就会有一个指针箭头指向前进方向和目标方向的偏角,跟着这个箭头就能找到目标。

(6)日出日落时间(Sun Set/raise Time)。大多数 GPS 能够显示当地的日出、日落时间,这在计划出发/宿营时间时是有用的。这个时间是 GPS 根据当地经度和日期计算得到的,是指平原地区的日出、日落时间, 在山区因为有山脊遮挡,日照时间根据情况要早晚各少半个小时以上。GPS 的时间是从卫星信号得到的格林尼治时间,在设置(setup)菜单里可以设置本地的时间偏移,对中国来说,应设 +8 小时,此值只与时间的显示有关。

(7)足迹线 (Plot Trail)。GPS 每秒更新一次坐标信息,所以可以记载自己的运动轨迹。一般 GPS 能记录 1024 个以上足迹点,在一个专用页面上,以可调比例尺显示移动轨迹。足迹点的采样有自动和定时两种方式。自动采样由 GPS 自动决定足迹点的采样方式,一般是只记录方向转折点,长距离直线行走时不记点;定时采样可以规定采样时间间隔,如 30s、1min、5min 或其他时间,每隔这么长时间记一个足迹点。在足迹线页面上可以清楚地看到自己足迹的水平投影。可以开始记录、停止记录、设置方式或清空足迹线。“足迹”线上的点都没有名字,不能单独引用,查看其坐标,主要用来画路线图(计算机下载路线)和“回溯”功能。很多 GPS 有一种叫作“回溯”(Trace Back)的功能,使用此功能时,它会把足迹线转化为一条“路线”(Route),路点的选择是由 GPS 内部程序完成的,一般是选用足迹线上大的转折点。同时把此路线激活为活动路线,用户即可按导向功能原路返回。要注意的是回溯功能一般会把回溯路线放进某一默认路线(如 Route 0)中。看 GPS 的说明书,使用前要先检查此线路是否已有数据,若有,要先用拷贝功能复制到另一条空线路中去,以免覆盖。回溯路线上的各路点用系统默认的临时名字如“T001”之类,有的 GPS 定第二条回溯路线时会重用这些名字,这时即使已经把旧的路线做了拷贝,由于路点引用的名字被重用了,所以路线也会改变,不是原来那条回溯路线了。请查看 GPS 的使用说明书,并试用以明确情况。有必要的话,对于需要长期保存的 Trace Back 路线,要拷贝到空闲路线,并重命名所有路点名字。

5. GPS 接收机的基本使用方法

GPS 作为定位和导航的工具,在物流运输中是不可缺少的。GPS 接收机通过相位跟踪捕获、锁定卫星信号,采集各卫星星历,测量伪距,定位解算出接收机所处位置的经纬度。一般定位需要 3 颗以上的卫星,捕获的卫星越多定位精度越高。

(1)GPS 接收机面板按键名称及功能。

①灯泡键:用于开、关机和控制三级屏幕背景光的强度。

②翻页(多页键):用于顺序循环显示各主画面或从子画面返回主页。

③输入:激活高亮部分和确认菜单选项以及输入数据。

④退出:显示前一页或恢复所选数据区的值。

⑤标记(小旗):按住此键将当前位置标记为一个航点。

⑥导航:用于直达驶往某航路点。上键、下键、左键、右键用于上下左右移动光标。

⑦输入:紧急记录功能。

(2)基本操作。

①开机、照明、关机。

a. 开机:握住及其使内部天线水平面面向天空,持续按灯泡键约 1s 即出现开机画面,接下来显示接收状态(卫星捕捉)画面。

b. 亮度调整:短暂按灯泡键即可调整屏幕的背景光,用于夜间光线不好时使用。

c. 关机:按住灯泡键 3s 直至显示消失。

②自动定位。

a. 当接收到 3 颗以上的卫星时,卫星状态图进入定位画面。定位画面第一行为方向标尺,为航向的方向与北的夹角。

b. 第二行为航向和航速的数字表示,航向与第一行意义相同,表示方法不同。航向航速只有接收机在运动时才能使用,表示当前运动的方向和速度。

c. 第三行为航程和高度。航程相当于里程表。高度在 3D 定位时有效,利用高度可以测量两个不同航点的相对高度。

d. 第四行为当前接收机的北纬和东经值。

e. 最后一行为当前的 GPS 时间。

(3)定位导航操作。

①建立航路点。按标记(小旗)键记录当前位置的步骤如下:

a. 定位完成后,按小旗键进入标定位置画面。

b. 单点定位求平均。用上下键将光标移到平均处,平均反白,按输入键后,此时 GPS 开始平均,直到误差处数字固定不变或达到期望值。(此步为可选)

c. 按上下键移动光标到航点名处,按输入键,进入输入状态。用上下键输入所要用的编号,由数字和字母组成。

d. 按输入键后光标移至存入处,按输入键确认。

e. 标定位置画面中还有一行为加入航线,可以输入航线名,即可加入此航线。

②导航操作。

a. 按导航键,显示航点画面。

b. 用上下左右键选中要驶向的航点编号或名称。

c. 按输入键确认后,GPS 自动转至导航画面,并计算出到现在的方位角和所走的里程等导航参数。

③开始导航。

a. 按翻页键数次至罗盘或高速公路画面,按输入键出现选择菜单,通过上下键选择罗盘和高速公路其中一个,使其反白,按输入键即选入该画面。

b. 在罗盘画面中,正上方为正驶向的航点名,中间为罗盘显示,箭头代表偏差角度,箭头指向正上方表明角度无偏差。其他还有方位、距离、航向、航速等信息。

c. 航向在高速公路画面中,上部显示的四种信息,方位、航程、速度、内容同上。

(4)按航迹画面导航。

按一次或数次翻页键,出现航迹画面。

①调整画面比例尺。按右键移动光标到画面左上角,按输入键选定,按上下键可以调整画面比例,调整好后再按输入确认。

②移动画面。按上下左右键可以移动画面,按退出键可退出移动画面。

③去除航路点。

a. 按翻页键到显示主菜单。

b. 按上下光标到航路点菜单处。

c. 按输入键出现航路点画面。

d. 按上下键选择要去除的航路点,并按输入键,出现选择菜单,按上下键选择去除,按输入键出现询问画面,按上下光标选择是,按输入键即去除此航路点。

e. 在航路点画面最下一行有去除全部航路点的选项,选择它可以去除全部航路点。

(5)按航线导航。

①编制航线。

a. 建立航线上的各航路点(同前方法相同),也可以直接引用原来建立的航路点。

b. 按翻页键进入功能设定主菜单,光标移到航线上,按输入键进入航线画面。

c. 光标停留在航线编号上,按输入键进行航线编号选择。按上下键选择航线编号 0 ~ 19。

d. 按输入键确认,光标自动移到下一行。按输入键后进行航路点编号的输入。按上下左右键进行航路点的输入,输入完毕后按输入键确认。

e. 按上述方法输入全部的航路点后,在最下面的一行可以设定航线是正向还是反向,并且可以清除此航线。正向代表从航线第一个航路点出发,按正向顺序航行。

②航线修改。

航线的修改包括航线的清除、航点的修改、添加和删除。在航线画面中,先选择要修改的航线号,再按上下键选择要修改的航路点,按输入键,进入修改的画面,按上下键选择修改的方式,按输入键确认。

以上为 GPS 的基本使用方法,主要介绍了定位和导航的使用。GPS 的使用是很方便的,实际的操作是学习使用 GPS 的有效方法。

任务实训方案一

GPS 接收机的认识及操作使用

1. 实训目的

熟悉 GPS 接收机各部件的功能,掌握 GPS 接收机的操作。

2. 实训要求

(1)实训前,认真学习相关章节的内容;

(2)完成实训后,应掌握仪器各部件的功能;

(3)掌握接收机上显示面板的使用;

(4)掌握接收机的在测站上的设置方法。

3. 实训步骤

(1)实训前,熟悉 GPS 接收机的各项技术指标;

(2)熟悉 GPS 接收机的各项配置;

(3)实训内容:

①认识 GPS 接收机的硬件组成。

②电源(电池)的安装。安装电池时,先松开固连螺旋,按电池盒上的提示安装上电池。安装时,注意电池盒上标注的“+”或“-”极性。

③GPS 接收机安装。将 GPS 接收机安放在三脚架基座上,对中、整平、量天线高,与常规测量架设仪器相同。但是,如果 GPS 安置出现测站偏心,就会引起偏心误差。

由于 GPS 是属于三维定位系统,天线高量测误差也会影响平面定位精度。

④GPS 接收机操作。

a. 开机。

b. 参数输入。

c. 数据接收。

d. 状态面板。接收机一旦开机,便立即搜索卫星信号,跟踪卫星并记录数据。状态面板提供观测过程的监视信息,设有"设站时间段指示灯"、"数据记录指示灯"、"卫星跟踪指示灯"、"电源状态指示灯"等 4 个指示灯,分别闪烁红或绿两种灯光信号。

e. GPS 接收机关机。关闭 GPS 接收机电源时,按住电源开关不放,伴随两个蜂鸣声,指示灯全红,直至电源指示灯全灭。

⑤清除内存文件的操作。

⑥GPS 接收机向 PC 机传输(下载)数据。

4. 实训注意事项

(1)实训前,应做好充分的准备。实训教师结合仪器进行接收机性能、状态和功能的讲授。

(2)使用仪器时,应按要求操作。

(3)安装(或更换)电池时,应注意电池的正负极性,不要将正负极装反。

(4)架设仪器时,应扣紧接收机与基座的螺旋,以防接收机从脚架上脱落。

(5)操作过程中,注意观察各指示灯的情况。

5. 上交资料

每小组提交一份合格的 GPS 接收机的使用报告。

6. 仪器及工具

每班分为 6 个小组。每小组从实验室借用 GPS 接收机 1 台(含脚架)、对讲机 1 台。

任务实训方案二

GPS 的 应 用

1. 实训准备

(1)每组一台计算机。

(2)购买 GPS 终端,进入中国 GPS 网。

(3)将学生分成几组,每组 3 ~4 人。

(4)训练时间安排:4 学时。

2. 实训内容

中国 GPS 网,就是一个应用 GPS 导航的网站。只要交费购买一个卫星导航终端,就可以在世界任何地方的计算机上查到目标所在位置,并可以以地图和文字两种方法进行查询。

任何注册成功的用户,都可以通过输入正确的账号和密码登录到系统操作主页面,进行所需的查询。操作页面由两个地图窗口和上面的功能按钮组成。地图窗口可以显示全国地图和每个城市的地图,在地图上可以显示目标车辆的位置点,通过对功能按钮进行操作,可以放大或缩小地图,直到看清楚为止。

界面中各功能按钮的介绍如下。

(1)"选择"按钮。用鼠标点击选择按钮后点击城市点,可进入地图。主要功能是在全国地图上双击城市点,可进入地图。

(2)“放大”按钮。用鼠标点击“放大”按钮后，鼠标在地图上会变成“放大镜”图标。在地图上点 1 次，可将地图放大 1 倍。在地图上按住鼠标，拉一个框，可以将此区放大。

(3)“缩小”按钮。用法跟放大按钮相同，作用跟放大按钮相反。

(4)“平移”按钮。用鼠标点击“平移”按钮后，鼠标在地图上会变成“小白手”图表。按住鼠标不放，可将地图向各个方向移动。

(5)“标尺”按钮。

①用鼠标点击“标尺”按钮后，鼠标在地图上多了一个小箭头。

②可以在地图上测量起点到终点的实际距离。

③要测量一段弯曲的路径，需用鼠标在拐角处点击一下。

④Total 为起点到终点的距离，Distance 的数值为最后两个点的距离。

(6)“全国图”按钮。用鼠标点击“全国图”按钮后，可以恢复到全国图的初始状态图。

(7)“复原图”按钮。用鼠标点击“复原图”按钮后，可以由局部的区域图返回到全国，在城市的区域图中可以返回到城市的全图。在全国的区域图中可以返回到全国图的初始状态图。

(8)“停止”按钮。当按钮变成红色时，表示系统正在下载地图数据，这时用鼠标点此按钮可停止地图数据下载，当按钮变成灰色时，表示下载完成。

3. 实训评价

GPS 应用技能评价评分表，如表 3-1-1 所示。

GPS 应用技能评价评分表 表 3-1-1

考评人		被考评人	
考评地点			
考评内容	GPS 应用技术		
考评标准	具体内容	分值/分	实际得分/分
	正确开机	5	
	检查网络连接、进入中国 GPS 网注册成功	5	
	通过输入正确的账号和密码登录系统操作的主界面	10	
	实现跟踪车辆、调度车辆、轨迹回放	20	
	实现各种报警功能	20	
	添加基础信息	20	
	实现各种查询	20	
合计		100	

注：实训满分为 100 分，60 分以下为不及格，60 ~ 69 分为及格，70 ~ 79 分为中等，80 ~ 89 分为良好，90 分以上为优秀。

任务二　动态跟踪系统对物流业务的管理和控制

任务导入

GIS 白沙烟草物流配送优化系统

白沙烟草物流配送及线路优化系统集成了国际上发展成熟的网络数据库、WEB/GIS 中间件、GPS、GPRS 通信技术。该系统利用 WEB/GIS 强大的地理数据功能来完善物流分析。

及时获取直观可视化的第一手综合管理信息。即可直接合理调配人力、运力资源，求得最佳的进货路线，又能有效地为综合管理决策提供依据。白沙烟草物流开发使用 GIS 线路优化系统后，可以实现以下 6 大应用功能：

1. 烟草配送线路优化系统

选择订单日期和配送区域后自动完成订单数据的抽取，根据进货车辆的装载量、客户分布、配送订单、进货线路交通状况、司机对送货区域的熟悉程度等因素设定计算条件，系统进行送货线路的自动优化处理，形成最佳送货路线，保证送货成本及送货效率最佳。线路优化后，允许业务人员根据业务具体情况进行临时线路的合并和调整，以适应进货管理的实际需要。

2. 烟草综合地图查询

能够基于电子地图实现客户分布的模糊查询、行政区域查询和任意区域查询，查询结果实时在电子地图上标注出来。通过使用图形操作工具如放大、缩小、漫游、测距等，来具体查询每一客户的详细情况。

3. 烟草业务地图数据远程维护

提供基于地图方式的烟草业务地图数据维护功能，还可以根据采集的新变化的道路等地理数据及时更新地图。具有对用户点的增、删、改，对路段和客户数据的综合初始化，对地图图层的维护操作，地图服务器系统的运行故障修复和负载均衡等功能。

4. 烟草业务分析

实现选定区域、选定时间段的烟草订单分销区域的分布，进行复合条件查询；在选定时间段内的各种品牌香烟的销量统计和地理及烟草分销区域分布；配送车组送货区域的地图分布。在各种查询统计、分析现有客户分布规律的基础上，通过空间数据密度计算，挖掘潜在客户；通过对配送业务的互动分析，扩展配送业务（如第三方物流）。

5. 烟草物流 GPS 车辆监控管理

通过对烟草送货车辆的导航跟踪，提高车辆运作效率，降低车辆管理费用，抵抗风险。其中车辆跟踪功能是对任一车辆进行实时的动态跟踪监控，提供准确的车辆位置及运行状态、车组编号及当天的行车线路查询。报警功能是当司机在送货途中遇到被抢被盗或其他紧急情况时，按一下车上的 GPS 报警装置向公司的信息中心报警。轨迹回放功能是根据所保存的数据，将车辆在某一历史时间段的实际行车过程呈现于电子地图上，随时查看行车速度、行驶时间、位置信息等。为事后处理客户投诉、路上事故、被抢被盗提供有力证据。

6. 烟草配送车辆信息维护

根据车组和烟草配送人员的变动，及时在这一模块中进行车辆、司机、进货员信息的维护操作，包括添加车辆和对现有车辆信息的编辑。

白沙烟草物流配送 GIS 及线路优化系统的上线运行，标志着白沙物流的信息化建设迈上了一个新的台阶，在数字化的跨区物流企业进程中起到巨大推动作用。这种“多点配送路径优化应用系统”也同样适用于国家专卖食盐配送、家电配送、易腐蚀食品（如乳制品）、冷冻食品、高级时令果品蔬菜的多点配送、城市大面积工作配餐以及加油站油品（危险品）配送等，这些行业之间可以互相借鉴，不断实现供应链优化，促进跨区配送的精确化发展。

企业信息系统的部署是依据企业战略需求进行的，GIS 及线路优化系统在白沙物流的运行，推动了白沙打造数字化跨区物流战略的逐步实现。那么什么是 GIS？GIS 具体有哪些特点和功能？

任务分析

1. 任务准备

物流动态跟踪系统、电脑、车辆。

2. 任务目标

能正确使用与维护物流动态跟踪系统的各项功能。

3. 知识准备

(1)地理信息系统的概念、功能、特点及组成;

(2)数据(电子)地图的基本使用;

(3)地理信息系统的分类及工作流程;

(4)地理信息系统在物流领域的应用。

相关知识

一、GIS 的概念

GIS(Geographic Information System,地理信息系统)是以地理空间数据为基础,采用地理模型分析方法,适时地提供多种空间的和动态的地理信息,是一种为地理研究和地理决策服务的计算机技术系统。

GIS 是一种基于计算机,能把图形管理系统和数据管理系统有机结合起来,对各种空间信息进行收集、存储、分析的工具,是地理学、计算机科学、测绘遥感学、城市科学、环境科学、空间科学、管理科学和信息科学等多种学科交叉的产物。GIS 可以对在地球上存在的东西和发生的事件进行成图和分析。它把地图这种独特的视觉化效果和地理分析功能与一般的数据库操作(如查询、统计分析等)集成在一起。

二、GIS 的主要特点与组成

(一)GIS 的特点

G1S 具有以下几个特点:

(1)GIS 使用了空间数据与非空间数据(如属性和时间数据),其他信息系统即使存储了图形,也不能进行有关空间数据的操作。

(2)GIS 强调空间分析。GIS 所具备的空间叠置分析、缓冲区分析、网络路径分析、数字地形分析等功能是一般 CAD 系统不具备的。

(3)GIS 要依靠一定的组织体系(实施组成、系统管理员、技术操作员、系统开发设计者)。

(4)信息的可视化。GIS 将不同区域的各个属性(如人口等)显示在地图上,形象、直观得让人一目了然。

(二)G1S 的组成

GIS 主要由 5 部分构成,即硬件、软件、数据、人员和方法,如图 3-2-1 所示。

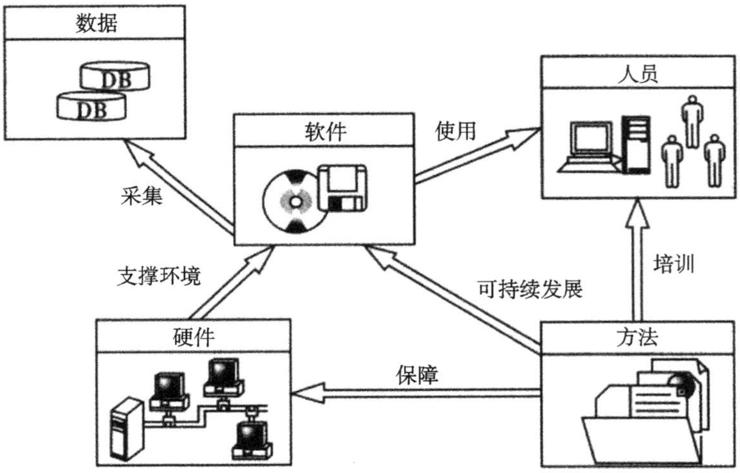

图 3-2-1　GIS 的组成

（三）GIS 的基本功能

GIS 的基本功能是将表格类数据（无论它来自数据库、电子表格文件或直接在程序中输入）转换为地图图形显示出来，然后对显示的结构进行浏览、操作和分析。其显示范围可以从洲际地图到非常详细的街区地图，显示对象包括人口、销售情况、运输路线以及其他内容。G1S 的基本功能如下：

1. 空间信息查询和分析功能

空间信息的查询和分析是 GIS 的基本功能。例如，GIS 可以在各种咨询服务中为房地产开发商找到适合于开发的土地；房地产经纪人可以用 GIS 在一定的区域内寻找满足如小高层、三房两厅等条件的所有房屋，并可列出这些房屋的所有特点；农业人员利用 GIS 找寻粮食、土壤和天气之间的相关关系等。GIS 不仅能提供静态的查询和检索，还可以进行动态的分析，如空间信息量测与分析、地形分析、网络分析、叠置分析等。

2. 可视化功能

GIS 通过对跨地域的资源数据进行处理、分析，揭示其中隐藏的模式，发现其内在的规律和发展趋势，而这些在统计资料和图表里并不能很直观地表示出来。GIS 把空间和信息结合起来，实现了数据的可视化。对于许多类型的地理信息操作，最好的结果是以地图或图形的形式显示出来。GIS 把数据显示集成在三维动画、图像或多媒体形式中输出，使用户能在短时间内对资源数据有一个直观的、全面的了解。

3. 制图功能

制图功能是 GIS 最重要的一种功能，对多数用户来说，也是使用最多最广的一个功能。GIS 的综合制图功能包括专题地图制作、在地图上显示出地理要素，并赋予数值范围，同时可以放大和缩小以表明不同的细节层次。GIS 不仅可以为用户输出全要素图，而且可以根据用户需要分层输出各种专题地图，以显示不同要素和活动的位置，或有关属性内容，例如矿产分布图、城市交通图、旅游图等。通常这种含有属性信息的专题地图主要有多边形图、线状图、点状图等 3 种基本形式，也可由这几种基本图形综合组成各种形式和内容的专题图。

4. 辅助决策功能

GIS 技术已经被用于辅助完成一些任务。例如，为计划调查提供信息，为解决领土争端提供信息服务，以最小视觉干扰为原则设置路标等。GIS 可以用来帮助人们在低风险、低犯罪的地区，离人口聚集地近的地区进行新房选址。所有的这些数据都可以用地图的形式简洁而清晰地显示出来，或者出现在相关的报告中，使决策的制定者不必再浪费精力在分析和理解数据上。GIS 快速的结果获取，使多种方案和设想可以得到高效的评估。

三、GIS 技术的应用

（一）GIS 在物流领域的应用

GIS 已广泛应用于土地管理、资源管理、环境监测、交通运输、经济建设、城市规划、工程设计和规划以及为政府行政管理提供新知识和辅助决策。

1. GIS 应用于物流分析

GIS 应用于物流分析，主要是指利用 GIS 强大的地理数据功能来完善物流分析技术。国外企业已经开发出利用 GIS 物流分析提供专门分析的工具软件。完整的 GIS 物流分析软件集成了运输路线模型、最短路径模型、网络物流模型、分配集合模型和设施定位模型等。

（1）网络物流模型。网络物流模型用于解决寻求最有效的分配货物路径问题，也就是物流网点的布局和定位问题。例如，将货物从 N 个仓库运送到 M 个商店，而且每个商店都有固定的需求。因此，需要确定由哪个仓库提货给哪个商店，使得所耗的运输代价最小。

（2）分配集合模型。分配集合模型可以根据各个要素的相似点把同一层上的所有或部分要素分为几个组，用以解决确定服务范围的销售市场范围等问题。如某一公司要设立 X 个分销点，要求这些分销点要覆盖某一地区，而且要使每个分销点的顾客数目大致相等。

（3）设施定位模型。设施定位模型用于确定一个或多个设施位置。在物流系统中，仓库和运输线共同组成了物流网络，仓库处于网络的节点上，节点决定着路线。如何根据供求关系的实际需要并结合经济效益等原则，在既定区域内设立多个仓库，每个仓库的位置、规模以及仓库之间的物流关系等，运用此模型均能很容易地得到解决。

（4）运输路线模型。运输路线模型用于解决一个起始点、多个终点的货物运输中如何降低物流作业费用并保证服务质量的问题，包括决定使用多少运输工具，每部运输工具的行驶路线等。

（5）最短线路模型。最短线路模型用于最经济的路线选择问题分析，物流从哪里出发路径最短、费用最低、时间最短等问题。

2. GIS 在物流信息系统中的应用

（1）GIS 在配送中心信息系统中的应用。通过客户邮编和详细地址字符串，自动确定客户的地理位置（经纬度）和客户所在的区站、分站和投递段。通过基于 GIS 的查询、地图表现的辅助决策、实现对投递路线的合理调度和安排客户投递排序。

（2）GIS 在客户服务端的应用。客户通过物流信息系统调用数据库查询，查询结果能够实现可视化，如地图或图表显示；还可实现分析功能，如计算两地间的距离。

（3）GIS 在查询货物动态情况的应用。如汽车安装了 GIS，物流企业或客户可通过物流业务系统的调用，随时查询在途货物的动态情况。如果没有 GIS，则要求司机每隔一定的时间用手机向总部汇报所在的位置。

3. GIS 在物流电子商务中的应用

当 GIS 与 Internet 以及无线通信相连时，所发挥的作用就更大了。运用位置信息技术，可进一步提高企业实现电子商务的竞争实力。针对客户在地理信息方面的需求,业务数据图形化管理和业务机构、业务对象图形化编辑为核心。从客户、产品、业务结构 3 个管理层面上实现业务的全面图形化管理。通过客户邮编和详细地址字符串,自动确定客户的地理位置(经纬度)和客户所在的区站、分站和投递段。通过基于 GIS 的查询、地图表现的辅助决策,实现对投递路线的合理编辑(如创建、删除、修改)和客户投递排序,用特定的地图符号在地图上表示客户的地理位置,不同类型的客户(如普通客户和会员客户,单位客户和个人客户等)采用不同的代号表示。通过 GIS 的查询功能或在地图上单击地图客户符号,显示此客户符号的属性情息,并可以编辑属性。通过业务系统调用 GIS,以图形的方式显示业务系统的各种相关操作结果的数值信息。由上级机构基于综合评估模型和 GIS 的查询,实现广告投递区域的选择。

(二)GIS 在企业中的应用

GIS 为公司和企业涉及空间分布的信息查询和决策提供服务。专业 GIS 公司在各种地理空间数据库的基础上开发相应的桌面或网络地理信息查询和分析模型。为其他公司和个人地理信息查询和分析提供桌面、线上及移动的服务。企业提高效率和竞争力,是目前国际企业一个主要的目标。例如,英国电信已经宣布采用 Mapinfo GIS 产品,估计可为该集团节省 3000 万英镑;澳洲 TOYOTA 汽车采用了 GIS 作为市场营销应用;香港 Lucent Technologies、电讯盈科等都采用了 GIS 产品。

国内一些先进企业,相继采用了 Mapinfo GIS 系统,如北京市商业 GIS、天津可口可乐电子地图管理系统;已经投入使用的还有小红帽投递管理信息系统、工商银行系统等。

在香港,GIS 应用日渐受到关注,“香港生产力促进局”成立的“无线应用方案中心”便选择了“移动地图”作为推广产品。香港有线电视也专题介绍无线地图应用。

(三)GIS 在政府部门的应用

应用于政府部门的 GIS,首先是存储政府职能部门的业务信息,完成各种基础地理信息数据,为社会和个人提供专业信息查询等。其应用包括设备管理、医疗卫生、旅游、公交、电信、房地产、城市规划、水利项目等。

(四)社会个人的应用

个人是通过利用政府和相关 GIS 信息公司提供的空间服务,满足诸如出行最优线路选择、公共服务设施定位、旅游线路选择和网络虚拟等需要。个人应用 GIS 的参与者越来越多,规模也越来越大,但建立者和使用者的职能分化也越来越明显,模型分析功能越来越弱,而信息查询功能要求越来越强。

任务实训方案

GIS 的应用

1. 实训准备

(1)确定技能训练题目。通过社会调研了解 GIS 在生活中的应用;通过上网寻找 GIS 服务网站,熟悉城市数字地图的使用方法。学生可以从中选择题目,也可以自定题目。

(2)制订调查计划。依据调查的主题,明确规定应调查收集的资料。确定 GIS 服务网站。

(3)各项目小组在调查研究前,先要查阅与调查主题相关的资料,做好知识准备。

(4)全班分组:每组3人,每组设一名组长。每位同学带上笔记本。

(5)训练时间安排:4学时。

2. 实训内容

(1)搜索“数字地图”。

可在任意搜索引擎中搜索“数字地图”。

(2)多种方法查询。

要求学生通过多种方法进行简单查询,如名胜古迹的位置查询、乘车路线的选择查询等。

(3)系统功能。

①中心信息窗:即通过政务热点实现政务公开,并介绍城市信息资源管理中心的业务。

②位置服务:实现基于电子地图的地名、机构、景点和购物等20多类地理实体查询。

a. 城市百事通。提供一站式的位置服务,将公交换乘、行车路线、自助式查询和移动服务等功能人性化地集成在一起。按照普通百姓的生活习惯,将日常生活中的各种位置查询,集中在一个统一的对外联系“窗口”,最终实现一个请求解决用户所有问题的目标。

b. 搜遍城市。全方位的自助式查询,用户需要键入关键字、中心位置和起终点等信息,进行模糊查找、公交换乘、周边环境和查找最近等操作。

c. 换乘公交。提供城市公交换乘、公交路线和公交站等查询。

d. 驾车出行。提供城市的道路状况、交通禁则、交通通告、立交桥走法和加油站位置等。

e. 移动服务。提供移动用户的当前位置、历史轨迹和定时位置等。

③短信服务:利用手机短信为公众提供电子地图查询功能。

④定位服务:展示GPS定位和GSM网络定位的用途和功能。

⑤遥感信息服务:提供基于卫星和航拍图片的信息和服务。

(4)查询方法。为进一步方便大家查询,数字北京地图除了提供放大、缩小、移动、测距、复位等常用查询工具外,还增加了点取坐标、在线标注和框选查询等功能。

①点取坐标:用户可以用鼠标在图中标出目前的位置,另外再标出想到达的位置,然后选择是乘公交车还是自驾车或者坐出租车到达目的地。一切选定后即可查询,GIS就会自动设定一条最便捷的道路。

②在线标注:在地图上标注出你的单位,输入介绍你的单位的产品和服务等信息。当别人点击你单位所在的区域或是点击你单位的名称时,你输入的各种信息都会显示出来,包括联系电话和公交情况等。

③框选查询:在地图上按住鼠标拉动一个框,框内所有单位的名称及布置情况就会一目了然,方便用户熟悉该地区。

3. 实训注意事项

(1)确定要访问的网站。

(2)对参加调研的学生,分组时要合理搭配,并进行必要的训练。

(3)学生上网时要听从机房老师管理,不要访问与教学无关的网站。

4. 实训评价

GIS在物流系统中的应用技能评价评分表,见表3-2-1。

GIS 在物流系统中的应用技能评价评分表 表 3-2-1

考评人		被考评人	
考评地点			
考评内容	GIS 在物流系统中的应用		
考评标准	具体内容	分值/分	实际得分/分
	听课认真、纪律良好	10	
	熟练操作中心信息窗	15	
	熟练操作位置服务	15	
	熟练操作城市百事通服务	15	
	熟练操作短信服务	15	
	熟练操作定位服务	15	
	熟练操作遥感信息服务	15	
合计		100	

注:实训满分为 100 分,60 分以下为不及格,60 ~ 74 分为及格,75 ~ 84 分为良好,85 分以上为优秀(包括 85 分)。

延伸阅读

智 能 交 通

21 世纪将是公路交通智能化的时代,智能交通系统是一种先进的一体化交通综合管理系统。在该系统中,车辆靠自己的智能在道路上自由行驶,公路靠自身的智能将交通流量调整至最佳状态,借助于这个系统,管理人员对道路、车辆的行踪将掌握得一清二楚。

一、智能交通系统的组成

智能交通是一个综合性体系,它包含的子系统大体可分为以下几个方面。

1. 车辆控制系统

车辆控制系统辅助驾驶员驾驶汽车或替代驾驶员自动驾驶汽车。它通过安装在汽车前部和旁侧的雷达或红外探测仪,可以准确地判断车与障碍物之间的距离。如遇紧急情况,车载电脑能及时发出警报或自动刹车避让,并根据路况自己调节行车速度,人称“智能汽车”。目前,美国已有 3000 多家公司从事高智能汽车的研制,已推出自动恒速控制器、红外智能导驶仪等高科技产品。

2. 交通监控系统

交通监控系统类似于机场的航空控制器,GIS 在道路、车辆和驾驶员之间建立快速通信联系。哪里发生了交通事故,哪里交通拥挤,哪里交通最为畅通,该系统会以最快的速度提供给驾驶员和交通管理人员。

3. 运营车辆高度管理系统

运营车辆高度管理系统通过汽车的车载电脑、高度管理中心计算机与全球卫星定位系统联网,实现驾驶员与调度管理中心之间的双向通信,来提高商业车辆、公共汽车和出租汽车的运营效率。该系统通信能力极强,可以对全国乃至更大范围内的车辆实施控制。目前,行驶在法国巴黎大街上的 200 辆公共汽车和英国伦敦的约 2500 辆出租汽车已经在接受卫星的指挥。

4. 旅行信息系统

旅行信息系统专为外出旅行人员及时提供各种交通信息。它提供信息的媒介是多种多样的，如电脑、电视、电话、路标、无线电、车内显示屏等，任何一种方式都可以。无论你是在办公室、大街上，还是在家中、汽车上，只要采用其中任何一种方式，都能从信息系统中获得所需要的信息。有了该系统，外出旅行者就可以眼观六路、耳听八方了。

二、智能交通系统整体性

智能交通系统主要着眼于交通信息的广泛应用与服务，进而提高交通设施的运行效率。与一般技术系统相比，智能交通系统建设过程中的整体性要求更加严格，这种整体性体现在以下方面。

1. 跨行业特性

智能交通系统建设涉及众多行业领域，造成复杂的行业间协调问题。

2. 技术领域特性

智能交通系统综合了交通工程、信息工程、通信技术、控制工程、计算机技术等众多科学领域的成果，需要众多领域的技术人员共同协作。

三、智能交通系统应用优势

智能交通系统的应用可以解决交通运输带来的能耗、污染以及拥堵问题。它可以提高道路使用效率，使交通堵塞率减少约 60%，使短途运输效率提高近 70%，使现有道路的通行能力提高 2 ~3 倍。车辆在智能交通体系内行驶，修车次数可以减少 30%，行车时间减少 13% ~45%，车辆的使用效率能够提高 50% 以上。

1. 智能交通能够大幅降低汽车能耗

通过智能交通控制，由于平均车速的提高带来了燃料消耗量的减少和排出废气量的减少，汽车油耗也可由此降低 15%。以中国 7000 万辆汽车保有量测算，每年可减小约 2500 万吨汽油的消耗，占每年成品油进口量的一半以上。同时，交通的畅通将大幅减少车辆在路上的停滞时间，使得汽车尾气的排放大大减少，从而改善空气质量。据测算，全国汽车发动机空转的时间每减少 1 分钟，就可减少 1000 吨汽油转化的废气排放。推动智能交通，可使中国温室气体的排放量减少 25% ~30%。

2. 智能交通能够有效减少交通事故

国内每年仅交通事故一项造成的伤残人数就达 50 多万，死亡人数 10 多万。智能交通技术能够有效减少交通事故的发生，可使每年因交通事故造成的死亡人数下降 30% ~70%。

模块小结

全球卫星定位系统（GPS）是由美国国防部开发的一个基于卫星的无线导航系统。GPS 系统由 GPS 卫星座（空间部分）、地面监控系统（地面控制部分）和 GPS 信号接收机（用户设备部分）组成，它能对静态、动态对象进行动态空间信息的获取，快速、精度均匀、不受天气和时间限制地反馈空间信息。GPS 定位采用中间被动式测量原理，即卫星不间断地发送自身的星历参数和时间信息，用户接收到这些信息后，经过计算求出接收机的三维位置、三维方向以及运动速度和时间信息。在现代物流管理中，GPS 广泛应用于导航、交通运输、定位测量等方面，提高了物流管理的效率。

地理信息系统(Geographic Information System,GIS)是以地理空间数据为基础,采用地理模型分析方法,适时地提供多种空间的和动态的地理信息,是一种为地理研究和地理决策服务的计算机技术系统。GIS 被应用于物流中的运输路线模型、最短路径模型、网络物流模型、分配集合模型和设施定位模型等方面。

课后习题

一、填空题

1. GPS 接收机由(　　)、(　　)、(　　)组成。
2. (　　)天线结构简单、体积较小,需要安装在一块基板上,属单频天线。
3. (　　)是接收机的核心部分,GPS 信号通道是硬软件结合的电路。

二、选择题

1. GIS 在物流分析中的应用包括运输路线模型、最短路径模型、网络物流模型、分配集合模型和(　　)等。

A. GPS　　B. 设施定位模型　　C. 信息系统　　D. RFID

2. GIS 主要由 5 部分构成,即硬件、软件、数据、人员和(　　)。

A. GPS　　B. 方法　　C. 信息系统　　D. RFID

3. (　　)是一种基于计算机,能把图形管理系统和数据管理系统有机结合起来的系统。

A. GPS　　B. GIS　　C. 信息系统　　D. RFID

4. GIS 的(　　)能将不同区域的各个属性(如人口等)显示在地图上,形象、直观得让人一目了然。

A. 信息可视化　　B. 空间分析　　C. 信息监控性　　D. 信息透明化

5. 空间信息的查询和分析是 GIS 的(　　)功能。

A. 特殊　　B. 关键　　C. 唯一　　D. 基本

三、简答题

1. 简述什么是全球定位系统。
2. 全球卫星定位系统由哪几部分组成?
3. 举例说明 GIS 在物流中的应用。
4. 简述什么是地理信息系统。
5. 简述 GIS 的基本功能有哪些。

四、应用题

小刘所在的仓储配送中心最近遇到一个难题,由于配送量大,线路复杂,又新进了一批实习驾驶员,所配的货物总是不能按时到达所在的超市,而超市总打电话催问货物的运输状况,管理员无以作答。小刘打算采用一些新的信息技术来解决这一问题。请为小刘做一个切实可行的实施方案,说明要解决这一难题需配置什么信息设备,实现什么功能及运作流程,具体方法是什么?

模块四　物流业务信息系统维护与应用

情境寄语

现代物流是物流实体流通与信息流通的结合，最重要的特征是物流的信息化。物流信息化可以提高物流效率、降低物流成本、保障物流安全、提升物流品质，因此物流信息技术得到企业的高度重视。在信息技术的支撑下，形成了以自动化仓储管理、运输管理、配送管理等多种业务集成的一体化的现代物流业务信息系统。本模块主要介绍物流管理信息系统的基本概念、开发方法、开发过程以及几种典型的物流业务信息系统的构成。

学习目标

通过本情境的学习，期望达到下列目标。

1. 专业能力

(1)了解物流业务信息系统的基本功能和组成；
(2)掌握物流业务信息系统的使用方法；
(3)能对物流业务系统进行日常维护。

2. 社会能力

(1)通过分小组活动，培养学生的团队协作精神；
(2)通过规范文明操作，培养良好的职业道德和安全环保意识；
(3)培养遵章守纪、积极思考、耐心、细致、勇于实践、具备竞争意识等社会能力。

3. 方法能力

(1)通过查阅资料、文献等，培养自学能力和获取信息的能力；
(2)通过情境化的任务单元活动，掌握分析问题解决实际问题的能力；
(3)制订工作计划，培养工作方法能力。

模块图解

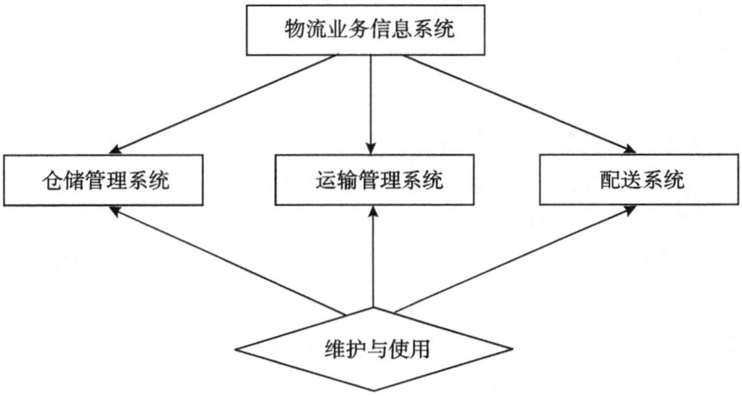

任务一　仓储管理系统的设计

任务介绍

传统的仓储管理,往往依靠人的经验,这就会导致仓储作业流程执行不到位。仓储管理系统(WMS)可以固化作业流程,并指导物流作业,WMS 也是企业的核心物流系统。本任务介绍仓储管理系统运用的现代物流技术以及应用分类。

任务分析

1. 任务准备

计算机若干,多媒体教室,WMS 软件,服务器 1 台。

2. 任务目标

(1)了解 WMS 系统的基本组成;

(2)掌握 WMS 系统的功能设计;

(3)掌握物流管理信息系统开发方法和原则。

3. 知识准备

(1)WMS 的定义、功能、组成;

(2)软件开发的基本知识。

任务导入

麦网物流中心管理系统

麦考林是全球领先的大型 B TO C 企业,1996 年进入中国,成立三资企业,从事邮递业务,2004 年成立电子商务网站——麦网(www. m18. com)。2008 年开始在国内布点建立门店销售渠道,迄今已完成国内主要城市超过 200 家门店的规模,其复杂的经营模式和业务对物流中心的操作提出了极高的要求。

麦考林复杂的商业模式和对物流中心的精益化管理代表了典型的电子商务企业对于物流中心的管理和作业要求,麦考林在实施 WMS 前面临如下挑战:

问题 1:物流中心越来越趋于集中化管理,面积越来越大,为了更好地利用空间,物流中心的内部结构区域复杂化。

问题 2:快速变化的市场,物流中心的内部管理的常规品项达几千到几万种,多批次,小批量的特点使物流中心的作业复杂度增加。

问题 3:电子商务行业的平均退货率高达 20%,如何有效减少由于错发、漏发而导致的客户退货,以及由此带来的客户满意度下降。

问题 4:既要满足门店又要满足终端客户的配送需求。每天几万个订单的拣选量给仓库带来巨大的压力,人海战术无法支持业务的进一步扩展。

FLUX 是国内领先的物流管理软件提供商,是精益物流管理领域的领导者,通过对麦考林业务流程的调研,并结合 FLUX 在 B TO C 行业积累的经验,为麦考林的物流中心定义了标准的作业流程。实施 WMS 给麦考林带来如下收益:

价值 1:有效控制产品、批号混放,分作业区域对 RF 进行任务派发,实现对多线程并发作业的协同管理。

价值2:从经验主导型的仓库作业和管理模式转化为流程和数据为主导的模式,减少对作业人员经验的依赖,有效降低人力资源成本。

价值3:实现仓库内部作业方法的优化,提高仓库作业效率,提升订单通行能力。

价值4:实现供应链上库存信息的透明化,改善供应商协同。

麦网通过实施 WMS 解决了物流中心管理中存在的诸多问题,为销售提供了有效的保障。那么什么是 WMS? WMS 有哪些应用分类?

相关知识

仓储是指通过仓库对货物进行储存和保管。仓储是货物流通的重要环节之一,被称为“物流的支柱”。企业为了保证生产和销售的顺利进行,需要储存一定量的物资,满足一段时期内社会生产和消费的需要。

仓储管理的对象主要是货物储存中的收、管、发和与之相关的加工等经营活动,以及围绕货物储存业务所开展的对人、财、物的管理、仓储信息的收集处理和传递等。所有的仓储业务活动,都是围绕货物展开的,并受货物性质制约,因此货物是仓储管理最重要的对象。

一、仓储管理信息系统概述

(一)仓储管理信息系统的概念

仓储管理信息系统(Warehouse Management System,WMS)是用来管理仓库内部的人员、库存、工作时间、订单和设备的应用软件。这里所称的“仓库”,包括生产和供应领域中各种类型的储存仓库。仓储作业过程是指以仓库为中心,从仓库接收货物入库开始,到按需要把货物全部完好地发送出去的全过程。

WMS 按照和用户自行确定的优先原则,优化仓库的空间利用和全部仓储作业。对上,通过 EDI(电子数据交换)等电子媒介,与企业的计算机主机联网,由主机下达收货和订单的原始数据;对下,通过无线网络、手提终端、条码系统等信息技术与仓库的员工联系,上下相互作用,传达指令、反馈信息、更新数据库并生成所需的条码标签和单据文件。

一个 WMS 的基本软件包支持仓储作业中的全部功能。处理过程如表 4-1-1 所示。

WMS 支持功能和处理工程 表 4-1-1

支持功能	处理过程
收货	货到站台,收货员将到货数据由射频终端(RF Terminal)传到 WMS,WMS 随机生成相应的条码标签,粘贴(或喷印)在收货托盘(或货箱),经扫描,这批货即被确认收到,WMS 指挥进货储存
储存	WMS 按最佳的储存方式选择空货位,通过叉车上的射频终端通知叉车驾驶员,并指引最佳途径。抵达空货位,扫描货位条码,以确保正确无误。货物就位后,再扫描货物条码,WMS 即确认货物已储存在这一货位,可供以后订单发货
订单处理	订单到达仓库,WMS 按预定规则分组,区分先后,合理安排
拣选	WMS 确定最佳的拣选方案,安排订单拣选任务。拣选人由射频终端指引到货位,显示拣选数量。经过货物和货位的条码,WMS 确认拣选正确,货物的库存量也同时减除
发货	WMS 制作包装清单和发货单,交付发运。称重设备、发货系统也能同时与 WMS 联合工作
站台直调	货到收货站台,如已有订单需要这批货,WMS 会发指令给叉车驾驶员直送发货站台,不再入库

除了支持以上功能外，WMS还能提供更多的附加支持，如库存补充、循环盘存、班组工作实时监控等。更先进的WMS还能连接自动导向车（AGV）、输送带、回转货架和高架自动行取系统（AS/RS）等。最近的新趋势则是与企业的其他管理信息系统相结合，使之融入企业的整体管理系统之内。

（二）仓储管理信息系统的目标

1. 保证作业流程标准化

仓储管理信息系统运用实时数据采集和数据库技术，为物流仓储环节提供了从订单开始到收货、分配仓位、盘点、货物出库和货物装运全过程的信息处理和管理功能，保证作业流程的标准化和统一化。

2. 提高作业准确度

仓储管理信息系统可以控制错发货、错配货、漏配送的事故，通过订货、发货业务的自动化，提高了作业准确性和工作精确度，缩短了从订货到发货的时间。

3. 提供信息咨询

仓储管理信息系统要为客户提供信息咨询及有关资料的查询和统计，满足用户对信息的实时需求。

总之，通过使用仓储管理信息系统提高了对客户的服务水平、实施物流合理化、降低物流总成本。

（三）仓储管理信息系统的特点

仓储管理信息系统是物流信息系统的一个子系统，除此之外，它还具有自身的特点。

1. 支持零库存管理

仓储管理的终极点是实现零库存，这种零库存是某个组织的零库存，是组织把自己的库存转移给其上游供应商或下游零售商，从而实现自己的零库存。在信息技术飞速发展的今天，通过仓储管理信息系统准确收集与传递库存信息，零库存是完全可以实现的。

2. 支持物流信息采集设备及自动化设备

仓储管理信息系统与先进物流技术，如手持终端、RF、GPS/GIS等均设有接口，能够与电子标签、自动化物流设备系统相连接。系统通过应用先进的图形技术，实现"可视化"管理。

3. 支持离散仓储作业管理

系统采用先进的体系结构，利用最新的网络技术，支持处于离散状态的仓库、物流作业，同时确保系统的安全。

（四）仓储管理信息系统的作用

使用仓储管理信息系统会在以下方面带来切实的效果。

（1）为仓库作业全过程提供自动化和全面记录的途径。

（2）改变传统的固定货位，实现全库随机储存，最大限度利用仓容。

（3）提高发货的质量和正确性，减少断档和退货，提高顾客的满意度。

（4）为仓库的所有活动、资源和库存提供即时的正确信息。

通过应用仓储管理信息系统，配送能力一般能提高20%～30%，库存和发货正确率超过99%；仓库利用率提高，数据输入误差减少；库存和短缺损耗减少；劳动、设备、消耗等费用降低，这些最终都为企业带来巨大的经济效益。

二、仓储管理信息系统功能设计

仓储管理信息系统主要包含基本信息管理、入库管理、库内管理、出库管理、查询管理5个基本功能模块。仓储管理信息系统的总体功能如图4-1-1所示。

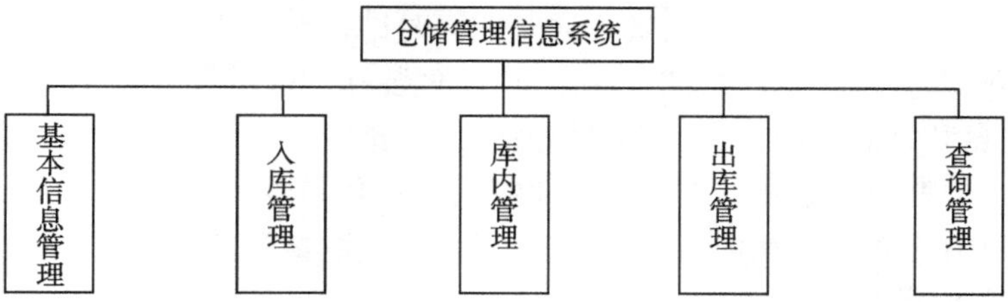

图4-1-1　仓储管理系统总体功能

仓储管理信息系统对于入库、库内、出库等一系列工作提供了全面的条码技术和无线射频(RF)技术支持，可以有效地收集有关货品、储位以及作业状态，信息可以由无线传输方式送到系统的数据库中。同时，系统中心可以将调度或自动分配给操作人员的任务传输给RF持有人。用户在友好的界面下任何时间、任何地点都可以操作和检查显示资料，实时地收集和传输数据，从而极大地提高了工作效率。

(一)基本信息管理

基本信息管理模块主要对仓库信息、货品信息、客户信息、合同信息等进行管理。

1. 仓库信息管理

仓库信息管理包括仓库类型、仓库基本信息、仓库区域信息和储位信息等。系统初始化时设置的顺序为：仓库类型、仓库信息、区域信息、储(货)位信息。仓库类别指仓库所属的类别，主要包括普通仓库、冷冻仓库、化学仓库、危险品仓库等。

2. 货品信息管理

货品信息管理包括货品类型、计量单位信息、货品信息等。系统初始化时设置的顺序为：货品类型、计量单位、货品信息。货品类型是指货品所属的类别，如电器、食品、药品等。货品信息是指条码信息、货品编号、货品种类、规格、型号、单位、质量、体积、尺寸、价值、保质期、最高库存、最低库存等。

3. 人员信息管理

人员信息管理是对企业内部的人力资源进行管理，如员工编号、员工姓名、所属部门、岗位、工作年限、联系方式等基本信息。

4. 客户信息管理

客户信息管理包括客户编号、客户名称、联系电话、传真、地址、E-mail及联系人等客户的基本信息。

5. 合同管理

合同管理信息包括合同号、甲方名称、甲方代表人、乙方名称、乙方代表人、签订合同日期、租仓地点、租仓面积、租仓标准、结算方式、保管商品名称。

(二)入库管理

入库管理主要包括对货品数量的管理，如箱数、件数；对货品的储位管理；对货品的管理，如客户、到期日、重量、体积、批次(号)，并可结合条码管理；对运输工具的管理，如运输公司、车辆号、驾驶员管理；对验收的确认，根据入库通知单的数量和实际入库数量比较分析，解决少货、多货、窜货等情况。

操作顺序为：入库通知单、卸货及验收管理、入库储位分配。

1. 入库通知单(订仓单)

入库通知单是在货品到达之前，货主通知在何时进入什么货，仓库可以根据这些信息制订入库作业计划，如安排和调度装卸货的工具、清理装卸货区域等。入库通知单主要包括客户信息、收货信息和货品明细等，并为安排卸货工具、指定卸货区和处理区提供信息。

入库通知中主表的数据项有入库单号、客户名称、合同号、预计入库时间、报警信息。入库通知单数据表中的数据项有货品的名称、条码、批次、数量等信息。

2. 卸货及验收管理

卸货及验收管理是收到入库通知单后，指定货品的装卸区及验收处理区等业务。相对应的实际操作是货品到达仓库后，仓管员指定卸货区域，在卸货区装卸货品、检查数量和质量验收等工作。系统根据入库通知单编号自动产生"验收单编号"，显示入库通知单中货品的详细列表信息。指定卸货区和验收区时，选择仓库号和区域号。验收结束后，如果发现有不合格品，应该进行登记记录。在"不合格数量"、"不合格原因"、"处理意见"3 个字段录入具体的信息。

3. 入库储位分配

入库储位分配就是为入库货品安排货位的操作：选中某一入库货品，选择合适的仓库号、区域号。在排号、列号、层号中输入分配的数值，确认"分配"即可完成，并依次为每种货品分配货位。

(三)库内管理

库内管理具体包括仓库储存货品的盘点作业、仓库内部货品在储位间的转储作业、货品在不同仓库间的转库作业、保管货品的报废管理、不合格品的退库管理等业务。

1. 盘点管理

盘点管理提供对货品的全面盘点、随机抽盘与指定盘点功能。其中指定盘点根据储位盘点和货品盘点的功能，可分区、分类进行盘点。盘点作业，首先要生成盘点单，确定要盘点货品的编号、名称、储存位置、系统结存数量的信息清单；然后录入盘存数据；审核盘点单；批点差异结转。

2. 转储管理

转储管理主要对货品在同一仓库内不同储位之间转移的作业进行管理。转储单号由系统自动产生，选择要转移货品的所在"仓库"、"转储部门"等，并填写"制单人"、"转储时间"、"制单时间"。在"转储货品及存储货位清单"中选择库位，输入数量及选择目的区域，完成转储货品的选择。

3. 转库管理

转库管理主要对货品在不同仓库之间转移的作业进行管理。即提出转仓申请，指定货品的转出仓库、区位及储位，并指定转入仓库的区域和储位等。系统自动产生转库单号，选择要转移货品的所在"转出仓库"、"转入仓库"、"转仓部门"，填写"转仓时间"、"制单时间"、填写"制单人"、"备注"等信息。在"转仓货品及存储货位申请"中选择货品，输入数量及选择目的区域,并完成整个转仓过程。

4. 报废管理

报废管理主要对仓库中报废货品的名称、编号、位置等进行管理,即提出报废申请,录入报废货舱的信息,指定报废货品的所在仓库、区域及储位,以及对上述报废信息进行维护。

5. 退货管理

退货管理主要对被退回货品的编号、名称、数量、存放位置、处理方法等信息进行管理,处理退货申请、审批、结转等相关事务。

(四)出库管理

出库管理包括对出库货品数量管理,如箱数、件数;对出货方式的选择,如先进先出(FIFO)、后进先出(LIFO)、保质期管理、批次(号);对出货运输工具的管理,如运输公司、车辆号、驾驶员管理等。

1. 出库通知单管理

出库通知单管理,就是处理收货方要求的出库信息,包括收货方名称、编码信息、出库货品明细等,为确定备货区提供信息。将库存表中货品、数量、批次信息自动生成到出库通知单的出库货品列表中。

2. 出库备货

出库备货,指操作员收到出库通知单后,录入出库备货货品信息、指定备货区和安排出库货品的货位等事务。

系统根据出库通知单编号自动产生"备货单号",填写"出库备货时间"、"制单人"、"制单时间"等出库备货信息。

根据"出库备货货品清单",显示出货仓库和区域指定窗口,选中某一仓库备货货品,即可指定出货仓库和区域。针对"出库备货货品信息清单"表中的每种货品,重复上述指定工作,可为每种出库货品指出出库仓库和区域。

3. 出库单管理

出库单管理,是指完成出库备货后,对出库货品的信息进行登记、查询等管理。如采用先进先出的出库原则,可根据入库的时间自动生成出库单,也可以根据需要,选择指定的入库单来生成出库单。

(五)查询管理

在任何时间和地点都可以通过终端进行查询。查询内容包括货主信息、商品信息、库存情况、订单状态等。

每次查询可以包括各项信息的逐一核对,并将有效结果反馈给系统,使得现场实时查询和实时指挥工作变得方便容易。

任务实训方案

仓储管理信息系统调研

1. 实训步骤

(1)在老师的指导下,学生按项目分组,确定调研计划、步骤和方法等。

(2)各项目小组分头展开实际调研,查阅资料并做好知识准备。

(3)各项目小组分析研究资料,并以方案、调查报告和小论文等形式完成作业。书面形式或电子演示文稿均可。

(4)各项目小组之间进行交流。

2. 实训注意事项

(1)学生以课堂上所学的相关理论知识为蓝本开展调查研究,注重理论联系实际。

(2)注重培养学生物流业务能力的训练,以提高学生综合素质为目标。

(3)在调研过程中,调研对象应尽可能地多,包括不同水平的企业,避免得出的结论以偏概全。

(4)调研的内容尽量具体,并认真做总结。

(5)注意所得资料的真实性、可靠性和时效性。

(6)对参加调研的学生进行必要的训练。学生外出调研必须听从指挥、注意安全,避免出现失误。

3. 实训评价

仓储管理信息系统调研技能评价评分表,如表 4-1-2 所示。

仓储管理信息系统调研技能评价评分表 表 4-1-2

考评人		被考评人	
考评地点			
考评内容	仓储管理信息系统调研		
考评标准	具体内容	分值/分	实际得分/分
	调研内容全面、客观、准确性高	25	
	调研报告及时、认真	25	
	调研报告要明确该企业仓储管理信息系统业务流程	25	
	调研报告要有该企业仓储管理信息系统的结构及功能介绍	25	
合计		100	

注:实训满分为 100 分,60 分以下为不及格,60 ~ 69 分为及格,70 ~ 79 分为中等,80 ~ 89 分为良好,90 分以上为优秀。

任务二 运输管理系统的设计

任务导入

第三方物流 Power TMS 运输管理系统案例

天天物流成立于 1985 年,总部位于苏州,营业范围覆盖物流方案咨询与设计、国内公路运输、仓储管理、智能化配送系统、国际货运代理等物流环节,现已在全国设立上海、广州、北京、深圳、成都、西安、青岛八大仓储中心和 37 个办事处。苏州本部拥有员工 200 多人,自备箱式货车、配送车 80 余部和各种装卸机械,货架式和平面式仓库 15000m^2。与明基电通、美国国家半导体、格兰富水泵等多家知名企业建立了长期稳定的业务联系。通过近 30 年的发展,凭借雄厚的经济实力和出色的全程服务在运输行业中脱颖而出,并逐渐发展成集方案策划、班线运输、仓储配送于一体的网络物流中心。

为了形成标准化作业流程,提高工作效率,增强服务质量,提升管理水平,降低成本,公司管理层决定引进运输管理信息系统。通过历时半年的系统功能考察和客户反馈考察,最终从多家供应商中选择了科箭的 Power TMS 运输管理系统。

一、系统建设目标

天天物流引进 TMS 主要目的是解决以下几个主要方面存在的问题:

(1)办事处与总部之间、办事处与办事处之间由于地域关系,信息无法做到及时反馈;例如,有多少货发往办事处管辖区域,哪些需要办事处来做中转,这些只能通过电话或邮件的形式来转达,当信息量大了之后很难及时准确地体现。

(2)面对大量的纸质订单和 E-mail 订单,调度人员一方面容易漏单;另一方面很难做到深度的调度配载,例如如何将同一方向、同一天发货的订单拼货一起运输,目前只能从一堆纸质订单中筛选,这样效率不高,而且容易配错。

(3)在途跟踪不及时,目前是通过调度打电话给驾驶员,从驾驶员口中获取货物的在途信息,当调度比较忙的时候,往往会跟踪不及时,等客户打电话过来追问时,客户满意度会明显下降,另外有些时候没有及时与驾驶员沟通而造成运输质量事故。

(4)目前客户投诉一般是由客户通过邮件或者口头方式反馈给客服,客服记录下来进行处理,而运输过程中出现的质量事故由调度负责处理,相关人员出于自己绩效的考虑,时常会做些隐瞒,经常是不了了之,从而降低了客户满意度,另一方面也加大了运输风险。

(5)随车人员、驻厂人员的管理比较薄弱,无法统计他们的工作量,分析他们的业绩。

(6)回单不及时,遗失回单很难找回。

(7)加强自有车辆管理,提高自有车辆的使用率,例如目前调度很难判断哪些车空闲,哪些车即将回场,造成了自有车辆使用率降低。

(8)结费不清晰,标准不统一,对账烦琐。

二、系统方案介绍

1. 组织架构设置

科箭 Power TMS 运输管理系统可以设置多重组织架构,目前天天物流公司设置了两层架构,总部与办事处。办事处可以单独承接业务,并且在系统中操作。办事处之间业务相互独立,总部可以查看办事处的所有业务。另外发往某个办事处所在区域的货不管来自哪个办事处,该办事处都可查见,从而实现了各个运输网络互通,实现信息共享。

2. 调度管理

Power TMS 专门有个调度工作台,所有的订单信息都在这里体现,调度人员会将同一天发货、同一条线路的订单筛选出来,然后一次性装载。另外,有些订单需要提货到公司仓库进行集货,然后由大车发往各地,针对这种业务,系统支持纵向拆分。如果一个订单的货量比较大,系统也支持横向拆分,即分多次发货。

3. 在途跟踪管理

由于被动式跟踪往往会造成跟踪不及时,所以 Power TMS 系统提供了主动式跟踪方式。系统可以设置不同客户、不同承运商、不同路线的跟踪频率,然后根据跟踪频率来自动生成预制的跟踪信息,如果当前时间落在跟踪的区间内,系统会自动触发邮件,或以短信的方式通知调度人员进行跟踪,从而实现及时跟踪。

4. 客户投诉和质量事故管理

客户可以登录系统进行客户投诉,投诉信息会以邮件和短信的方式通知给相关客服,客服人员登录系统后,在质量事故模块就可以查看到,针对客户的投诉进行处理。

另外,调度人员可以将在途过程中出现的质量事故录入到系统中,由总经理助理安排相关人员进行事故的描述、原因的分析、纠正措施的制定、事故级别的界定以及客户索赔和承运商赔偿的处理。从而使质量事故公开透明,相关责任落实到人,使质量事故能得到及时的处理,从而降低运输风险,提高客户满意度,规范承运商。

5. 人力管理

现场人员主管每天将驻厂人员,随车人员的工作情况记录到系统中,后续可以统计每个人员的工作量,任务完成情况,从而为现场人员的绩效考核提供依据。

6. 回单管理

回单在运输业务中非常重要,因为它是与客户结算的凭证,只有收到客户签字的回单后才与物流公司进行结费。由于运输过程的复杂性,经常会出现回单不及时、回单遗失的情况。Power TMS 专门设计了回单模块用来做回单管理。目前天天物流公司的单证人员每天都会进入这个模块进行回单管理,系统提供了人性化的查询方式,可以很清晰地查看到最近需要返回的回单,同时针对已经返回的回单做扫描,然后上传到系统中进行存底,即使后续遗失也没关系。

7. 装载管理

调度进行配载时,可以清楚地看到每辆车的状态、当前位置以及目前车辆装有的货物信息。同时 Power TMS 系统与 GPS 系统进行对接,可以获取车辆的 GPS 信息,包括经纬度、车速、温度、当前所在位置等,可以很直观地在地图上查看。另外,可以通过可视化查询功能,查看该公司运行在全国各个城市的车辆,以及每辆车当前的状态。这样方便了调度的配载,极大地提高了车辆的使用率。

8. 结费管理

Power TMS 提供自动结费功能,目前天天物流公司将其所有的客户合同、承运商合同标准化,导入到系统,系统根据单证信息自动匹配合同,计算出运费和附加费,系统支持按质量、体积、件数、设备等方式计费,同时也支持手工录入计费,从而大大减轻了结算人员的工作,同时也规范了运费结算。另外,月底对账时,可以从系统中直接生成对账单,导出 EXCEL 表格,简化了对账操作。系统提供报销功能,每个员工可以进入系统进行报销,打印报销单,提交主管审批后,再拿到财务进行报销确认,财务登录系统进行报销确认。

三、技术指标

天天物流公司 TMS 项目应用了科箭软件最新的框架 Power Framework,它基于五层架构,SOA 架构保证了系统良好的扩展性。系统平台有良好的扩展性、开放性,灵活度高。

(1)B/S 部署方式提升了工作效率。

(2)采用友好的界面,支持多语言。

(3)用户操作有详细的日志记录,包括操作日志和数据审计记录。

(4)自定义报告功能:最终用户可以通过 UDF 自定义报表功能,自行设计报表,包括报表格式和数据源均支持自行定义。

(5)性能表现:用户实时请求没有明显的延时,延时小于等于 3s;非历史数据查询响应延时小于等于 8s；

(6)支持并发用户数达到 200 个以上。

四、系统应用效果

在 Power TMS 系统成功实施后，为客户解决了以下几个方面的问题：

(1)提高了运输作业的效率。

(2)流程标准化，绩效考核可量化。通过系统进一步强化了标准的作业流程，形成了标准作业流程(SOP)，使人员作业标准化，减少了人员依赖；操作人员的绩效考核可量化；系统提供绩效考核的数据以及关键绩效指标(KPI)报告。

(3)提高客户满意度。

(4)提高了车辆的使用率。

(5)提高了回单及时率。

(6)降低运输成本。

(7)降低运输过程中的风险。

运输管理信息系统是重要的基本物流业务系统，帮助物流企业完成日常运输工作的管理，实现运输管理信息化，运输服务最优化，运输利润最大化。我国生产企业在物流运输环节支付费用占总成本的 30% ~40%，货运空载率高达 60%，大量货物滞留在运输环节，每年造成的损失惊人。运输费用占物流成本很大的比例，如果运输能有效运作，会给企业节约大量的费用，带来丰厚的利润。运输信息准确、及时、畅通，是物流运输发展的基本条件。

任务分析

1. 任务准备

计算机若干，多媒体教室，WMS 软件，服务器 1 台。

2. 任务目标

(1)了解运输管理信息系统的基本组成；

(2)掌握运输管理信息系统的功能设计；

(3)掌握物流信息系统开发方法和原则。

3. 知识准备

(1)运输管理信息系统的定义、功能、组成；

(2)软件开发的基本知识。

相关知识

一、运输管理信息系统概述

货物从甲地运到乙地可以产生地点或场所功效，产生这种功效的就是运输。运输是通过运输手段使货物在物流据点之间流动。

广义的运输一般分为狭义的运输和配送。关于运输和配送的区别，有许多不同的观点，可以这样来说，所有物品的移动都是运输，而配送则专指短距离、小批量的运输。因此，可以说运输是指整体，配送则是指其中的一部分。狭义的运输与配送的区别如表 4-2-1 所示。

狭义的运输与配送的区别 表 4-2-1

狭义的运输	配　　送
长距离、大量货物的移动	短距离、少量货物的移动
据点间的移动	企业送交顾客
地区间货物的移动	地区内部货物的移动
货运车辆一次向一地单独运送	货运车辆一次向多处运送，每处只获得少量货物

由于运输技术不断革新，大量、高速运输成为可能。过去提出的迅速、准确、安全、经济的运输原则，对提高运输质量的要求，也逐渐严格起来。即要求准确掌握运输活动中发生的大量信息，满足货主种种条件要求的运输手段、设施，及时提供货物运输、保管信息等运输服务，都是很必要的。此外，从运输业的性质来说，与其他产业有着广泛的联系，为进行高效率的运输活动，也必须具备随时与货主交换信息的功能。这样，推行运输业物流信息系统化，开发更多的物流运输管理系统与运输技术革新、设施的配备或系统运输的引用等各项政策一样，对实现物流运输信息管理来说，是不可缺少的必要条件。

顾客需要的多样化和个性化要求物流运输企业提供多频度、小数量、及时运送的高水准物流服务，同时物流行业激烈的竞争要求物流运输企业以适当的成本提供差别化的物流服务。特别是近年来，企业管理的一个重要的发展趋势是企业采取选择和集中的经营战略，专注于主业和成长行业，其他业务采取外购和委托方式，其中之一是把物流运输业务完全委托给专门的物流运输企业去完成，这样物流运输企业与它的顾客形成共同利益关系，与供应链的参与各方整合在一起。作为第三方物流的运输企业，经营效率的高低直接影响整个供应链的经营效果，因此为了满足顾客的需要，为了在激烈的竞争中获得竞争优势，提高整个供应链的经营效果，许多物流运输企业特别是大型物流运输企业从战略高度出发建立自己的运输管理信息系统、应用货物跟踪系统、运输车辆运行管理系统等物流信息管理系统，提高企业的经营效率。

运输管理信息系统主要指利用计算机网络等现代信息技术，对运输计划、运输工具、运送人员及运输过程的跟踪、调度指挥等管理业务进行有效管理的人机系统。一般来说，运输管理信息系统主要完成对运输工具和运送过程的信息管理。

运输管理信息系统提高了物流运输的服务水平，其具体作用表现在以下 4 个方面：

(1)当顾客需要对货物的状态进行查询时，只要输入货物的发标号码，马上就可以知道有关货物状态的信息。查询作业简便迅速，信息及时准确。

(2)通过货物信息可以确认货物是否将在规定的时间内送到顾客手中，能及时发现没有在规定的时间内把货物交付给顾客的情况，便于马上查明原因并及时改正，从而提高运送货物的准确性和及时性，提高顾客服务水平。

(3)作为获得竞争优势的手段，提高物流运输效率，提供差别化物流服务。

(4)通过整体运输管理系统所得到的有关货物运送状态的信息，丰富了供应链的信息分享源，有关货物运送状态的信息分享有利于顾客预先做好接货及后续工作的准备。

二、运输管理信息系统的功能模块

一个典型的公路运输管理信息系统的功能模块大概包括以下组成部分。

1. 车辆信息维护

对运输车辆的信息进行日常的管理维护，随时了解车辆的运行状况，以确保在运输任务下达时,有车辆可供调配。它主要包括车辆的一些基本属性,如载质量多少、运行年限、随车人员的要求以及是否是监管车辆等。

为确保车辆的最佳运行状态,需要定期或不定期地对车辆进行维修,从而保证整个运输业务过程的安全和准时,进一步提高客户服务水准。

2. 驾驶员信息维护

对驾驶员的基本信息进行管理,以随时跟踪驾驶员的情况,并对驾驶员的学习情况、违章记录、事故情况、准驾证件以及其他证件进行管理。同时,可以考核驾驶员的业务素质,以保证驾驶员队伍的稳定和发展。在驾驶员的管理中,还需要对驾驶员的出勤情况进行管理,以便在任务安排时可以自动判断其在任务当日是否能够正常地出勤,还是有其他情况不能担当此任务。

3. 运输业务登记

登记客户需要进行运输的货物信息,以便合理地安排运输计划。客户的一个委托为一笔业务,这里有 3 种情况:一是这笔业务是由其他操作流程转过来的,比如说可能是客户在报关、国际货运代理时就需要提供运输服务的;二是由物流公司自行承接的业务,即由销售人员直接与客户交流的结果;三是由合作伙伴提供的货源信息,如当我们把货物运抵目的地后,正好合作伙伴需要将某些货物带回。由于信息沟通顺畅,可以减少车辆的空载率,进一步降低物流成本,可以更好地吸引客户。

4. 运输计划安排

根据客户的要求安排运输计划,客户的一笔业务可以安排一次运输计划,也可以安排几次运输计划,这需要根据实际情况做出合理的安排。运输任务的大小、客户需求运达时间要求的限制等,都是安排运输计划所要考虑的因素。

5. 任务表制作

根据运输计划,将运输计划分解成一个一个的子任务,这样在安排车辆时就可以根据地点、时间、车班情况进行优化与组合,同时还将选择最优的运行线路,达到较高的车辆利用率和效益。

当然,对已经由计算机自动制作出来的任务表,还可以对一些不合常理的地方进行修改。根据已经生成确定的任务表制作派车单,并及时将派车单交给当班的驾驶员,实施运输计划。

6. 派车单回场确认

驾驶员把货物送至目的地并驾车回场后,将客户收货确认单带回,输入本次执行任务后的一些信息,如行程、油耗、台班数、货物有无损坏和遗失以及是否准点到达等,这些数据将作为数据统计分析的基础。

7. 派车单写入 IC 卡

将派车单的内容写入到 IC 卡,这样出车的车辆就具有电子身份证的功能,这是根据不同的地方对营运车辆管理需要而设计的,它同样可以提高工作效率,减少人为的差错。如在集装箱车辆进入港区后,需要将 IC 卡交付工作人员进行货物确认,否则车辆将不允许进入港区。

8. 白卡管理

白卡是海关对监管车辆管理的凭证,它不是每辆车都拥有的,而是运输海关监管货物的车辆才有的。系统中体现的功能模块有基本资料输入、白卡使用记录、白卡最新流向查询。

9. 查询与报表

各种车辆运营情况、派车情况、任务完成情况以及月度统计报表的处理，是企业营运分析所必需的功能。

10. 车辆和货物跟踪

智能化调度信息网是为了适应将来大容量、大范围、数字化、网络化的交通车辆调度和综合信息服务而开发的平台系统，它以 GPS 全球卫星定位网、GSM 全球个人通信和 SMS 短消息网、FLEX 高速寻呼网、Internet 互联网为基础，采用数据分析和智能化决策支持、GIS 地理信息系统等技术，具有车辆调度、监控、反劫防盗、报警、移动综合信息服务等功能。

智能化交通车辆调度和综合信息服务的基本功能原理是，利用 GSM 的短消息功能和数传功能将目标的位置和其他信息传送至主控中心，在主控中心进行地图匹配后显示在 GIS 监视器上。主控中心能够对移动车辆的准确位置、速度和状态等必要的参数进行监控和查询，从而科学地进行车辆调度和管理，实现对车辆的实时动态跟踪，提高交通效率。当移动车辆在紧急情况或其安全受到威胁的情况下，它可以向主控中心发送报警信息，从而及时地得到附近交通管理或安保部门的支援。

11. GSM/GPS 车辆监控调度的接口

利用 GSM 公用数字移动通信网作为监控中心与移动目标（如车辆）之间的信息传输媒介，利用全球卫星定位系统（GPS）的定位技术、电子技术、计算机技术、网络技术，结合运用电子地图地理信息系统，实现对移动目标（车辆）的位置、状态监视，并利用 Intemet 向外发布信息。通过这套系统可以实现以下功能：将中心要发送的信息按通信协议处理并向车载设备发送；接收车载设备根据通信协议发来的信息，得到有效的车载信息和存储记录，可能时（如果工作站在线）将信息发到对应的工作站上；自动调节通信信息流量，保证通信畅通；初始化并自动检测 GSM 通信机的状态，监视并显示通信状态；地理信息电子地图图层分层显示、管理；矢量电子地图放大、缩小、平移；矢量电子地图的编辑、修改功能；车辆监控、调度、管理；发送短消息；显示接收到的短信息；接收车载设备的紧急报警信息并发出声光提示；远程遥控功能；指定车辆允许的行驶路线，当车辆行驶偏离路线时自动报警；指定车辆允许的行驶区域，若车辆越界自动报警；历史资料检索与历史轨迹回放、打印；资料统计打印；地图打印。

12. 监控中心系统

此系统具有以下功能：

（1）电子地图功能。

①分层、多窗口显示电子地图图层，矢量电子地图放大、缩小、平移、测距（直线、折线），地理信息查询；

②复杂地理信息的添加、编辑、删除；用不同的颜色、图标显示不同种类的车辆；

③地图打印输出功能；

④将车辆的位置信息以图标的形式显示在电子地图上，并将偏离的轨迹居中到道路上。

（2）车辆监控调度功能。

①中心可向一辆或多辆车载通信设备发送文字信息（如调度指令）、控制指令（立即回报当前位置信息、定时汇报位置信息、立即监听、电话功能的设置、断油断电、开闭车厢锁）和车载设备被指信息（监控中心的 SIM 卡号码、短信息服务中心号码）；

②中心可以直接接收车载通信设备发回的位置信息、速度信息、车辆运行状态信息、车

载内预定义的文字信息、报警信息(紧急报警信息、超速报警、越界/越线报警信息);

③收到报警信号后,发出声光提示信息;

④历史行驶轨迹回放;

⑤设定行驶路线或行驶区域,并指定相应的车辆;

⑥按需要将车辆编组,短信可在组内进行广播。

(3)通信管理功能。

①初始化时或运行当中自动检测 GSM 通信机的状态,实时监视并显示系统的通信状态,发现故障发出声光报警信号,提示值班人员;

②设置中心 GSM 通信机内 SIM 卡的短信息服务中心的号码;

③使中心能与 GSM 网接口相连接;

④接收车载设备发来的信息,根据通信协议,得到有效的车载信息,储存记录,将信息发送给对应的工作站;

⑤将中心要发送的信息按照通信协议处理并向车载设备发送;

⑥自动调节通信信息流量,保证通信的顺畅。

(4)费用结算系统。

对每项业务所发生的费用进行登记确认,及时判断业务盈亏状况。它包括企业财务管理的所有过程,从费用登记确认、发票的制作、实收实付的确认和销账,最终生成企业所需要的统计分析表格。

而船舶代理管理信息系统一般包括 6 个业务子系统以及必不可少的财务系统接口,其中 6 个业务子系统分别为船务信息管理系统、航次结算系统、出口单证系统、出口运费系统、进口单证系统、集装箱管理系统。

任务实训方案

运输管理信息系统调研

1. 实训步骤

(1)在老师的指导下,学生按项目分组,确定调研计划、步骤和方法等。

(2)各项目小组分头展开实际调研,查阅资料并做好知识准备。

(3)各项目小组进行分析研究资料,并以方案、调查报告和小论文等形式完成作业。书面形式或电子演示文稿均可。

(4)各项目小组之间进行交流。

2. 实训注意事项

(1)学生要以课堂上所学到的相关理论知识为蓝本开展调查研究,注重理论联系实际。

(2)注重培养学生物流业务能力的训练,以提高学生综合素质为目标。

(3)在调研过程中,调研对象应尽可能地多,包括不同水平的企业,避免得出的结论以偏概全。

(4)调研的内容尽量具体,并认真做总结。

(5)注意所得资料的真实性、可靠性和时效性。

(6)对参加调研的学生进行必要的训练。学生外出调研必须听从指挥、注意安全,避免出现失误。

3. 实训评价

运输管理信息系统调研技能评价评分表，如表 4-2-2 所示。

运输管理信息系统调研技能评价评分表 表 4-2-2

考评人		被考评人	
考评地点			
考评内容	运输管理信息系统调研		
考评标准	具体内容	分值/分	实际得分/分
	调研内容全面、客观、准确性高	25	
	调研报告及时、认真	25	
	调研报告要明确该企业运输管理信息系统业务流程	25	
	调研报告要有该企业运输管理信息系统的结构及功能介绍	25	
合计		100	

注：实训满分为 100 分，60 分以下为不及格，60～69 分为及格，70～79 分为中等，80～89 分为良好，90 分以上为优秀。

任务三 物流信息系统的运行管理与维护

任务导入

SAP 助海尔物流信息系统建设案例分析

为了与国际接轨，建立起高效、迅速的现代物流系统，海尔采用了 SAP 公司的 ERP 系统和 BBP 系统（原材料网上采购系统），对企业进行流程改造。经过近两年的实施，海尔的现代物流管理系统不仅很好地提高了物流效率，而且将海尔的电子商务平台扩展到了包含客户和供应商在内的整个供应链管理，极大地推动了海尔电子商务的发展。

一、需求分析

海尔集团认为，现代企业运作的驱动力只有一个：订单。没有订单，现代企业就不可能运作。围绕订单而进行的采购、设计、制造、销售等一系列工作，最重要的一个流程就是物流。离开物流的支持，企业的采购与制造、销售等行为就会带有一定的盲目性和不可预知性。

建立高效、迅速的现代物流系统，才能建立企业最核心的竞争力。海尔需要这样的一套信息系统，使其能够在物流方面一只手抓住用户的需求；另一只手抓住可以满足用户需求的全球供应链。海尔实施信息化管理的目的主要有以下两个方面：

（1）现代物流区别于传统物流的主要特征是速度，而海尔物流信息化建设需要以订单信息流为中心，使供应链上的信息同步传递，能够实现以速度取胜。

（2）海尔物流需要以信息技术为基础，能够向客户提供竞争对手所不能给予的增值服务，使海尔顺利从企业物流向物流企业转变。

二、解决方案

海尔采用了 SAP 公司提供的 ERP 和 BBP 系统，组建自己的物流管理系统。

三、系统构成

1. ERP 系统

海尔物流的 ERP 系统共包括 MM(物料管理)、PP(制造与计划)、SD(销售与订单管理)、FI/CO(财务管理与成本管理)四大模块。

ERP 实施后,打破了原有的“信息孤岛”,使信息同步而集成,提高了信息的实时性与准确性,加快了对供应链的响应速度。如原来订单由客户下达传递到供应商需要 10 天以上的时间,而且准确率低。实施 ERP 后订单不但 1 天内完成“客户—商流—工厂计划—仓库—采购—供应商”的过程,而且准确率极高。

另外,对于每笔收货扫描系统能够自动检验采购订单,防止暗箱收货,而财务在收货的同时自动生成入库凭证,使财务人员从繁重的记账工作中解放出来,发挥出真正的财务管理与财务监督职能,而且效率与准确性大大提高。

2. BBP 系统

BBP 系统(原材料网上采购系统)主要是建立了与供应商之间基于因特网的业务和信息协同平台。该平台的主要功能如下:

(1)通过平台的业务协同功能,既可以通过因特网进行招投标,又可以通过因特网将所有与供应商相关的物流管理业务信息,如采购计划、采购订单、库存信息、供应商供货清单、配额以及采购价格和计划交货时间等发布给供应商,使供应商可以足不出户就全面了解与自己相关的物流管理信息(根据采购计划备货,根据采购订单送货等)。

(2)对于非业务信息的协同,SAP 使用构架于 BBP 采购平台上的信息中心为海尔与供应商之间进行沟通交互和反馈提供集成环境。信息中心利用浏览器和互联网作为中介整合了海尔过去通过纸张、传真、电话和电子邮件等手段才能完成的信息交互方式,实现了非业务数据的集中存储和网上发布。

(3)“一流三网”。完善后的海尔物流管理系统,可以用“一流三网”来概括。这充分体现了现代物流的特征:“一流”是指以订单信息流为中心;“三网”分别是全球供应链资源网络、全球用户资源网络和计算机信息网络。

整个系统围绕订单信息流这一中心,将海尔遍布全球的分支机构整合,物流平台使供应商和客户、企业内部信息网络这“三网”同时开始执行,同步运动,为订单信息流的增值提供支持。

四、经验总结

(1)海尔选择了 SAP/R3 成熟的 ERP 系统,而不是请软件公司根据海尔物流的现状进行开发,主要目的是借助于成熟的先进流程提升自己的管理水平。

(2)实施“一把手”工程与全员参与,有效推进信息系统的执行。海尔物流所有信息化的建设均是基于流程的优化、提高对客户的响应速度来进行的,所以应用面涉及海尔物流内部与外部很多部门,有时打破旧的管理办法,推行新流程的阻力非常巨大。海尔物流的信息化建设一直是部门一把手亲自抓的工作,亲自抓,亲自在现场发现问题,亲自推动,保证了信息化实施的效果。如在 ERP 上线初期,BOM 与数据不准确是困扰系统正常运转的瓶颈,它牵扯到企业的基础管理工作与长期工作习惯的改变,物流推进本部部长发现问题后,亲自推动,制定出有效的管理模式,不但提高了系统的执行率,而且规范并提升了企业的基础管理

(BOM 的准确率、现场管理),保证了信息系统作用的发挥。

(3)培训工作同步进行,保证信息系统的实施效果。由于信息化工作的不断推进,原有的手工管理变为计算机操作,这对物流的基层工作者如保管员、驾驶员、年纪较大的采购员均是挑战。在实施 ERP 信息系统时,海尔物流开展了全员培训,并对相关操作人员进行了严格的技能考试,考试通过后才能获得上岗证书。物流信息中心也开通了内部培训的网站,详细介绍系统的基础知识、业务操作指导书与对操作的问题进行答疑,这些均保证了信息化使用的效果。

该系统"通过业务流程的再造,建立现代物流"以及利用 MYSAP. COM 协同化电子商务解决方案,成功地将海尔的电子商务平台扩展到客户和供货商在内的整个供应链管理,有效地提高了采购效率,大大降低了供应链的成本。

该系统是为订单采购设计的,其结果使采购成本降低,库存资金周转从 30 天降低到 12 天,呆滞物资降低 73.8%,库存面积减少 50%,节约资金 7 亿元,同比减少 67%。整合了 2336 家供货商,优化为 840 家,提高了国际化大集团组成的供货商的比例,达到 71.3%。

系统是在 SAP 系统基础上开发而成的,所开发的 ERP 和 BBP(基于协同电子商务解决方案)具有典型的企业标准化的特征,开发的系统覆盖了集团原材料的集中采购、库存和立体仓库的管理、19 个事业部的生产计划、事业部原料配送、成品下线的原料消耗倒冲以及物流本部零部件采购公司的财务等业务,建立了海尔集团的内部标准供应链。

目前海尔已实现了即时采购、即时配送和即时分拨物流的同步流程。采购订单全部由网上下达,提高了劳动效率,减少了库存商品。

海尔的物流系统不仅实现了"零库存"、"零距离"和"零营运资本",而且整合了内部,协同了供货商,提高了企业效益和生产力,方便了使用者。

任务分析

1. 任务准备

计算机若干台,多媒体教室,物理信息管理系统软件,服务器 1 台。

2. 任务目标

(1)掌握物流信息系统的运行管理与维护的目标与内容;

(2)掌握物流信息系统的维护对象与类型;

(3)掌握物流信息系统的安全管理内容;

(4)掌握物流信息系统的监理、审计与评价。

3. 知识准备

(1)物流业务管理信息系统的定义、功能、组成;

(2)软件维护与应用的基本知识。

相关知识

一、物流信息系统的运行管理

(一)运行管理的目标和内容

1. 运行管理的含义

所谓运行管理工作就是对信息系统的运行进行监测和控制,记录其运行状态,对信息系统进行必要的完善、修改和补充,以使信息系统充分发挥其功能。信息系统进入使用阶段后的任务是对系统进行管理和维护,使信息系统真正发挥为管理者提供信息的作用。如果缺乏科学的组织与管理,信息系统不仅不能为管理工作提供高质量的信息服务,而且信息系统本身也会陷入混乱。信息系统运行管理主要通过行政手段,利用技术辅助手段进行。一个信息系统如果不能正常有效地运行将给组织带来极大的危害。在工作实践中,经常发现信息系统不能有效运行是一些认识因素造成的。我们不应将信息系统的管理工作与机器设备本身的管理工作等同起来。计算机应用系统的任务是为管理工作服务,它的管理工作是以向一个组织提供必要的信息为目标的,是以能够满足管理工作人员的信息需求为标准的,而机器本身的管理与维护工作只是这一工作的一小部分,只是提供了硬件的保证,真正做到向管理人员提供信息还需要做许多软件操作、数据收集、成果提供等工作。因此,信息系统应该有专人负责其运行管理与维护工作。这里说的专人,不应该是只管理硬件设备的硬件人员,还应该是了解系统功能及目标的、与管理人员直接接触的信息管理人员。

2. 运行管理的内容

信息系统的运行管理工作是系统研制工作的继续,主要包括日常运行的管理、运行情况的记录和对系统的运行情况进行检查与评价。

(1)日常运行的管理。信息系统投入使用后,日常运行的管理工作是相当繁重的。经常性的运行管理工作有以下几个方面。

①数据的收集。例如,在库存管理工作中,对每天进货出货的业务处理应该包括数据收集、数据校验及数据录入。

数据收集工作常常是由分散在各业务部门的业务管理人员进行的。因此,其组织工作往往是比较难以进行的。系统主管人员应该努力利用各种方法,提高这些人员的技术水平和工作责任感,对他们的工作进行评价、指导和帮助,以便提高所收集数据的质量,为系统有效地工作打下坚实的基础。

数据校验工作在较小的系统中往往由系统主管人员自己来完成。在较大的系统中,一般需要设立专职人员来完成,国外称其为数据控制人员。需要指出的是,对其业务要求是比较高的。因为,信息系统最重要的资源是数据,一切硬件、软件等都是为了保证数据的及时、完整及准确,整个系统的效率或对外的形象都依赖于它所保存的数据。无论多么先进的硬件设备、多么完善的加工功能,如果没有及时、完整、准确的数据,都不能发挥实际的效益。保证数据的及时、准确和完整,并不只是计算机技术本身的问题,而且与具体的业务紧密联系。数据校验存在于几种工作中,如将分散的数据集中、手工数据向计算机数据格式转化等。在数据由手工处理方式转变到计算机处理的过程中,必须做好数据校验工作。这就要求:一方面,校验者必须对系统所处理的业务有足够的了解,许多数据的正确或错误是不能只从数据本身字面上来判断的,往往需要对数据的逻辑含义有理解,甚至需要相当的实际经验。对于系统所处理的业务一无所知是不可能做好校验工作的。另一方面,从事校验工作的人又必须对计算机系统、对数据的要求(包括格式、范围、平衡关系等)有确切的了解。

对录入工作的要求是迅速与准确。录入人员的责任在于把经过校验的数据录入计算机,他们应严格地把收到的数据及时准确地录入计算机系统。一般来说,录入的数据是记载在某种磁性介质,如磁盘、磁带上。他们并不对数据在逻辑上、具体业务中的含义进行考虑与承担责任,这一责任由校验人员承担,录入人员只需要保证送入计算机的数据与纸面上的数据严格一致,这是由录入人员和校验人员的职责决定的。因此,不能由录入人员代替校验人员。当然,这两项工作也不是截然分开的。某些校验工作是在录入之前完成的。例如,某些显而易见的超出合理范围的数据,无疑应在录入之前排除,而某些需要大量计算的平衡检验,则可以在录入数据之后用事先准备好的程序来检验。另外,还需要用事先准备好的程序来检验录入工作的质量。在许多系统中,为了保证重要数据的安全,常常在录入或更新数据时,先把新录入的数据存放在临时的工作文件之中,而不让录入人员直接接触重要数据文件本身。待经过检验确实无误之后,再由系统管理人员或负责数据检验的人员运行专门的程序,存入数据或进行更新。总之,必须由系统主管人员或比较熟悉系统的专职人员把关,以确保数据的安全。这方面的工作,局外人并不直接了解,然而,却是整个系统有效工作的基础。它看起来很琐碎、单调,却非常重要。

②信息处理及信息服务工作。常见的工作包括例行的数据更新、统计分析、报表生成、数据的复制及保存、与外界的定期数据交流等。这些工作一般来说都是按照一定的规程,定期或不定期地运行某些事先编制好的程序,由软件操作人员来完成。这些工作的规程,应该是在系统研制中已做好详细规定,操作人员也应经过严格的培训,清楚地了解各项操作规则,了解各种情况的处理方法。在系统已有各种资源的基础上,才能向领导、管理人员及其他使用者提供信息服务,当然,这里只包括例行的服务。组织软件操作人员完成这些例行的信息处理及信息服务工作,是系统主管人员的又一项经常性任务。

③计算机硬件的运行与维护工作。信息系统应在任何情况下都能正常运行,为此,需要有一些硬件工作人员,负责计算机本身的运行与维护。对于大型计算机,这一工作需要有较多的专职人员来完成,对于微型机,则不要求那么多的人员及专门设备,这是微机的一个重要优点。计算机硬件的运行和维护工作包括设备的使用管理、定期检修、备用品和配件的准备及使用、各种消耗性材料(如软盘、打印纸等)的使用及管理、电源及工作环境的管理等。

④系统的安全管理也是日常工作的重要部分。信息系统运行管理工作的上述内容是日常运行中需要认真组织、切实完成的。信息系统的主管人员必须全面考虑这些问题,组织有关人员按规定的程序实施,并严格要求,严格管理。否则,信息系统是很难发挥其应有的实际效益的。

除了这些例行工作之外,常常还会有一些临时的信息服务要求向我们的计算机应用系统提出。例如,临时查询某些数据、生成某些一次性的报告、进行某些统计分析、进行某种预测或方案测算等,这些信息服务不在系统的日常工作范围之内,然而,其作用往往要比例行的信息服务大得多。随着管理水平的提高和各级领导信息意识的加强,这种要求还会越来越多。领导和管理人员往往会更多地通过这些要求的满足程度来评价和看待计算机应用系统。满足这些要求的工作,其复杂程度是很不相同的,一般地说,基于系统已有的数据比较容易满足,需要增添新数据的信息服务比较难以满足;查询系统中现成的数据比较容易满足,需要对数据进行加工综合比较难以满足;已有加工办法,只是次序或参数变化的比较容易满足,需要新的加工方法的比较难以满足。因此,系统主管人员必须对自己手中所掌握的数据及加工方法有确切的了解,才能准确地判断哪些能满足,哪些比较难,哪些暂时还不能满足,并估计出满足这些要求所需要的工作量(包括程序编写、数据录入、程序运行等)。

信息系统的日常管理工作是十分繁重的。特别要注意的是,信息系统的管理绝不只是对机器的管理,对机器的管理只是整个管理工作的一部分,更重要的是对人员、数据及软件的管理。为完成上述各项日常管理工作,应该对系统的工作情况进行详细的记录。

(2)信息系统运行情况记录。系统的运行情况对系统管理、评价是十分重要且十分宝贵的资料。如果缺乏系统运行情况的基本数据，只停留在一般的印象上，无法对系统运行情况进行科学的分析和合理的判断，就难以进一步提高信息系统的工作水平。信息系统的管理人员应该从系统运行的一开始就注意积累系统运行情况的详细材料。

①有关工作数量的信息。例如开机的时间，每天、每周、每月提供的报表的数量，每天、每周、每月录入数据的数量，系统中积累的数据量，修改程序的数量，数据使用的频率，满足用户临时要求的数量等。这些数据反映了系统的工作负担及所提供的信息服务的规模。这是反映计算机应用系统功能的最基本的数据。

②工作的效率。这是指系统为了完成所规定的工作，所占用的人力、物力及时间。例如，完成一次年度报表的编制用了多长时间和多少人力；使用者提出一个临时的查询要求，系统花费了多长时间才给出所要的数据；系统在日常运行中所花费的人力是多少，消耗性材料的使用情况如何等。随着经济体制的改革，各级领导越来越多地注意经营管理。任何新技术的采用如不注意经济效益是不可能得到广泛应用的。

③系统所提供的信息服务的质量。信息服务和其他服务一样，不能只看数量，不看质量。如果一个信息系统生成的报表，并不是管理工作所需要的，管理人员使用起来并不方便，那么这样的报表生成得再多再快也没有意义。同样，使用者对于提供的方式是否满意，所提供信息的精确程度是否符合要求，信息提供得是否及时，临时提出的信息需求能否得到满足等，也都属于信息服务的质量范围之内。

④系统的维护修改情况。系统中的数据、软件和硬件都有一定的更新、维护和检修的工作规程。这些工作都要有详细、及时的记载，包括维护工作的内容、情况、时间、执行人员等。这不仅是为了保证系统的安全和正常运行，而且有利于系统的评价及进一步扩充。

⑤系统故障情况。无论大小故障，都应该及时地记录以下这些情况：故障的发生时间、故障的现象、故障发生时的工作环境、处理的方法、处理的结果、处理人员、善后措施、原因分析。这里要注意的是，所说的故障不只是指计算机本身的故障，而且包括整个信息系统。例如，由于数据收集不及时，使年度报表的生成未能按期完成，这是整个信息系统的故障，而不是计算机的故障。同样，收集来的原始数据有错，也不是计算机的故障，然而这些错误的类型、数量等统计数据是非常有用的资料。

在运行管理工作中，那些在正常情况下的运行数据很容易被忽视。因为发生故障时，人们往往比较重视对故障情况作及时记载，而在系统正常运行时，则不注意记录。事实上，要全面地掌握系统的情况，必须十分重视正常运行时的情况记录。例如，设备发生了故障，我们需要考察它是在累计工作了多长时间之后发生的故障。平均无故障时间这一重要指标的计算，也需要日常的工作记录。

有些情况不是在信息系统运行过程中记录下来的，例如，生成的表格的使用率、使用者对例行报表的意见等。对于这些信息应该通过访问或发调查表等方式向使用者征集，这是由信息系统的服务性质所决定的。这种工作可以定期进行，例如，结合季度、半年或一年的工作总结进行，也可以根据系统运行的情况，不定期地进行。不论哪种方式，信息系统的主管人员都必须亲自动手，满足管理者的需求是信息系统的出发点和内容，这是对系统是否已达到目标的检验，是整个系统工作最根本的检验。企业或组织的领导人也应以此作为对信息系统和信息管理部门工作情况进行评价的标准。

(3)信息系统运行情况检查。信息系统在其运行过程中除了不断进行大量的管理和维护工作外，还应定期对系统的运行状况进行审核和评价。这项工作主要在高层领导的直接领导下，由系统分析员或专门的审计人员会同各类开发人员和业务部门经理共同参与进行。其目的是估计系统的技术能力、工作性能和系统的利用率。它不仅对系统当前的性能进行总结与评价，而且为系统的改进和扩展提供依据。系统评价一般从以下几个方面考虑。

①系统是否达到预定目标，目标是否需做修改。

②系统的适应性、安全性评价。系统的适应性包括系统运行是否稳定可靠，系统使用与维护是否方便，运行效率能否满足管理人员的管理需求等。

③系统的经济效益评价。经济效益是指通过信息系统开发与运行的投资，使企业增加收入、降低成本，进而为企业带来更大的效益。例如，在信息系统建设中的资金投入将在系统运行的多长时间内，通过降低成本、增加收入收回这些投资，继续创造效益；在系统运行中必要的资金投入与所带来的收益的比例如何等，这些都可以用来衡量信息系统的经济效益，它可以看作是各个应用效益的总和。当总效益大于系统的投入时，这个系统便是个成功的、有益的系统。如果系统运行了一段时间以后，其投入与产出的比例不合适，投入大于或等于产出，则应考虑是否重新开发新的信息系统。因此要定期进行有关经济效益的评价，对系统未来的发展提出合理的意见和建议。然而，对信息系统所带来的经济效益的评价常常不易量化，且信息系统效益的发挥与人的因素密切相关，需要综合地进行分析、评价，客观地评价信息系统的效益，才能真正地把握系统的命脉，确定系统未来发展的方向。

（二）运行管理制度的建立与实施

为保证系统正常工作，就必须保证系统的工作环境、保证系统的安全，为此要建立和健全信息系统管理体制，有效地利用运行日志等对运行的系统施行监督和控制。手工管理方式相应地有一整套管理规则；明确规定了各类人员的职权范围和责任，出现问题也有一套规则进行处理。用计算机实现的各项管理活动也同样需要一套管理制度规定什么用户拥有什么样的操作权限，在什么时间、什么条件下应该完成什么工作，如果出现问题应如何处理；当有新的信息需求时遵照什么管理程序向信息管理部门提出，作为信息管理部门又如何处理这些信息需求，其内部的各类人员又应该遵照什么要求和规则开展各项工作等。

1. 机房管理制度

专用机房（包括非专用机房）要有一套严格的管理制度，正式行文并张贴出来。该制度主要包括以下几个方面。

（1）操作人员的操作行为，例如开机、关机、登记运行日记、异常情况处理等。

（2）出入机房人员的规定。

（3）机房的电力供应。

（4）机房的温度、湿度、清洁度。

（5）机房安全防火等。

（6）机器软件使用规定，如禁止在计算机上玩游戏，禁止与外界的软盘互相复制等。

（7）机器硬件使用规定，如不得在带电状态下拔、插机器部件和电线、电缆。

（8）专用机房的专人管理制度。

2. 运行管理制度

（1）操作规范。要使每位操作计算机的人员养成遵守管理制度的习惯，对运行中的异常情况要做好记录，及时报告，以便得到及时处理。

（2）数据管理。如禁止利用 PCTOOLS、数据管理等软件工具直接修改数据。

(3)备份管理。数据备份是保证系统安全的一个重要措施，它能够保证在系统发生故障后恢复到最近的时间界面上。一般情况下，重要的数据要每天备份，通常使用两套软盘，单日用A套软盘，双日用B套软盘。每周要对软盘做一次格式化，以便剔除软盘上的坏区。一些系统在对数据做重要修改前也应有相应的备份功能，以便保证系统数据的绝对安全。

(4)人员管理。应制定机房的专人管理和专人负责制度、计算机使用人员的权限分配及使用制度等。

(5)组织管理。建立必要的信息系统管理组织，如信息处、信息中心、计算中心等，由专人负责。专职工作人员应有相应的行政权力，行使管理职权。

3. 运行日记制度

系统运行日记主要为系统的运行情况提供历史资料，也可为查找系统故障提供线索。因此运行日记应当认真填写，妥善保存。运行日记的内容应当包括：时间、操作人、运行情况、异常情况（包括发生时间、现象、处理人、处理过程、处理记录文件名、在场人员等），值班人签字、负责人签字。

（三）档案管理

物流信息系统的文档是系统开发过程的"痕迹"，是系统维护人员的指南，是开发人员与用户交流的工具。规范的文档意味着系统是按照工程化开发的，意味着信息系统的质量有了形式上的保障。文档的欠缺、文档的随意性和文档的不规范，极有可能导致原来的系统开发人员流动后，系统不可以维护、不可以升级，变成一个没有扩展性、没有生命力的系统。所以，为了建立一个良好的管理信息系统，不仅要充分利用各种现代化信息技术和正确的系统开发方法，同时还要做好文档的管理工作。

1. 信息系统文档的类型

(1)按照产生的频率分为一次性文档和非一次性文档。一次性文档是指在系统开发过程中只产生一次的文档，如系统分析说明书、系统设计说明书等；非一次性文档是指在系统开发过程中产生多次的文档，如需求变更申请书、维护修改建议书、信息系统运行日志等。

(2)按照信息系统生命周期的阶段不同，可以划分为系统规划阶段文档、系统分析阶段文档、系统设计阶段文档、系统实现阶段文档和系统运行与维护阶段文档。系统规划阶段文档如系统可行性研究报告、项目开发计划书等；系统分析阶段文档如系统分析说明书等；系统设计阶段的文档如系统设计说明书、需求变更申请书等；系统实现阶段的文档如程序设计报告、系统测试报告、开发总结报告等；系统运行与维护阶段的文档如用户手册、操作手册与维护修改建议书等。

(3)按照文档服务目的不同，可以分为用户文档、开发文档与管理文档。用户文档主要是为用户服务的，如用户手册、操作手册等；开发文档主要是为开发人员服务的，如系统分析说明书、系统设计说明书等；管理文档主要是为项目管理人员服务的，如可行性研究报告、项目开发计划等。

2. 信息系统各类文档的内容简介

信息系统开发过程中的文档主要有系统开发立项报告、可行性研究报告、系统开发计划书、系统分析说明书、系统设计说明书、程序设计报告、系统测试计划与测试报告、系统使用与维护手册、系统评价报告、系统开发月报与系统开发总结报告。

(1)系统开发立项报告。在信息系统正式开发前，用户单位必须提出要开发的新系统的目标、功能、费用、时间、对组织机构的影响等。如果是本单位独立开发或联合开发,这些内容形成的文档称作立项报告,用于向领导申请经费及支持等;如果是委托开发,则以任务委托书或开发协议(合同)的方式进行说明。

(2)可行性研究报告。可行性研究阶段的文档是可行性研究报告。在可行性研究报告中要说明待开发项目在技术上、经济上和社会因素上的可行性,评述为了合理地达到开发目标可供选择的各种可能实施的方案,说明并论证所选定实施方案的理由。

(3)系统开发计划书。可行性报告被批准后及在系统开发之前,需要拟定一份较为详细的系统开发计划,以保证系统开发工作按计划保质保量按时完成。在开发计划书中,应该说明各任务的负责人员、开发的进度、开发经费的预算、所需的硬件及软件资源等。开发计划书应提供给项目管理人员,作为开发阶段评审的参考。对于项目计划的管理,可以采用 Microsoft Project 等项目管理软件进行辅助管理。

(4)系统分析说明书。当信息系统的开发采用委托方式进行开发时,用户需求说明书(或称用户需求报告)是开发单位与用户间交流的桥梁,同时也是系统设计的基础和依据。当采用独立开发或合作开发时,系统分析是系统开发中最重要的工作,其工作成果就是系统分析说明书(或称系统分析报告)。系统分析工作的好坏决定了新系统的成败。从信息系统生命周期的角度来看,用户需求说明书就是系统分析说明书。

(5)系统设计说明书。在系统分析的基础上,根据系统分析说明书进行新系统的物理设计,并完成系统设计说明书(或称系统设计报告)的撰写。

(6)程序设计报告。依据系统设计报告,进行程序设计工作。程序设计经调试通过后,应完成程序设计报告,以便为系统调试和系统维护工作提供依据。有了程序设计报告,就可以避免因程序员的流动造成系统维护工作的困难。

(7)系统测试计划与测试报告。为了做好组装测试和确认测试,需为如何组织测试制订实施计划。测试计划应包括测试的内容、进度、条件、人员,测试用例的选取原则,测试结果允许的偏差范围等。

测试工作完成以后,应提交测试计划执行情况的说明,对测试结果加以分析,并提出测试的结论意见。系统测试是系统实施阶段的重要工作。

(8)系统使用与维护手册。系统使用与维护手册是为用户准备的文档。有的系统比较大,将使用手册与维护手册分开。其中,系统使用手册(或称操作手册)一般是面向业务人员的,他们是系统的最终使用者。系统维护手册(或称技术手册)是供具有一定信息技术专业知识的系统维护人员使用的。系统使用与维护手册的主要内容如下。

①概述,主要包括系统功能、系统运行环境(软件、硬件)、系统安装等内容。

②使用说明,系统操作使用说明较为详细地说明了操作的目的、过程、方式、输入输出的数据等。最好将系统操作的界面图放入说明书,便于使用者学习与操作。

③问题解释,解释了系统使用中可能出现的问题及解决办法,如非常规操作命令、系统恢复过程及意外情况与开发单位的联系方式等。

信息系统运行过程中,用户还需要记录运行日志。在发现需要对系统修正、更改的问题时,应将存在的问题、修改的考虑及修改的影响估计作详细的描述,写成维护修改建议书(或称维护修改申请书),提交审批。维护修改建议书也是系统运行维护期间的重要文档。

(9)系统评价报告。评价报告主要是根据系统可行性研究报告、系统分析说明书、系统设计说明书所确定的新系统的目标、功能、性能、计划执行情况及新系统实施后的经济效益和社会效益等给予评价。如果该信息系统的开发已作为立项的科研项目，那么，还要请专家进行鉴定。

有的项目聘请了相应的监理方与审计机构，那么还需要有相应的系统监理报告和系统审计报告，这两种报告的内容大体与系统评价报告相同。

(10)系统开发月报与系统开发总结报告。信息系统项目的建设开始以后，各任务的负责人应该按月向管理部门提交相应的项目进展情况报告。报告应包括进度计划与实际执行情况的比较、阶段成果、遇到的问题和解决的办法及下个月的打算等。

在整个信息系统项目开发已经完成，并且系统正式运行一段时间以后，系统开发人员应与项目实施计划对照、总结实际执行的情况，如进度、成果、资源利用、成本和投入的人力，从而对开发工作做出评价，总结出经验和教训，形成系统开发总结报告。系统开发总结报告包括以下内容。

①概述，包括信息系统的提出者、开发者、用户，系统开发的主要依据，系统开发的目的，系统开发的可行性分析等。

②信息系统项目的完成情况，包括系统构成与主要功能，系统性能与技术指标，计划与实际进度对比，费用预算与实际费用的对比等。

③系统评价，包括系统的主要特点，采用的技术方法与评价，系统工作效率与质量，存在的问题与原因，用户的评价与反馈意见。

④经验与教训，包括系统开发过程中的经验与教训，对今后工作的建议，对外发表的论文。

总而言之，信息系统的文档是系统建设中的重要组成部分，对于系统开发的成功和系统的正常维护起着保证和支持的作用。对各阶段产生的文档要参照国家软件开发规范进行填写并按照统一的格式进行编号。文档的多少和大小、复杂程度与所开发的信息系统的大小和复杂程度成正比。另外，信息系统的文档还因开发方法的不同而有所差异。用户可根据实际情况确定信息系统开发的文档种类和内容。文档要尽可能简单明了，便于阅读，并且尽量使用图、表进行说明。

3. 信息系统文档的管理

为了最终得到高质量的信息系统文档，在信息系统的建设过程中必须加强对文档的管理。文档管理应从以下几个方面着手进行。

(1)文档管理的制度化、标准化。必须形成一整套的文档管理制度，其内容包括以下几点：

①明确必须提供文档的种类、格式规范。

②明确文档管理人员。

③明确文档的制定、修改和审核的权限。

④制定文档资料管理制度。

根据这一套完善的制度最终协调、控制系统开发工作，并以此对每个开发成员的工作进行评价。

(2)文档管理的人员保证。项目小组应设文档组或至少一位文档保管人员，负责集中保管本项目已有文档的两套主文本。两套文本内容应完全一致。其中的一套可按一定手续办理借阅。

(3)维护文档的一致性。信息系统开发建设过程是一个不断变化的动态过程，一旦需要对某一文档进行修改时，要及时、准确地修改与之相关的文档，否则将会引起系统开发工作的混乱。而这一过程又必须有相应的制度来保证。

①项目成员可根据工作需要在自己手中保存一些个人文档。这些文档一般是主文本的复制件，并注意和主文本保持一致，在做必要的修改时，也应修改主文本。

②项目开发结束时，文档管理人员应收回开发人员的个人文档。发现个人文档与主文本有差别时，应立即着手解决。

③在新文档取代了旧文档时，文档管理人员应及时注销旧文档。在文档内容有变动时，管理人员应随时修订主文本，使其及时反映更新的内容。

④主文本的修改必须特别谨慎：修改以前要充分估计修改带来的影响，并且要按照提议、评议、审核、批准和实施的步骤加以严格控制。

(4)维护文档的可追踪性。由于信息系统开发的动态性，系统的某种修改是否最终有效，要经过一段时间的检验，因此文档要分版本来实现，而版本的出现时机及要求也要有相应的制度。

二、物流信息系统的维护

(一)系统维护的目的与任务

物流信息系统在完成系统实施，投入正常运行后，就进入了系统运行与维护阶段。一般信息系统的使用寿命短则4～5年，长则达10年以上。在系统的整个使用寿命中，伴随着系统维护工作的进行。系统维护的目的是保证信息系统正常而可靠地运行，并能使系统不断得到改善和提高，以充分发挥作用。系统维护的任务就是要有计划、有组织地对系统进行必要的改动，以保证系统中的各个要素不管环境如何变化始终是最新的。

信息系统维护是信息系统管理的重要工作内容，其工作量是十分巨大的。随着信息系统应用的深入和使用寿命的延长，系统维护的工作量将越来越大。系统维护的费用往往占整个系统生命周期总费用的60%以上。系统维护工作属于“继承性”工作，不能只重视开发而轻视维护，只重视短期行为，而忽视长远利益。

(二)系统维护的对象与类型

1. 系统维护的对象

系统维护是面向系统中各种构成因素的，按照维护对象的不同，系统维护的内容可分为以下几类。

(1)系统应用程序维护。系统的业务处理过程是通过应用程序的运行而实现的，一旦程序发生问题或业务发生变化，就必然引起程序的修改和调整，因此系统维护的主要活动是对程序进行维护。

(2)数据维护。业务处理对数据的需求是不断发生变化的，除了系统中主体业务数据定期正常更新外，还有许多数据需要进行不定期的更新，或随环境和业务的变化而调整，以及增加数据内容、调整数据结构等。此外，数据的备份与恢复也是数据维护的工作内容。

(3)代码维护。随着系统应用范围的扩大、应用环境的变化，系统中的各种代码往往需要进行一定程度的增加、修改、删除，或设置新的代码。

(4)硬件设备维护。主要是指对主机及外围设备的日常维护和管理，如机器部件的清洗、润滑,设备故障的检修,损坏部件的更换等。

2. 系统维护的类型

按照软件维护的不同性质划分为以下 4 种类型。

(1)纠错性维护。由于系统测试不可能发现系统存在的所有错误,就有可能在系统投入运行后频繁的实际应用过程中暴露出系统内隐藏的错误。诊断和修正系统中遗留的错误就是纠错性维护。

(2)适应性维护。适应性维护是为了使系统适应环境的变化而进行的维护工作。一方面,硬件的更新周期越来越短,新的操作系统和原来操作系统的新版本不断推出,外围设备和其他系统部件经常有所增加和修改,这就必然要求信息系统能够适应新的软硬件环境,以提高系统的性能和运行效率;另一方面,信息系统的使用寿命在延长,超过了最初开发这个系统时应用环境的寿命,即应用对象也在不断发生变化,机构的调整、管理体制的改变、数据与信息需求的变更等都将导致系统不能适应新的应用环境。如代码改变、数据结构变化、数据格式和输入/输出方式变化、数据存储介质变化等,都将直接影响系统的正常工作。因此有必要对系统进行调整,使之适应应用对象的变化,以满足用户的要求。

(3)完善性维护。在系统的使用过程中,用户往往要求扩充原有系统的功能,增加一些软件需求规范书中没有规定的功能与性能特征。以及改进处理效率和编写程序。例如,将几个小程序合并成一个单一的运行良好的程序,从而提高处理效率;增加数据输出的图形方式;增加联机在线帮助功能;调整用户界面等。

(4)预防性维护。系统维护工作不应总是被动地等待用户提出要求后才进行,应进行主动的预防性维护,即选择那些还有较长使用寿命,目前尚能正常运行,但可能将要发生变化或调整的系统进行维护,目的是通过预防性维护为未来的发展与调整奠定更好的基础。根据对各种维护工作分布情况的统计结果得知,一般纠错性维护占 21%,适应性维护占 25%,完善性维护达到 50%,而预防性维护及其他类型的维护仅占 4%。

3. 信息系统的可维护性

从系统维护的特点可以看到,系统维护工作直接受系统可维护性的影响。可维护性是对系统进行维护的难易程度的度量。影响系统可维护性主要有以下 3 个因素。

(1)可理解性。表现为理解系统的结构、接口、功能和内部过程的难易程度。这种理解包括对功能、性能的分析与理解,对原设计的分析与理解和对源程序的分析与理解。在系统中采用模块化方法,具有详细的设计文档,使原程序内部文档规范与完整,设计结构化和选择较好的高级程序设计语言等,都可以提高系统的可理解性。

(2)可测试性。表现为对系统进行测试和诊断的难易程度。系统中具有良好的系统文档、可用的测试工具和调试手段是十分重要的,特别是开发阶段的测试方案尤为重要,是进行回归测试和证明修改正确性的基础。

(3)可修改性。可修改性表现为对系统各部分进行修改的难易程度。系统的模块化程度,模块之间的耦合、内聚,控制域与作用域的关系和数据结构的设计等都直接影响系统的可修改性。这些问题在系统分析、设计验收时就应充分重视,否则系统将是很难修改的。

上述 3 个可维护性因素是密切相关的,只有正确地理解,才能进行恰当的修改;只有通过完善的测试才能保证修改的正确,防止引入新的问题。

从上面 3 个因素可以看出,系统的可维护性是很难量化的,但是可以通过能够量化的维护活动的特征来间接地定量估算系统的可维护性。例如,1979 年吉布(J. Gilb)提出把维护过程中各项活动所消耗的时间记录下来,用以间接衡量系统的可维护性。其内容包括:识别问题的时间;管理延迟的时间;维护工具的收集时间;分析、诊断问题的时间;修改设计说明书的时间;修改程序源代码的时间;局部测试的时间;系统测试和回归测试的时间;复查的时间;恢复的时间。

显然这些数据是可以度量的,记录这些数据对于了解系统的可维护性是有益的。当然可维护性的定量分析还有其他方法,如新的学科——软件度量学就是专门研究这方面问题的。

4. 系统维护的计划与控制

(1)系统维护考虑的因素。系统的维护不仅范围广,而且影响因素多。通常,在进行某项维护修改工作之前,要考虑下列 3 方面的因素。

①维护的背景。如系统的当前情况、维护的对象、维护工作的复杂性与规模。

②维护工作的影响。如对新系统目标的影响、对当前工作进度本系统其他部分的影响、对其他系统的影响。

③资源要求。如对维护提出的时间要求、维护所需费用(并与不进行维护所造成的损失相比是否合算)、维护所需的工作人员。

(2)系统维护的特点:

①是否采用系统化开发方法对系统维护工作有极大的影响。如果系统开发采用了结构化方法,则系统交付时有完整的软件配置文档,维护的过程也就比较规范。维护从评价设计文档开始,从文档中确定软件结构、数据结构和系统接口等特点。在考虑修改可能带来影响的情况下,设计修正错误的途径,然后修改设计,在与设计相对应的源程序上进行相应的修改,使用测试说明书中包含的测试方案进行回归测试。可见经过结构化开发的系统,将大大减少维护的工作量,提高质量。

②系统维护具有很高的代价。由于系统开发人员和其他开发资源越来越多地被束缚在系统维护工作中,开发的系统越多,维护的负担越重。这将导致完全没有时间和精力从事新系统的开发,从而耽误甚至丧失开发良机。此外,如不能及时满足合理的维护要求,将引起用户的不满。维护过程中引入的错误将使系统可靠性下降,会带来很高的维护代价。

③系统维护工作对维护人员要求较高。因为系统维护所要解决的总是可能来自系统整个开发周期的各个阶段,因此承担维护工作的人员应对开发阶段的整个过程、每个层次的工作都有所了解,从需求、分析、设计一直到编码、测试等,并且应具有较强的程序调试和排错能力,这些对维护人员的知识结构、素质和专业水平有较高的要求。

④系统维护工作的对象是整个系统的配置。由于问题可能来源于系统的各个组成部分,产生于系统开发的各个阶段,因此系统维护工作不仅针对源程序代码,还应包括系统开发过程中的全部开发文档。

(3)系统维护的组织与管理。系统维护工作不仅仅是技术性工作,为了保证系统维护工作的质量,需要做大量的管理工作。系统投入运行后,事实上在一项具体的维护要求提出之前,系统维护工作就已经开始了。要做好系统维护工作,应该注意以下几个方面的问题。

①建立相应的组织,确定进行维护工作所应遵循的原则和规范化的过程。此外,还应建立一套适用于每个子系统的功能模块;应配备系统管理人员,他们的任务是熟悉并仔细研究所负责部分系统的功能实现过程,甚至对程序细节都有清楚的了解,以便完成具体维护工作。系统变更与维护的要求常常来自于系统的一个局部,这种维护要求对整个系统来说是

否合理，应该满足到何种程度，应从全局的角度进行权衡。因此，为了从全局协调和审定维护工作的内容，每个维护要求都必须通过一个维护控制部门的审查批准后，才能实施。这个维护控制部门应该由业务管理部门和系统管理部门共同组成，以便于从业务功能和技术实现两个角度控制维护内容的合理性和可行性。

②按照严格的步骤进行系统维护。这是为了防止未经允许擅自修改系统，因为无论是用户直接找程序人员，还是程序人员自行修改程序，都将引起系统混乱，如出现不及时更新文档造成程序与文档不一致、多个人修改的结果不一致、局部修改缺乏全局考虑等情况。当然维护审批过程的环节多也可能带来反应速度慢，因此当系统发生恶性或紧急故障时，也就是出现所谓“救火”的维护要求时，需立即动用资源解决问题，以保证业务工作连续进行。

③为了评价维护的有效性，确定系统的质量，记载系统所经历过的维护内容，应将维护工作的全部内容以文档的规范化形式记录下来，主要包括维护对象、规模、语言、运行和错误发生的情况，维护所进行的修改情况和维护所付出的代价等。应将这些作为系统开发文档的一部分，形成历史资料，以便日后备查。

④应注意系统维护的限度问题。系统维护是在原有系统的基础上进行修改、调整和完善，使系统能够不断适应新环境、新需要。但一个系统终会有生命周期结束的时候，当对系统的修改已不再奏效，或修改的困难很多且工作量很大、花费过大，或改进、完善的内容远远超出原系统的设计要求时，就应提出研制新系统的要求，从而开始一个新的系统生命周期。

三、物流信息系统的安全管理

在信息系统的开发过程中，企业需投入大量的人力与资金，系统的各种软硬件是企业的重要资产。在信息系统的运行过程中会产生和积累大量的信息，这些信息是企业的重要资源，它们几乎反映了企业所有方面的过去、现在与未来。系统软硬件的损坏或信息的泄露会给企业带来不可估量的经济损失，甚至危及企业的生存与发展。因此信息系统的安全与保密是一项必不可少的极其重要的信息系统管理工作。

另一方面，信息系统几乎被企业内部每位管理人员接触与享用，随着企业信息化建设的深入，企业与外界的信息交往日益广泛与频繁。由于信息的易传播性与易扩散性，使得信息系统的安全管理工作难度大大增加。

（一）信息系统所面临的威胁与攻击

随着信息技术的飞速发展，信息系统的应用越来越广。在 Internet 日益普及的今天，信息系统的安全性也越来越成为信息系统管理的重要课题。一方面是因为社会对信息系统的依赖性越来越大，信息系统在社会各个领域中的作用日益突出；另一方面也由于数据本身的易消失性、数据的物理特性和信息系统自身的弱点被暴露得越来越多。认真研究信息系统的安全问题，研究和建立信息系统的安全策略，广泛使用信息系统安全技术是信息系统管理人员的重要任务。

信息系统是一个开放的系统，可以根据用户的需要在任何时间和任何地点向用户（通常为合法用户）提供信息服务。用户可以共享信息系统的信息资源。信息系统的开放性和数据资源的共享性使其面临多种威胁与攻击。

1. 信息系统攻击的类型

（1）对信息系统硬件的攻击。这种攻击主要表现在对计算机的硬件系统、计算机的外围设备、信息网络的线路等的攻击。

(2)对信息(数据)的攻击。这种攻击主要表现在信息泄露和信息破坏上。信息泄露是指偶然或故意地截取目标信息系统的信息。信息破坏是指由于偶然事故或人为破坏而使信息系统中的信息被修改、删除、添加、伪造及非法复制。信息破坏将导致信息系统的信息不真实、信息缺乏完整性、信息系统缺乏可用性。

(3)计算机犯罪。计算机犯罪是指针对和利用信息系统,通过非法操作或以其他手段进行破坏、窃取,危害国家、社会和他人利益的不法行为。

(4)计算机病毒。计算机病毒是通过运行来干扰或破坏信息系统正常工作的一段程序。

2. 造成信息系统威胁的原因

信息系统的不安全性和信息网络的不安全性主要是由以下几方面的原因造成的。

(1)黑客攻击。目前,世界上有大约几十万个黑客网站,攻击的方法和手段有几千种。黑客可分为政治性黑客、技术性黑客和牟利性黑客3种。无论是哪种黑客,其对信息系统的破坏都是不可忽视的。

(2)管理的欠缺。管理上的欠缺极易造成黑客的攻击。管理的欠缺主要还在于缺乏安全管理的观念,没有从管理制度、人员和技术上建立相应的安全防范机制。

(3)软硬件的"漏洞"和"后门"。1999年,保加利亚软件测试专家发现微软浏览器产品IE存在安全漏洞,它可以使网络管理人员轻而易举地入侵访问者的计算机文件,微软也承认了这一缺陷。另外,发达国家对信息安全高级产品的封锁也使软硬件产品的漏洞变得更为明显。

(4)信息战。未来的竞争是信息的竞争,未来的战争是信息战。信息战随时可能爆发。从双方有意识、有组织地开展对对方信息系统的攻击,进而发展到有限规模的信息战争甚至大规模的信息战争。

(二)信息系统安全的定义

1. 安全问题的提出

由于管理信息系统是以计算机和数据通信网络为基础的应用管理系统,因此它是一个开放式、全球式、共享式的互联网络系统,如果不采取安全保密措施,那么与网络系统相连的任何终端用户都可以进入和访问网络中的资源。尤其是黑客,他们利用计算机软件和网络安全方面的缺陷,对管理信息系统实施有意的攻击,而且有些攻击往往是恶意的。下面列举的一些信息系统遭到攻击和破坏的实例说明信息系统的应用伴随着不容忽视的风险。

1993年,自称为"骗局大师(MOD)"的组织,将目标锁定美国电话系统。这个组织成功入侵美国国家安全局(NSA)、AT&T和美利坚银行。他们建立了一个可以绕过长途电话呼叫系统而侵入专线的系统。

1996年12月29日清晨,一名黑客闯入美国空军的网站。他把美国空军网页的画面改成一对鲜血淋漓的眼球。

1996年美国国防部载有不宜公开信息的系统被攻击26万次,其中被破坏16万次。

1998年6月4日,一名黑客闯入刚刚进行了核试验的印度核试验控制中心网站,控制其计算机系统,窃取了其核试验"最为重要的机密文件"。

1998年4月25日下午5时30分左右,一名来自我国四川省的黑客非法侵入中国公众多媒体信息网(chinanet)贵州分站——"贵州信息港",更改该网站主页图片。

1998 年国庆节前后，一名黑客多次侵入福建省图书馆网站，修改、增加其中页面，造成该馆的服务器两次关闭。

1998 年 9 月，在江苏扬州发生了全国首例利用计算机侵入银行计算机网络盗取 26 万元巨款的特大智能盗窃案。

2000 年，年仅 15 岁的 Mafia Boy（由于年龄太小，因此没有公布其真实身份）在 2 月 6 日到 2 月 14 日情人节期间侵入包括 eBay、Amazon 和 Yahoo 在内的大型网站服务器，阻止了服务器向用户提供服务。他随后被捕。

2001 年，"红色代码"电脑病毒在因特网上的大规模蔓延给全世界带来的经济损失高达 20 亿美元，而当年 1 月 25 日的一次黑客攻击曾使因特网出现大"塞车"，当天美国最大的银行之一美洲银行有 1.3 万台自动取款机瘫痪。

2002 年 1 月，《传奇》遭到了大规模黑客攻击，30 万用户的账号被黑客盗窃出来。

2003 年 2 月，美国奥马哈（Omaha）的一家服务器被黑客攻击，约有 800 万张 VISA、MasterCard 和 American Express 的信用卡账号被盗取。

2005 年 5 月 22 日，美国政府下属的计算机紧急事故处理协调中心的网站遭到一系列黑客攻击，致使网站无法正常运营。

目前，全球每天都在发生着 Interet 计算机入侵事件。在 Internet 上的网络防火墙，超过 1/3 被突破，一些银行、企业、机构都未能幸免。据不完全统计，每年因利用计算机系统进行犯罪所造成的经济损失高达上千亿美元。由此可见，信息系统对安全的要求越来越高，安全成为管理信息系统生存的关键和核心。

2. 信息系统安全的定义

信息系统安全是指采取技术和非技术手段，通过对信息系统建设中安全设计和运行中的安全管理，使运行在计算机网络中的信息系统有保护，没有危险，即组成信息系统的硬件、软件和数据资源受到妥善的保护，不因自然和人为因素而遭到破坏、更改或者泄露系统中的信息资源，信息系统能连续正常运行。

根据 1994 年 2 月 18 日国务院公布的《计算机信息系统安全保护条例》，信息系统安全是指"保障计算机及其相关的和配套的设备、设施（含网络）的安全及运行环境的安全，保障信息的安全，保障计算机功能的正常发挥，以维护计算机信息系统的安全运行"。

信息系统的安全定义实际上包括了以下 4 个概念。

（1）信息安全。保护信息资源，使其免遭偶然的和有意的泄露、删改、破坏和处理能力的丧失。

（2）计算机安全。确保计算机处于稳定的状态，使计算机的数据和程序文件不致被非法访问、获取和修改。

（3）网络安全。为确保网络正常运行而需要采取一系列的措施。信息网络的安全包括以下几个方面：

①保密性。保护个人信息，确保不被他人窃取和利用。

②认证性。确认通信双方的合法身份。

③完整性。保证所传输的信息不被篡改。

④可访问性。保证系统、数据和服务能由合法的人访问而不被拒绝。

⑤防御性。防止不合法用户和信息的访问。

⑥不可抵赖性。防止通信和交易双方对自己行为的否认。

(4)通信安全。确保信息在网络传输中的完整性和保密性。

(三)影响信息系统安全的因素

信息系统尽管功能强大,技术先进,但由于受到它自身的体系结构、设计思路及运行机制等的限制,也隐含着许多不安全的因素。常见的影响因素有数据的输入、输出、存取与备份,源程序及应用软件、数据库、操作系统等的漏洞或缺陷,硬件、通信部分的漏洞、缺陷或遗失,还有电磁辐射、环境保障系统、企业内部人的因素、计算机病毒、黑客、经济间谍等,它们的具体表现如表4-3-1所示。

影响信息系统安全的因素 表4-3-1

影响因素	具体表现
数据输入	数据容易被篡改或输入虚假数据,当然有时是误输入
数据输出	经过处理的数据通过各种设备输出,信息就有泄露和被盗看的可能
数据存取与备份	不能完全将非法用户的侵入拒之于系统之外,还可能因为没有备份而使系统难以恢复
源程序	用编程语言书写的处理程序,容易被修改和窃取,并且本身也许存在漏洞
应用软件	如果软件的程序被修改或破坏,就会损坏系统的功能,进而导致系统的瘫痪;另外,文档的遗失将使得软件的升级和维护十分困难
数据库	数据库中存有大量数据资源,如遭到破坏或失窃,其损失是难以估计的
操作系统	操作系统如遭到攻击和破坏,将造成系统运行的崩溃
硬件	硬件本身有被破坏、盗窃的可能,组成计算机的电子设备和元件存在偶然故障的可能
通信	信息和数据通过通信系统进行传输,有被窃听的危险
电磁辐射	计算机是用电脉冲工作的设备,信息是以脉冲来表示的,因此,计算机所处理的信息将以电磁波的形式向周围辐射,只要接收到这些电磁波,就能复现它的内容,造成信息的失密;同时,计算机也容易遭受外界电磁辐射的干扰
环境保障系统	周围环境的温度、湿度、清洁度及一些自然灾害等都会对计算机软硬件造成影响
企业内部人的因素	低水平的安全管理、偶然的操作失误或故意的犯罪行为等,都会影响系统安全
软件的非法复制	软件的非法复制,会造成软件的失密,还会给犯罪人员提供分析、入侵系统的机会
黑客	一些非法的网络用户,利用所掌握的信息技术进入未经授权的信息系统
病毒	各种病毒程序越来越严重地危及网络系统
经济(信息)间谍	出于商业目的窃取竞争对手的机密数据

(四)信息系统的安全策略和措施

1. 信息系统安全策略制定的程序和步骤

(1)进行安全需求分析。即明确安全的要求,分析和研究系统与环境的相关因素,评估信息系统资源,对系统资源划分安全等级,明确安全防范重点等。

(2)提出安全防范措施。如标识与认证、存取控制、防病毒、多层防御、恢复、备份、防火墙、网关等。

(3)选择安全技术。即选择最佳的安全技术方案组合和安全技术产品。

2. 安全策略与措施

信息系统采取的安全策略主要包括4个方面:法律保护、行政管理、人员教育和技术措施。

(1)法律保护。有关信息系统的法律法规大体上可以分为社会规范和技术规范两类。

社会规范是调整信息活动中人与人之间的行为准则。要结合专门的保护要求定义合法的信息活动,不正当的信息活动要受到民法或刑法的限制或惩处。发布阻止任何违反保护要求的禁令,明确用户和系统人员应履行的权利和义务,包括保密法、数据保护法、计算机安全法、计算机犯罪法等。

合法的信息活动受到法律保护,并且应当遵守以下原则:

①合法信息系统原则。按一定的法律程序注册、建立信息系统,不符合准则的信息系统不予注册,未注册的信息系统完全不受法律保护。

②合法用户原则。进入系统的用户必须是经过严格技术审查和信息利用目的审查,并登记注册的。

③信息公开原则。信息系统中允许收集、扩散、维护有关的和必要的信息,系统对这些信息的常规使用方法对法律公开。

④信息利用原则。用户信息按用户确认和系统允许的形式保存在系统中,用户有权查询和复制这些信息,有权修改名称和内容,但向他人和外部泄露则予以限制和制止。

⑤资源限制原则。信息系统中保持的信息类型应给予适当限制,不允许超出系统合法权益的信息类型,并对信息保持的时限和精确性也给予限制。

技术规范是调整人与自然界之间关系的准则,其内容包括各种技术标准和规程,如计算机安全标准、网络安全标准、操作系统安全标准、数据和信息安全标准、电磁兼容性标准、电磁泄漏极限等。这些法律和标准是保证信息系统安全的依据和主要保障。

(2)行政管理。行政管理是安全管理的一般行政管理,是依据系统的实践活动,为维护系统安全而建立和制定的规章制度和职能机构。这些制度主要有以下内容。

①组织及人员制度。加强各种机构(如安全审查、安全管理等机构)、人员的安全意识和技术培训及人员选择,严格操作守则,严格分工原则。严禁程序设计人员同时担任系统操作员,严格区分系统管理员、终端操作员和程序设计人员,不允许交叉工作。

②运行维护和管理制度。包括设备维护制度、软件维护制度、用户管理制度、密钥管理制度、出入门管理、值班守则、操作规程、行政领导定期检查和监督制度。

③计算机处理的控制与管理制度。包括编程流程及控制、程序和数据的管理,复制及移植、存储介质的管理,文件的标准化及通信和网络的管理。

④机房保卫制度。机要机房应规定双人进出的制度,严禁单人在机房操作计算机。机房门可加双锁,且只有两把钥匙同时使用时门才能打开。

⑤对各种凭证、账表、资料要妥善保管,严格控制。

⑥记账要交叉复核,各类人员所掌握的资料要与其身份相适应。

⑦做信息处理用的机器要专机专用,不允许兼作其他用机。终端操作人员因事离开终端,必须将终端退回到登录画面,避免其他人员使用终端进行非法操作。

(3)人员教育。对系统的工作人员,如终端操作员、系统管理员、系统设计人员等,进行全面的安全、保密教育,进行职业道德和法律教育,因为他们对系统的功能、结构比较熟悉,对系统的威胁很大。对于从事重要信息系统工作的人员,更应重视教育,并挑选素质好、品质可靠的人员担任。

(4)技术措施。技术措施是信息系统安全的重要保证。实施安全技术,不仅涉及计算机和外围设备及其通信和网络等实体，还涉及数据安全、软件安全、网络安全、运行安全和防病毒技术。安全技术措施应贯穿于系统分析、设计、运行和维护及管理的各个阶段。

信息系统的安全保证措施是系统的有机组成部分，应以系统工程的思想、系统分析的方法，对系统安全需求、威胁、风险和代价进行综合分析，从整体上综合最优考虑，采取相应对策。只有这样，才能建立起一个有一定安全保障的计算机系统。

（五）信息系统安全的设计

信息系统的安全问题不但表现在信息系统的运行过程中，在信息系统的规划、设计与实现阶段就已经开始了。信息系统安全的设计包括物理实体安全的设计、硬件系统和通信网络的安全设计、软件系统和数据的安全设计等内容。由于硬件和通信网络的安全主要依赖于设备的选型和协议的选取，因而在此就不再展开讨论，这里只对物理实体安全的设计和软件、数据安全的设计进行讨论。

1. 物理实体安全环境的设计

企业信息系统尽管可以在物理上分散在各个科室、车间，但是各种服务器一般都是集中在某个较安全的地方，这个较安全的地方我们称之为机房或中心机房。这样可以集中管理，集中提供保护手段和措施。我们可以将这些机房划分为三个等级。把要求具有最高安全性的系统定为 A 类机房，只确保系统运行时最低限度安全性的系统定为 C 类，介于 A 类和 C 类之间的则是 B 类。

对于信息系统机房的规划，一般都要考虑如下的安全技术要求。

(1) 合理规划中心机房与各科室、车间机房的位置。机房的位置应力求减少无关人员进入的机会，设备的位置远离主要通道，同时，机房的窗户也应避免直接面临街道。

(2) 对出入机房进行控制。首先，对于 A 类、B 类安全机房平时应只设一个出入口，另外再设若干个紧急情况疏散口；其次，机房采取分区控制办法，限制工作人员的进出区域；再次，对各区域进行出入控制，限制外来人员的进入。

(3) 机房应进行一定的内部装修。A 类、B 类安全机房进行装修时，所使用的材料必须是难燃或不燃材料，应能防潮、吸音、防尘、抗静电等，活动地板应光洁、防潮、防尘、防震、防火。

(4) 选择合适的其他设备和辅助材料。机房内使用的磁盘柜、终端桌、工作台、隔板、窗帘、屏风等应当是非易燃材料制品。此外，机房内不宜使用地毯，这主要因为地毯会聚集灰尘，产生静电。

(5) 安装空调系统。空调系统用于调节机房的温度、湿度和洁净度，它应具有供风、加热、冷却、减湿、除尘的能力。

(6) 防火、防水。机房所在建筑物的耐火等级必须达到当地消防规定的安全等级，在机房内设置火警装置；A 类、B 类安全机房内不能铺设水和蒸汽管道；若机房位于用水设备的下层，还必须在上层地面增加防水设施，机房天花板装设防水层和水警装置等。

(7) 防磁。由于永久磁铁产生的磁场会改变存储介质上的数据，因此，机房内的磁场干扰场强必须在允许的范围内，一般不超过 800A/m；磁盘、磁带等存储介质应远离电视、电扇、变压器等磁场源，最好能放入防磁屏蔽容器内保存。

(8) 防静电。接地是防静电的最基本的措施，一般的接地电阻应在 1Ω 以下。此外，应当采取措施防止静电的产生。

(9)防电磁波干扰和泄漏。电磁场的干扰可使计算机等设备的工作可靠性下降。一般地,防电磁波的措施主要有接地和屏蔽两种。对于A类、B类安全机房内的无线电干扰强,在频率范围介于0.15 ~1000MHz时不大于120dB。

计算机等设备除了对外界的电磁干扰比较敏感外,它自己也产生比较严重的电磁辐射,它发射的电磁信号不仅频谱成分丰富,而且携带大量信息,产生的电磁辐射泄漏会影响它所处理信息的安全。因此,需要对计算机设备信息发射泄漏进行治理,一般可采用距离防护、噪声干扰防护、屏蔽、使用低辐射计算机设备等多种方法。

(10)电源。为确保计算机不间断地运行,可根据需要选用维持不同工作时间的不间断电源(UPS);对于不允许停止工作的信息系统,还应当自备发电设备。

A类、B类机房除考虑上述因素外,机房所在建筑物还应具备一定的防震等级,为防止感应雷电破坏信息系统,在信息传输通道接口处和交流电源进线处安装雷电防护电路。

2. 信息系统中软件和数据安全的设计

软件是保证信息系统正常运行、促进信息技术普及应用的主要因素和手段。数据是信息系统的中心,数据的安全管理是信息系统安全的核心。信息系统的软件和数据安全问题,成了人们最经常遇到的、同时又是必须加以解决的问题。

(1)选择安全可靠的操作系统和数据库管理系统。选择一个安全可靠的操作系统,是软件安全中最基本的要求。因为操作系统是其他软件运行的基础,只有在保证操作系统安全可靠的前提条件下,讨论软件的安全才有意义。大部分的信息系统都运行在某个数据库管理系统之上,安全的数据库管理系统直接制约了信息系统应用程序及数据文件的安全防护能力。为此,在进行数据库管理系统选择时,一定要考虑它自身的安全策略和安全能力。

(2)设计、开发安全可靠的应用程序。通过计算机和网络进行的信息犯罪活动,往往是由篡改应用程序入手的。由于大多数的应用程序开发人员缺乏必要的安全意识,程序中又没有有力的安全保护措施,从而使犯罪人员可以比较容易得手,轻而易举地改变程序的部分代码,删除、修改及复制某些数据信息,使程序在“正确的运行”中产生一些错误的结果,从而达到其目的。

因此,在设计和开发应用程序时,可以考虑如下一些安全策略和措施。

①设立安全保护子程序或存取控制子程序,充分运用操作系统和数据库管理系统提供的安全手段,加强对用户的识别检查及控制用户的存取权限。

②不断提高软件产品标准化、工程化、系列化的水平,使软件产品的开发可测、可控、可管理。对所有的程序都进行安全检查测试,及时发现不安全因素,逐步进行完善。

③尽量采用面向对象的开发方法和模块化的思想,将某个功能或某类功能封装起来,使模块之间、子系统之间能较好地实现隔离,避免错误发生后的连锁扩大。

④采用成熟的软件安全技术,是从根本上提高系统安全防护能力、抵御外来侵袭的主要途径。软件安全技术包括软件加密技术、软件固化技术、安装高性能的防毒卡和防毒软件等。

软件的安全除了在设计、实现阶段予以考虑外,软件运行中的安全管理也是保障信息系统安全的重要措施之一,比如加强软件的维护、妥善管理软件及正确运行软件等。这里要强调的是必须按照严格的操作规程运行软件,否则,不但可能产生不应有的错误,而且还可能使系统遭到意外的损坏。

(3)信息系统中数据安全的设计。信息系统中数据安全的设计包括数据存取的控制、防止数据信息泄漏、防止计算机病毒感染和破坏、数据备份的方法等几项工作。关于数据存取的控制我们将在下面详细讨论。

加密是防止数据信息泄漏,保障数据秘密性、真实性的重要措施,是数据安全保护的有效手段,也是抵抗计算机病毒感染破坏、保护数据库完整性的重要手段。

重要的数据文件应当有完整的备份,防止自然灾害或意外事故将数据文件破坏后,使数据不至于完全丢失,并能使系统尽快恢复运行。

所有的数据备份都应当进行登记,妥善保管,防止被盗,防止被破坏,防止被误用。重要的数据备份还应当进行定期检查,定期进行复制,保证备份数据的完整性、使用性和时效性。

3. 信息系统的安全技术和控制方法

信息安全技术是一门综合的学科,它涉及信息论、计算机科学和密码学等多方面的知识,它研究计算机系统和通信网络内信息的保护方法,以实现系统内信息的安全、保密、真实、完整和可用。

常用的安全技术有:使用“防火墙”软件或设备来控制外部对于系统内部网络的存取;采用实时网络审计跟踪工具或入侵检测软件监视信息系统的运行;采用安全传输层协议(Secure Socket Layer, SSL)和使用安全超文本传输协议(Secure Hypertext Transfer Protocol, SHTP),从而可以保证数据和信息传递的安全性;采用安全电子交易协议(Secure Electronic Transaction, SET)和电子数字签名技术进行安全交易等。随着信息系统的进一步发展,新的安全性要求仍在不断地提出,这对发展信息安全技术起到了促进推动作用,相信不久的将来会有更新、更实用的安全方法开发出来。

对信息系统施加相应的控制是确保信息系统安全的有效方法。控制涉及的范围很广,包括从在办公室房门上安装简单的暗锁以减少盗窃信息系统设备的威胁,到安装掌纹辨识器以防止非法访问存储在硬盘上的敏感数据威胁的发生。按照控制的类型分,可以包括物理控制、电子控制、软件控制和管理控制 4 种。其中管理控制在前面已经介绍过了,这里不再赘述。

物理控制是指采用物理保护手段的控制。物理控制可以包括门锁、键盘锁、防火门和积水排除泵。电子控制是指采用电子手段确定或防止威胁的控制。电子控制可包括移动传感器、热敏传感器和湿度传感器。控制也可包括诸如标记和指纹、语音与视网膜录入控制等对入侵者检验与生物进入控制。物理控制与电子控制常被结合使用,以对付威胁。

软件控制是指在信息系统应用中为确定、防止或恢复错误、非法访问和其他威胁而使用的程序代码控制。例如,软件控制可包括在特定时间中断计算机终端的程序用以监督谁在登录,联机多长时间,存取了哪些文件,使用了何种存取方式,比如是只读方式还是读写方式。

数据是信息系统的中心,数据的安全是信息系统安全管理的核心。对信息系统的控制主要表现为对数据的存取控制。所谓存取控制,就是指依靠系统的物理、电子、软件及管理等多种控制类型来实现对系统的监测,完成对用户的识别,对用户存取数据的权限确认工作,保证信息系统中数据的完整性、安全性、正确性,防止合法用户有意或无意的越权访问,防止非法用户的入侵等。

存取控制的任务主要是进行系统授权,即确认哪些用户拥有存取数据的权力,并且明确规定用户存取数据的范围及可以实施的操作,同时监测用户的操作行为,将用户的数据访问控制在规定范围内。

系统授权的方法是对所有的用户分别赋予一定的权限,没有相应权限的用户不能使用某些系统资源。通常在操作系统一级的权限是以对文件和目录的操作为单位的,网络级操作系统的权限则涉及网段、域、站点、工作组、计算机等多种资源。为了明确所有用户的权限,应该编制用户存取能力表及存取控制表。编制用户存取能力表,可以对系统的合法用户进行存取能力的限制,确认和控制每个用户的权限。而存取控制表则规定了文件的访问者及其被允许进行的操作,如读、写、修改、删除、添加、执行等。

用户的权限应根据业务的特点来设立。例如,对客户的登记可以做一个权限规定表,总经理可以看到所有的内容,而一个事业部的负责人只能看到他所负责的那部分客户的情况。另外还可以对所访问的数据库中某些内容(可以是表、视图或字段等)做规定,例如,可以将客户电话这个字段做出规定,没有被赋予特殊权限的人不能阅读该字段信息。

许多操作系统或应用软件开发工具都提供了安全机制功能,应当充分利用。例如,在Windows NT中,系统设置的用户组分为管理员组、服务器操作员组、记账操作员组、打印操作员组、备份操作员组、用户组、来客组等。每个组中的成员都有该组的权限,可以对特定的资源进行该组成员所被允许的操作。数据库管理系统中也越来越多地采用规定角色的方法。所谓角色(Role)是多种权限的一个组合,可以授予某个用户,也可以授予一组用户。这些角色当然也可以从用户处回收。角色可以用SQL语句来直接操作,实现授权的方法有授权矩阵(Authorization Matrix)、用户权限表(User Profile)、对象权限表(Object Profile)等。

为了能更好地进行存取权限控制,在进行系统授权时应遵循下面的原则。

(1)最小特权原则。即用户只拥有完成分配任务所必需的最少的信息或处理能力,多余的权限一律不给予,这也称为“知限所需”原则。

(2)最小泄露原则。用户一旦获得了对敏感数据信息或材料的存取权,就有责任保护这些数据不为无关人员所知,只能执行规定的处理,将信息的泄露控制在最小范围之内。

(3)最大共享策略。让用户最大限度地利用数据库中的信息,但这不意味着用户可以随意存取所有的信息,而是在授权许可的前提下的最大数据共享。

(4)推理控制策略。所谓的推理控制策略就是防止某些用户在已有外部知识的基础上,从一系列的统计数据中推断出某些他不应该知道而且应当保密的信息。因此,必须限制那些可能导致泄密的统计查询。

四、物流信息系统的监理、审计与评价

(一)信息系统监理

所谓信息系统监理,是指聘请开发方(乙方)与用户方(甲方)以外的第三方(丙方),根据信息系统的开发规律及开发合同和监理合同的要求,对信息系统开发过程中的行为、事件和文档进行审查和监督,为用户提供与项目有关的信息和信息处理能力的支持,以确保信息系统建设成功。对于开发方与用户方都为一个企业主体的独立开发方式,既可聘请企业内部监理,也可聘请企业外部监理。

1. 信息系统监理与项目管理的关系

监理方的监理与开发方的项目管理既有联系,又有区别。联系是它们都按照信息系统的开发规律与项目管理的思想进行管理。区别是主体不一样,项目管理是由开发方实施的,在成本、进度和质量三者中主要考虑前两者,特别是成本,并且项目管理涉及信息系统建设

的各个环节;而监理是由第三方即监理方实施的,在成本、进度和质量三者中主要考虑的是质量,其次是进度,最后才是成本,并且监理的内容主要取决于监理方与用户方签订的监理合同,不一定涉及信息系统建设的各方面。

2. 信息系统监理的模式

信息系统监理的模式按照监理的程度不同,可以分为咨询式监理、里程碑式监理和全程监理。

咨询式监理只对用户方就系统建设过程中提出的问题进行解答,其性质类似于业务咨询或方案咨询。这种方式费用最少,监理方的责任最轻,适合于对信息系统有较好的把握和技术力量较强的用户方采用。

里程碑式监理是指按照信息系统的开发规律将信息系统的建设划分为若干个阶段,在每个阶段的结束都设置一个里程碑,在里程碑到来时通知监理方进行审查或测试。一般来讲,这种方式比咨询式监理的费用要多,当然,监理方也要承担一定的责任。

全程式监理是最复杂的一种,不但要求对系统建设过程中的里程碑进行审查,还应派相应人员定期跟踪和收集系统开发过程中的信息,不断评估开发方的开发质量和效率。这种方式费用最高,监理方的责任也最大,适合那些对信息系统的开发不太了解且技术力量偏弱的用户方采用。

为了更深入地研究信息系统的监理,我们选择全程式监理进行讨论。如果没有特别说明,下面的讨论都是针对全程式监理的方式。

3. 信息系统监理的内容

信息系统监理是监理单位受用户方的委托,对信息系统建设实施的监督管理,其主要职能如下。

(1)协助用户方组织信息系统建设的招标、评标活动。

(2)协助用户方与中标单位签订信息系统的开发合同。

(3)根据用户方的授权,监督管理开发合同的履行。

(4)根据监理合同的要求,为用户方提供技术服务。

(5)监理合同终止后,向用户方提供监理工作报告。

开发方承担用户方的信息系统开发工作,需要完成战略规划和可行性研究、系统分析、系统设计、系统实施和运行维护等各项工作,监理方的工作实际上也贯穿于系统建设的全过程。

4. 各阶段监理的要点

(1)总体规划和可行性研究阶段:

①为企业高层讲解企业信息化的意义,协助用户方根据企业战略目标制定信息系统的战略规划。

②对用户方现有的信息资源、信息处理能力、技术基础、环境条件、资金设备等资料进行分析。

③协助企业确定信息系统的开发方式。

④制定开发信息系统的技术路线和接口规范。

⑤组织招标和评标活动。

⑥协助企业做好投资风险分析,提出可靠的经济效益分析表,突出信息系统建设的竞争驱动和效益驱动原则。在此基础上,根据资金筹措的情况列出分期工程的实施计划。协助

撰写可行性研究报告或对可行性研究报告进行审查。

(2)系统分析阶段:

①协助用户明确新系统的具体任务、目标、作用和地位。

②与开发方分工培训用户方的业务支持人员,使他们对信息系统的开发有初步的了解。

③协助用户规范企业的业务流程,并能形式化表达。

④提出与新系统相适应的企业管理改进方案。

⑤协助用户方审核开发方提交的系统分析报告。

(3)系统设计阶段:

①协助用户方设计并制定现有业务流程的改进方案。

②协助用户方审核开发方提交的企业信息编码体系设计方案。

③协助用户方审核开发方提交的详细设计报告。

④协助用户方审核开发方提交的产品和设备的购置计划。

⑤对企业管理人员开展有针对性的培训。

(4)系统实施阶段:

①抽样审查程序设计说明书。

②按开发合同和详细设计报告检查各子系统的质量和进度是否按计划执行。

③督促用户企业按照既定的时间表调整企业业务流程和组织机构。

④协助用户方审查开发方的测试大纲和详细测试计划。

⑤对用户企业的业务支持人员进行系统测试方面的培训,协助用户方准备测试用例。

⑥协助用户方对开发方交付的子系统或整个系统测试,撰写测试报告。

⑦审查开发方提交的技术报告和用户手册等相关文档。

(5)系统运行与维护阶段:

①督促开发方与用户方相互配合,培训相关的操作人员和系统管理员。

②监督新老系统交替期间数据有序转换,监督企业员工执行新的业务流程和操作规程,并在执行中加以改进。

③对出现的软件、系统接口等方面的技术问题,根据开发合同督促开发方进行修正。

④监督企业认真做好各审计点的数据记录及分析,进行新旧系统的生产效率、产品质量、成本效益及设备运行状态的对比分析。

⑤开始项目审计工作,根据审计结果对新系统进行综合评价。

(二)信息系统的审计

1. 信息系统审计的由来与发展

信息系统审计最早称为计算机审计,是随着计算机在财务会计领域的应用而产生的。早期的计算机应用比较简单,相应地,计算机审计业务主要关注对被审计单位电子数据的取得、分析、计算等数据处理业务,还称不上信息系统审计。从财务报表审计的角度来看,这一阶段的主要业务内容是对交易金额和账户、报表余额进行检查,审查其真实性和准确性。

随着计算机应用范围的不断扩大,计算机对被审计单位各个业务环节的影响越来越大,计算机审计所关注的内容也从单纯的对电子数据的处理延伸到对信息系统的可靠性、安全性、风险性等进行了解和评价。此时,计算机审计这一概念已经不能反映这一业务的全部内涵,信息系统审计的概念随之出现。

计算机审计在发展初期，还只是传统审计业务的一种辅助工具，对客户的电子化审计数据进行处理和分析，为财务报表审计人员提供服务。如今的信息系统审计的业务已经超出了为财务报表审计提供服务的范围，在很多大型会计公司内部，信息系统设计部门已经成为一个独立的对外提供多种服务的部门。尤其是因特网和电子商务的兴起，更是为信息系统审计业务带来了无尽的商机。与信息安全相关的防火墙审计、安全诊断、信息技术认证等新型业务不断涌现。

综上所述，信息系统审计包含3层含义。

(1)对信息系统支持的业务信息或业务数据进行审计，检验其正确性和真实性，可以简称为信息系统运行审计。

(2)用计算机和信息系统做工具，辅助审计工作，市场上有专门的审计软件包出售。

(3)对信息系统的开发过程进行审计，可以简称为信息系统开发审计。

2. 信息系统审计的基本内容

信息系统审计的内容是根据审计的目的确定的，具体包括内部控制制度审计、应用程序审计、数据文件审计、处理系统综合审计和系统开发审计等。

(1)内部控制制度审计。为了信息系统能够安全可靠地运行，严格内部控制制度是十分必要的，它可以保证信息的正确性、完整性、及时性和有效性，并纠正可能产生的舞弊和犯罪行为。信息系统的内部控制系统包括两个子系统：一个是一般控制系统，包括组织和操作控制、软硬件控制、安全控制和文件资料控制等；另一个是应用控制系统，包括输入控制、处理控制和输出控制。

内部控制制度的审计程序包括以下4个阶段：

①初步审核和评价阶段。即对控制的目标、构成系统的基本要素、主要环境控制措施、应用系统和应用项目的基本情况等的了解。

②详细审核和评价阶段。即在初步审核的基础上确定控制领域、控制点、控制目标和必要的内部控制措施。

③符合性测试阶段。即对控制措施的实施情况及遵守情况进行测试，以便对内部控制制度的强弱和可靠性做出最后的结论。

④最后评价阶段。

(2)应用程序审计。计算机应用程序的审计是信息系统审计的重要内容，这是因为企业处理经济业务的目的、原则和方法都体现在计算机程序之中，它们是否执行国家的方针政策，是否执行财经纪律和制度也往往在应用程序中体现出来。所以计算机应用程序的审计内容主要是检查计算机的程序控制功能是否可靠，处理经济业务的程序和方法是否准确。

对计算机程序的审计可以分为对程序进行直接检查和通过数据在程序上的运行进行间接检查两种。对程序进行直接检查包括直接对程序进行逐句审查，或借助流程图作为工具，用标准的图形、符号等来反映程序的控制功能和数据处理的逻辑。对程序进行间接检查是利用实际数据或模拟数据进行检查，即根据被审单位的实际数据或用模拟数据在程序上进行处理，然后将处理结果与正确的结果进行比较。

(3)数据文件审计。数据文件包括由计算机打印出来的数据文件和存储在各种介质上的数据文件。存储在介质上的文件包括会计凭证、会计账簿和会计报表等，对这些文件的审计需要用信息技术进行测试。测试的内容主要包括信息系统数据安全控制的有效性、数据文件控制功能的可靠性和数据文件内容的真实性与准确性。

(4)处理系统综合审计。处理系统的综合审计是对信息系统中的硬件功能、输入数据、程序和文件4个因素进行综合的审计,以确定其可靠性和准确性。主要程序是先对硬件功能进行检查,然后分别对输入数据的准确性、每个重要程序的准确性和每个重要文件的准确性进行测试,在此基础上对整个信息系统的处理功能进行综合评价。

(5)系统开发审计。系统开发审计是指对信息系统开发过程进行的审计。审计的目的一是要检查开发的方法和程序是否科学合理,是否受到恰当的控制;二是要检查开发过程中产生的系统资料和凭证是否符合规范。

3. 信息系统审计师及相关组织

(1)信息系统审计师。信息系统审计师的资格在国际上获得广泛认可,一般来讲,在发达国家的政府审计机关、国际知名的会计师事务所、大型企业、金融机构都有信息系统审计师在其中工作。取得信息系统审计师的资格要通过资格考试,并满足信息系统审计和控制协会(Information Systems Audit and Control Association,ISACA)所要求的其他条件。

信息系统审计师目前已经成为全球范围比较抢手的高级人才,这些人才一般都具备全面的计算机软硬件知识,对网络和系统安全有独特的敏感性,并且对财务会计和单位内部控制有深刻的理解。随着信息技术在管理中的广泛运用,传统的审计技术受到巨大的挑战,国际会计公司、专业咨询公司和高级管理顾问都将控制风险,特别是控制计算机环境风险和信息系统运行风险作为管理咨询和服务的重点。几乎所有的大型跨国公司,由于普遍使用大型管理信息系统,都非常重视对信息系统全面和稳定性的控制,常常高薪聘请信息系统审计师进行内部审计。

(2)系统审计的专业组织。随着信息技术在财务会计、管理领域应用程度的不断提高,信息系统审计业务也逐步受到职业会计师行业的重视。在我国,信息系统审计业务的开展还处于探索阶段。其实,信息系统审计在国外已经有了相当长时期的发展,而且也产生了相应的专业组织和专业资格。

信息系统审计与控制协会成立于1969年,最初称为EDP(电子数据处理)审计师联合会,总部在美国芝加哥。目前该组织在世界上100多个国家设有160多个分会,现有会员20000多人,它是从事信息系统审计专业人员唯一的国际性组织,信息系统审计师资格(Certified Information System Auditor,CISA)也是这一领域的唯一职业资格。会员被称为信息系统审计师,主要向用户提供与信息系统相关的服务。

我国的信息系统审计目前还处于探索阶段,还没有形成一套成形的专业规范,也没有形成一支能够全面开展信息系统审计业务的人才队伍。目前我国会计审计界所进行的一些计算机审计的探索和尝试及开发的一些计算机审计软件还大都停留在对被审计单位的电子数据进行处理的阶段。无论是国际上大型的跨国公司还是国内一些规模较大的企业都在不断地扩大信息技术在其经营活动和会计领域的应用范围,运用传统的会计审计知识已经不能对这样的客户进行风险评估、内部控制测试与评价,从而影响我国会计师行业审计业务的质量。这一现状使得我国的注册会计师行业在与国外大型会计公司的竞争中处于不利地位。发展我们自己的信息系统审计人才队伍已经成为会计师行业的当务之急。

(三)信息系统的评价

MIS投入运行后,要在平时运行管理工作的基础上,定期对其运行状况进行集中评价。进行这项工作的目的是通过对新系统运行过程和绩效的审查,来检查新系统是否达到了预期目的，是否充分利用了系统内各种资源，系统的管理工作是否完善，以及指出系统改进和扩展的方向是什么等。

1. 系统评价的主要内容

对系统的评价主要是从技术与经济两方面进行。

(1)技术上的评价内容主要是系统性能，具体内容如下。

①信息系统的总体水平。如系统的总体结构、地域与网络的规模、所采用技术的先进性等。

②系统功能的范围与层次。如功能的多少与难易程度或对应管理层次的高低等。

③信息资源开发与利用的范围与深度。如企业内部与外部信息的比例、外部信息的利用率等。

④系统的质量。如系统的可使用性、正确性、可扩展性、可维护性、通用性等。

⑤系统的安全性与保密性。

⑥系统文档的完备性。

(2)经济上的评价内容主要是系统的效果和效益，包括直接的与间接的两个方面。

直接的评价内容如下：

①系统的投资额；

②系统运行费用；

③系统运行所带来的新增效益；

④投资回收期。

间接的评价内容如下：

①对企业形象的改观、员工素质的提高所起的作用；

②对企业的体制与组织机构的改革、管理流程的优化所起的作用；

③对企业各部门间、人员间协作精神的加强所起的作用。

信息系统在运行与维护过程中不断地发生变化，因此评价工作不是一项一次性的工作，系统评价应定期地进行或每当系统有较大改进后进行。信息系统的第一次评价一般安排在开发完成并投入运行一段时间，进入相对稳定状态后，通常第一次评价的结论将作为系统验收的最主要依据。

系统评价工作由系统开发人员、系统管理与维护人员、系统用户、用户单位领导及系统外专家等共同参与，评价方式可以是鉴定或评审等，评价的结论以书面的评价报告或评价意见等提出。评价结论也是系统的重要文档，应予以收存归档，统一保管。

2. 系统评价的指标体系

系统的评价是一项难度较大的工作，它属于多目标评价问题，目前大部分的系统评价还处于非结构化的阶段，只能就部分评价内容列出可度量的指标，不少内容还只能用定性方法做出叙述性的评价。下面从以下 3 个方面列出系统评价的指标。

(1)性能指标：

①人机交互的灵活性与方便性。

②系统响应时间与信息处理速度满足管理业务需求的程度。

③输出信息的正确性与精确度。

④单位时间内的故障次数与故障时间在工作时间中的比例。

⑤系统结构与功能的调整、改进及扩展，与其他系统交互或集成的难易程度。

⑥系统故障诊断、排除、恢复的难易程度。

⑦系统安全保密措施的完整性、规范性与有效性。

⑧系统文档资料的规范、完备与正确程度。

(2)直接经济效益有关的指标：

①系统投资额。包括系统硬件、系统软件的购置、安装，应用系统的开发或购置所投入的资金。另外，企业内部投入的人力、材料等也应计入。较精确的计算还应考虑资金投入的时间及占用时间因素。对验收评价后所做的阶段评价还要包括系统维护所投入的资金。

②系统运行费用。包括消耗性材料费用、系统投资折旧费及硬件日常维护费等，消耗性材料包括存储介质、纸张、打印油墨等。由于信息系统的技术含量高，更新换代快，一般折旧年限取 5 ~8 年。另外，系统所耗用的电费、系统管理人员工资等也应计入系统运行费用。

③系统运行新增的效益。主要反映在成本降低、库存积压减少、流动资金周转加快、销售利润增加及人力的减少等方面。新增效益可采用总括性的在同等产出或服务水平下有无信息系统所至的年生产经营费用节约额来表示，也可分别计算上述各方面的效益，然后求和表示。由于引起企业效益增减的因素错综复杂，新增效益很难作精确的计算。

④投资回收期。投资回收期为通过新增效益，逐步收回投入的资金所需的时间，它也是反映信息系统经济效益好坏的重要指标。经简化不考虑资金时间价值的投资回收期可用下式计算：

$$T = t + \frac{I}{B - C}$$

式中，T 为投资回收期；t 为资金投入至开始产生效益所需的时间；I 为投资额；B 为系统运行后每年新增的效益；C 为系统运行费用。

(3)间接经济效益有关的指标。间接经济效益是通过改进组织结构及运作方式、提高人员素质等途径，促使成本下降，利润增加而逐渐地、间接地获得的效益。由于成因关系复杂，计算困难，只能作定性的分析。

一般信息系统的成功应用所产生的间接经济效益可体现在以下几个方面。

①对组织为适应环境所做的结构、管理制度与管理模式等的变革会起巨大的推动作用，这种作用一般无法用其他方法实现。

②能显著地改善企业形象，对外可提高客户对企业的信任程度，对内可提高全体员工的自信心与自豪感。

③可使管理人员获得许多新知识、新技术与新方法，进而提高他们的技能素质，拓宽思路，进入学习与掌握新知识的良性循环。

④系统信息的共享与交互使部门之间、管理人员之间的联系更紧密，可加强他们的协作精神，提高企业的凝聚力。

⑤对企业的规章制度、工作规范、定额、标准计量与代码等的基础管理产生很大的促进作用，为其他管理工作提供有利的条件。

任务实训方案

物流管理信息系统维护

1. 实训步骤

(1)在老师的指导下，学生按项目分组，确定维护计划、步骤和方法等。

(2)各项目小组分头展开实际维护,查阅资料并做好知识准备。

(3)各项目小组进行分析研究资料,并以方案、调查报告和小论文等形式完成作业。书面形式或电子演示文稿均可。

(4)各项目小组之间进行交流。

2. 实训注意事项

(1)学生要以课堂上所学的相关理论知识为蓝本开展系统维护,注重理论联系实际。

(2)注重培养学生物流业务能力的训练,以提高学生综合素质为目标。

(3)在实训过程中,维护对象应尽可能地多,包括不同水平的企业,避免得出的结论以偏概全。

(4)维护的系统尽量具体,并认真做总结。

(5)注意所得资料的真实性、可靠性和时效性。

3. 实训评价

物流管理信息系统维护技能评价评分表,如表4-3-2所示。

物流管理信息系统维护技能评价评分表 表4-3-2

考评人		被考评人	
考评地点			
考评内容	物流管理信息系统维护		
考评标准	具体内容	分值/分	实际得分/分
	内容全面、客观、准确性高	25	
	报告及时、认真	25	
	报告要明确该物流管理信息系统的维护内容、程序	25	
	报告要有该物流管理信息系统的评价	25	
合计		100	

注:实训满分为100分,60分以下为不及格,60~69分为及格,70~79分为中等,80~89分为良好,90分以上为优秀。

延伸阅读

物流管理信息系统运行与维护常识

一、系统维护

1. 硬件设备维护

(1)定性设备保养与维护。首先,分配专业的保养人员定期为计算机系统以及其硬件设备进行专业保养与维护。其次,为计算机系统进行实时更新升级,保证系统能达到世界领先水平。使计算机在运行速度、信息传递的正确性、用户信息自动分类及储存等各个方面的效率得到不断提高。

(2)突发性故障维修。为系统配备专业维修人员,实时观察系统的运行情况。为系统故障做好多种应急方案,针对系统的突发故障进行实时抢修,保证系统能够及时恢复运行。

2. 数据文件以及代码维护

在人工录入用户信息之后,系统自动储存数据,并且在下一次录入相同信息时能够自动读取数据。数据一旦被储存后将会设置权限,有权限人员可以进入系统查询数据但不得随意更改。为系统安装安全保密软件,防止外界入侵和商业间谍窃取用户数据,并安排专业人员对系统进行实时监测,保证系统不被攻击。

3. 应用软件维护

(1)信息的正确性维护。在用户信息的录入过程中对系统进行实时监测,检测信息录入后,若系统存有某顾客的历史信息,系统能够自动地辨别录入的信息是否准确。在信息传递过程中,设置防火墙,对顾客信息进行加密,保证信息在传递过程中不被攻击盗窃。在后期信息分配过程中,使信息能够自动地进行分类,并将信息准确的传递到各责任人。

(2)运行环境的适应性维护。系统在运行过程中不受任何条件的制约。

(3)系统的完善性维护。物流信息系统从设计到使用并非是没有缺陷的。它主要以数据流、数据变换为考虑对象,从这个角度来描述整个系统的状况。结构化设计以数据流图为蓝本,提出其数据变换部分,加以功能分解,一直到最小的功能元素单位。然后据此进行程序设计。面向对象的方法更接近于人类的自然思维,而人的思维并非一瞬间就可以想到完美。需要经过不断的试行发现不足进行完善。

(4)系统的预防性维护。在故障发生之前就对设备的性能、安全性等进行检查维护,保证设备高效运行。对设备的异状进行早期发现和早期修复。

对信息录入过程:手工录入的准确性,计算机系统软件的信息储存,用户信息识别能力,用户信息备份。

对信息传递过程:信息的安全性和保密性,传递过程中不丢失。

对信息分配过程:信息分类,自动分配信息能力。

二、系统运行

1. 信息系统在企业中的地位

目前我国不够重视系统运行,运行组织不健全,运行组织级别不够高。随着信息作用的增加,现在国外企业中信息系统的地位越来越高,信息系统的组织也越来越健全和庞大。从信息系统在企业中的地位看,有以下几种形式:

(1)为企业的某业务部门所有:这种运行组织方式是一种古老的组织方式,信息管理部门为企业的某个业务单位所有。它使得信息不能成为全企业的资源,只能为其他单位提供计算能力,地位太低。

(2)与企业的部门平行:信息资源可为全企业共享,各单位使用权力相等,但信息处理支持决策的能力较弱。

(3)作为企业的参谋中心:这种组织方式有利于信息共享和支持决策,但容易造成脱离群众、服务不好的现象。现在的发展趋势是集散系统,既有全公司信息中心又在使用计算机较多的部门配置微机。它实际是前两种方式的结合,但一定要加强信息资源管理,否则容易造成分散化。

2. 系统运行情况记录

每天安排人员监测系统的运行情况,并将其记录。

3. 系统资源管理

(1)人员管理:职业技能培训、职业道德修养培训、专业知识培训。

(2)软件管理:软件测试、软件试行、软件完善。

(3)硬件管理:设备定期检修、做好设备的应急抢修方案。

(4)资金管理:保证资金链的周转正常。

4. 系统运行管理

系统运行管理制度是系统管理的一个重要内容。它是确保系统按照预定目标运行并充分发挥其效益的一切必要条件、运行机制和保障措施。

(1)系统运行的组织机构:各类人员的构成、各自职责、主要任务和管理内部组织结构。各个部门的职责人员要做好自己的分内工作,保证系统正常运行。

(2)基础数据管理:数据收集和统计渠道的管理、计量手段和计量方法的管理、原始数据管理、系统内部各种运行文件和历史文件的归档管理等。

(3)运行制度管理:系统操作规程、系统安全保密制度、系统修改规程、系统定期维护制度以及系统运行状态记录和日志归档等。

(4)系统运行结果分析:通过系统运行结果分析得到某种能够反映企业组织经营生产方面发展趋势的信息,提高管理部门指导企业的经营生产的能力。

模块小结

物流管理信息系统是企业信息化的基础,可以帮助企业提高物流效率、降低物流成本、保障物流安全、提升物流品质。仓储管理信息系统、运输管理信息系统和配送中心管理信息系统是3种主要物流业务信息系统,这些信息系统通过特定的功能模块协同完成任务,实现了物流业务的信息化、标准化、精确化和高效化。

物流信息系统的运行管理工作是对信息系统的运行进行检测和控制,记录其运行状态,对信息系统进行必要的完善、修改和补充,以使信息系统真正充分地发挥其功能。运行管理的内容主要包括:日常运行管理、信息系统运行管理和信息系统运行情况检查。

信息系统的维护是信息系统管理的重要工作内容。随着信息系统应用的深入和使用寿命的延长,系统维护的工作量越来越大,费用越来越高。系统维护工作属于"继承性"工作,不能只重视开发而轻视维护,只重视短期行为而忽视长远利益。

课后习题

1. 什么是仓储管理系统?
2. 仓储管理系统由哪些基本模块组成?
3. 一个典型的公路运输管理信息系统有哪些基本功能和结构?
4. 什么是配送管理信息系统?
5. 物流信息系统的维护对象和类型有哪些?评价系统是否可维护的主要因素有哪些?

模块五　物流客户关系系统维护与应用

情境寄语

物流客户关系系统维护与应用是一个全新的概念，是物流管理专业的一门核心课程。运用客户关系管理（Customer Relation Management，CRM）系统，使信息技术与企业管理紧密结合起来，对物流企业收集、处理客户数据与挖掘客户价值，实现物流企业与客户的互动沟通，巩固企业的客户资源，为客户解决问题或提供优质服务，增强竞争优势，全面提高企业运作效率等具有十分重要的意义。

学习目标

通过本模块的学习，期望达到下列目标。

1. 专业能力

（1）分析物流客户关系管理环境；

（2）构建物流客户关系管理框架；

（3）制定物流客户关系管理策略；

（4）建立物流客户关系管理系统；

（5）维护和应用物流客户关系管理系统。

2. 社会能力

（1）培养学生可持续发展的能力；

（2）培养学生具有物流企业综合管理的能力；

（3）培养学生具备中层和业务部门负责人具有的基本素质；

（4）注重遵章守纪、积极思考、耐心、细致、勇于实践、竞争意识、责任意识等职业素质的养成。

3. 方法能力

（1）通过查阅资料、文献等，培养个人自学能力和获取信息的能力；

（2）通过情境化的任务单元活动，掌握分析问题解决实际问题的能力；

（3）制订工作计划，培养工作方法和处理相关事务的能力；

（4）能独立使用各种软件建立物流客户关系管理系统。

模块图解

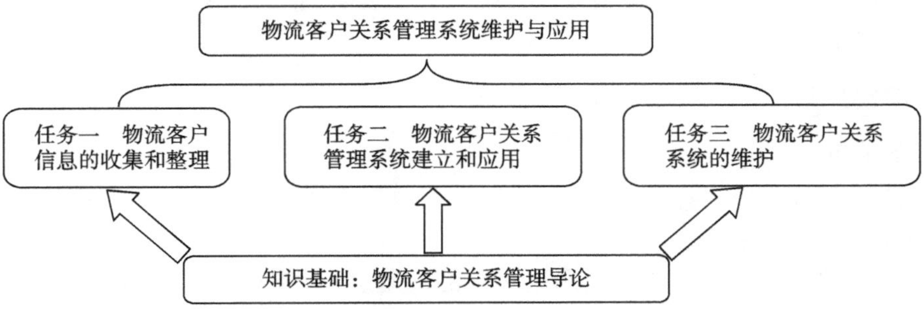

任务一　物流客户信息的收集和整理

任务导入

万科留住老客户的法宝

在地产界流传这样一个现象，每逢万科新楼盘开盘，老业主都会前来捧场，并且老业主的推荐成交率一直居高不下，部分楼盘甚至能达到50%。据悉，万科在深、沪、京、津、沈等地的销售，有30%～50%的客户是已经入住的业主介绍的。在深圳，万科地产每开发一个新楼盘，就有不少客户跟进买入，超过40%的业主是老业主介绍的。而据万客会的调查显示：万科地产现有业主中，万客会的会员重复购买率达65.3%，56.9%的业主会员将再次购买万科楼盘，48.5%的会员会推荐好友来购买万科楼盘。在业主重复购买率普遍较低的房地产行业，这绝对是一个奇迹。

万科独有的“6+2”服务法

第一步：温馨牵手。温馨牵手过程中开发商信息透明，阳光购楼。万科要求所有的项目，在销售过程中，既要宣传有利于客户（销售）的内容，也要公示不利于客户（销售）的内容。这其中就包括1km以内的不利因素。

第二步：喜结连理。在合同条款中，要尽量多地告诉业主签约的注意事项，降低业主的无助感，告诉业主跟万科沟通的渠道和方式。

第三步：亲密接触。公司与业主保持亲密接触，从签约结束到拿到住房这一段时间里，万科会定期发出短信、邮件，组织业主参观楼盘，了解楼盘建设进展情况，及时将其进展情况告诉业主。

第四步：乔迁新居。业主入住时，万科要举行入住仪式，表达对业主的敬意与祝贺。

第五步：嘘寒问暖。业主入住以后，公司要嘘寒问暖，建立客户经理制，跟踪到底，通过沟通平台及时发现、研究、解决出现的问题。

第六步：承担责任。问题难以避免，当问题出现时，特别是伤及客户利益时，万科不会推卸责任。

随后是“一路同行”。万科建立了忠诚度维修基金，所需资金来自公司每年的利润及客户出资。

最后是“四年之约”。每过四年，万科会全面走访一遍客户，看看有什么需要改善的。

案例表明收集和整理客户信息对企业来说是非常重要的，通过这个案例足可以证明维护好老客户会给企业带来意想不到收益。统计数字表明，企业发展一个新客户往往要比保留一个老客户多花费5倍的投入。

任务分析

1. 任务准备

（1）几家物流企业材料，主要包括企业主要经营的业务（含业务介绍）、模拟几个客户的资料、公司宣传资料等；

（2）多媒体教室（含可供学生上网查资料的电脑、多媒体教学设备、课件和动画等教学

资料)及模拟会客室(含服务台、椅子、茶壶、茶杯等,模拟员工和客户的名片、名片夹、各种文具);

(3)网络资源,包括几家物流企业网址、地图软件、QQ 等。

2. 任务目标

(1)收集客户信息;

(2)建立客户信息档案;

(3)记录客户反馈信息。

3. 知识准备

(1)客户的认识;

(2)物流客户信息;

(3)物流客户信息收集的原则;

(4)物流客户信息收集的方法;

(5)物流客户信息整理的内容、原则与方法。

相关知识

一、客户的认识

客户是企业利润的源泉,只有客户购买了企业的产品或者服务,才能使企业的利润得以实现。因此,一个竞争力强的企业,不仅是技术、资金、管理、市场占有率强,更为重要的是企业拥有较多忠诚的客户,特别是拥有较多忠诚的高价值客户。

企业拥有的高价值客户越多,就越能够形成规模效应,从而降低企业为客户提供产品或者服务的成本,这样企业就能以等量的费用为客户提供比竞争对手质量更好、价值更高的服务,进而在激烈的市场竞争中处于领先地位,有效地战胜竞争对手。

(一)认识客户价值

1. 客户价值的内涵

人们对于客户价值(Customer Value)的理解并不统一,在概念使用中也有所不同。归纳起来,对客户价值概念的理解和使用有两种倾向:一类观点认为,客户价值是企业为客户创造并提供的价值,客户价值的受益者和所有者是客户,客户价值是由企业创造出来并流向客户的;另一类观点则截然相反,认为客户价值是由客户带给企业的价值,客户价值的受益者和所有者是企业,客户价值是由客户创造并流向企业的。

显然两种理解是截然相反的,那么客户价值到底是对谁的价值——是企业为客户创造的价值,还是客户为企业创造的价值呢?

虽然这两种理解是截然相反的,但是并不矛盾,就像作用力与反作用力。事实上,在企业中这两种价值都存在。

2. 客户价值的动态性

客户价值的另一个重要特征是动态性。许多研究发现,客户价值是随着时间的变化而变化的,企业要持续地对客户进行管理,就必须了解客户价值的变化情况,不仅要了解现在的价值,同样也要预测它随时间变化的价值演变情况。这样才能根据客户价值的变化进行不同的管理。

（二）对客户进行细分

所有高效的客户关系管理都以严谨的客户细分为基础，客户关系管理的一切个性化和差异化都来源于客户细分，没有客户细分，客户关系管理做得再好也不是真正的客户关系管理。全世界的产品供应商、服务提供商都在千方百计地取悦自己的客户，尽他们最大的能力满足客户的需求，为此了解自己的客户，运用适当的细分策略和目标战术变得日益重要。客户细分的目的就是通过更好地了解客户并满足客户需求来提高企业的赢利能力，推动收入的增长。对于那些竞争十分激烈，且企业必须通过积极竞争才能争取和维持客户的行业而言，客户细分更是被广泛地使用，成为吸引和锁定客户，进而提高客户满意度、忠诚度的重要手段。

二、物流客户信息

物流客户信息是指物流信息中的订货信息、库存信息、生产指标信息、发货信息、物流和信息流相对应的组织和个人信息的集合。

（一）物流客户信息的特点

物流客户信息有如下特点：

(1)信息涉及面广、数量大；

(2)顶峰时与平时的信息量差别很大；

(3)信息发生的来源单位并不那么大；

(4)要求商品流通与运输配送的时间相适应；

(5)和商品流通、生产等企业内其他部门的关系密切；

(6)在货主与物流业者及有关企业之间，物流信息相同，各连接点的信息再输入情况较多；

(7)有不少物流系统的环节，同时兼办信息的转送，贯穿于生产经营活动的全过程等。

（二）获取物流客户信息的渠道

物流客户信息收集常采取以下信息收集的渠道来实现：

1. 直接渠道

直接收集客户信息的渠道主要是指客户与企业的各种接触机会。如从客户购买前的咨询开始到售后服务，包括处理投诉或退换产品，这些都是直接收集客户信息的渠道。以电信业为例，客户信息的直接收集渠道包括营业厅、呼叫中心、网站、客户经理等。也有很多的企业通过展会、市场调查等途径来获取客户信息。

具体来说，直接收集客户信息的渠道如下：

(1)在调查中获取客户信息。调查人员通过面谈、问卷调查、电话调查等方法得到第一手的客户资料，也可以通过仪器观察被调查客户的行为并加以记录而获取信息。

(2)在营销活动中获取客户信息。如广告发布后，潜在客户或者目标客户与企业联系或者打电话，或者剪下优惠券寄回，或者参观企业的展室等，一旦有所回应，企业就可以把他们的信息添加到客户数据库中。

(3)在服务过程中获取客户信息。对客户的服务过程也是企业深入了解客户、联系客户、收集客户信息的最佳时机。

在服务过程中，客户通常能够直接并且毫无避讳地讲述自己对产品的看法和期望、对服务的评价和要求、对竞争对手的认识以及其他客户的意愿和销售机会，其信息量之大、准确性之高是在其他条件下难以实现的。此外，服务记录、客户服务部的热线电话记录以及其他客户服务系统也能够收集到客户信息。

(4)在终端收集客户信息。终端是直接接触最终客户的前沿阵地，通过面对面的接触可以收集到客户的第一手资料。但是终端收集难度较大，因为这关系企业的切身利益，因此要通过激励机制，调动企业的积极性，使企业乐于去收集。

(5)通过博览会、展销会、洽谈会等获取客户信息。由于博览会、展销会、洽谈会针对性强且客户群体集中，因此可以成为迅速收集客户信息、达成购买意向的场所。

(6)网站和呼叫中心是收集客户信息的新渠道。信息技术及互联网技术的广泛使用为企业开拓了新的获得客户信息的渠道，同时由于网站和呼叫中心收集客户信息的成本低，所以通过网站、呼叫中心收集客户信息越来越受到企业的重视，已经成为企业收集客户信息的重要渠道。

随着电子商务的开展，客户越来越多地转向网站去了解企业的产品或服务，以及即时完成订单等操作，因此，企业可以通过客户访问网站进行注册的方式建立客户档案资料。

客户拨打客服电话，呼叫中心可以自动将客户的来电记录在计算机数据库内。另外，在客户订货时，通过询问客户的一些基本送货信息也可以初步建立起客户信息数据库，然后逐步补充。

(7)从客户投诉中收集。客户投诉也是企业了解客户信息的重要渠道，企业可以将客户的投诉意见进行分析整理，同时建立客户投诉的档案资料，从而为改进服务、开发新产品提供基础数据资料。

在以上这些渠道中，客户与企业接触的主动性越强，客户信息的真实性和价值就越高，如客户呼入电话，包括投诉电话、请求帮助或者抱怨时所反馈的客户信息就比呼叫中心的呼出电话得到的客户信息价值高。

同时，客户与企业接触的频率越高，客户信息的质量就越高，如在营业厅或呼叫中心获取的客户资料一般要比在展会中得到的客户信息真实，而且成本较低。

2. 间接渠道

间接收集客户信息渠道是指企业从公开的信息中或者通过购买获得客户信息，一般可以通过以下渠道获得：

(1)各种媒介。国内外各种权威性报纸、杂志、图书和国内外各大通讯社、互联网、电视台发布的有关信息往往都会涉及客户的信息。

(2)工商行政管理部门及驻外机构。工商行政管理部门一般掌握客户的注册情况、资金情况、经营范围、经营历史等，是比较可靠的信息来源。对国外客户，可委托我国驻各国大使馆、领事馆的商务参赞帮助了解。另外，也可以通过我国一些大企业的驻外业务机构帮助了解客户的资信情况、经营范围、经营能力等。

(3)国内外金融机构及其分支机构。一般来说，客户均与各种金融机构有业务往来，通过金融机构调查客户的信息，尤其是资金状况是比较准确的。

(4)国内外咨询公司及市场研究公司。国内外咨询公司及市场研究公司具有业务范围较广、速度较快、信息准确的优势，可以充分利用这个渠道对指定的客户进行全面调查，从而获取客户的相关信息。

(5)从已建立客户数据库的企业租用或购买。部分小企业由于实力有限或其他因素的限制,自身无力去收集客户信息。对此,可以通过向已经建立客户数据库的企业租用或者购买来获取客户的信息,这往往要比自己去收集客户信息的费用低得多。

(6)其他渠道。如从战略合作伙伴或者老客户以及行业协会、商会等也可以获取相关的客户信息。此外,还可以与同行业的一个不具有竞争威胁的企业交换客户信息。

总之,客户信息的收集有许多的途径,在具体运用时要根据实际情况灵活选择。相对来说,银行、保险、电信、卫生、教育、旅游、航空运输等服务业最容易在企业内部收集客户信息,因为这些行业在与客户交易的过程中已经掌握了很多的客户信息,只要稍微进行加工整理就可以使用。但目前,由于这些行业在我国具有一定的垄断经营性质,并不是十分重视甚至轻视收集客户信息的重要性,这需要积极调整。

3. 收集物流客户的基本资料

(1)个人信息:

①基本信息。基本信息包括姓名、户籍、籍贯、血型、身高、体重、出生日期、性格特征、身份证号码、家庭住址、电话、传真、手机、电子邮箱,所在单位的名称、职务,单位地址、电话、传真等。

②教育情况。教育情况包括高中、大学、研究生的起止时间,最高学历、所修专业及主要课程,在校期间所获奖励、参加的社团、最喜欢的运动项目等。

③事业情况。事业情况包括以往就业情况,单位名称、地点、职务、年收入,在目前单位的职务、年收入、对目前单位的态度,对事业的态度、长期事业目标是什么、中期事业目标是什么、最得意的个人成就是什么等。

④家庭情况。家庭情况包括婚姻状况、结婚信息,配偶信息包括姓名、生日及血型、教育情况、兴趣专长及喜好,子女信息包括子女的姓名、年龄、生日、教育程度,对婚姻的看法、对子女教育的看法等。

⑤生活情况。生活情况包括医疗病史、目前的健康状况,是否饮酒(种类、数量、对喝酒的看法),是否吸烟(种类、数量、对吸烟的看法),喜欢吃什么菜、喜欢在何处用餐,对生活的态度、座右铭,生活习惯是什么,喜欢哪种运动、喜欢聊的话题是什么,最喜欢哪类媒体,个人生活的中期目标、长期目标是什么等。

⑥个性情况。个性情况包括曾参加过什么俱乐部或社团、目前所在的俱乐部或社团,是否热衷政治活动、宗教信仰或态度,喜欢看哪些类型的书,忌讳哪些事、重视哪些事,是否固执己见、是否重视别人的意见,待人处事的风格,自己对自身的评价,家人对自身的评价,朋友对自身的评价、同事对自身的评价等。

⑦人际情况。人际情况包括亲戚情况、与亲戚相处的情况、最要好的亲戚,朋友情况、与朋友相处的情况、最要好的朋友,邻居情况、与邻居相处的情况、最要好的邻居,对人际关系的看法等。

(2)企业客户的信息。企业客户的信息主要由以下几个方面组成:

①基本信息,包括企业的名称、地址、电话、创立时间、组织方式、行业种类、资产等。

②客户特征,包括规模、服务区域、经营观念、经营方向、经营特点、企业形象、声誉等。

③业务状况,包括销售能力、销售业绩、发展潜力与优势、存在的问题及未来的对策等。

④交易状况,包括交易条件、信用状况及出现过的信用问题、与客户的关系及合作态度等。

⑤负责人信息，包括所有者、经营管理者，法人代表的姓名、年龄、学历、个性、兴趣、爱好、家庭、能力、素质等。

(3)客户资料库。客户资料库有助于对客户资料进行整理和分析，并在开展业务过程中加以利用。

客户资料库是运用数据库技术，全面收集关于现有客户、潜在客户或目标客户的综合数据资料，追踪和掌握现有客户、潜在客户和目标客户的情况、需求和偏好，并且进行深入的统计、分析和数据挖掘，从而使企业的营销工作更有针对性。客户资料库是企业维护客户关系、获取竞争优势的重要手段和有效工具。

客户资料库的内容包括客户服务的对象、目的与企业决策需要，以及企业获取客户信息的资料库整理成本等。在客户资料库中，即使是已经中断交易的客户也不应放弃。客户资料库一般包括以下三个方面的具体内容：

①客户原始记录。客户原始记录即有关客户的基础性资料，它往往也是企业获得的第一手资料，具体包括个人和组织资料、交易关系记录等。

②统计分析资料。统计分析资料主要是通过客户调查分析或向信息咨询业购买的第二手资料，包括客户对企业的态度和评价、履行合同的情况及存在的问题、与其他竞争者的交易情况。

③企业投入记录。企业投入记录应包括企业与客户进行联系的时间、地点、方式、费用开支记载，提供产品和服务的记录，为争取和保持客户所付出的费用等。

三、物流客户信息收集的原则

物流客户信息收集过程中要求遵守如下原则：

(1)针对性原则。信息收集要围绕物流活动进行，针对不同信息需求以及不同管理层次、不同目的和要求进行收集，即有的放矢地收集。

(2)系统性和连续性原则。一般来讲，信息的产生和传播有零散、断续的特点，它不是一次性地集中发出，而是在时间上有间隔，内容上不完善。因此，多方拓展信息来源，注意信息的积累、加强信息的系统性，是提高信息质量的重要因素。系统性和连续性是对一定时期经济活动变化概况的客观描述，它对预测未来的经济发展具有很高的使用价值和研究价值。

(3)计划性原则。信息收集过程的管理工作必须有计划地进行，使信息收集过程成为有组织、有目的的活动。

(4)准确性原则。信息的收集必须准确，不准确的信息不仅浪费了人力、物力和时间，甚至会导致决策失误，造成巨大的经济损失。

(5)时效性原则。时效性是信息所具有的一个极重要的属性，信息如果过时，也就失去或减弱了使用价值。保证信息收集及时有效的办法，就是积极做好信息预测工作，抓住潜在信息，走在时间的前面。

(6)全面性原则。地区不同、部门不同、各种社会或经济活动不同，信息的生成量密度和含量也不相同。因此，在信息收集时，必须采取多种方法，进行上下、左右、前后的多方位收集，并把收集对象的相关因素联系起来综合考虑，找出其中的共性和规律。

四、物流客户信息收集的方法

物流客户信息收集的方式一般包括一般收集方法、客户调查收集方法。

(一)一般收集方法

1. 统计资料法

统计资料包括企业的各种统计资料、原始记录、营业日记、订货合同、客户来函。这些资料多数是靠人工收集和整理的,而且分散在企业各职能部门内部,需要及时整理汇总。通过收集这些统计资料可以得到企业所需的客户信息。

2. 观察法

主要是通过跟单员在跟单活动的第一线进行实地观察收集客户信息。此方法由于信息来源直接,可以减少传递者的主观偏见,所得资料较为准确,但观察法主要是看到事实的发生,难以说明内在原因。

3. 会议现场收集法

主要是通过召开各种物流业务洽谈会、推介会、咨询会、业务会议、经验交流会、学术报告会、信息发布会、专业研讨会等,进行现场收集。

4. 阅读法

主要是指从各种报纸、杂志、图书资料中收集有关信息。

5. 媒体法

利用广播、电视、网络、报纸、图书资料等渠道收集信息。

6. 多向沟通法

主要是企业通过与外部有关单位建立信息联络网,进行信息或情报的交流。

7. 聘请法

根据企业对信息的需求情况,聘请专职或兼职信息员、顾问等组成智囊团,为企业提供专业情报,并为企业出谋划策。

8. 购买法

这是一种有偿获取信息的方法。主要的做法是向有关信息服务单位(如咨询中心、顾问公司、专业研究机构等)购买企业所需要的客户信息。这些资料多是二手资料,但比较及时,且比较省时,来源也广,也不失为客户信息的重要来源。

9. 加工法

企业的结构,一般都有底层、中层、顶层之分,不同的层次有不同的信息流。底层的一些数据,如日报、周报、月报等。这还不能算是高一层次所需要的信息,但当这些数据往上输送,中层进行加工,便成为一种有用的信息。例如,企业将各部门的月报加以综合分析,便可形成一种信息。

10. 网络收集法

网络收集法是现代信息收集的主要方法,它具有快捷、直观、丰富等特点。企业可以自设网站征集信息,也可从别的网站下载自己需要的信息。

11. 数据库收集法

许多公司通过使用数据库寻找所需客户的资料。银行和信用卡公司、电信公司以及其他需储存客户大量信息数据的公司,存储的数据不仅包括客户的地址,还包括他们的经营状况、员工人数、营业额以及其他信息。

(二)客户调查收集法

客户调查收集法一般有电话调查、信函调查、目标客户调查、网上问卷调查等。

1. 电话调查

电话调查要遵循如下原则。首先,调查要简短。几个有深度的问题就可以达到事半功倍的效果。其次,调查员要按基本的行动计划行事。发生细微的偏差,有可能会使结果事与愿违。最后,提出的问题要具体而明确。含糊不清、抽象的问题会让客户难以应答,这样反而收集不到想得到的信息。电话调查的优点是可以很快得到反馈,但对操作的要求比较高。

2. 信函调查

信函调查可以把设计好的问题寄给目标客户,或者在邮件中附上一份订单。信函调查对目标客户的干扰小于电话调查。

3. 目标客户调查

所谓的目标客户就是指符合某一标准的客户,他们有可能是优先客户,也有可能是原先失去的客户,或者是目标客户。把他们集中起来,讨论与物流企业服务及与产品质量相关的问题。利用这种调查方法,企业需要进行周密的计划,明确接收反馈意见的类型及方式。物流企业可以通过利用目标客户谈论不同的产品和服务,评估不同行销手段,来对企业服务产品的价格和功能提出宝贵意见。

4. 网上问卷调查

就是将问卷在网上发布,被调查对象通过网络完成问卷调查。网上问卷调查主要有两种途径:一种是将问卷放置在网站上,等待访问者访问时填写问卷。这种方式的好处是填写者一般是自愿的,缺点是无法核对问卷填写者真实情况。另一种是通过 E-mail 方式,由专门负责邮件编写的文秘小组将问卷发送给被调查者,被调查者完成后将结果通过 E-mail 返回。

五、物流客户信息整理的内容、原则与方法

(一)物流客户信息整理的内容

1. 建立物流客户信息档案

客户信息相当丰富后,就要为客户建立信息档案。它包括客户基本信息、扩展信息、相关重要人士信息和竞争对手信息四大类内容。客户基本信息,包括客户名称、联系方式、所属区域、客户类型、客户来源、客户级别、信用等级、首次交易时间、最近交易时间、交易次数、累计交易金额、产品领域和客户关心的产品等信息。客户扩展信息包括注册资金、财务情况、经营计划、职工人数、发展潜力、优势劣势、资金及信用情况等。相关重要人士信息包括姓名、年龄、民族、婚姻、联系方式、家庭成员、教育背景、兴趣与忌讳、重要日子、与竞争对手关系等。竞争对手信息包括产品(服务)价格、大客户使用的业务量、市场占有份额、营销手段、与大客户建立的个人联系等。

各级物流部门应不断丰富客户信息,尽可能地为全部客户都建立客户档案,使之能够更好地为客户营销工作服务,同时加强对物流客户信息档案的管理,实时对信息内容进行分析、更新。物流客户信息收集不仅能改善物流运作,设计出新的物流方案,而且还能增加物流企业的赢利能力。要实现物流信息的使用价值,只是单纯的收集信息是不够的,还需要对收集到的信息进行整理,使物流客户信息系统化,并融入企业各类信息系统之中,真正发挥其作用。

2. 关于产品或服务的信息

比如产品特点、是否有现货、存在的问题、产品的升级、安装调试、保修和合同条款，这些信息应具备转发和跟踪查询的能力，使每位客户都能得到正确的答复。还应收集和记录同客户使用经历有关的信息，这些信息可以帮助其他部门制定更好的决策。

3. 记录客户反馈信息

物流客户服务部门与顾客接触的时间通常不长，所以认真提问非常关键。能提出适当的问题并能收集和处理客户反馈的信息，企业才能有效地建立和维护客户的忠诚度，完善企业在客户心目中的形象。物流企业各部门对客户反馈信息的要求不同，为使客户反馈信息发挥到最大的作用，应按照对客户的要求进行信息定制。

（二）物流客户信息分类整理的原则

将物流客户信息分类整理有利于对客户信息进行有效管理。成功有效的物流客户信息分类整理应考虑以下几个原则：

1. 客户可衡量性

客户的分类必须是可以识别的和可以衡量的。分类出来的客户不仅范围比较明晰，而且能大致判断该市场的大小。凡是企业难以识别、难以测量的因素都不能分类。否则，客户信息的整理将会因无法界定和度量而难以描述，失去分类整理的意义。所以，恰当地选择可识别和可衡量的客户分类很重要。

2. 客户的需求足量性

分类出来的客户总量，必须足以实现企业利润目标。在分类时，企业必须考虑顾客的数量、购买力和产品的使用频率。有实力的客户应是潜在的购买力，他们有充足的货币支付能力，使企业能够补偿生产与行销成本，并能获得利润。

3. 客户的可进入性

客户的可进入性是指分类出来的市场应是企业能够对顾客发生影响、产品能够表现在顾客面前的市场。这要求企业应具有进入客户市场的资源条件和竞争实力，能通过一定的传播渠道把信息传递给客户，而且企业产品还能通过销售渠道传递到客户手中。考虑客户的可进入性，实际上就是考虑企业营销活动的可行性。

4. 客户的反应差异性

对于分类的客户，要能适应企业的市场营销组合变化。只有这样，物流企业才能为选中的目标市场定出有效的市场营销组合方案。

（三）物流客户信息分类整理的方法

1. 物流客户信息的手工分类整理方法

采用手工分类整理方法的物流客户信息内容主要有与客户交谈的信息、客户信函、内部客户信息管理、外部客户信息管理等。具体的整理办法如下：

（1）交谈中的信息分类整理方法。交谈中信息整理的内容包括客户投诉和投诉信息两种。客户投诉有的是针对服务质量，有的是针对产品质量，也有针对相关部门的。对于这些投诉，需要用表格来整理分类（表 5-1-1、表 5-1-2）。有关的负责部门要根据投诉分类整理表格及时解决客户投诉的问题，以完善物流服务。客户投诉分类整理表格还可以作为企业物流客户服务质量的评价依据。客户投诉分类整理表格可采用“颜色管理”，在投诉点下配以相应的颜色和比例长度来提示相关节点。

投诉信息分类整理 表 5-1-1

本月投诉总量					
投诉分类	送货不及时	丢失货物	缺货	配送差错	投诉回复慢
件数					
比重					
环节责任					
警示	红色	黄色	蓝色		

注:红色表示问题已很严重,黄色表示相当严重,蓝色表示问题严重程度一般。

投诉信息整理分析表 表 5-1-2

主要缺陷							
原因							
次数							

(2)信函中的信息分类整理方法。在物流客户管理中的信函内容一般是客户抱怨报告、要求增加服务报告、有关的建议书等。收到客户信函后要认真阅读,在信上贴签收单,注明收到时间。信件按内容分类,及时转交有关部门。在交给有关部门前要将签收单上的内容复制到登记表上。有关部门收到信件后要在签收单和登记表上签字。

(3)内部客户信息分类整理方法。内部客户管理实际上就是企业内部各部门的协调与沟通,即微观物流管理。内部客户信息分类整理实质上是物流系统及物流系统信息管理。内部客户信息分类整理的要点如下:

①运输方面:物品损坏率、正点运输率、时间利用率、运力利用率。

②仓储方面:物品完好率、物品盈亏率、物品错发率、设备和时间利用率、仓库面积利用率。

③供应物流:采购不良品率、仓储物品盈亏率、采购计划实现率、供应计划实现率。

④生产物流:生产计划完成率、生产均衡率、劳动生产率。

⑤销售物流:销售合同完成率、发货差错率。

⑥回收物流:废料回收利用率。

把握好以上要点,可以从总体上了解物流系统管理的现况,找出物流系统的薄弱环节,明确物流系统的改善方向,找出实际与计划的差距,提高物流系统的运作效率。

(4)外部客户信息分类整理方法。外部客户信息可以利用"外部客户服务信息反馈卡"来进行分类整理。每完成一项物流运转就进行一次信息反馈卡分类整理。分类整理要尽量细化,然后将细化资料归集到某一部门或某一服务项目上,明确各部门职责。外部客户服务信息反馈卡是联系物流企业与外部客户的纽带,是融洽客户公共关系的关键,同时也是改善物流工作管理和服务质量的举措。

2. 物流客户信息的计算机分类整理方法

物流客户信息的计算机分类整理方法实际上就是建立一个物流客户关系管理系统,即CRM(Customer Relationship Management),是一种旨在改善企业与客户之间关系,提高客户忠诚度和满意度的新型管理机制。客户关系管理系统的目的就是通过先进的 IT 技术整合和发挥企业资源的优势,优化管理方法,对客户进行系统化的研究,通过对有价值的客户进行识别、挖掘、研究和培育等，提高对客户的服务水平，提高客户的价值、满意度、赢利性和忠诚度，并缩减销售周期和销售成本，寻找扩展业务所需的新的市场和渠道，为企业带来更多的利润。

建立客户数据库是搞好客户关系管理体系的前提。建立客户数据库并进行系统分析是企业留住老客户、争取新客户的重要措施。对于潜在的新客户，通过研究分析数据库，可以清晰地勾画出它们的发展潜力及可能为企业带来的效益，从而锁定目标客户，实施重点攻关。这一点非常重要，它是实施客户关系管理的基础。

任务实训方案

物流客户信息收集与整理

1. 实训目的

熟悉物流企业的业务：依照给定的物流企业的资料，了解并熟记该企业的基本服务业务和增值服务业务内容；模拟客户合作的过程，通过表格对客户信息进行收集、分类、整理和分析（表 5-1-3 ~ 表 5-1-7）。

客户基本情况 表 5-1-3

（一）客户基本信息					
客户名称		客户代码（组织机构代码）			
通信地址		邮政编码			
业务负责人		电话		联系人	
联系电话		E-mail		传真	
客户所属行业		主要产品或服务			
经营范围					
年物流业务收入		年业务量			
（二）客户扩展信息					
年利润		注册资金		职工人数	
运营状况					
发展潜力					
全年用于物流的费用		资金及信用情况			
（三）竞争者基础信息					
产品（服务）价格					
客户使用的业务量					
商场占有份额					
营销手段					

客户等级分类 表 5-1-4

A 类	业别	
	客户代码	
B 类	业别	
	客户代码	
C 类	业别	
	客户代码	
D 类	业别	
	客户代码	
劣类	业别	
	客户代码	

大客户资料 表 5-1-5

客户姓名(或单位名称)		
客户联系方式	手机	
	办公电话	
	E-mail	
	地址	
	邮政编码	
客户的相关信息	出生年月	
	教育背景	
	家庭成员	
	兴趣与忌讳	
客户部门情况		
人员情况		
客户业务概况		
与竞争对手的关系		

投诉信息整理分类 表 5-1-6

本月投诉总量					
投诉分类	送货不及时	丢失货物	缺货	配送差错	投诉回复慢
件数					
比重					
环节责任					
警示	红色	黄色	蓝色		

注:红色表示问题已很严重,黄色表示相当严重,蓝色表示问题严重程度一般。

投诉信息整理分析表 表 5-1-7

主要缺陷								
原因								
次数								

2. 实训要求

(1)实训前,认真学习相关章节的内容;

(2)完成实训后,应掌握客户基本情况,并将大客户资料进行分类整理及对投诉信息进行整理分析。

3. 实训步骤

(1)熟读几家物流企业材料,主要包括企业的主要经营业务(含业务介绍)等;

(2)将企业资料进行整理并按等级分类;

(3)将投诉信息进行整理分类。

任务二　物流客户关系管理系统建立和应用

任务导入

中国平安保险公司的应对挑战策略

中国平安保险股份有限公司北京分公司(以下简称“平安北分”)于 1993 年正式成立。平安北分主要经营各种本币、外币财产保险、责任保险、信用保证保险、人身保险、再保险,代理保险检验、理赔追偿业务。经过多年的奋斗,在业务规模上取得了非常可观的发展。自成立以来,经手的理赔案件数以万计,支付赔款逾亿元。

随着我国加入 WTO,更多的外资保险公司直接与本土的保险公司竞争。面对挑战,我国保险业对信息管理提出了更高的要求,不能满足于单纯的业务流程自动化。因此要将战略重点放在 CRM 的实施上。如何获得客户的认知,如何巩固客户关系并随时更新客户信息,至关重要的是把这些信息用于提高自身竞争能力上。

平安北分希望在不同的角度都能够得到与客户的全部信息:如有的客户只提供车牌号、有的客户只提供保单号、还有的客户只提供身份证,而不论是客户提供何种的唯一标识都能够检索到与客户相关的全部信息;希望能够及时了解到某段时间需要续保的客户名单,并根据与客户的联系情况来获得继续续保、不再续保和正在考虑中的客户名单,从而保证能够及时跟进客户、减少客户资源的流失。随着业务的发展,面对客户需求的多样性、激烈的行业竞争,要求对信息的快捷传递、员工工作有效的管理、业务拓展的有效支持等问题,采用一套高效可行的管理系统是平安北分的急切需求。

TurboCRM 公司为其量身制定了一套解决方案和分步实施计划:第一,建立统一的客户信息数据库,各个部门共同使用统一的客户信息,同时使用智能查询技术满足业务人员对客户信息的多条件检索的需求;第二,建立以客户为中心的营销模式,针对现有的客户群体进行细分,制定不同的客户群体营销计划;第三,由部门向企业推进,根据现有的情况,从销售部门开始进行推进,再带动其他的部门(理赔部、市场部),实现企业部门间信息传递和共享的良性循环;第四,业务流程在系统中实现,对于各种业务流程(投保、续保、理赔等),在系统中采用进程式的记录方式来实现各业务环节的衔接;第五,管理规范的建议,根据中国平安保险股份有限公司北京分公司的情况,他们提供了适合其情况的一些合理化建议。

通过 CRM 系统的实施,平安北分可以对客户信息进行实时查询,并为客户提供适合的保险产品和服务,以及对公司内部人员的高效管理。此外,TurboCRM 系统提供了多种分析手段,如“销售分析”中的“特征分析”、“客户分析”、“伙伴分析”、“丢单分析”,“销售管理”

中的“客户挖掘”,“客户服务”中的“反馈处理”,“分析决策”中的“市场分析”。这使他们从不同角度对业务信息进行综合分析,更加了解自身产品、价格、服务的优势和弱点,从而及时采取有效的措施,提高产品与服务的竞争力,达到提高市场占有率的目标。

保险业的 CRM 应用能够最大程度体现 CRM 的特点和其“适合原则”,而平安北分能够抓住机遇及时构建 CRM 系统,使其把握先机,提高客户占有率,赢得更多的市场利益。

任务分析

1. 任务准备

多媒体教室(含可供学生上网查资料的电脑、多媒体教学设备、课件和动画等教学资料)。

2. 任务目标

(1)了解 CRM 的定义;

(2)掌握 CRM 的内容;

(3)CRM 系统技术应用特点。

3. 知识准备

(1)客户关系管理系统的含义及特征;

(2)CRM 的体系结构与功能;

(3)物流企业 CRM 系统;

(4)CRM 系统技术应用特点。

相关知识

一、客户关系管理系统的含义及特征

客户关系管理(CRM)是指企业利用相应的信息技术以及互联网技术来协调企业与客户间在销售、营销和服务上的交互,从而提升其管理方式,向客户提供创新式的、个性化的客户交互和服务的过程。其最终目标是吸引新客户、保留老客户以及将已有客户转为忠实客户。

(一)CRM 的重要性

客户关系管理的作用,从本质上讲就是帮助企业留住客户,不断提升其竞争力,创造更多的效益。尤其面对随时而来的市场变化,企业竞争也在不断升级,这样就更需要企业强化自身的管理能力。从整个发展过程来看,评价一家企业竞争力强弱的指标不是静止不动的,而是随着其发展变化需要不断更新的,早期主要看生产制造方面的能力,然后逐渐过渡到看分销和物流等方面的能力,目前其重心就转移到了客户服务。不可否认客户端的服务已成为企业竞争的焦点,也成为评价一家企业竞争力强弱的重要指标。客户关系管理的重要性主要体现在以下几个方面。

1. 提高客户忠诚度

在激烈的市场竞争中,很多企业通过促销、赠券、折扣等手段,期望通过“贿赂”客户得到忠诚的顾客消费群。现在的顾客需要的不仅仅是单独的产品,更需要一种特别的对待和服务,企业如果可以提供超乎顾客期望的可靠产品和服务,那就有可能实现客户的长期价值。

2. 建立商业进入壁垒

随着信息技术的发展,企业核心竞争力越来越依赖于企业信息化程度和管理水平,对企业的信息化改造也涉及了一些先进的技术和管理,如企业资源规划、供应链管理等的应用都在帮助企业削减成本、实现事务处理自动化,在为企业全面电子化运营打好了基础之后,接下来企业就需要可以帮助其真正全面地观察外部的市场和客户,可以创造收益、为推动企业腾飞提供真正动力的有力工具。从某种角度来讲,建立不易被对手模仿的 CRM 系统,可以运用高科技有效地管理企业资源,使顾客的资料都掌握在自己手中,其他企业想挖走客户则需要更长的时间、更多的优惠条件和更高的成本。不可否认,顾客忠诚度的提高很大程度上有赖于企业提供的个性化服务。

3. 创造双赢的效果

CRM 系统之所以受到企业界的广泛青睐,不仅仅是因为 CRM 帮助企业留住了客户,从另外一个角度看,它也给企业带来了很多潜在的利益,这是一种双赢的策略。对客户来说,CRM 可以为客户提供优质的产品和服务以及更充分的信息;对于企业尤其是那些拥有庞大而接触频繁的客户群的企业来说,在激烈的市场竞争中,非常有必要积极实施客户关系管理,确立"以客户为中心"的管理理念。另外,企业管理体系和业务流程中出现了种种难题,例如,业务人员无法跟踪众多复杂、销售周期长的客户,大量重复工作导致人为错误的出现,由于员工或职能分工的不同导致与客户沟通不畅,因业务人员的离职而丧失重要的客户和销售信息等,也让 CRM 的使用提到了日程上。通过 CRM 可以随时了解顾客的消费行为及需求变化情况,进而制定企业的营销方案。

4. 降低营销成本

传统的营销重点都是为了满足企业的内部需要,而不是重视外部的客户;以客户为核心,这样会降低效率,从而增加营销成本。现在企业采用 CRM 管理系统,通过吸引新客户、维系老客户及追求高客户终身价值等措施来改善销售状况,节约销售、营销费用及客户沟通、内部沟通成本。另外,CRM 系统的应用要比人工作为时错误率大大降低,从而降低了营销费用。更何况现在数据库技术的发展和应用,商业智能等技术使收集、整理、加工和利用客户信息的质量和效率大大提高,信息技术和 Internet 的崛起,也使企业的 CRM 如鱼得水,有了更广泛的发展空间。

(二)CRM 的含义

简单地说,CRM 是一个过程,一个企业与客户互动的过程,一个以有智慧、有效率的方式与客户互动的过程。

CRM 以 5 个 Right 为目标:right time、right product、right price、right channel、right customer。简单地说,就是要做到:在最适当的时候,提供最适合的产品,以最具竞争力的价格,利用最有效的渠道,给最具购买潜力的客户。那么如何实现在数以百万的客户中找到特定商品的潜在客户?什么才是与客户沟通最有效的渠道(什么方式可联络到客户)?企业怎么知道客户需要什么商品?又是什么时候需要这些商品?如果以上这些商业问题(Business Intelligence)都不确定的话,我们就无法构建 CRM。不能实现 CRM 的 5 个终极目标。为了解答这些问题,以 CRM 为导向的系统规划便应运而生,而其方向有两大主轴,即分析性的 CRM 系统及作业性的 CRM 系统。前者在于得到咨询、知识,也就是商业智慧,其对应的工具包括"资料仓储(Data Warehouse)"的建立及"数据挖掘(Data Mining)"的应用;后者在于将这些咨询充分利用并以有效率的方式执行行销活动，其对应的系统包括"行销管理系统（Marketing Management System）"、"销售自动化系统（Sales Automation System）"等。

客户关系管理，可以帮助企业提高核心竞争力，让企业快速成长，其核心是树立以客户为中心的发展战略，并在此基础上开展判断、选择、争取、发展和保持客户所需实施的全部商业过程。客户关系作为CRM的重点，展开了系统化的客户研究，优化了企业组织体系和业务流程，提高了企业效率和利润。CRM还作为不断改进与客户关系相关的全部业务流程，实现了电子化、自动化的运营目标，综合使用了先进的信息技术、软硬件和优化的方法等。

（三）CRM系统的主要特征

1. 整合性

客户关系管理系统不是一个孤立的系统，它综合了大多数企业的客户服务、销售和营销行为优化和自动化的要求，其标准的营销管理和客户服务功能由多渠道的联络中心处理来实现。客户关系管理既可以提供现场服务也提供远程服务，还可以通过数据库提供服务。销售功能由CRM系统为现场销售和远程销售提供客户和产品信息、管理存货和定价、接受客户报价和订单，在统一的信息库下开展有效的交流管理和执行支持，使得交易处理和流程管理成为综合的业务操作方式。无论在新兴行业还是传统行业，CRM都使企业拥有了基于畅通有效的客户交流渠道的综合面对客户的业务工具和竞争能力，从而帮助企业顺利实现由传统企业模式向以电子商务为基础的现代企业模式的转化。

之所以说CRM具有整合性的特点，不仅仅是因为以上原因，还有就是企业对于市场变化、客户信息等分散繁杂的数据，可以集中统一地进行分析。

2. 智能化和精简性

现在不论哪个行业都离不开现代信息技术的支持，客户关系管理应用系统也涉及了种类繁多的信息技术，如数据库、网络、语音、多媒体等，同时还有一些特殊的技术（如呼叫中心、销售平台、远端销售、移动设备以及基于Internet的电子商务站点）的有机结合，帮助企业实现了与客户的全方位交流。而现代信息技术的支持又让整个系统具有商业智能的决策和分析能力。CRM发展到今天已经不再是一个简单的记录软件，它不仅实现了商业流程的自动化，而且还为管理者提供分析工具并代为决策。挖掘数据、建立数据库是CRM最基本的功能之一，其对市场和客户需求展开了完善和智能的分析，并为管理者提供决策的参考。改善产品定价方式、提高市场占有率、提高客户忠诚度、发现新的市场机会则是CRM一些附加的商业智能。同时，对商业流程和数据采用集中管理的办法也是商业智能的客观要求，通过Web浏览器实现用户和员工随时随地访问企业的应用程序和知识库等，都大量节省了交流成本。

3. 个性化、互动化

一个成功实施CRM的企业，通过生产组织、销售、传播和服务等环节与消费者进行互动，了解客户的特点以及真正需求，然后根据这些信息制订出相应的服务计划，提供个性化服务，提升企业的竞争力和客户的满意度。

二、CRM的体系结构与功能

CRM系统应能实现对销售、市场营销、客户服务与支持的全面管理，能完成对客户基本数据的记录跟踪、客户订单的流程跟踪、客户市场的划分和趋势研究以及客户服务情况的分析，并能在一定程度上实现业务流程的自动化。此外，进行数据挖掘和在线联机分析以提供决策支持也是 CRM 的功能之一。

（一）CRM 的体系结构

从总体上说，整个 CRM 系统可分为界面层、功能层和支持层 3 个层次，如图 5-2-1 所示。

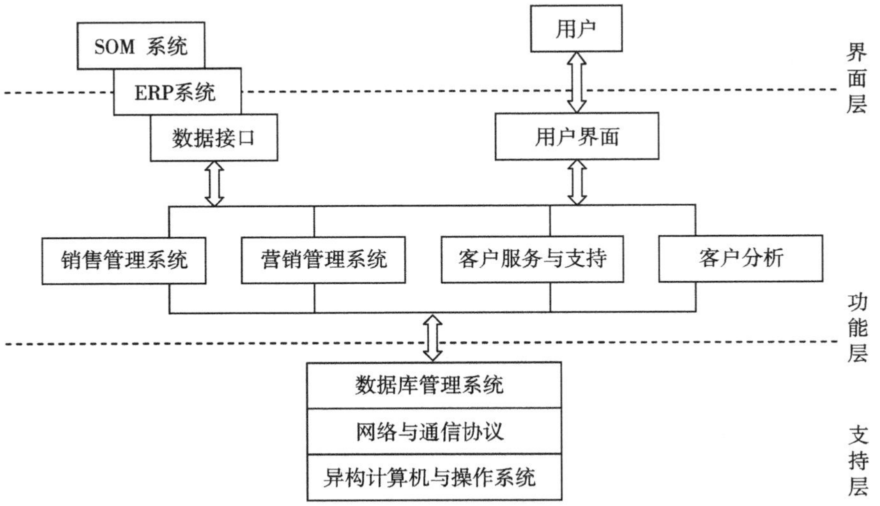

图 5-2-1 物流企业 CRM 系统的构架

1. 界面层

界面层是 CRM 系统同用户或客户进行交互、获取或输出信息的接口。通过提供直观的、简便易用的界面，用户或客户可以方便地提出要求，得到所需要的信息。

2. 功能层

功能层由执行 CRM 系统基本功能的各个系统构成，各分系统包含若干业务。这些分系统包括销售管理分系统、营销管理分系统、客户服务与支持分系统、客户分析分系统。分系统包含的若干业务构成业务层，它们之间是有序的、并列的。

3. 支持层

支持层是指 CRM 系统所用到的数据库管理系统、网络与通信协议、操作系统等，是保证整个 CRM 系统正常运作的基础。

（二）CRM 系统的功能

一个完整、有效的 CRM 应用系统，由 4 个生态子系统组成：即业务操作管理子系统、客户合作管理子系统、数据分析管理子系统、信息技术管理子系统。

（1）在业务操作管理子系统中，客户关系管理的应用主要是为实现基本商务活动的优化和自动化，其中涉及 3 个基本的业务流程：市场营销、销售实现、客户服务与支持。因此 CRM 的业务操作管理子系统的主要内容包括营销自动化（Marketing Automation，MA）、销售自动化（Sales Automation，SA）和客户服务与支持（Customer Service & Support，CS&S）。

（2）在客户合作管理子系统中，客户关系管理的应用主要是为实现客户接触点的完整管理，客户信息的获取、传递、共享和利用以及渠道的管理，具体涉及企业不同职能部门的关系信息体系、联络中心（电话中心）、移动设备、Web 渠道的信息集成、处理等问题，主要的内容有业务信息系统(Operational Information System,OIS)、联络中心管理(Contact Center,CC)和Web 集成管理(Web Integration Management,WIM)三个方面。

(3)在数据分析管理子系统中,客户关系管理的应用涉及为实现商业决策分析智能化的客户数据库的建设、数据挖掘、知识库建设等工作,因此其内容包括数据仓库建设(Data Base/warehouse,DB)、知识库建设(Knowledge-Base,KB)及依托管理信息系统(Management Information System,MIS)的商业决策分析智能(Business Intelligence,BI)等。

(4)在信息技术管理子系统中,由于客户关系管理的各功能模块和相关系统运行都必须由先进的技术、设备、软件来保障,因此,信息技术的管理也成为 CRM 的有机组成部分。在这个子系统中,主要的内容可以分为以下 4 类:

①其他子系统应用软件管理,如数据库管理系统(Database Management System,DBMS)、电子软件分发系统(Electronic Software Distribution,ESD)等。

②中间软件和系统工具的管理,如中间软件系统(Middle Ware System)、系统执行管理工具(System Administration Management)等。

③企业级系统的集成管理,如 CRM 与企业管理信息系统的集成,乃至整个的企业应用集成(Enterprise Application Integration,EAI)方案,以实现将企业的 CRM 应用与 ERP(Enterprise Resource Planning,企业资源计划系统)、SCM(Supply Chain Management,供应链管理系统)等其他的系统紧密地集成。

④电子商务技术和标准管理,如 Internet 技术及应用、EDI 技术及标准、通信标准管理等。

由上述 4 个子系统组成的客户关系管理系统的基本结构和体系如图 5-2-2 所示。

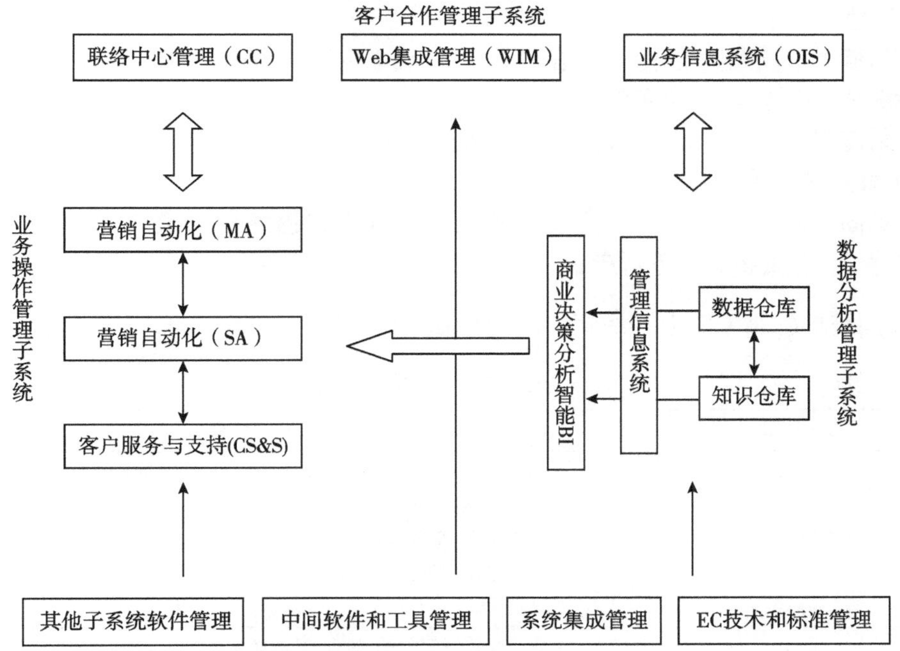

图 5-2-2　客户关系管理应用生态系统

三、物流企业 CRM 系统

下面从 CRM 系统的理念、内容、步骤、基本模式、需注意的问题等方面详细介绍物流企业 CRM 系统。

(一)物流企业 CRM 系统的理念

客户关系管理作为市场营销的主要手段之一,奉行“六个正确”的原则,即以更快、更准确的反应速度,在正确的场合和正确的时间,以正确的价格和正确的方式,向正确的客户提供正确的产品和服务的过程中,进行的计划、组织、控制等的管理活动。客户关系管理的出现是与营销观念的发展相适应的。一方面,它表明了企业经营的重心由产品转向了客户;另一方面,客户关系管理理念的出现表明了企业管理的视角从“内视型”转变为“外视型”。客户关系管理思想主要包括以下几个方面:

(1)客户是企业发展最重要的资源之一;

(2)对企业与客户发生的各种关系进行全面管理;

(3)中心是增强对客户关怀;

(4)目标是进一步延伸企业供应链管理。

物流客户关系管理以客户关系管理的理念框架为基础,将其方法、手段和技术具体应用在物流领域。它包括企业相关的部门和外部客户——业务伙伴之间的客户服务管理,具体涉及从产品或服务设计、原材料和零件采购、生产制造、包装配送到终端客户全过程的客户服务管理。服务为先、增值为本、关系至上是物流客户关系管理的基本管理理念。

(二)物流企业 CRM 系统的内容

(1)物流客户识别与管理:客户信息资料的收集、整理与分类、分析、交流与反馈、服务管理、时间管理。

(2)物流客户满意度管理:评价客户满意度、确立以客户为中心的理念,提供个性化及时化服务、增强客户体验、重视客户关怀。

(3)物流服务客户的开发:建立良好的物流服务体系、进行精确的物流市场定位、开展多样的物流服务促销活动。

(4)巩固物流客户:建立物流服务品牌、提高物流客户满意度、实施忠诚客户计划、强化内部客户管理、开发物流服务新产品。

(三)物流企业 CRM 系统的 7 个步骤(表 5-2-1)

物流企业 CRM 系统的 7 个步骤 表 5-2-1

步　骤	内　容
1. 分析客户关系管理环境	3C(客户 Customer,竞争者 Competitor,企业 Company)分析 客户区隔、客户满意分析 竞争者基准、竞争力分析 企业信息技术解决方案分析 3C 分析结论
2. 构建客户关系管理框架	界定与相关者的关系、联盟、客户接触渠道 客户关系管理理念与目标选择
3. 制定客户关系管理策略	客户分析工具运用(客户满意度调查、客户接触渠道分析) 客户关系管理策略体系(策略选择、策略模式) 客户关系管理策略体系的开展(操作模式、效益模式)

续上表

步　骤	内　容
4. 展开客户关系管理与企业流程重组（客户服务中心、网站）	客户服务过程分析 设计各客户接触渠道的最佳方案
5. 建立客户关系管理系统	各信息技术工具的制定 以信息技术来实现客户关系管理系统 将信息技术运用于客服中心、销售自动化、电子商务等
6. 运用客户关系管理信息	活用客户分析工具（最近消费时间、消费频率、消费形态等） 调查与研究非企业客户与原企业客户族群 数据挖掘（一对一数据库、大量定制化） 商品开发、促销、提升服务的回馈
7. 利用客户关系管理知识	建立客户关系管理合作的架构 建立并运用知识管理的架构 进行人力资源管理、人力资源发展体系管理（教育评估、目标管理等）

（四）物流企业实施 CRM 系统的基本模式

物流企业实施 CRM 系统可以使用不同层次的模式：

1. 客户信息的合并、共享与业务流

客户信息的合并和共享、经营活动的自动化和系统对经营的流程重组，可以节省人力、时间等成本，提高工作效率以及对客户的服务质量。它使销售和营销等手段程序化，减少了失误和消耗。这个层次上的 CRM 可细分为客户信息的合并和共享、业务流的形成两个方面。

（1）客户信息的合并和共享。客户信息的合并是指建立包含诸如联系记录、购买记录、投诉记录、服务记录等企业所掌握的客户所有信息的资料库。这是实现物流企业范围内对客户信息共享的基础，也是扩充关于客户的知识，使零散的客户知识系统化，并可被有效应用的先决条件。共享合并后的客户信息可以让每一位客户服务人员都能了解所有客户的所有资料，这使得当一个久未联系的客户突然来电话时，再也不会出现忘了对方是谁的尴尬场面。CRM 系统中的客户资料会显示出该客户的所有已知信息，它还会提醒客户服务人员谁是极其重要的客户，谁曾经对某个环节有过抱怨或投诉，谁已经隔了多久没有联系了等，为客户服务人员提供与其交流的经验，有利于人员变动时工作的连续性和有效性。

（2）业务流的形成。业务流是为实现某一特定目标而必须完成的一些活动序列及执行过程。业务流的实现能够为 CRM 系统带来更强的功能，使它能为跨部门的工作提供支持，指导这些工作的进行，并使这些工作能够动态、无缝地结合。由此可见，流程重组是实施 CRM 系统的重要部分，一个有效的 CRM 系统会通过恰当的流程重组给企业带来很大收益。

2. 建立基于 CTI 技术的呼叫中心、电子商务网站、自助服务网站

物流企业可以通过建立诸如基于 CTI（Computer Telecommunication Integration，计算机电信集成）技术的呼叫中心、电子商务网站、自助服务网站这样的客户门户来实施 CRM 系统。其中，呼叫中心已经有 30 多年的发展史，是电话时代主要的客户服务工具。互联网为呼叫中心带来了新的发展机会，而完全以互联网为基础的电子商务和自助服务网站，则为企业与客户的接触提供了全新的渠道。这些新的渠道的开发为企业的经营活动带来了新的机会。通过这些手段的结合和贯通，可以提高客户自助服务的能力，提高客户的满意度，建立为客户服务的经验。

(1)基于CTI技术的呼叫中心。现代企业的竞争优势已经逐渐从产品本身转向先进的服务手段,竞争方式也开始主要表现为对客户的全面争夺,越来越多的企业开始将呼叫中心视为在竞争中必不可少的成功要素。现代企业对呼叫中心有高度严格的期望和要求。呼叫中心能提供每周7天、每天24小时的全天候服务,能为客户提供包括传统的语音、IP电话、电子邮件、传真、文字交谈、视频等在内的多种通信方式选择,能提高其业务代表和管理人员的工作效率,能维护客户的忠诚度,让客户感受到价值。企业还能通过呼叫中心收集市场情报、客户资料,增加销售机会,从而为企业带来经济效益。

(2)电子商务网站和自助服务网站。基于互联网的电子商务网站和自助服务网站比呼叫中心更加先进,能通过提供客户网上的自助购物和自助服务,为企业节约大量的销售成本和服务费用。对于拥有大量客户的大型企业来说,服务费用的支出是相当惊人的。自助服务网站的建立,不仅方便了客户随时查询,还节省了大量的服务费用。

(3)实现客户智能。客户智能的第一层含义是指通过一定的技术手段对呼叫中心或在线门户提供实时支持,收集客户数据,识别、区分客户。针对不同客户采取不同的策略,实现"一对一"营销或个性化服务,从而提高客户的满意度、忠诚度、信任度和利润贡献度。

客户智能的第二层含义是指对大量的客户数据进行收集和分析,从而把握客户的需求,了解市场规律,使企业有可能开发出具有市场竞争力的新产品和服务。

(五)物流企业实施CRM系统需要注意的问题

从理论上讲,CRM适合于所有企业,但在实施应用中,应结合企业的实际情况来进行。就物流企业而言,在实施CRM过程中需要注意以下主要问题。

1. 转变传统管理观念

物流企业面对的商业环境越来越残酷:客户的期望值越来越高,他们需要更好的产品和个性化的服务;企业间的竞争已逐渐从产品的质量、价格的竞争转变为服务的竞争。物流企业要想生存和发展,必须树立以客户为中心的管理理念,以赢得更多的客户,保留最好的客户,增强对市场机会的把握,开拓新的市场。因此,要在不断变化的市场环境中生存并发展,物流企业必须转变传统管理观念,建立CRM系统。

2. 合理调整组织结构

企业的组织结构形式取决于企业的业务性质和所处的社会环境、经济环境。随着物流市场环境的剧烈变化,物流企业必须具备较强的灵活性和快速反应能力,因此,物流企业必须合理调整其组织结构,以适应当前需要。

物流企业在调整组织形式的过程中,为了确保客户关系管理的效果,可以按新的组织形式在企业内部成立一个项目组,由其负责实施企业与供应商和终端客户的客户关系管理,实时分析客户关系管理的实施效果,总结客户关系管理的经验和教训,寻找新的组织形式和旧的组织形式的切合点,并在此基础上逐步推广新的组织形式下的客户关系管理。

3. 实施业务流程重组

业务流程重组(Business Process Reengineering,BPR)是企业资源计划(ERP)应用成功的前提,而BPR又可以有两种方式:一是渐近改良,二是彻底重新设计。同样,CRM系统成功应用的前提也取决于BPR的成功实施,在应用CRM系统的过程中,企业要利用BPR对企业原有的营销体系进行一次彻底的重新设计,因为CRM系统的应用将帮助企业建立一种崭新的扁平化营销体系，这会涉及企业原有机构、岗位、职能的重新定位，销售体系与物流体系的分离，第三方物流的引入，银行结算体系的设计，供应链上分布库存控制策略的调整以及企业营销组织架构的重新设计等。CRM 系统应用能否取得成效，很大程度上取决于 BPR 工作是否成功。这也是 CRM 系统成功应用的难点所在。

4. 争取领导的支持

得到领导的行政支持可以确保项目具有较好的可行性，更是确保 CRM 系统有效推广的重要保证。领导的作用主要体现在以下 3 个方面：

(1)为 CRM 系统设定明确的目标；

(2)作为推动者，为 CRM 项目提供达到设定目标所需的人力、财力和其他资源；

(3)能确保企业上下对实施 CRM 系统的重要性达成共识，当 CRM 项目遇到困难或出现问题时，主动激励员工去解决问题，而不是打退堂鼓。

5. 由掌握企业全局情况的管理人员参与实施 CRM 系统

CRM 系统的实施涉及企业组织结构、业务流程的方方面面，企业要全面地实施 CRM 系统，就必须对现有的组织结构进行重组，形成以客户为中心的组织形式；同时也需要根据现实需要调整业务流程。因此，CRM 系统的实施需要有熟悉企业全局的管理人员参与，指导具体实施，关注企业现行各部门的功能、部门之间的业务联系，关注现行的业务流程，协调各部门的关系等。

6. 建立适合企业的 CRM 系统

建立的 CRM 系统必须适应企业的各方面需求，必须结合实际量身定做。IT 技术日新月异，无论是硬件还是软件都在飞速发展，其价格也千差万别。不同企业的具体情况不同，对 CRM 系统的要求也会截然不同，例如，有的物流企业只需要一个简单的电话呼叫中心，并不需要配备最先进的技术，有的物流企业则需要配备一个功能强大的数据分析系统。因此，物流企业在实施 CRM 系统时只需利用与企业自身需要相匹配的应用技术，没有必要追求高精尖的产品，应该一切从适用出发。

四、CRM 系统技术应用特点

与其他传统的技术相比，CRM 技术有着不同的使用环境。

(一)互联网的应用

以前我们很难想象今天会坐在家里与世界各地的人聊天交流，可以足不出户购买东西。Internet 的发展也给企业带来了翻天覆地的变化。它作为一个全球性的计算机互联网络，将不同地区而且规模不一的网络互相连接在一起，基于互联网的应用所有人都可以通过网络的连接来共享各种各样企业或是客户的信息。

(二)采用 B/S 结构

所谓的 B/S 结构(Browser/Server)结构，就是浏览器和服务器结构。它随着 Internet 技术的兴起，逐渐取代了 C/S(Client/Server)结构。在这种结构下，用户工作界面是通过 Web 浏览器来实现的，极少部分事务在前端(Browser)实现，但是主要事务在服务器端(Server)实现，由此形成所谓的三层(3-tier)结构。这样就大大简化了客户端电脑的载荷，减轻了系统维护与升级的成本和工作量，降低了用户的总体成本。

(三)全面应用组件技术

CRM 涵盖的技术或软件不仅仅涉及单一的服务方面,而是包括 CRM 系统的所有业务服务。CRM 支持标准的建模语言(UML)规范,采用面向对象的分析和设计。

(四)采用大型主流关系数据库

在企业能力允许的范围内,企业会优先选择一些大型的主流关系数据库,如 Oracle、SQL Server 等大型数据库,其数据处理能力极强。

任务实训方案

客户关系管理系统调研

1. 实训目的

(1)通过本章节的学习,使学生对 CRM 系统框架有初步的了解;

(2)带学生到企业实际了解 CRM 系统,加深对其认识;

(3)培养学生物流业务能力的训练,以提高学生综合素质。

2. 实训要求

(1)学生要以课堂上所学的相关理论知识为蓝本开展调查研究,注重理论联系实际;

(2)在调研过程中,调研对象应尽可能地多,包括不同水平的企业,避免得出的结论以偏概全;

(3)调研的内容尽量具体,并认真做总结;

(4)注意所得资料的真实性、可靠性和时效性;

(5)对参加调研的学生进行必要的训练,学生外出调研必须听从指挥、注意安全,避免出现失误。

3. 实训步骤

(1)在老师的指导下,学生按项目分组,确定调研计划、步骤和方法等;

(2)各项目小组分头展开实际调研,查阅资料并做好知识准备;

(3)各项目小组进行分析研究资料,并以方案、调查报告和小论文等形式完成作业,书面形式或电子演示文稿均可;

(4)各项目小组之间进行交流;

(5)指导老师填写评分表(表 5-2-2)。

客户关系管理系统调研技能评分表 表 5-2-2

考评人		被考评人	
考评地点			
考评内容			
考评标准	具体内容	分值/分	实际得分/分
	调研内容全面、客观、准确性高	25	
	调研报告及时、认真	25	
	调研报告要明确该企业客户关系管理系统业务流程	25	
	调研报告要有该企业客户关系管理系统的结构及功能介绍	25	
合计		100	

注:实训满分为 100 分,60 分以下为不及格,60~69 分为及格,70~79 分为中等,80~89 分为良好,90 分以上为优秀。

任务三　物流客户关系系统的维护

任务导入

亚马逊网上书店的常胜法宝

作为全球最大、访问人数最多和利润最高的网上书店，亚马逊书店的销售收入至今仍保持着较高的年增长率。面对着越来越多的竞争者，亚马逊书店保持长盛不衰的法宝之一就是其 CRM 系统。亚马逊书店采用了 Oracle 的数据库、Internet 技术平台及大量的 Oracle 电子商务应用程序。

亚马逊书店在处理与客户关系时充分利用了 CRM 系统的客户智能。当客户在亚马逊购买图书以后，其销售系统会记录下所购买和浏览过的书目，当再次进入该书店时，系统识别出身份后就会根据喜好推荐有关书目。客户浏览书店信息的次数越多，系统对客户的了解也就越多，也就能更好地为客户服务。显然，这种有针对性的服务对维持客户的忠诚度有极大帮助。CRM 在亚马逊书店的成功实施不仅给它带来了 65% 的回头客，也极大地提高了该书店的声誉和影响力，使其成为公认的网上交易及电子商务的杰出代表。

亚马逊书店成功实施 CRM 说明：CRM 客户智能战略不仅在技术上被证明是完善的，在商业运作上也是完全可行的，可以给企业带来忠实和稳定的客户群，也必将带来良好的收益。

任务分析

1. 任务准备

(1) 几家物流企业的客户材料，包括企业主要经营的业务(含业务介绍)、合作对象等；

(2) 多媒体教室(含可供学生上网查资料的电脑、多媒体教学设备、课件和动画等教学资料)及模拟会客室(含服务台、椅子、茶壶、茶杯等，模拟员工和客户的名片、名片夹、各种文具)、电话等。

2. 任务目标

(1) 了解与客户沟通的途径和方法；

(2) 能针对不同客户采取不同服务措施；

(3) 能够处理客户投诉。

3. 知识准备

(1) 企业与客户的沟通；

(2) 客户的投诉；

(3) 客户的满意与客户的忠诚；

(4) 流失客户的争取。

相关知识

一、企业与客户的沟通

(一) 企业与客户沟通的意义和作用

1. 企业与客户沟通的意义

客户关系管理是一件很困难的事情，也是一个持续的过程，它需要客户和企业双方都深入地参与其中,并且都相互了解对方。为了达到这种亲密关系,企业就必须尽其所能去接近客户,要求企业必须做到以其竞争对手无法做到的方式了解其客户。而要了解一个客户,要理解一个客户,要从客户那里得到信息,唯一可行的办法就是同他们进行沟通互动。与客户良好的沟通能够帮助企业实现以下目标。

(1)了解客户需求。企业要发现一个客户究竟需要什么样的最佳方式是与之进行直接的互动,每次在客户购买时,企业都应该掌握更多的客户信息,了解其喜欢以何种方式购物以及其倾向于购买什么东西等。互动之所以重要,不仅仅因为这是客户同企业的一次交流,也是因为从互动中,企业了解到了更多的关于客户的信息,会得到企业需要的有价值的客户信息,而企业的竞争对手却没能了解到这些信息。

(2)预测客户潜在价值。在每一次同客户的互动中,客户都帮助企业更加准确地预测他对于该企业的潜在价值。该客户也许会有一个具体的计划,他会花多少钱来购买该企业的产品或服务,以及会使用该企业的产品或服务多长时间等。在预测一个客户的潜在价值时通常都会包括:一个即将实施的计划所表现出来的前兆,或者是即将要购买的信息,或者是该客户同其竞争对手同样进行交易的有关信息,或者是推荐给其他的客户使该企业能够赢利的举动等。这种类型的信息通常只能够通过与该客户进行直接的互动才能够得到,这对于企业要优先安排的营销力量和销售活动也是极为重要的,这就是企业要有效分配其客户投资资源的一种能力。

2. 企业与客户沟通的作用

企业通过与客户的沟通,可把企业产品或服务的信息传达给客户,把企业的宗旨、理念介绍给客户,使客户知晓企业的经营意图,还可以把有关的政策向客户传达、宣传,并主动向客户征求对企业产品或服务及其他方面的意见和建议,理解客户的期望,从而加强与客户的情感交流。

(1)客户沟通是实现客户满意的基础。客户满意度的高低很多时候在于服务人员与客户的沟通是否到位,就好比服务人员上门维修时,如果能做到一见面就创造一个良好的沟通界面(如一个微笑、一句友好的开场白),客户就会觉得很亲切,满意度自会提高。

有效的沟通有助于更多地获得客户的谅解,减少或消除客户的不满。保持与客户的双向沟通非常重要,企业经常与客户沟通,才能了解客户的实际需求,理解客户的期望,特别是在企业出现失误时,与客户进行售后沟通可减少退货情况的发生。

(2)客户沟通是维护客户关系的基础。如果企业与客户缺少沟通,双方关系可能会因为没有及时消除误会而破坏。客户沟通是影响企业与客户关系的一个重要因素。企业经常与客户沟通,才能向客户灌输双方长远合作的意义,描绘合作的愿景,才能了解客户的需求,在沟通中加深与客户的感情,稳定客户关系,从而使客户重复购买的次数增多。

因此,企业只有及时、主动与客户保持沟通,建立顺畅的沟通渠道,才能维护好客户关系,赢得一批稳定的老客户。

(二)企业与客户沟通的流程

一方面要建立客户档案,它是进行有效沟通的基础。客户档案包括经营情况,个人的兴趣、爱好,重要的纪念日等,以利于与客户的交流。另一方面要加强感情交流。

1. 沟通前的准备

首先要拟订沟通计划,包括到哪里,和哪些客户交流,怎样交流,交流些什么,交流到什么程度。其次要准备一些资料、话题，以便沟通时引用、举证，如某个品牌电脑的销售、当前状况、今后走势、形势预测及相关数据的论证。最后要熟记客户的基本状况。如果对客户的现状、经营活动一无所知，客户会感觉生疏，沟通难以开展。要寻找共同语言，注意客户信息的收集和利用。

了解对方属于重点客户还是一般客户，要充分掌握公司的销售政策、价格政策、促销政策等，了解新政策的详细内涵。当公司推出新产品时，营销人员要掌握新品的特点和卖点。另外，营销人员还要掌握社交礼仪的常识，包括自己的穿着打扮是否得体，从微笑、握手到坐姿，都有许多细节要注意。比如微笑，人际关系交往的原则告诉我们，没有一个人会对愁眉苦脸、心事重重的人产生好感，所以要微笑，要让自己的情绪感染客户的情绪，让客户觉得跟自己打交道很愉快，这样建立起跟客户的联系，为今后工作打下良好的基础。

2. 沟通的要点

（1）要站在客户的立场上，想客户所想，为客户省钱、赚钱。用最少的钱做最大的生意，在省钱的同时，追求效益的最大化。急客户所急，把客户的事当成自己的事，帮助客户解决各种困难和问题。

（2）先交友，后做生意。业务关系其实是人际关系，所以，如何与客户做朋友很重要。提倡熟悉客户、研究客户，在研究客户的基础上进行沟通，让客户感觉找到了内行，对其市场和产品很了解，对经营有帮助，从而乐意交友，并听从劝告。

3. 沟通的内容

（1）提供信息。包括企业把产品或服务的信息传递给客户，也包括客户将其需求或者要求的信息反映给企业，还包括有关的政策，向客户传达、宣传所采取的行动。企业把其宗旨、理念介绍给客户，并使客户认同和接受所采取的行动。

（2）做出解释。这可以通过各种沟通渠道来进行。在做出解释时，要注意以下几点：

①进一步解释；

②切记要提供相关的文件，这可以帮助解释复杂的情况；

③确信说清了要求的最后期限；

④给对方提问的机会；

⑤确信如果有必要再次传递信息时，对方会合作；

⑥如果对方需要别人帮助，确保对方知道去找谁；

⑦要告知对方此项任务的原因以及为什么需要其参与；

⑧允许对方对执行指示做出某种形式的反馈。

（3）得到反馈。指企业主动向客户征求意见，或者客户主动将对企业的意见（包括投诉）反映给企业的行动。

（三）企业与客户沟通的途径

1. 通过销售人员与客户沟通

销售人员可以当面向客户介绍企业及其产品或服务的信息，还可以及时答复和解决客户提出的问题，并对客户进行主动询问和典型调查，了解客户的意见及客户对投诉处理的意见和改进意见等。

销售人员与客户沟通，双方可直接对话，进行信息的双向沟通，可使双方从单纯的买卖关系发展到建立个人之间的友谊，进而维护和保持长期的客户关系。

销售人员与客户沟通要注意以下事项：

(1)要记住客户的名字,并经常亲切地、动听地称呼他。

频频称呼客户的名字会使客户产生被尊重的感觉,因此能够加深与客户之间的感情。

(2)要善于倾听。

企业要想更多地鼓励客户参与,了解更多的信息,在善于提问的同时还要善于倾听,听不仅有助于了解客户,而且也显示了企业对客户的尊重。

2. 通过活动与客户沟通

通过举办活动可以让企业的目标客户放松,从而增强沟通的效果。

如通过座谈会的形式,定期把客户请来进行直接的面对面的沟通,让每个客户畅所欲言,或者发放意见征询表,向他们征求对企业的投诉和意见。通过这种敞开心扉的交流可以使企业与客户的沟通不存在障碍,同时,这也是为客户提供广交同行朋友的机会,在座谈会上,客户们可以相互学习、相互取经。

通过定期或不定期地对客户进行拜访,与客户进行面对面的沟通,也可以收集他们的意见,倾听他们的看法、想法,并消除企业与客户的隔阂。

邀请客户联谊也是加深与客户感情的好方式,如一个可携带配偶出席的晚会将增进企业与客户的情谊。

此外,通过促销活动与客户沟通可以使潜在客户和目标客户有试用新产品的理由,从而建立新的客户关系,也使现实客户有再次购买或增加购买的理由,从而有利于维护和发展客户关系。但是,通过促销活动与客户沟通的缺点在于可能使客户对产品或服务的价格产生怀疑,从而造成不利的影响。

3. 通过信函、电话、网络、电子邮件、呼叫中心等方式与客户沟通

通过信函、电话与客户沟通是指企业向客户寄去信函,或者打电话宣传、介绍企业的产品或服务,或者解答客户的疑问。

随着技术的进步和沟通实践的发展,新的沟通渠道在不断地出现,特别是互联网的兴起彻底改变着企业与客户沟通、交流的方式,企业可以在强大的数据库系统支持下,通过电子商务的手段,开设自己的网站为客户提供产品或服务信息,与客户进行实时沟通,从而缩短企业与客户之间的距离。

此外,现代通信手段的发展使企业还可以通过电子邮件、手机短信和传真等形式与客户沟通,向客户提供产品及服务信息。

新型的 Internet 呼叫中心是一个具有语音、视频和聊天的综合交互界面,客户能够随时与服务者进行面对面的交流,给客户一种亲切的感觉,有利于增进客户与企业间的感情。

4. 通过广告与客户沟通

广告的形式多样、传播范围广,可对目标客户、潜在客户和现实客户进行解释、说明、说服、提醒等,是企业与客户沟通的一种重要途径。

这种方式的优点是:迅速及时,能够准确无误地刊登或安排播放的时间,并可以全面控制信息内容,能让信息在客户心中留下深刻的印象。

这种方式的缺点是:单向沟通,公众信任度较低,易引起客户的逆反心理。这就要求企业的广告要减少功利的色彩,多做一些公关广告和公益广告,这样才能够博得客户的好感。

二、客户投诉

（一）客户投诉的价值

通常情况下客户按照自己的意愿同企业联系的原因有三种：即为了获得信息、为了获得其产品或服务、提出建议或进行投诉。

换句话说，一个投诉人具有极高的潜在价值。如果这种投诉得不到有效解决，那么投诉的客户就极有可能中断购买，也极有可能把他对企业的不满意告诉给许多人，使企业失去更多的商业机会。一个着眼于增加客户基数价值的企业会把一个客户的投诉当作一次好机会，把客户的巨大潜在价值转化为真实价值。

（二）客户投诉产生的原因

（1）寻呼网络缺陷；
（2）客户服务人员工作的失误；
（3）企业其他工作人员的服务质量问题；
（4）客户对企业经营方式及策略的不认同；
（5）客户对企业的要求或许超出企业对自身的要求；
（6）客户对企业服务的衡量尺度与企业自身不同；
（7）客户由于自身素质修养或个性原因，对企业提出过高的要求无法得到满足。

（三）处理客户投诉的原则

1. 预防原则

客户投诉往往是由企业的组织不健全、管理制度不完善或疏忽大意引发的，所以防患于未然是客户投诉管理的最重要原则。即要求企业必须改善管理，建立健全各种规章制变，加强企业内外部的信息交流，提高全体员工的素质和业务能力，养成“以客户为中心”的全心全意为客户服务的工作习惯。

2. 记录原则

记录原则是指对每一起客户投诉都进行详细的记录，包括投诉内容、投诉处理过程、投诉处理结果、客户反应、惩罚结果等。这样做的目的是全面收集、统计和分析客户的意见，不断改进客户投诉的处理办法，并将获得的信息整理后传达给其他部门，以便及时总结经验和教训，为将来更好地处理客户投诉提供参考。

此外，要对投诉的处理过程进行总结与综合评价，提出改进对策，不断完善企业的客户投诉系统。

3. 责任原则

对客户投诉处理过程中的每一个环节，都事先明确各部门、各类人员的具体责任与权限，以保证投诉能够及时、妥善地解决。为此须制定详细的客户投诉处理规定，建立必要的客户投诉处理机构，制定严格的奖惩措施。

4. 一线员工处理投诉水平要高的原则

一线员工往往是客户投诉的直接对象，而目前许多企业不注重这方面的训练，员工处理客户投诉凭的是经验和临场发挥，缺乏平息客户怨气的技巧。企业应当利用各种形式对一线员工进行培训，使其掌握处理客户投诉的技巧，成为及时处理客户投诉的重要力量。此外，要赋予一线员工一定的权力，使其在处理一些无法预见的问题时有相对大的自主权，以便对客户提出的意见和建议做出快速响应，保证及时、快捷、出色地为客户服务。

5. 及时原则

要给投诉者一个及时、圆满的答复，绝不能互相推诿、拖延答复。即要求一旦出现客户投诉，各相关部门应通力合作，快速响应，争取在最短的时间内全面解决问题。

（四）处理投诉的基本方法

1. 让客户发泄

当客户来投诉时，企业应该热情地招呼对方，真诚地对待每一位前来投诉的客户，并且体谅对方的语气——客户投诉时态度难免会过于激动。心理专家说，人在愤怒时，最需要的是情绪的宣泄，只要将心中怨气宣泄出来，情绪便会平静下来。所以，企业要让投诉的客户充分发泄心中的不满乃至愤怒。

2. 用心聆听

即要做一个好的聆听者，认真聆听，不无礼或轻易打断客户讲话，不伤害客户的自尊心和价值观。聆听时要注意用眼神关注客户，使其感到自己、自己的话、自己的意见被重视，从而鼓励其说出心里话，并协助客户表达清楚。

聆听过程中，可以点头并不时用“是的”、“我明白”、“我理解”等表述对投诉问题的理解，还可以复述客户说过的话以澄清一些复杂的细节，更准确地理解客户所说的话。聆听是一门艺术，从中可以发现客户的真正需求，从而获得处理投诉的重要信息。

3. 表示道歉

面对客户投诉，企业应不断反省。自己如果没有出错，就没有理由惊慌；如果真的出错，就要勇于面对。要记住，客户之所以动气是因为出现问题。企业漠不关心、据理力争或找借口拒绝，只会使对方怨气更大，而适时地表示歉意却会起到意想不到的效果。

4. 认同客户

客户投诉时，最希望自己能得到同情、尊重和理解，因此这时候要积极地回应客户，如果企业没有反应，客户就会觉得自己不被关注，并有可能被激怒。认同的常用语有：“您的心情我可以理解”、“您说的话有道理”、“是的，我也这么认为”、“碰到这种状况我也会像您那样”等。

5. 仔细询问

引导客户说出问题的重点，有的放矢，表示同情。如果对方知道企业的确关心自己的问题，也了解自己的心情，那么怒气便会消减。

6. 记录问题

要记录的方面有：投诉人、投诉对象、投诉内容、何时投诉、客户购买服务的时间、客户的使用方法、投诉要求、客户希望以何种方式解决问题、客户的联系方式等。在记录的同时，要判断投诉是否成立，投诉的理由是否充分，投诉的要求是否合理。如果投诉不能成立，也要用婉转的方式使客户认清是非曲直，并耐心解释，消除误会。

如果投诉成立，企业的确应承担责任，并对客户表示感谢，可以说“谢谢您对我说这件事”、“非常感谢，您使我有机会为您弥补损失”。要让客户感到其投诉是受欢迎的，其意见很宝贵。一旦客户受到鼓励，往往还会提出其他的意见和建议，从而给企业带来更多有益的信息。

7. 解决问题

要站在客户的立场寻找解决问题的方案并迅速采取行动。

首先,马上纠正引起客户投诉的错误。反应快表示企业在严肃、认真地处理这件事,客户对此一定会很欣赏,拖延时间只会使客户感到自己没有受到足够的重视,而客户的情绪会变得越来越强烈。

其次,根据实际情况,参照客户的处理要求,提出解决投诉的具体方案,如退货、换货、维修、赔偿等。提出解决方案时,要注意用建议的口吻,然后向客户说明它的好处。如果客户对方案不满意,可以询问对方的意见。从根本上说,投诉的客户不仅要企业处理问题,还要企业解决问题。所以,当客户觉得处理方案不是最好的解决办法时,一定要向客户讨教如何解决。

最后,抓紧实施客户认可的解决方案。探询客户希望解决的办法,一旦找到办法,便可征求客户的意见。如果客户不接受企业的办法,征询对方有什么提议,不论企业是否有权决定,要让客户随时清楚地了解企业的进程。如果企业无法解决,可推荐其他合适的人,但要主动代为联络。

8. 礼貌地结束

企业将不愉快的事情解决之后,必须问:“请问您觉得这样处理可以了吗?您还有别的问题吗?”如果客户没有其他意见或问题,就多谢对方提出的问题。

(五)客户投诉处理的步骤

1. 受理投诉阶段

(1)先处理客户的情绪,改变客户心态,然后处理投诉内容;

(2)控制自己的情绪,保持冷静、平和;

(3)将客户的投诉行为看成是公事,实事求是地判断,不加入个人情绪和喜好;

(4)真正关心客户投诉的问题。

2. 接受投诉阶段

(1)认真倾听,保持冷静,同情、理解并安慰客户;

(2)给予客户足够的重视和关注;

(3)对事件全过程进行仔细询问,语速不宜过快,做详细的投诉记录;

(4)不让客户等待太久,当客户不知道等待多久时,告诉客户明确的等待时间;

(5)立即采取行动,协调有关部门解决。

3. 解释澄清阶段

(1)不得与客户争辩或一味寻找借口;

(2)注意解释语言的语调,不得给客户有受轻视、冷漠或不耐烦的感觉;

(3)换位思维,易地而处,从客户的角度出发,做合理的解释或澄清;

(4)不得试图推卸责任,不得在客户面前评论公司、其他部门或同事;

(5)在没有彻底了解客户所投诉的问题时,不得马上将问题转交其他同事或相关部门;

(6)如果确实是企业的原因,必须诚恳道歉,但是不能过分,注意管理客户的期望,尽可能快地提出解决问题的方法。

4. 提出解决方案阶段

(1)根据投诉类别和情况,提出相应的解决问题的具体措施;

(2)向客户说明解决问题所需要的时间及其原因;

(3)如果客户不认可或拒绝接受解决方法,坦诚向客户表明企业的限制;

(4)按时限及时将需要后台处理的投诉记录传递给相关部门处理。

5. 跟踪回访阶段

(1)根据处理时限的要求,注意跟进投诉处理的进程;

(2)向投诉的客户及时通告处理结果;

(3)关心、询问客户对处理结果的满意程度。

客户投诉处理流程如图 5-3-1 所示。

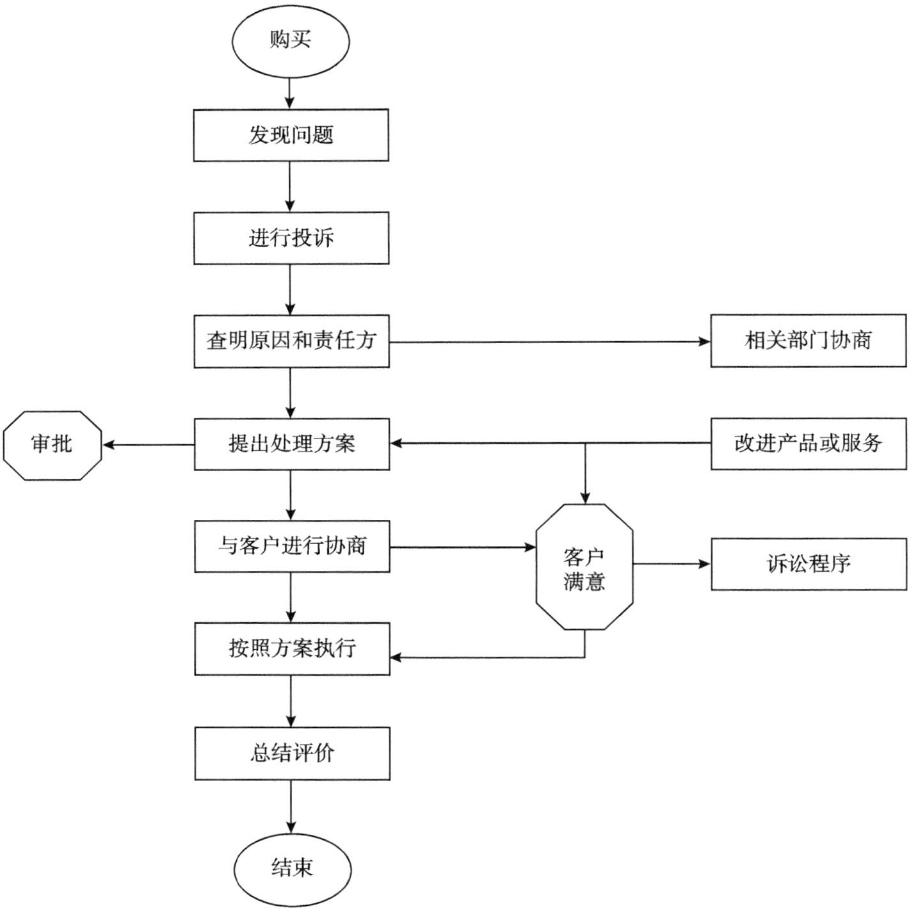

图 5-3-1　客户投诉处理流程

三、客户的满意与客户的忠诚

(一)客户满意度的调查

随着市场竞争的加剧,足以让客户有更加充裕的选择空间,竞争的关键是比较哪家物流企业更能够让客户满意。谁能更好地、更有效地满足客户需要、让客户满意,谁就能够营造竞争优势，从而战胜竞争对手、赢得市场。要想了解客户的满意度，首先需要对客户满意度进行调查。

1. 设计“客户满意度调查表”

对一般物流企业来说，满意度调查从设计开始最好聘请专业的调查公司来进行。专业调查问卷设计的重要性绝不低于挑选一个好的执行单位。

2. 客户满意度调查

客户满意度调查可以利用多种手段：电话、上门、网站、电子邮件、产品包装内附、服务现场表格等。这里主要介绍抽样方式和利用呼叫中心进行客户满意度调查。

(1)抽样方式客户满意度调查。客户满意度调查中所用到的抽样方式是随机抽样。根据调查对象的性质和研究目的的不同，随机抽样的方式主要有简单随机抽样、等距抽样、分层抽样、整群随机抽样等。

(2)利用呼叫中心进行客户满意度调查。呼叫中心应该根据调查的目的以及针对人群来决定调查问卷所包含的主要内容。一般来讲，既要包含一些对服务整体评价的一般性问题，也要包含针对所服务的企业产品或服务特点的具体性问题。一般性的呼叫中心服务满意度调查应该包含以下问题：

①对服务的整体质量满意程度；

②对等待时长的满意程度；

③对客户服务代表专业知识与技能水平的满意程度；

④对解决问题的效率或时效性的满意程度；

⑤对所建议的解决方案的针对性及有效性的满意程度；

⑥对客户服务代表整体的语音、语调、礼貌及态度的满意程度；

⑦对呼叫中心整体服务的评价或建议(开放性问题)。

3. 调查实施的关键因素

下列环节对客户服务满意度调查的影响是最直接的。

(1)问题定义。采用什么途径和方式对哪类客户或客户层次进行调查，目标是什么，需要解决什么问题，客户对象是谁，调查的对象是客户中的一般客户、合适客户还是关键客户，由谁来调查，调查的途径是什么，这些问题应该在调查之前就明确，不能含糊。

(2)调查准备。调查准备包括制定规程、人员培训、小样本试调查、发现问题、解决问题、完善指标。

(3)设计指标。指标应体现层次性，抓住问题的关键，不可空泛。

(4)制定方案。调查方案是对整个调查活动的预见，方案应详细，对可能遇到的问题都应有解决措施，方案要有进度计划和可操作性规范，禁止随意性，保证信息具有可比性。

(5)组建团队。选择合适的人员组成团队，团队里面应该有企业领导、专业岗位骨干和专家，保证调查信息的全面性和专业性。

(6)受访者因素。大多数不满意的客户会选择沉默或者背离，不会对调查人员讲出自己的真实想法。

(7)满意度调查后应当有后续的感谢、改进等行动。除了企业内部需要制定改进举措外，应当给被调查者足够的反馈，至少是对其参与表示感谢。

(8)信息审核、汇总与统计分析。对调查资料进行分析是客户满意度评价最核心的工作。

4. 分析与利用客户满意度信息

(1)填写“服务总结报告”;

(2)客户满意度调查结果的统计分析;

(3)整理出“客户满意度调查结果及分析报告”。根据对“客户满意度调查表”的统计分析及从其他渠道获得的客户满意度信息(如消费者组织的报告、新闻媒体的报道、产品监督机构的公告、权威机构的调查报告、行业协会的调查、客户投诉等),整理出“客户满意度调查结果及分析报告”。

(4)根据结果适时要求有关部门改进。如发现客户满意度下降,或某些评估项目(包括评估小项)分值很低,或客户有明确投诉或建议时,应适时要求有关部门采取改进、纠正和预防措施。

(二)客户满意度的测评

1. 客户满意度测评的原因

(1)对物流企业而言,是实施客户满意战略的需要。客户满意度是衡量一个物流企业服务质量的重要标志,是评价企业质量管理体系的一个重要指标,是企业质量管理体系的最主要业绩。对客户满意度的测评是企业持续改进自身的源泉。

通过客户满意度测评,企业可进一步了解客户及需求;物流企业拉近与客户的距离,更容易把握市场脉搏,在激烈的市场竞争中争取主动。掌握客观真实、准确可靠的客户满意度,是企业提高品牌形象和产品质量、提高经济效益和管理水平的一项重要工作。企业应主动开展客户满意度测评。

(2)客户的满意度对企业来说更具有决定性意义。测定客户满意度的目的是为了改善提供给客户的服务。一个企业的资源有限,不可能将任何影响客户满意度的问题立刻全部解决,通常应当分出轻重缓急,在一段时间内重点解决那些影响重大的问题。企业的其他业绩,包括财务上的业绩(赢利),都应以客户满意度为基础。在市场经济条件下,客户的满意度总是随着时间的推移,也就是随着科学技术的发展、社会的进步、竞争的激烈和企业收入或欲望的提高而呈现递减趋势。企业对客户满意度进行测量,有利于发现自己与竞争对手之间的差距,找到进行持续改进的机会。持续改进有助于企业在服务、过程、体系以至企业体制、技术等方面的创新,大大提高竞争力。

(3)对客户而言,可以进一步满足自己的需求和期望。客户是企业生存、发展的源泉。物流企业服务的质量如何,决定了客户需求和期望的满足程度。客户要实现持续满意,降低接收产品的风险,必然要加强与物流企业的沟通。客户对产品服务信息的反馈,为企业提供了持续改进的机会,而企业产品服务的提高将进一步满足客户的需求和期望,这样对企业、客户都有利,达到了“双赢”。

2. 实施客户满意度测评的注意事项

(1)如果企业的客户不多,不必采取问卷调查形式,直接回访将更有效。

(2)如果企业不能了解客户,就不要作大量的客户研究,针对性调查比问卷调查的形式更有效。问卷调查不宜过于频繁,应花费更多时间和金钱去提高服务质量,改善服务项目。行动比评估更重要。

(3)让员工知晓企业的调查结果,而不要保密,因为结果会帮助企业的员工分析客户的要求。

(4)不用无意义的数据。

(5)不要用一些不常用的说法去表示某一结果。例如:满意度1~10或1~5就不如直接用“完全满意”、“比较满意”、“尚可”、“不合格”或“是”、“否”等去表示调查结果。

(6)不要将问卷调查完全委托给外部机构去做,亲身参加有助于将所有的调查问题设计得更好。让管理部门和会计部门参加这项工作,会增强他们的客户意识,并减少所调查的问题的局限性。

(7)处理好客户满意度与其他评价方式的关系。特别是客户满意度无法每天衡量,企业需要很多每日、每周可以测量的数据来代表工作的优劣与客户服务的质量。这些指标的合理选择,与定期测量的客户满意度指标有较大的相关性。

(三)客户满意度的提升

现在,很多物流企业开始考虑,是否到该采取新的措施以维护其客户关系的时候了。互联网的出现,给公司提供了一种新的手段来管理客户关系。众所周知,只有那些对公司感到很舒心的顾客才有可能成为公司的忠诚客户,而忠诚客户往往是现代市场竞争中各公司争夺的焦点。

为了提高客户满意度,应当特别注意下面的几个问题和原则。

1.需要高层的努力

亲自到现场去体会客户的感受,阅读客户的来信,接听并处理客户的抱怨电话,与客户交谈或通过电子邮件交换意见,是经营管理者最重要的工作之一。

2.物流企业应重视客户的反馈意见

企业应与时俱进,不断满足客户的需求,这样才能让客户持续满意,进而达到完全满意。

3.物流企业应提高员工的满意度

美国西尔斯公司对零售行业的客户满意度分析和多年的经营实践证明:高素质的、充满活力和竞争力的员工队伍,比再好的硬件设施更能创造客户满意,进而创造优异的业绩。为员工提供培训,提供服务技术,授权员工利于客户满意度的权责,并将此作为员工绩效评价的重要部分。

4.物流企业应对客户忠诚

忠诚在物流企业与客户之间是双向的,不能忽视物流企业对客户的忠诚。

5.努力提供优质的服务

网络时代,服务的信息透明度大大增加,客户很容易货比三家,因此应提供优质的服务、合理的价格,不断提高客户的利益。

这方面不允许有任何贬值,企业为此需要建设质量保障体系。如果企业消费品质量抽查近半数不合格,就很难保障客户满意度。

6.不断学习,持续改进

客户今天满意并不意味着永远满意,提高客户满意度是一个永恒的主题。目前,服务人员的工资和销售业绩是成正向比例的,因此,服务人员为增加业绩可能会降低服务质量。经常看到有些客户被销售人员纠缠,这对企业实际上是一件很不利的事情。

7.物流企业应加强客户信息管理

企业在收集和应用客户信息时要注意以下问题:

一方面,客户对涉及个人隐私的一些信息越来越敏感,企业在收集信息时,必须非常谨慎。

另一方面,企业应该能够非常清楚自己为什么收集信息。客户信息一个非常重要的作用就是区分不同价值的客户。在此基础上,企业可以制定策略,对不同的客户采取不同的对待方法,目的就是对最有价值的那些客户实行最优厚的待遇。对所收集到的信息进行精心处理,就能够很容易地发现哪些客户对企业来说价值最大,值得企业去争取,然后给予这些客户更为优厚的待遇,或采取措施防止竞争者争夺这一部分客户。

(四)客户忠诚度的衡量

一些企业通用的和相对重要的考核指标主要有以下几点。

1. 客户重复购买率

考核期间,客户对某一种服务重复购买的次数越多,说明对此服务的忠诚度越高;反之则越低。此项指标还适用于同一品牌的多种服务,即如果客户重复购买企业同一品牌的不同服务,也表明忠诚度较高。物流企业为了便于识别和纳入数据库管理,一般将忠诚客户量化为连续3次或4次以上购买行为。

2. 客户需求满足率

即一定时间内客户购买某商品的数量占其对该类服务全部需求的比例,这个比例越高表明客户的忠诚度越高。

3. 客户对本企业商品或品牌的关注程度

客户通过购买或非购买的形式,对企业的服务和品牌予以关注的次数、渠道和信息越多,表明忠诚度越高。

4. 客户对竞争商品或品牌的关注程度

一般来说,对某种品牌忠诚度高的客户会自觉地排斥其他品牌的服务,如果客户对竞争服务或品牌的关注程度提高,多数是由于客户对竞争产品的偏好有所增加的缘故,表明忠诚度可能下降。

5. 客户对价格的敏感度

客户对价格都非常重视,但这并不意味着客户对价格变动的敏感度相同。其实表明,对于喜爱和信赖的服务,客户对其价格变动的承受能力强,即敏感度低。而对于不喜爱、不信赖的服务,客户对其价格变动的承受力弱,即敏感度高。

因此,可以依据客户对价格的敏感度来衡量客户对某品牌的忠诚度。对价格的敏感程度高,说明客户对该品牌的忠诚度低。对价格的敏感度低,说明客户对该品牌的忠诚度高。可以借价格调整、客户购买量的增减等来侧面考察此指标。但需要注意的是,忠诚客户对服务价格的不敏感,并不意味着企业可以随意单方面调价。

6. 客户购买行为的选择时间

客户购买都要经过对产品的挑选,但由于信赖程度的差异,对不同品牌的挑选时间是不同的。通常客户挑选的时间越短,说明对该品牌的忠诚度越高,反之则说明对该品牌的忠诚度越低。

7. 客户对产品质量事故的承受力

客户忠诚度越高,对出现的质量事故也就越宽容。任何服务都有可能出现各种质量问题。如果客户对该品牌的忠诚度较高,当出现质量问题时,会采取宽容、谅解和协商解决的态度,不会由此而改变对品牌的偏好。相反,如果客户对品牌的忠诚度较低,当出现质量问题时，会深感自己的正当权益被侵犯，从而产生强烈的不满，甚至会通过法律方式进行索赔。当然，运用这一指标时，要注意区别事故的性质，即是严重事故还是一般事故，是经常发生的事故还是偶然发生的事故。

8. 客户对商品的认同度

如果客户经常向身边的人士推荐产品或者在间接的评价中表示认同则表明忠诚度较高。

9. 客户购买费用的多少

客户对某一品牌支付的费用与购买同类产品支付的费用总额的比值如果最高，即客户购买该品牌的比重最大，说明客户对此种品牌的忠诚度高，反之则低。

（五）客户忠诚度的激励

客户忠诚对于企业生存和发展的经济学意义非常重要。获得新客户需要付出成本，特别是在供过于求的市场态势下，这种成本将会越来越昂贵，但新客户对企业的贡献却是非常微薄的，在有些行业，新客户在短期内甚至无法给企业带来利润。相比之下，老客户（忠诚客户）对企业的贡献却很大。可以说，忠诚客户是企业竞争力重要的决定因素，更是企业长期利润最重要的源泉。

要提高客户的忠诚度，企业要完整地认识整个客户生命周期，从技术提供与客户沟通的统一平台，提高员工与客户接触的效率和客户反馈率，建立多样化的沟通渠道和灵活高效的激励机制，形成一个完整的反馈流，为客户供完全一致的高品质服务，实时掌握市场动态，迅速开发新市场。

四、流失客户的争取

（一）客户流失的原因

企业应当同停止购买或转向其他供应商的客户进行接触，了解为什么会发生这种情况。

客户流失的原因是很多的，并不是所有的流失都能够避免。有些流失是由于商业活动的外部力量造成的。如果采取正确的行动或采用新的战略，有一些流失情况是可以避免的。一般来讲根据客户流失的原因，可以分为下面几种。

1. 价格流失型

价格流失型主要是指客户转向低廉价格的产品或服务。例如价格低廉是人民航空公司的主要吸引力，1981 年唐纳德·伯尔开优惠航线之先河。乘客可以在波士顿和纽约之间飞来飞去，费用几乎只是东部航线的一半。这样的费用对游客、学生和其他自费旅游的乘客是难以抵挡的诱惑。

2. 产品流失型

产品流失型是指客户转向提供高质量产品或服务的竞争者。这种流失是不可逆转的，因为价格原因流失的客户企业可以再争取回来，但是如果客户认为竞争对手的产品质量更好，几乎不可能再把他们争取过来。

3. 服务流失型

服务流失型是指客户由于服务恶劣而离开。这其中客户服务人员的素质和态度起着非常重要的作用。客户服务人员的失误主要源于客户服务人员的态度，对客户漠不关心、不礼貌、不反应或者缺乏专业的知识和经验技能。另外,客户服务人员对客户的抱怨和投诉没有及时的处理也会导致客户流失。

4. 技术流失型

技术流失型是指客户转向接受其他行业的企业提供的产品或服务。由于产品或服务的技术落后于竞争对手,导致客户流失。

5. 便利流失型

便利流失型是指客户对购买、使用、维修现有产品或服务的不便性而流失。这包括客户对企业的地理位置、营业时间、等待服务的时间、等待预约的时间太长等方面感到不方便。客户的自然迁移或者是由于企业经营地点的迁移而导致客户购买的不便利性也会导致客户放弃原有的产品或服务。

6. 缺乏创新导致流失

企业缺乏创新,客户"移情别恋"。任何的产品都有自己的生命周期,随着市场成熟和产品价格透明度的提高,产品的利益空间往往越来越小。若企业不能及时地进行创新,客户自然就会"另寻新欢",毕竟利益才是维系企业与客户关系的最佳杠杆。

7. 员工跳槽导致流失

很多的企业由于在客户关系管理方面不够规范,客户与企业员工之间的直接联系过于紧密,利益分不开,而企业自身对客户的影响相对乏力,一旦员工跳槽,老客户就随之而去。与此同时带来的是竞争对手实力的增强。

8. 竞争对手的诱惑流失

市场竞争激烈,为了能够迅速在市场上获得有利地位,竞争对手往往不惜以优厚的条件来吸引那些资源丰富的客户,因此导致客户离企业而去也是不足为奇的。

9. 短期行为导致流失

企业的短期行为伤害了客户的利益,导致客户流失。另外,个别客户自恃经营实力之大,为拿到企业的市场最优惠"待遇",以"主动流失"相要挟,要求企业满足他们的要求。

10. 客户内在需求转变导致流失

由于客户自身客观条件改变,如消费观念改变、生活方式改变或者因为工作调动等方面的原因造成了自身需求的连锁变化,从而选择其他满足其新需求的产品或服务。

(二)客户流失的类型

根据客户流失产生的主导因素的不同,可以将客户流失分成主动流失和被动流失。

1. 主动流失

主动流失是指由于客户自身原因自愿离开,也称为自愿流失。造成客户主动流失的原因有很多种,主要是由业务竞争造成的。此外,还包括一些客观因素造成的服务合同解除,如客户工作地点变更、经济收入下降等原因。现在客户最关心的已经不是单纯的服务价格,而是相应的服务是否能够满足自己的需求。只有在一切都能符合其需求时,客户才可能会考虑价格。据调查,有些客户主动流失的原因是客户不能充分理解企业所提供的服务的特性,如果企业的服务说明更加贴近客户,服务更加周到,并且帮助客户从覆盖率、售后服务、产品特性等多方面了解服务的优势后,客户也许会改变主意。还有些客户选择主动流失是因为客户没有被告知企业新的服务,这使客户无法了解现有企业所能够提供的服务的最新背景,转而选择其认为技术创新强的竞争对手。可以说,随着新的服务、应用的增长,客户有了比以往更多的选择空间，这使现有企业不得不面临更大的挑战。

2. 被动流失

被动流失是指物流企业由于某种原因而决定终止向客户提供服务，也称为非自愿流失。这些问题的发生其实是由于企业未能有效地监控到那些具有信用风险的客户，并且没有适时采取措施。能够发现那些被动流失的客户相对于其他正常客户有着不同的服务使用模式，这都需要企业采取各种分析和跟踪手段来加以解决。

（三）客户流失的危害

流失一位重复购买的客户，不仅使物流企业失去这位客户可能带来的利润，还可能失去与受其影响的客户的交易机会，此外，还可能极大地影响物流企业对新客户的开发。客户流失就像摩擦力损耗机械系统的能量那样，不断消耗企业的财力、物力、人力和企业形象，给企业造成的伤害是巨大的。吸引新客户的成本是巨大的，在许多企业中，广告、促销、折扣、检查信用记录和处理申请是与吸引新客户相关的一次性成本。如果客户只与这家企业往来很短的一段时间，或者只是进行一次性的交易，企业就无法收回这些成本，而且必须再次支出新的成本吸引新的客户。所以，这家企业就看不到来自这个客户的潜在利润。客户流失的危害，很多企业都遇到过，在高度竞争的行业中很普遍，需要引起企业的高度重视。

（四）流失客户的挽回

市场竞争就是企业争夺客户的竞争，吸引和保持客户是企业生存和发展的使命。企业既要不断争取新客户、开辟新市场，提高市场占有率，又要努力保持现有客户、稳定现有市场。

有一种看法认为，客户一旦流失，便再也没有挽回的可能，其实这是一种片面的看法，只要企业下足功夫，有些流失的客户还是会回头的。

有研究显示，向每 4 个流失客户销售会有 1 个可能成功，而向潜在客户和目标客户销售中，每 16 个才有 1 个成功。可见，争取流失客户的回归比争取新客户容易得多。而且只要流失客户回头，就会继续为企业介绍新客户。因此，当客户关系出现倒退时，企业不应该轻易放弃流失客户，而应当重视并积极对待、尽力争取挽回流失客户，尽快恢复彼此的关系，促使其重新购买企业的服务。总之，在客户流失前，企业要防范客户的流失，极力维护客户的忠诚，而当客户流失成为事实时，企业则应该最大限度地挽回流失客户。

（五）客户流失管理

客户流失管理是在明确客户流失的根本原因的基础上，有针对性地制定各种层面的应对措施，通过企业的销售、营销、服务等部门及其渠道分销商，运用商务、技术手段全方位进行客户流失管理。客户流失管理将通过流程的标准化、有效的度量、及时地改进和控制，真正帮助企业达到挽留客户、提高收益的目标。

客户流失管理的目标，从深层而言，是使其成为企业发展的核心战略之一，进而发展为企业的文化；从表面而言，是降低客户流失率，提高企业的收益。

客户流失的管理流程如下：

（1）进行客户流失分析，找出引发流失的根本原因；

（2）构建客户流失模型，找出可能流失的客户；

(3)通过各种营销活动和有针对性的服务来提升客户满意度,挽留客户;

(4)引入各种度量体系来评估客户流失管理的有效性。

任务实训方案

流失客户的回访调查

1. 实训目的

通过本章节的学习,让学生对与客户沟通、投诉等问题有一个大概的了解,在实训过程中真正体会企业处理这些问题应该注意的问题,对其有一个全面的认识,以便以后在工作过程中遇到类似的问题,有一定的处理经验。

2. 实训要求

(1)学生以课堂上所学的相关理论知识为蓝本开展调查研究,注重理论联系实际;

(2)注重培养学生物流业务能力的训练,以提高学生综合素质为目标;

(3)在调研过程中,调研对象应尽可能地多,包括不同水平的企业,避免得出的结论以偏概全;

(4)调研的内容尽量具体,并认真做总结;

(5)注意所得资料的真实性、可靠性和时效性;

(6)对参加调研的学生进行必要的训练,学生外出调研必须听从指挥、注意安全,避免出现失误。

3. 实训步骤

(1)根据提供的企业资料,根据不同行业的性质进行分类整理;

(2)根据整理出来的资料进行电话回访,并在回访中了解客户流失的原因,并记录建档;

(3)根据回访的结果,编写回访报告,并分析客户流失的原因,并提出挽回的措施。

延伸阅读

物流客户开发的流程

一、寻找物流客户

寻找物流客户是物流客户开发的第一步,是物流营销人员取得良好业绩的重要基础工作。大多数物流企业要求营销人员自己寻找线索,有的企业还动员企业所有力量寻找客户。寻找物流客户的渠道很多,主要有逐户访问、广告搜寻、老客户介绍、人际关系开拓、资料查询、名人介绍、会议搜寻、电信寻找、直接邮寄寻找、利用代理人寻找、个人观察、市场咨询寻找、产品展示、从竞争对手手中争取客户等。

二、识别物流客户

识别物流客户是物流客户开发的重要一步。物流营销人员或企业在寻找到自己的客户,并获取了潜在客户的名单之后,并不意味着马上就要与这些潜在客户打交道,而必须根据物流企业自身产品或服务的特点、用途、价格及其他方面的特性,对这些潜在客户进行更深入的衡量和评估,主要包括了解影响物流客户识别的因素(需求度、购买力、决策权、信誉度等)和对物流客户资料整理及资格审查。

三、接近物流客户

识别物流客户工作完成后，就将进入接近物流客户阶段。物流营销人员应该熟知初次与物流客户交流时应怎样制定自己的拜访计划；使用什么样的销售工具，并熟练掌握自己所推销的产品或服务，初步判断客户类型；还应了解该如何会见和向客户问候才能使双方的关系有一个良好的开端。这包括物流营销人员的自我心态、专业熟练程度以及接近客户的基本要点和方法。

四、与物流客户洽谈

接近物流客户之后，接下来的工作就是要与物流客户进行洽谈，以恰当的方法向客户描述产品将带给他们的利益。但很多物流营销人员在向目标客户推荐产品时总是过分地强调产品的特点（以产品为导向），而往往忽略了客户的利益（以客户为导向）。

与目标客户的深入洽谈是决定其是否购买物流产品或服务的一个重要环节，主要方法有洽谈技巧（倾听、提问、答辩、说服等）、语言技巧（数据洽谈法、讲故事法、富兰克林法、引证法等）和销售示范法（展示、表演、体验、参观等）。

五、处理物流客户的异议

处理物流客户的异议是物流客户开发的关键步骤之一。处理物流客户异议的过程，实际上就是一个信息的传递、接收、加工、整理、反馈和再传递的连续过程。在介绍物流产品或服务的过程中，物流客户或多或少都会表现出一些抵触情绪或异议，这是非常正常的。俗话所说的"褒贬是买主，喝彩是闲人"就是这个道理。要正确处理物流客户的异议，首先必须了解物流客户产生异议的原因及其类型，其次要明确物流客户异议处理的原则，最后要重点掌握处理物流客户异议的方法。

六、与物流客户成交

在完成了以上步骤后，物流营销人员与客户成交是物流客户开发最关键的一步。要顺利完成这一步，必须明确与物流客户成交存在的主要障碍，并能从客户那里发现可能成交的信号，包括客户的言辞、举止、表情等。同时，要通晓与客户讨价还价的步骤与技巧，把握提出成交的时机，重点掌握引导物流客户成交的方法。

七、物流售后工作

物流营销人员与客户签订合同后，并不代表物流客户开发工作的结束。为了保证物流客户感到满意并成为"回头客"和忠诚客户，物流服务人员还需要做一系列的售后工作。例如，及时回访客户，收集客户接受服务后的意见和建议；为客户提供咨询服务，吸引新客户；为本企业的物流客户服务人员提供培训机会，提高客户服务人员的自身素质。

模块小结

建立客户数据库是搞好客户关系管理体系的前提。建立客户数据库并进行系统分析是企业留住老客户、争取新客户的重要措施。对于潜在的新客户，通过研究分析数据库，可以清晰地勾画出它们的发展潜力及可能为企业带来的效益，从而锁定目标客户，实施重点攻关。

CRM 系统应能实现对销售、市场营销、客户服务与支持的全面管理,能完成对客户基本数据的记录、跟踪,客户订单的流程跟踪,客户市场的划分和趋势研究,以及客户服务情况的分析,并能在一定程度上实现业务流程的自动化。

客户流失管理是在明确客户流失的根本原因的基础上,有针对性地制定各种层面的应对措施,通过企业的销售、营销、服务等部门及其渠道分销商,运用商务、技术手段从全方位进行客户流失管理。客户流失管理将通过流程的标准化、有效的度量、及时地改进和控制,真正帮助企业达到挽留客户、提高收益的目标。

课后习题

1. 物流客户信息收集的方法有哪些?
2. 如何进行物流客户信息分类整理?
3. 物流客户信息收集的原则?
4. CRM 系统的主要特征。
5. 简述物流企业实施 CRM 系统需要注意的问题。
6. 简述客户沟通的流程。
7. 简述客户投诉处理原则。
8. 简述流失客户的争取。

参 考 文 献

[1] 黄均勇,蒋云.物流信息管理[M].北京:北京理工大学出版社,2009.
[2] 宋文官.物流基础[M].3版.北京:高等教育出版社.2012.
[3] 蔡淑琴,夏火松,梁静.物流信息系统[M].3版.北京:中国物资出版社,2010.
[4] 王世文.物流管理信息系统[M].2版.北京:电子工业出版社,2010.
[5] 王爽,翟玲.零售物流管理[M].北京:首都经济贸易大学出版社,2011.
[6] 张择.物流标准化教程[M].北京:清华大学出版社,2011.
[7] 王晓平.物流信息技术[M].北京:清华大学出版社,2011.
[8] 牛东来.现代物流信息系统[M].北京:清华大学出版社,2011.
[9] 鲍吉龙,江锦祥.物流信息技术[M].北京:机械工业出版社,2010.
[10] 雷丽芳.物流客户管理[M].北京:机械工业出版社,2009.
[11] 周爱国.物流客户关系管理实务[M].北京:中国物资出版社,2010.
[12] 王淑娟,吴蔚,万立军,等.物流客户关系管理与服务[M].北京:清华大学出版社,2011.
[13] 杨路明,等.客户关系管理理论与实务[M].北京:电子工业出版社,2012.
[14] 张松涛.物流企业客户关系管理[M].北京:中国人民大学出版社,2011.
[15] 王晓梅.客户关系管理实务[M].北京:北京大学出版社,2011.
[16] 马君.物流客户管理[M].上海:上海交通大学出版社,2010.
[17] 李勇.物流信息技术[M].北京:清华大学出版社,2012.
[18] 方轮.物流信息技术与应用[M].广州:华南理工大学出版社,2006.
[19] 倪志伟.现代物流技术[M].北京:中国物资出版社,2006.
[20] 曾传华.物流管理与信息系统[M].北京:清华大学出版社,2007.
[21] 冯耕中.物流管理信息系统及其实例[M].西安:西安交通大学出版社,2003.
[22] 崔炳谋.物流信息技术与应用[M].北京:清华大学出版社,2005.
[23] 张予川.物流信息系统[M].北京:化学工业出版社,2005.
[24] 卞文良.物流信息网络:构建与运作[M].北京:社会科学文献出版社,2008.
[25] 许良.物流信息技术[M].上海:立信会计出版社,2007.
[26] 张强,杨玉明.Access2010入门与实例教程[M].北京:电子工业出版社,2011.
[27] Rod Stephens.数据库设计解决方案入门经典[M].北京:清华大学出版社,2010.
[28] Gavin Powell.数据库设计解决方案入门经典[M].北京:清华大学出版社,2007.
[29] 邵丽萍.Access数据库技术与应用案例汇编[M].北京:清华大学出版社,2011.
[30] 赖利君.Access数据库基础与应用(项目式)[M].北京:人民邮电出版社,2011.
[31] 赵明.Access 2010数据库技术实用教程[M].北京:清华大学出版社,2014.
[32] 张海建.数据库开发与管理[M].北京:清华大学出版社,2014.
[33] 李红.数据库设计基础与应用[M].北京:清华大学出版社,2012.
[34] 杨桦.数据库原理与实务[M].北京:东北财经大学出版社有限责任公司,2012.
[35] 张成叔.Access数据库程序设计[M].北京:中国铁道出版社,2008.